Ernst Otto Hopp

Geschichte der Vereinigten Staaten von Nordamerika

Ernst Otto Hopp

Geschichte der Vereinigten Staaten von Nordamerika

ISBN/EAN: 9783743679887

Hergestellt in Europa, USA, Kanada, Australien, Japan

Cover: Foto ©ninafisch / pixelio.de

Weitere Bücher finden Sie auf **www.hansebooks.com**

Geschichte

der

Vereinigten Staaten von Nordamerika

von

Ernst Otto Hopp.

--

I Abteilung:

Von der ältesten Zeit bis zum Ende des Unabhängig-
keitskampfes.

Mit 50 in den Text gedruckten Abbildungen und Karten.

Leipzig: Prag:

G. Freytag.   1884.   F. Tempsky.

Inhaltsverzeichnis.

Verzeichnis der Abbildungen.

1. Die erste Bevölkerung Amerikas.

Der große Kontinent des Westens, in dessen zahllosen Häfen heutzutage die Flaggen aller Nationen wehen, war einst ein scheinbar völlig isolierter Kontinent, zu welchem keine Pfade der Sterblichen führten. Mehrere tausend Meilen weite Wassermassen des Stillen Oceans bespülen seine westlichen Ufer, während am Ostrande die wilden Stürme des Atlantischen Meeres branden. — Angesichts dieser Verhältnisse erscheint es auf den ersten Blick wenig wahrscheinlich, daß in den Tagen der grauen Vorzeit, da Kompaß, Chronometer, Sextant, kurz alle Mittel transatlantischer Schiffahrt fehlten, die Ureinwohner Amerikas auf dem Seewege zu ihren Wohnsitzen in Prärieen und Wäldern gelangt sind. Will man nicht annehmen, daß die Indianer und ihre Vorfahren Autochthonen seien, was nach Peschels Ansicht unmöglich ist, da weder Australien, noch Südamerika, ja selbst Nordamerika nicht ein schicklicher Platz für die Wiege der Menschheit gewesen sei, sondern allein die alte Welt, so ist es unvermeidlich in das Meer ethnologischer Rätsel zu tauchen, von denen man, wie sehr es auch entmutigen mag, von vornherein überzeugt sein muß, daß sie vielleicht niemals gänzlich gelöst werden können. — Solange das unentdeckte Land noch für einen Teil des östlichen Asiens gehalten wurde, lag die auf biblische Tradition gegründete Ansicht nahe, daß jene zehn verschollenen Stämme der Kinder Israels, welche gefangen nach Samaria geführt wurden, sich im vermeintlichen Westindien angesiedelt hätten. Noch heute hängen gläubige Amerikaner und Engländer an diesem Wahne, der doch mit der Entdeckung, daß Amerika ein abgeson-

derter Erdteil, in der That eine „neue Welt" sei, sofort schwin=
den mußte. Auf streng historischer und naturwissenschaftlicher
Grundlage sucht die moderne Völkerkunde dies schwere Problem
zu lösen.

In wenigen Worten läßt sich die älteste Geschichte des Lan=
des wiedergeben. Als die Spanier Amerika entdeckten, fanden
sie in Mexiko und südwärts davon drei Staatengruppen vor.
In Mexiko oder Anahuac waren es die Azteken, deren Herr=
schaft sich, wenn man die allerdings in losem Verbande stehen=
den Vasallenstämme hinzurechnet, bis nach Centralamerika hinein=
erstreckte; auf der Hochfläche von Bogota die Muyscas und
in Peru die Peruaner. — Um 648 n. Chr. sollen, nach azte=
tischen Überlieferungen, die Tolteken aus dem Norden in Mexiko
eingewandert sein, das dort seßhafte, hochgebildete Volk unter=
jocht und die Civilisation der Besiegten allmählich angenommen
haben. — Um 1176 sind die Tolteken von den Chichimeken
vertrieben worden, und 1325 folgten endlich die Azteken, oder
Nahuatlacs, die Tenochtitlan, die Stadt Mexiko gründeten. Die
wunderbaren Städtereste aber, die noch heute in Centralamerika
und Südmexiko höchstes Staunen erregen, sind weder Werke der
Azteken, noch der Tolteken, sondern einer Nation, die Mayas
oder Majas genannt, welche in Centralamerika, Yukatan und
Mexiko ansässig waren. Hier läßt uns die Geschichte im Stich.
Sichere Nachrichten über die Herkunft der Mayas und die Ent=
stehung ihrer Kultur fehlen gänzlich, und so ist der Konjekturlust
der Archäologen ein weites Feld eröffnet.

Die Ansichten scheiden sich hauptsächlich nach zwei Rich=
tungen, welche jedoch am letzten Ende vielleicht vereinbar sind.
— Asien ist das Heimatland der Indianer, heißt es auf der
einen Seite. Die Architektur und Skulptur, welche man in den
oben erwähnten Städteruinen gefunden hat, weist entschieden
dorthin, speziell auf Hinterindien, wie Alexander von Humboldt
und andere Forscher meinen. Über die Behringsstraße oder die
Inselreihen der Kurilen und Aleuten, welche Japan und Kam=

schatka mit Amerika gleich einer zusammenhängenden Kette verbinden, können möglicherweise hinterindische oder südchinesische
Völkerstämme durch China, die Mandschurei und das Amur-
gebiet gewandert sein. Spuren solcher Wanderungen finden sich
bis nach Kamschatka hinein, das Klima ist vor Jahrtausenden
anerkanntermaßen ein milderes gewesen, und die amerikanischen
Ufer der Behringsstraße sind durch ihren Pflanzenreichtum, verglichen mit den asiatischen, wohl geeignet, wandernde Horden zum
Übergange zu verlocken. Auch sind Asien und Amerika in diesen
nördlichen Gebieten so nahe gerückt, daß man in der Behringsstraße von Asien aus die amerikanische Küste erblicken kann. —
Besonders bemerkenswert erscheint, daß der Typus des „roten
Mannes" dem der asiatischen Mongolen mehr ähnlich ist als
irgend einer anderen Menschenrasse. Sprachkundige haben sogar
im Aztekischen und Indianischen mancherlei chinesische Wurzeln
entdecken wollen. Es ist also nicht unwahrscheinlich, daß
die Mayas, wie später die Tolteken und ihre Nachfolger, auf
diesen Wegen von Norden aus eingewandert sind und im Laufe der
Zeit, als immer neuer Nachschub von eindringenden Völkerschaften erfolgte, allmählich den amerikanischen Kontinent bis in die
Südspitze bevölkert haben.

Andere Forscher nun, und darunter besonders die Archäologen, neigen mehr dazu, eine Bevölkerung Amerikas von Osten
her anzunehmen. Sie weisen auf die Phönizier, Ägypter oder
Karthager, welche nach Zeugnissen bei Aristoteles, Plato, Plutarch
und Diodorus Siculus (V, 19, 20) das Atlantische Meer durchkreuzt, ein großes Festland im Westen von Britannien entdeckt,
teilweise kolonisiert und sich mit den dort vorhandenen Völkern
vereinigt haben sollen. Erwägt man, daß die Karthager die
Westküste Afrikas, also das heutige Marokko, besiedelten, daß ihnen
Madeira und vielleicht auch die anderen westafrikanischen Insel-
gruppen nicht unbekannt gewesen sind, ferner daß die Phönizier
England erreicht haben, so scheint die Annahme nicht zu kühn,
daß eine Fahrt von der afrikanischen Westküste gelungen

sei, zumal da man in günstiger Sommerzeit bei besonders gutem
Winde in 20 Tagen dorthin gelangen kann. Amerikanische Alter=
tümler hegen diese Nachrichten mit Vorliebe und schmücken sie
phantastisch aus; indes ist auch diese Ansicht im ganzen nur
eine historische Träumerei, wenn auch dafür nicht uninteressante
Dokumente sprechen, von denen weiter unten die Rede sein wird.
Feststehende historische Thatsache ist nur, daß Mexiko und Peru
einst von mächtigen Nationen bewohnt wurden, die Kunst und
Wissenschaft wohl kannten, und sich von den roheren Stämmen
des Nordens bedeutend unterschieden. Eine Vereinigung beider
Hypothesen wäre nur auf dem Wege zu finden, daß die Mexi=
kaner und Peruaner Abkömmlinge der frühsten aus Asien ein=
gewanderten Bewohner waren, die sich mit den Überresten der
etwa von Karthago aus gegründeten Kolonieen vermischten, und
nachdem sie sich selbst zu Herren des Landes gemacht hatten,
Erben der vorgefundenen Kultur wurden. Denn ursprünglich
bewohnten sie auch die fruchtbaren Thäler der großen nord=
amerikanischen Flüsse; von späteren asiatischen Emigranten aus
dem Gebiet der Vereinigten Staaten vertrieben, suchten sie sich
südlichere Wohnsitze.

2. Reste alter Kultur.

Die gigantischen Monumente einer versunkenen hochent=
wickelten Civilisation, welche die Bewunderung aller Forscher
und zugleich das Gefühl tiefster Wehmut über den klanglosen
Untergang einer eigentümlichen, in sich abgeschlossenen Kultur=
welt erwecken, lassen sich ihrem Charakter nach in drei Gruppen
teilen: die erste würde die vorgeschichtlichen Denkmäler
umfassen, die zweite die toltekisch=aztekischen aus dem sieben=
ten Jahrhundert, die dritte die peruanischen aus dem drei=
zehnten Jahrhundert. Damit sind dann ebenfalls drei Stufen
der Entwickelung bezeichnet. — Nur wenige Reste älterer Denk=
mäler finden sich in Nordamerika, dagegen reich an Zeugnissen
früherer Herrlichkeit sind Südamerika, Centralamerika und die

Hochebene von Bogotá und Peru. Neben den berühmten Inka-
straßen der Peruaner über die Anden von Cuzko aus und groß-
artigen Tempelruinen, die eine Vergleichung mit den kühnsten
und schönsten Bauten der Römer und Griechen erlauben, sind
es besonders die Ruinen von Centralamerika, deren gewaltigen Eindruck alle Reisenden zu rühmen wissen. „Tote Riesen-
städte" hat man diese Trümmer genannt wegen ihres ungeheuren Umfangs. Wohl Hunderttausende mögen darin gewohnt
haben, ja es giebt einige unter ihnen, welche mit Recht als
Millionenstädte angesehen werden, da sie an Größe Berlin und
Paris gleichgekommen sein müssen. Ein glänzendes Leben ist
hier in Schutt und Staub zerfallen. Nur wenige Jahre noch
und die letzten kolossalen Denkmalsreste werden der wahrhaft
mörderisch wuchernden Üppigkeit der tropischen Vegetation jener
Gegenden rettungslos zum Opfer fallen.

In ein größeres Publikum ist wenig Kunde von diesen
Riesenwerken verschollener Nationen gedrungen, es fehlt auch
an einer erschöpfenden Beschreibung gänzlich. Außer Alexander
von Humboldt, welcher leider nur die südamerikanische Ruine von
Mitla im Staate Oaxaca und die Terrassenpyramide von Cholula
besuchte, aber niemals nach Yucatan und weiter nach Süden
kam, haben bis jetzt meist nur Dilettanten diese geheimnisvollen
Einöden durchstreift. Zuerst unternahm Franzisko Hidalgo de
Cordova im Jahre 1517 eine Entdeckungsreise nach Yucatan.
Er erzählte von großen Steinhäusern mit Bildnissen von
Schlangen und fratzenhaften Ungeheuern; auf den Steinaltären
will er Tropfen frischen Menschenbluts bemerkt haben. Lange
Zeit nach ihm hörte man nichts von den amerikanischen Alter-
tümern. Erst im Jahre 1700 wurden die Ruinen von Copan
in Guatemala bekannt. Del Rio und Dupaix besuchten 1805
Palenque im mexikanischen Staate Chiapa; später folgte ihnen
Waldeck, welcher ein reich illustrirtes Werk veröffentlichte. Allein
Zahlloses blieb ihm unbekannt. Copan wurde 1836 wiederum
aufgesucht von Galindo. Auch seine Beschreibung ist durchaus

lückenhaft. Eine reiche und wertvolle Ausbeute machten Stephens und Catherwood in den zwanziger Jahren dieses Jahrhunderts. Mit welcher Begeisterung die Mitglieder der verschiedenen Forschungsexpeditionen die neuen Funde begrüßten, davon ist Stephens' Bericht das beredteste Zeugnis.

In neuester Zeit hat die französische Regierung den Reisenden Désiré Charnay zu einer wissenschaftlichen Expedition nach Mexiko ausgerüstet. Er hat die Altertümer von Yucatan, Chiapa und Guatemala aufs neue in Augenschein genommen. Der Millionär Pierre Lorillard, ein französischer Amerikaner, stand ihm zur Seite. Über die Ergebnisse seiner Forschungen ist indessen erst wenig bekannt geworden.

Die ergiebigsten Fundgruben für Archäologen sind die schon erwähnten Ruinenstädte Copan, Palenque und Uxmal. Copan liegt am Copan oder Cobanflusse, einem südlichen Quellarme des Montagua, der in die Bai von Honduras strömt, und zwar oberhalb der Fälle, die der Fluß bildet, fast parallel mit dem Bette desselben. Palenque findet man in dem mexikanischen Staate Chiapa in der Nähe eines Seitenarmes des Utsumasinta, und Uxmal in Yucatan. An diesen drei Orten ist der Charakter der gefundenen Reste derselbe. Die großen Gebäude, worunter vornehmlich ein oblonger Tempel in Copan von mächtiger Ausdehnung auffällt, schauen alle nach Sonnenaufgang, sind mit vielen Götterbildern und Relieffiguren geschmückt und tragen deutliche Spuren roter, gelber und blauer Farbe. Die enorm lange Front einer Ruine zu Palenque ist ganz mit Reliefbildern verziert, welche zum Teil noch erhalten sind. Durch besondere Feinheit der Conturen und Zeichnung unterschieden sich die Arabesken in Uxmal, wo auch derselbe Reichtum an Stuckarbeit und Reliefs sich zeigt. Umgestürzte Turmmassen und behauene Steine liegen überall in Menge umher. Spuren von Malerei weisen auch die Ruinen von Mayapan auf: nur von Meisterhänden können die Gesichter von Dämonen auf mosaikartigen Verzierungen entworfen sein. Besonders auffallend ist ein doppelköpfiges Ungeheuer, welches aus einem einzigen Stein geformt ist, eine Tierfigur von solcher Größe, daß man sie für die Darstellung eines Elefanten hält. Eine Kolossalstatue von 11¹⁄₂ Fuß Länge fand man in der Nähe von Palenque, welche ein ganz ägyptisches Gepräge trägt und mit den schönsten Funden aus dem Altertum verglichen werden darf. Schönheit der Proportionen, Einfachheit und keusche Majestät der Ornamente zieren die zerfallenden Trümmer einer ehedem gestaltreichen, farbigen Welt.

Östlich vom Mississippi giebt es nur noch wenig Ruinen. Die ältesten Bewohner der Vereinigten Staaten standen bei weitem nicht auf so hoher Kulturstufe wie ihre Nachbarn in Centralamerika. Dennoch legen ihre Erdwerke, Stein- und Metallgeräte und Töpferwaren Zeugnis von einer großen mechanischen Fertigkeit ab, welche jedenfalls die Kunstprodukte der jetzt dort lebenden Indianer völlig in Schatten stellt. Daher will man die letzteren auch gänzlich von ihren Vorgängern getrennt wissen. Viele und interessante Reste ihrer Wirksamkeit sind uns geblieben, besonders in den sogenannten mounds, den künstlichen Erdhügeln, welche in Ohio und Mississippi sehr zahlreich vorgefunden werden. Auch Indiana, Illinois, Wiskonsin, Missouri, Arkansas, Kentucky, Tennessee, Louisiana, Georgia, Florida und Texas sind reich an solchen Hügeln; weniger New-York, Virginia, die beiden Carolina, Pennsylvania, Iowa, Michigan und das rechte Ufer des Rio Grande del Norte. Die darin gefundenen Schädel gleichen viel mehr denen der mexikanischen Indianer, als denen der nordamerikanischen. Der Schluß liegt nahe, daß die Einwohner von Süd- und Centralamerika einst die Steppen Nordamerikas inne hatten, später aber von verwandten aus Asien nachrückenden Stämmen gen Süden gedrängt wurden. Sämtliche Überreste weisen auf religiöse Vorstellungen hin, welche dem „roten Sohn der Wildnis" fremd waren. Der Name dieser moundbuilders (Hügelbauer) ist nicht überliefert.

Die Zahl solcher merkwürdigen Erdhügel ist ungeheuer

groß. Im Staate Ohio giebt es allein gegen 10000, und in
Virginia, sowie in Mississippi sollen kaum weniger zu finden
sein. Sie liegen meist in großen Stromthälern und zwar in
einer solchen Höhe der Flußterrassen, daß Überschwemmungen
ihnen nicht schädlich werden konnten. Oft ziehen sie sich meilen-
weit hin, erstrecken sich in Reihen nebeneinander und bedecken eine
Fläche Landes so groß wie die moderner Städte. Ihre Gestalt ist
allerlei Tieren nachgebildet. Man sah die Formen von Büffeln,
Kranichen, Schildkröten und Eidechsen; im Staate Wiskonsin
liegt ein alter Hügel dieser Art von 120 Fuß Länge und 6 Fuß
Höhe, welcher genau eine menschliche Figur mit ausgebreiteten
Armen darstellt. Seine Proportionen sind sorgfältig gemessen,
sodaß von einem bloßen Zufall oder Phantasiespiel nicht die
Rede sein kann. Im Staate Ohio (Adams County) zeigt eine
Erdanhäufung deutlich den vielfach gewundenen Leib einer Riesen-
schlange, welche 700 Fuß lang ist und den Rachen weit geöffnet
hat, als wollte sie eine davorliegende, längliche Figur, die offenbar ein Ei vorstellt, im nächsten Augenblick verschlingen. Bei
den älteren Mexikanern war die Schlange das hieroglyphische
Zeichen für den Gedanken der „Zeit", genau wie bei den alten
Ägyptern und anderen Völkern des Ostens. — Im übrigen sind
die mounds in Ohio meist kegelförmig oder pyramidal, nicht selten oben abgestumpft, manchmal terrassiert und mit Stufen versehen. Sie sind aus Lagen von Erde und Schichten gebrann-
ten Thons aufgeführt. Neben ihnen her laufen große Umwal-
lungen von Stein und Erde in geraden und geschwungenen Linien,
ihre Höhe schwankt zwischen 4—40 Fuß, und sie umschließen
Flächen bis zu 50, 100, 200, auch wohl 400 Morgen Landes.
Alle diese Werke bezeugen nicht geringe Kenntnis der For-
tifikationskunst; große Massen von Menschen müssen sich zu gemeinsamer Arbeit zusammengefunden haben. Zwei Meilen von
Natchez (Mississippi) befand sich eine ganze Gruppe von Be-
festigungswerken; einige derselben waren 35 Fuß hoch und hatten
eine Oberfläche von 4 Morgen, worauf 4 kleinere Hügel sich er-

hoben; in der Mitte war eine Vertiefung, ein unterirdischer Gang führte von dort zu einer Quelle. Am meisten bemerkenswert sind die Werke in der Nähe von Newark (Ohio) am Zusammenfluß zweier Seitenarme des Muskingumflusses. Am östlichen Ende ist ein Quadrat, welches 20 Morgen umfaßt, von hohem Wall umgeben, und nach Norden zu ziehen sich zwei geschützte Wege nach dem Flusse hin, nach Süden zwei Parallelwälle zur Ver-

Fig. 1.

bindung mit einem kreisförmigen Fort; zwei andere Parallelwälle laufen westwärts in der Länge einer deutschen Meile und verbinden mit diesen Befestigungen zwei Forts, ein kreisförmiges und ein achteckiges; vom letzteren aus sind Spuren von Parallelwällen erkennbar, die mehrere Meilen nach Süden sich ins Land hinein erstreckten. Eine große Zahl Krieger muß zur Bemannung dieses weit ausgedehnten, riesigen Schanzenwerkes nötig gewesen sein.

Zu einem dreifachen Zweck scheinen die Erdhügel aufgeworfen zu sein. Man unterscheidet Opfer= oder Tempelhügel, Begräbnisstätten und Wohnsitze oder Verteidigungswerke. Religiöse und militärische Zwecke sind wahrscheinlich oft verbunden worden. Anomale Hügel nennt man diejenigen, welche keine regelmäßige Bauart haben und nur Produkte augenblicklichen Bedürfnisses waren. Noch sei ein alter Brunnen im Staate Illinois von 400 ☐ Fuß Umfang erwähnt; in ältester Zeit soll hier Salz bereitet worden sein. Gefundene Gefäße, welche wahrscheinlich zum Verdunsten des Salzes dienten, sprechen dafür, daß in der That ein großes Salzwerk vorliegt.

Bei Ausgrabungen fanden sich in den Opferhügeln, welche man auch wohl als „Hochgerichte" bezeichnet hat, Altäre aus gebranntem Thon und irdene Gefäße mit verbrannten Menschenknochen angefüllt. Ein „mound" bei Lancaster in Ohio von 15 Fuß Höhe und 150 Fuß Umfang enthielt einen Ofen aus unbehauenen Steinen, welcher 18 Fuß lang war; darauf stand ein gut erhaltenes irdenes Gefäß, worin Skelette von 12 Kindern, Männern und Weibern lagen; eins der Skelette hatte einen Kranz von Muscheln und Pfeilspitzen um den Hals. Unzweifelhafte Spuren der Einwirkung von Feuer, so wie Holzkohlen- und Aschenreste deuten auf Leichenverbrennung. Auf der St. Katharineninsel (Georgia) wurde ein ganzer Friedhof voll Totenurnen bloßgelegt. Am Wabash spülen die reißenden Wellen des veränderten Stromlaufes von der sogenannten Big-Bone-Bank und der Little-Bone-Bank alljährlich viele Menschengerippe und Gerätschaften mit fort. — Zahlreiche Gegenstände sind an anderen Orten zu Tage gefördert worden, wie Armbänder, durchlöcherte Kupferplatten, Medaillen, Steinplatten von Glimmer, Lanzen- und Pfeilspitzen, Messer, Äxte, Meißel, Bohrer, Gerätschaften aus Knochen, Hauzähnen, Hirschgeweihen und Muscheln, steinerne Waffen und Schnitzwerk aus Stein, ausgezeichnet poliert. Die meisten Metallantiquitäten sind kupfern. Eisen kannte man gar nicht, dagegen Silber und Bleierz. Spiegel aus Marienglas sind ebenfalls hin und wieder gefunden worden. Eine seltsame und unerklärte Erscheinung ist die, daß manche Hügel ausschließlich mit Pfeifen, oder Lanzen, oder Gefäßen angefüllt sind; manche sind auch ganz leer.

Die Skulpturen der Hügelbauer bezeugen reichentwickelte Kunstthätigkeit. Zwar ist die Zeichnung derselben meist einfach, aber ungemein genau im Verhältnis zu den einzelnen Teilen, selbst griechischen Bildwerken vergleichbar. Die Darstellungen zeigen, daß die Hügelbauer sich tätowierten, Kopf und Hals mit Perlenbändern schmückten und Ringe in den Ohren trugen. Fast alle Tierarten Nordamerikas kamen zur Gestaltung. Da finden sich Figuren von Bibern, Ottern, Enten, Gänsen, Reihern, Eidechsen, Kröten und Schlangen, auch wohl der Kopf eines Elen oder einer wilden Katze. Zum Teil sind die Figuren aus sehr hartem Porphyr gemeißelt. Man muß die Kunstfertigkeit bewundern, welche mit so mangelhaften Werkzeugen ein Material bearbeitete, welches nur unsere besten Stahlmeisel bemeistern. — Vergebens hat man aus allen diesen Skulpturresten Hieroglyphen und Alphabete ermitteln wollen. Die Hügelbauer werden keins von beiden gekannt haben.

Über das Alter der Hügelbauer kann kein Zweifel sein. Sie waren ein ackerbauendes Volk mit festen Wohnsitzen und ihre Blütezeit liegt mindestens 1000 Jahre zurück. Das beweisen einesteils die Urwälder, welche heute auf den mounds wuchern, andernteils auch der Umstand, daß die alten Bauten sämtlich auf den älteren Flußterrassen aufgeführt sind. Die heutigen Indianer der Vereinigten Staaten nahmen das Gebiet der Hügelbewohner ein, vernachlässigten aber den Ackerbau, ergaben sich der Jagd und erreichten niemals die Civilisationsstufe derer, die sie vertrieben hatten, oder deren Nachfolger sie waren.

3. Die Indianer.

Die „Indianer" verdanken bekanntlich ihren Namen dem Irrtum des Columbus und seiner ersten Nachfolger, daß die neuentdeckte Erde ein östlicher Teil Asiens, das fabelhafte Indien sei. „Den roten Mann" oder „die Rothaut" nannte

man den Indianer nach seiner Hautfarbe, obgleich es wirk=
liche „Rothäute" wenig giebt. Entfernt man durch Abseifen
Farbe, Fett und Schmutz, so ist die Haut des amerikanischen
Eingebornen selten kupferfarben, sondern schwankt in zahlreichen
Schattierungen zwischen hell=, oliven= und dunkelbraun. Aller=
dings mag die vielfache Vermischung mit den neuen Herren des
Landes nicht wenig zum Verblassen der Nationalfarbe beige=

Fig. 2.

Indianische Häuptlinge.

tragen haben. Oft ist auch die äußerliche Übereinstimmung der
verschiedenen Stämme der Indianer Nordamerikas in Tracht,
Sitten und Gewohnheiten mit allzugroßer Zuversicht betont
worden; denn es zeigt sich bei genauer Untersuchung eine viel
größere Menge von Verschiedenheiten, so des Charakters wie
der Sitte, welche auf eine Verschiedenheit der Abstammung hin=
zudeuten scheinen. Die nordamerikanischen Indianer sind hoch
gewachsen. Das Mittelmaß ihrer Statur ist 1,70 m, besonders

im Nordwesten. Der Osten weicht etwas ab, hohe und kleine
Stämme wechseln in auffälliger Weise. Die Kraniologie hat
sich bis jetzt besonders mit Schädeln aus den mounds beschäftigt.
Ein feststehendes wissenschaftliches Resultat über die noch leben=
den Indianer zu gewinnen, bleibt unseren heutigen Natur=
forschern überlassen. — Man rechnet die Indianer zu den
Rassen zweiter Ordnung, sowie die Malayen und Australneger,
während Mongolen, Kaukasier und Äthiopier als Rassen erster
Ordnung gelten. Die breiten Jochbögen und die niedere
Stirn haben die Indianer als ein beständiges Merkmal mit
den Mongolen gemein, wogegen der hohe Nasenrücken als
Träger der typischen Adlernasen abweichend ist. Die Kiefer=
bildung hält die Mitte zwischen dem vorstehenden Kinn eines
Negers und dem zurücktretenden eines Kaukasiers. Sie haben
ein kleines, etwas schiefgeschlitztes Auge, dessen Pupille dunkel,
das Weiße aber trüb ist, abstehende Ohren, wulstige Lippen,
eine weiche, an bedeckten Körperteilen schwach behaarte Haut,
tiefschwarzes, volles, borstiges Haupthaar, aber sehr spärlichen
Bartwuchs. Der Totenschein ist dieser Rasse ausgestellt. Sie
stirbt dahin oder geht in Vermischung auf. Für die Jahre
1875—1876 wird die Zahl der unter den Indianern lebenden
Mischlinge auf 40693 angegeben; die Gesamtzahl aller Indianer
der Vereinigten Staaten betrug nur 266151. Nach den offi=
ziellen Aufstellungen des Jahres 1870 dagegen zählten sie noch
gegen 400000 Köpfe. Eine genaue Zählung aller Indianer ist
fast unmöglich, es differieren die Angaben derselben Jahre bis=
weilen um viele Tausende. Dennoch geht aus obigen Ziffern
soviel mit Sicherheit hervor, daß die „Rothäute“ von Jahr zu
Jahr rascher aussterben. Es kann nur als vorübergehende
Täuschung betrachtet werden, wenn man plötzlich einen Zuwachs
der Bevölkerung konstatiert haben will. Wie sollte ein Volk, das
einer überlegenen Civilisation nicht das mindeste entgegenzu=
stellen hat, auf die Dauer seine Existenz sichern können? Eine
Nation ist tödlich getroffen, sobald sie den Glauben an ihre Zu=

kunft verloren hat. Dieser Zustand ist bei den noch lebenden
Indianern eingetreten.

Zur Zeit der ersten Ankunft von Europäern wohnten in
dem heutigen Gebiet der Vereinigten Staaten große und volk=
reiche Stämme, welche sich mit Hilfe der Sprachvergleichung in
acht gesonderte Völkerschaften gruppieren lassen. Sie sind be=
kannt unter den Namen der Algonquins, Huronen und Irokesen,
Dakotahs oder Sioux, Catawbas, Cherokesen, Uchees, Mobilians
und Natchez. — Die Algonquins bilden die größte Gruppe, welche
sich von Neu=England bis zum Mississippi erstreckte und soviel
Krieger zählte, wie die übrigen Stämme zusammen genommen. Es
gehören zu ihnen die in der amerikanischen Geschichte oft genannten
Stämme der Narragansets und Pequods in Neu=England, die
Mohikaner am Hudson und auf Long=Island, die Delawaren,
Ottawas, Chippewäer, Sacs und Foxes, die Miamis, Shawnees
und andere. Alle diese Stämme sprechen Dialekte derselben
großen Sprache. Die kleineren lagen beständig in blutiger Fehde,
oft entstand ihre Feindschaft aus den geringfügigsten Ursachen,
welche sich von Generation zu Generation übertrugen. Sie
beugten auf diese Weise selbst der Übervölkerung vor. Ganze
Stämme sind bei solchen Streitigkeiten ausgerottet worden. Die
Algonquins waren, wie alle diese Indianer, Wandervölker, welche
oft monatelange Streifzüge unternahmen. Jagd und Fischerei
bestimmten ihren Weg. Nur wenig Boden bauten sie an. Sie
unterscheiden sich von anderen Stämmen durch ihre flache Ge=
sichtsbildung, kleine Figur und schwachen Arm= und Beinmus=
keln. Berüchtigt wurden sie durch ihre Menschenfresserei und
haben für die landläufigen Schilderungen der Rothäute Nord=
amerikas das Modell geliefert. Ringsum von den Algonquins
umgeben wohnte die zweite wichtige Gruppe der Huronen und
Irokesen vom Lorenzstrom bis zum Huronen=, Ontario= und
Eriesee herab im oberen Staate New=York und Ohio. Wegen
ihrer Klugheit und Tapferkeit genossen sie ein hohes Ansehen,
waren ein großer und überaus kräftiger Menschenschlag und viel=

leicht die begabtesten aller nordamerikanischen Indianer. Ihr
Name ist französischen Ursprungs. In ihrer eigenen Sprache
nannten sie sich „Volk des langen Hauses", womit sie bezeichnen
wollten, daß sie nicht einen Stamm, sondern einen Völkerbund
(Irokesenbund) bildeten. Sie verfielen in fünf stammverwandte,
sehr kriegerische Völkerschaften, welche stetigen Ackerbau trieben
und feste Ansiedelungen von stadtartiger Ausdehnung bewohnten.
Die fünf Völkerschaften haben ihre Namen je nach ihren Wohnsitzen erhalten: Die Mohawks sind: „Das Volk mit dem Feuerstein", die Senekas „das Volk des großen Hügels", die Cayugas
„das Volk des schmutzigen Landes", die Onondagas „das
Volk auf den Hügeln", die Oneidas „das Granitvolk".
Der kleine Stamm der Tuscaroras wurde später als sechste
Völkerschaft einverleibt. Die Kopfzahl des Irokesenbundes war
verhältnismäßig gering. Die Cayugas hatten bei Ankunft der
Franzosen nur 300 Krieger. Die Gesamtzahl um das Jahr
1650 wird auf 20—25 000 geschätzt. 1877 gab es noch 13668,
welche jedoch in der Zunahme begriffen sein sollen. Zur Hälfte
sind sie nach Canada ausgewandert, der Rest lebt in den Reservationen der Staaten New-York, Wiskonsin und im Indianer-
territorium; wenige sind auf das westliche Ufer des Mississippi
hinübergeschafft.

Die Huronen nördlich vom Ontario sind völlig unter-
gegangen, alle lebenden Irokesen aber sind jetzt Christen und ge-
wöhnen sich an ein thätiges civilisiertes Leben. Ihr Durst nach
Ruhm, der, wie man sagte, nicht gelöscht werden könne, so lange
noch eine Brust säuge, ist auf höhere Dinge als Krieg und
Kriegsgeschrei gerichtet. Ihren Tomahawk haben sie nun längst
begraben und dafür die Pflugschar in die Hand genommen. Es
besteht unter ihnen eine Iroquois Agricultural Society zur Förderung des Ackerbaues, Mäßigkeitsvereine arbeiten mit gutem
Erfolge, und zwei Drittel von den Lehrern an ihren Schulen
im Staate New-York sind Indianer. Sie besitzen eine Druckerei
und Journale. Eine republikanische Regierung mit Präsident

und Parlament ist seit 30 Jahren etwa bei den Senekas in der Alleghany = und Cattaraugusreservation eingeführt, dazu ein Friedensgericht, welches die vielen kleineren Streitigkeiten der Reservation schlichtet und des Erbrechts waltet. Die Irokesen sind für immer der Kultur gewonnen, sie vermehren sich wieder sichtlich und werden den Weißen bald in nichts mehr nachstehen. Leider steht dies erfreuliche Beispiel einer segensreichen Kultivierung von Eingebornen ziemlich vereinzelt da.

Die dritte Gruppe umfaßt die Dakotahs oder Sioux, einen weit ausgebreiteten Stamm, meist westlich vom Mississippi wohnend. Nur der Zweig der Winnebagos zog ostwärts, unbestimmt zu welcher Zeit, und suchte Wohnsitze unter den Algonquins an der westlichen Küste des Michigan=Sees im Staate Wisconsin. Hervorragende Völkerschaften waren die der Jowas, Missouries, Kansas und Arkansas, von welchen die Namen der heutigen Staaten abgeleitet sind, sowie die Mandans und Osages. — Der Name „Sioux" (spr. Suh) ist ursprünglich ein Spottname, eine Abkürzung des französischen Naudowesioux, was Halsabschneider bedeutet. Durch eine Handbewegung an der Kehle hin werden die Dakotahs von allen Bewohnern der Prärieen so bezeichnet. Sie selbst nennen sich „die sieben Ratsfeuer" nach den sieben Stämmen, welche sie bilden. Im Jahre 1872 schätzte man sie auf etwa 60 000, 1876 aber nur auf 50 000. Die Civilisation hat noch wenig an ihnen vermocht. Ackerbau und feste Wohnsitze lieben sie nicht, sondern leben nach alter Weise von der Jagd und treiben etwas Pelzhandel: ein wildes Prärievolk sind sie geblieben, das nur ein loser Völkerbund vereinigt, sobald eine gemeinsame Gefahr droht. Als die gefürchtetsten der Indianer sind sie typisch für den blutdürstigen Wolf der Steppen. Der größte Teil zieht noch frei umher, wenige sind in Reservationen ansässig.

Die vierte Gruppe der Catawbas lebt im Innern Carolinas, einst ein mächtiges Volk, aber im Krieg mit den Irokesen vernichtet und zerstreut. Das Andenken an ihren Namen bewahrt fast nur noch der bekannte amerikanische Catawbawein.

Die fünfte Gruppe der Cherokesen oder Tschilaki wohnte früher westlich von den Catawbas in den gesunden und malerischen Thälern und Bergen der Alleghany-Kette in den Staaten Kentucky, Tennessee, Carolina, Georgia und Alabama. Jetzt sind sie bis auf einen kleinen Teil in Georgia aus ihren alten Wohnsitzen fortgeführt und im nördlichen Gebiet des Indianerterritoriums angesiedelt. An Intelligenz und Gewerbfleiß stehen sie auf gleicher Stufe mit den kultivierten Irokesen. Auch sie besitzen Schulen, Druckerei und Zeitung, Bibelübersetzung und Almanache. Die Mission hat Großes an ihnen gethan. Sie treiben Viehzucht, Ackerbau und Handwerk. Einen reichen Ertrag ziehen sie aus den dort befindlichen Salzquellen durch Handel nach New-Orleans. Ihre staatliche Einrichtung ist der republikanischen Verfassung in allem nachgebildet.

Der sechsten Gruppe gehört das kleine Volk der Uchees im nördlichen Georgien an. Auch sie sind spurlos vom Erdboden weggewischt, wie die Catawbas und so manche andere Stämme, deren Name uns nur noch überliefert ist. —

Die siebente Gruppe der Mobilians erstreckte sich um die Bai von Mobile durch die Staaten Florida und Alabama.

Die achte Gruppe der Natchez wohnte in der Gegend am linken Ufer des unteren Mississippistromes. Sie sollen verhältnismäßig hochgesittet gewesen sein. Die Stadt Natchez hat den Namen von ihnen geerbt.

Alle diese Völkerschaften östlich vom Mississippi, welche im Norden vom Cumberland-Flusse, im Süden vom Mexikanischen Meerbusen und im Osten vom Atlantischen Meere begrenzt werden, bezeichnet man wohl auch mit der einheitlichen Benennung der Apalachen, von welchen allein die Uchees ihrer Sprache nach isoliert zu sein scheinen. Vielleicht sind auch nur die südlichen Mittelglieder der Sprache für uns verloren gegangen.

4. Religion, Charakter, Lebensweise und Sprache der Indianer.

Die Religion der Indianer ist in Kultus und Ceremonieen wenig entwickelt, trägt aber die Grundzüge einer großen, erhabenen Weltanschauung, so daß wir unwillkürlich in Betrachtung des „großen Geistes" Manitou, welcher überall zugegen ist, in Donner und Sturm seine heilige Nähe verkündet und Tempel und Götzen verschmäht, an den „Allumfasser" und „Allerhalter" eines Goethe oder den friedebringenden Pantheismus eines Spinoza gemahnt werden. Diesem Einen, dem Schöpfer aller Dinge, dienten die Indianer in tiefer Ehrfurcht; sie glaubten, daß er ihre Wünsche kenne und die, welche ihm in Liebe gehorchten, unterstütze; sie flehten zu ihm um Mut, Gesundheit, Kraft, um Erfolg im Kriege und auf der Jagd. Gewisse Naturerscheinungen verehrten sie als niedere Gottheiten, welche jedoch in ihren Augen nichts als Merkmale oder Symbole des allgegenwärtigen Manitou waren. Das Feuer betrachteten sie als eine geheimnisvolle, geweihte Äußerung des Gottes, wenn es durch Schlagen aus dem Feuerstein sprang. Mit heiligem Feuer ward die Friedenspfeife angezündet, und bei allen nationalen oder religiösen Vereinigungen kam es, als Symbol der Reinheit, in Anwendung. Der höchste Gott ist immanent in allen Dingen, darum sind auch alle Tiere, Vögel und Reptilien, ja selbst die Insekten beseelt und mit Vernunft begabt. Manitou spricht aus dem Feuerrohr und seine Kraft treibt die Uhr. Das in Millionen rötlicher Strahlen flimmernde Nordlicht ist ein Tanz der göttlichen Geister. Ein Gottgeist treibt die Sonne und den Mond. In uralter Zeit scheint die Sonne eine besondere Verehrung genossen zu haben, überall tauchen die Reste eines ehemaligen Sonnenkultus auf. Die goldene Scheibe der Morgensonne, welche siegend über Nacht und Nebel emporrollt, erscheint dem Naturkind als das Allergewaltigste und füllt sein Herz mit Staunen und Anbetung. Erkennt er später die wirkende Kraft in allen atmenden Wesen, so mag wohl die Vor-

stellung von einem großen Allgeist entstanden sein, welchen der
Indianer „Gebieter und Herr des Lebens" nannte. Auch einer
Vorahnung der Seelenwanderungslehre begegnen wir. Der
Indianer glaubte an eine Präexistenz der Seele als „Schatten".
Bei der Geburt zieht der immaterielle Geist in seinen Wohnsitz,
den Körper, ein und entflieht aus ihm beim Tode durch Mund
und Nase oder eine unnatürliche Öffnung des Leibes. Höchst
interessant ist die Anschauung einiger Stämme, daß eine doppelte
Seele im menschlichen Körper sei: eine Traumseele, welche im
Schlafe thätig werde, und eine Seele, welche den Körper im
wachen Zustande beherrsche. Der Traum war daher für sie
besonders bedeutungsvoll. Durch Fasten und Träumen gewinnt
man die Gunst des Schutzgeistes. Im allgemeinen nahm man
gute und böse Geister an. Wälder, Seen und Ströme erscheinen
den Indianern von Feen belebt. Ihre „Erzähler" wissen viele
Zauber- und Tiermärchen von den Windigos, einem menschen-
fressenden Riesenvolke, und Wassernixen männlichen Geschlechts,
Nibanbas genannt. Die guten Geister standen im Verkehr mit
bevorzugten Männern der Erde, an welche man sich um Rat
bei wichtigen Unternehmungen wandte. Solche Männer sind
bekannt als die „Medizinmänner", welche als Vertreter der
vielen abergläubischen Gebräuche in grotesk-abenteuerlicher Aus-
staffierung die bösen Geister beschworen. Sie bilden keinen
eigentlichen Priesterstand, sondern sind identisch mit den Regen-
doctoren Afrikas und den Schamanen Nordasiens. Der gute
Geist hat sie die Zauberkräfte der Kräuter gelehrt, und unter
mannigfaltigen Ceremonieen und Besprechungsformeln verstehen
sie Regen zu machen oder das Wild in bestimmte Jagd-
gebiete zu bannen und Kranke zu heilen. Ihre Erfolge
galten als Siege über den bösen Geist, welchem auch die Schuld
beigelegt wurde, wenn etwa ein Patient starb. — Bestimmte,
allgemein gefeierte religiöse Festlichkeiten kannten die Rothäute
nicht. Je nach einem glücklich beendeten Krieg, einer guten
Ernte oder bei Begräbnissen kamen sie zu Schmaus und Tanz

zusammen. Bunt bemalt und mit Reiher= und Adlerfedern phan=
tastisch aufgeputzt führten sie unter Begleitung der Trommel
oder des Pibbegwon, der Flöte, ihre Reigen auf. Es gab
Medizin= und Kriegs=, sowie Masken= und Tiertänze. Ein ein=
töniger Gesang ohne Reim und feste Rhythmen, aber wohl=
klingend war die gewöhnliche Tanzmusik. Merkwürdige Ähn=
lichkeit mit alten jüdischen Traditionen haben mancherlei religiöse
Anschauungen und Sagen religiösen Inhalts. Die Sage von
einer Sintflut geht fast bei allen indianischen Stämmen. Sie
soll vor der Erschaffung des Menschen stattgefunden haben;
zwei Tauben wurden von Maniton ausgesandt, um trockenes
Land zu entdecken; sie fanden zuerst nichts, endlich brachten sie
einen Grashalm mit, bald darauf fiel das Gewässer und das
Land tauchte wieder empor. Eine andere Fassung hat diese
Sage bei den Chippewäern, einem volkreichen Zweige der Algon=
quinfamilie, bekommen. Sie erzählen, daß bei einer großen
Flut nur ein Baumgipfel herausgeschaut habe; darauf saß ein
Mann, Namens Manabozo, der den Wassern Stillstand gebot.
Überhaupt sind die Chippewäer wegen ihrer zahlreichen Samm=
lungen von Legenden und Sagen und wegen ihrer vollkomme=
nen Fertigkeit in der Bildersprache, jener uralten Kunst des
Menschengeschlechtes, „die Magier der westlichen Wälder" ge=
nannt worden. An Gedankentiefe ist ihre Lehre von der Er=
schaffung der Welt der biblischen Schöpfungsgeschichte vergleich=
bar. Der große Geist erschuf die Urmasse der Materie, und
durch die Kraft seines Willens entstand Himmel und Erde.
Er erweckte auch den Hauptgeist des Bösen, dessen Willen ge=
ringere dienstbare Geister ausführen. Die beiden Elemente des
Guten und Bösen streiten beständig um die Oberhand und ziehen
auch das Geschick der Menschen in Mitleidenschaft. Dieser Ge=
danke ist das Fundament ihres religiösen Lebens. Über die
Entstehung des ersten Menschen erzählen die Chippewäer eine
sonderbare Sage, welche leise Anklänge an die darwinistische
Descendenztheorie erwecken könnte. Darnach sollen die Tiere vor

den Menschen auf der Erde geherrscht haben. Durch Zauber=
kräfte aber verwandelten sich einige Tiere in Menschen und
fingen nun an, auf die Tiere Jagd zu machen. Indes heißt
es auch, daß der erste Mensch in den Sommermonaten zum
Vorschein kam und von Beeren lebte; im Winter lag er der
Jagd ob; aber es fiel ein tiefer Schnee und es ward ihm das
Gehen beschwerlich; da versuchte er einen Schneeschuh zu fer=
tigen. Die Form des Schuhes hatte er bald gefunden, aber
das Weben ging ihm schwer von der Hand, so daß er es zuletzt
aufgab. Jeden Abend nun, wenn er müde von der Jagd zu=
rückkehrte, fand er, daß seine Arbeit Fortschritte gemacht hatte;
einmal sah er ein Vöglein auffliegen; am andern Tage fing
er es durch List und unter seinen Händen verwandelte sich der
Vogel in ein wunderschönes Weib. So kam der erste Mensch
zu seiner besseren Hälfte. —

Die meisten nordamerikanischen Indianer glauben an ein
Leben nach dem Tode; befreit von den Banden des Körpers eilt
die Seele nach den glücklichen Jagdgründen, dorthin führt ein
Geisterpfad, die Milchstraße des Sternenhimmels. Doch der
Weg ist mit vielen Mühsalen verbunden, riesige Hunde, Schlan=
gen, Abgründe und reißende Ströme lauern darauf, den Wanderer
der in das Land der Seelen zieht zu verschlingen. Auf jeden war=
tet ein Gottesgericht, ehe er dies Paradies erreicht, um die Guten
von den Bösen zu sondern. Er muß eine Brücke über einen
dunklen, rauschenden Strom überschreiten; die gerechte Seele
findet mit leichter Mühe ihren Weg und ein Kahn führt sie
sicher und wohlbehalten in die glücklichen Jagdgründe hinüber,
wo reiches Wild und köstliche Spiele nebst allem, was einen
Krieger erfreut, ihrer warten, die gottlose Seele aber stürzt
hinab in den Strom, wo sie in ewigem Kampf mit den Wellen
bleiben muß, oder sie wird in das Land der ewigen Qual fort=
gerissen.

Als allgemein giltiges Charaktermerkmal der Indianer der Vereinigten Staaten läßt sich die auffällige Schwäche ihres Geistes, für die Zukunft zu sorgen, bezeichnen. Das zeigt sich in der Gleichgiltigkeit gegen das Ansammeln von Nahrungsmitteln für kommende Zeiten der Not. Nur was der augenblickliche Hunger fordert, darnach steht ihr Sinn. Sie werden auch durch Schaden nicht klüger. Haben sie in mageren Jahren Hunger gelitten, so leben sie in fetten Jahren ebenso unbesorgt vor ähnlichen Übeln vom Überfluß des Wildes und der Früchte. Ohne Murren Hunger zu leiden galt daher nicht selten für eine Ehre, schon der Knabe wurde von Kind an zum Fasten angehalten. Es fehlte an einem regelmäßigen Ertrage des Ackerbaues; der Mais, das indianische Korn, war die einzige Pflanze, welche man säete; der Mann hielt es obendrein für unter seiner Würde, Feldarbeiten mit Hacke und Spaten zu thun, die Frau war sein Lasttier; sie mußte den Mais pflanzen, das Mahl bereiten, den Wigwam bauen, die Mocasins (Schuh-Sandalen) schneiden und auf dem Marsch das Gepäck tragen. Dazu kamen die beständigen Wanderungen von Ort zu Ort, die angebauten Felder blieben liegen und wiederum lebte man von der Hand in den Mund. Haustiere haben die Indianer niemals gehalten, obgleich der Büffel und das Elentier die günstigste Gelegenheit dazu boten. Auch hiervon scheint der Mangel an festen Wohnsitzen der Hauptgrund gewesen zu sein. Der Indianer bleibt in diesem Punkte in der That hinter den niedrigsten Völkern der Erde zurück. Es fehlte ihm durchschnittlich an einem klaren Überblick über vorliegende Verhältnisse und Würdigung derselben, sein Horizont war eng begrenzt. Die größten Krieger zeigten sich unfähig weitreichende Pläne zu fassen oder gar mit Umsicht und Ausdauer die feinen Fäden eines politischen Gewebes fortzuspinnen, wie sehr sie auch im einzelnen schlau und geschickt zu operieren verstanden. Eng damit zusammen hängt ihre schlaflose Vorsicht. Sei es unter Freund oder Feind, jeden Augenblick lugten sie mit heimlichem Verdacht umher. Sie sprachen

wenig, und jedes ihrer Worte war wohl erwogen. An Selbstbeherrschung, stoischer Ruhe, Geduld, Entsagung, Festigkeit und

Fig. 3.

Ein indianisches Dorf. (Nach einer Originalzeichnung aus dem Jahre 1640.)

Tapferkeit sind sie von keiner Nation übertroffen worden. In
den meisten Fällen waren sie gute Patrioten, welche bis auf den
letzten Tropfen Bluts die Gräber ihrer Väter verteidigten.

Ein hervorragend edler Charakterzug der Indianer war ihre Gastfreundschaft; mit großer Achtung und Zuvorkommenheit wurde ein Fremder aufgenommen, das beste Wigwam bekam er angewiesen und alle Speisen vorgesetzt, die man hatte. Man war ungehalten, wenn er nicht aß, gleichviel ob er Appetit hatte oder nicht. Selbst seine letzten Vorräte an Lebensmitteln reichte der Gastgeber willig seinem Gaste dar.

Das Leben des Indianers füllten Jagd und Krieg aus; allen Rauheiten des Wetters war er ausgesetzt, Nächte lang lag er ohne Bedeckung, sein Lagerfeuer nur schützte ihn vor den Tieren des Waldes. Der Wigwam, eine einfache Hütte um eine Mittelstange konstruiert und mit Fellen oder Baumrinden bedeckt, war seine heimatliche Behausung. Das ganze Gebäude trug einen provisorischen Charakter und zerfiel bei einem Wechsel der Wohnsitze bald. Die Wigwams reihten sich in Gruppen zu einem Dorf. — In alten Zeiten kleideten sich die Indianer in Hirschfelle. Das Gewand des Häuptlings war mit Stickereien verziert und eine Kette von verschiedenen Steinen schmückte seinen Hals. Die Weiber trugen den Oberkörper meist unbedeckt, ihr geflochtenes Haar fiel über die Brust herab. Enten-, Reiher- und Adlerfedern wurden zum Kopfputz verwendet. Alle Indianer tättowierten sich und bemalten ihre Haut mit bunten Farben. Allerlei Tierfiguren malten sie sich auf den Leib. Ebenso verbreitet war die Sitte des Skalpierens der Feinde; mit drei geschickten Kreisschnitten trennte man ihnen die Kopfhaut ab, und der Skalp galt als Siegestrophäe für den wertvollsten Schmuck des Kriegers.

Die Abschließung der Ehe war allgemein bei allen Stämmen Nordamerikas; sie geschah indes ohne sonderliche Feierlichkeiten, sehr oft war sie nur ein Handel, welchen der junge Mann mit den Eltern um ihre Tochter einging. Er sandte ihnen ein Geschenk oder eine Kaufsumme; nahmen sie es an, so billigten sie damit stillschweigend die Ehe. Alsdann zog der Neuvermählte in den Wigwam seiner Schwiegermutter, welche die

Wirtschaft führte, und gründete erst ein eigenes Heim, nachdem ihm das erste Kind geboren war. In Distrikten, wo die Nahrung spärlich und eine Familie schwer zu erhalten war, begnügte sich der Krieger mit einem Weibe. Sonst ist die Vielweiberei bei den Indianern nicht verboten. Die Ehe war ge=

Fig. 4.

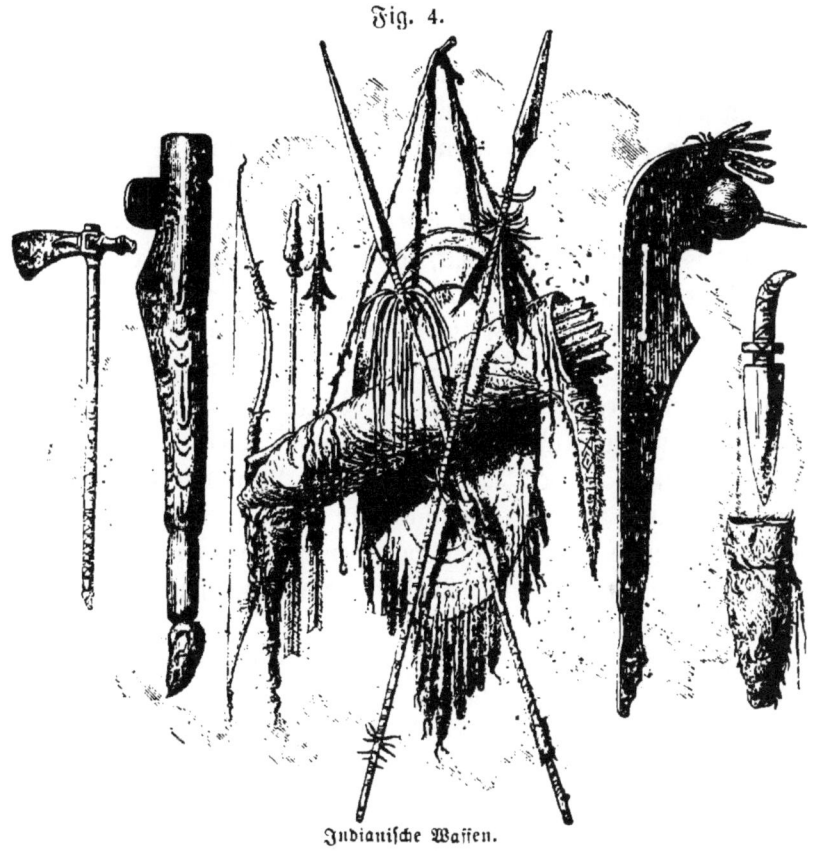

Indianische Waffen.

wöhnlich unauflösbar, doch weichen hierin die Anschauungen einzelner Stämme sehr ab. Bei den Creeks, einer Völkerschaft des großen Stammes der Algonquins, wird die Keuschheit für keine Tugend angesehen, und Treue gehört nicht zum ehelichen Glück; oft tauschen die Männer auf einige Zeit ihre Weiber,

und das Anbieten ihrer Gattinnen gehört zur Gastfreund=
schaft. Die indianische Frau oder „Squaw" hatte ein hartes
Los. Die grenzenlos niedrige Behandlung von Seiten der
Männer übersteigt fast alles, was wir an Gleichgiltigkeit und
Grausamkeit gegen das weibliche Geschlecht bei afrikanischen und
australischen Völkern finden. Selten hatte eine Familie mehr
als 2—3 Kinder. Bei wenig mütterlicher Liebe und den Stra=
pazen eines unstäten Wanderlebens starben viele Säuglinge schon
in frühester Jugend. Zärtlicher als die Mutter behandelte der
Vater seine Kinder: er konnte ohne Klage jeden Schmerz ver=
beißen, doch das Leiden oder der Tod seines Kindes erpreßte
ihm Thränen. Den Verlust eines hoffnungsvollen Sohnes hielt
er für das größte Mißgeschick, welches ihn immer treffen könne.
Wurde der Sohn vom Feinde gefangen, so kaufte ihn oft der
Vater mit seinem eigenem Leben frei und erlitt statt seiner den
Feuertod am Pfahle. Der Sohn wurde dann das Haupt der
Familie und sorgte für sie wie ein Vater.

Das unaufhörliche Kriegsleben und die vielen Entbehrungen
der Streifzüge in den weiten Steppen Nordamerikas bildeten
einige Vorzüge bei den Indianern in erstaunlichem Maße aus.
An Tapferkeit sind sie kaum von den Spartanern übertroffen
worden und an unerschütterlicher Selbstbeherrschung den Rö=
mern vergleichbar.

Die Indianerkriege waren nur Guerillakriege, eine offene
entscheidende Feldschlacht lieferte man nie. Kleine Horden brachen
los. Unversehens überfiel eine wilde, heulende Kriegsschar wie
eine Meute Hunde den Feind, plünderte ihn aus, tötete mög=
lichst viele und verschwand ebenso schnell mit den Skalpen ihrer
Schlachtopfer, ohne selbst viele Verluste an Mannschaft erlitten
zu haben. Erst dann galt ein Sieg für vollkommen, wenn er
durch verschlagene Strategie und ohne Verminderung der eigenen
Kriegerzahl gewonnen war. Ein Soldatentod in unserem Sinne
stand bei den Indianern nicht in hohem Ansehen: durch List
und blitzschnelle Operation mußte der Sieg errungen sein, nicht

durch Mut und Stärke allein, die eher als ein Zeichen von Un=
überlegtheit und Mangel an Schlauheit getadelt wurden. Ihre
Heere hatten fast gar keine Bagage und keinen Ballast an Fou=
rage, höchstens etwas gemahlenen Mais führte der Krieger bei
längeren Expeditionen mit sich; sonst verließ man sich auf das
Wild der Wälder. Ohne jede Last, nur mit Waffen beschwert,
legten sie weite Märsche mit äußerster Geschwindigkeit zurück.
Der Häuptling schritt voran, in seine Fußspuren trat der Nächste,
so wand sich der Zug, ohne jeden Lärm, einer Schlange
ähnlich dahin. Der letzte Krieger bedeckte bei drohender Ver=
folgung mit Laub und Zweigen die Spur. Gesicht und Gehör
waren aufs feinste entwickelt, ihr Scharfsinn verließ sie nie,
eine Kriegslist zu ersinnen oder das Versteck des Feindes auf=
zuspüren.

Die Waffen der Indianer waren in alter Zeit roh. Der
Tomahawk, die Streitaxt war ursprünglich von Stein, erst nach
Ankunft der Europäer fertigte man ihn aus Eisen. Neben diesen
spezifisch indianischen Waffen führte man auch Pfeil und Bogen,
eine auf bestimmte Entfernung furchtbare Waffe, gewöhnlich
nur zur Jagd verwendet; mehr Kriegswaffen waren Speere mit
Stein= und Eisenspitzen und bunt mit Federn geschmückte Keulen.
So sehr veränderten die Indianer ihre alten Kriegsgewohnheiten,
daß sie ihre Angriffe später zu Pferde machten und sich bald
Flinten, wenn auch von schwerem Kaliber und alter Kon=
struktion, zu verschaffen wußten. Die amerikanischen Händler
schlugen alle alten Gewehre an sie los. Namentlich die Wald
völker strebten sehr nach dem Besitz eines Feuerrohrs.

Die staatliche Verfassung der Indianer war eine oft nur
lose Stammeszugehörigkeit; in Zeiten des Krieges erwählte man
ganz wie bei den alten Deutschen zur Zeit der Völkerwande=
rungen den tapfersten und tüchtigsten zum Häuptling. Per=
sönliche Vorzüge allein sicherten seine Stellung. Selten war
seine Macht in Friedenszeit mehr als nominell. Jeder Stamm
zerfiel in Sippen, welche man recht passend mit den Klans der

Schotten verglichen hat. Den Namen eines Klans bezeich=
nen die Algonquins als „Dodaim" oder „Totem". Jeder
Totem hat sein Stammtier, welches er als Sinnbild im Schild=
wappen führt. Es giebt Stämme des Wolfes, des Bären, des
Raben, des Adlers. Das Stammessymbol ist bildlich auf der
Hütte des Häuptlings angebracht, Boote, Schilde, Waffen, Helme
tragen dies Zeichen. Bei Tänzen tritt die Sippe in Gestalt
ihres Sinnbildes auf. Der Totemismus ist keine ausschließliche
Eigentümlichkeit des roten Mannes, auch bei den Jakuten und
anderen Asiaten, sowie bei den Betschuanen Südafrikas und den
Australnegern kehrt er wieder. Das strengste Verbot schließt
derselbe in sich, daß niemals jemand innerhalb des Totem heirate.
Von ungemeiner Tragweite für die Entwickelung der sozialen
Verhältnisse der Indianer ward auch die Ordnung der Erbfolge.
Sie bewegte sich beständig in der Linie des Weibes. Das Kind
nimmt immer das Totem der Familie seiner Mutter, niemals
das der Familie seines Vaters an. Daher durfte kein Sohn
eines indianischen Häuptlings auf Grund seiner Erbansprüche
Nachfolger seines Vaters werden. Hierin ist die Ursache zu
suchen, weswegen bei den Indianern Nordamerikas niemals erb=
liche Familiendynastien entstanden sind. Im ganzen herrscht
durchaus die Ratsversammlung aller waffenfähigen Männer des
Stammes. In allen wichtigen Fällen wurde ein Kriegsrat be=
rufen, woran alle teilnamen, die einen Feind erlegt hatten; wie
immer, war die Stimme der Alten bei der Beratung wichtig und
entscheidend. Eine strenge, parlamentarische Ordnung herrschte
bei solchen Versammlungen; schweigend saßen alle im Kreise um
das Ratsfeuer, wenn als Eröffnung die buntgeschmückte Frie=
denspfeife von Mund zu Mund ging. Der älteste Krieger nahm
darauf zuerst das Wort und äußerte seine Ansicht; seinem Beispiel
folgten die übrigen. Sofort schritt man zur Verwirklichung der
Beschlüsse. — Dieser Rat bildete die einzige Grundlage des staat=
lichen Lebens der Indianer, wenn anders davon die Rede sein
kann. Denn es gab kein höchstes Gesetz, giltig für jedermann;

wer beleidigt war, verschaffte sich selber Genugthuung; Faustrecht
und Blutrache wüteten auf das entsetzlichste. Der Blutrachekrieg
zwischen Chippewäern und Sioux zog sich durch Jahrhunderte hin.

Die Art der Bestattung war eine mannigfaltige, je nach dem
Herkommen der verschiedenen Stämme. Einige legten die Leiche
auf die flache Erde und erbauten darüber ein kleines Haus, ge=
deckt mit Borke; andere senkten den Körper in sitzender Stellung
in ein Grab; auch bestattete man in einer Art Hängematte,
welche zwischen einem Gerüst oder auf Bäumen schwebend ange=
bracht wurde. Der Indianer wünschte alles, was er im Leben ge=
schätzt hatte, mit sich begraben zu sehen, damit er wohlgerüstet
und geschmückt in das Geisterland fahren könne. Sein Toma=
hawk und Messer legte man ihm unters Haupt, seinen Bogen
und Pfeil ihm zur Seite. Dem gefallenen Häuptling steckte man
oft seine Schmucksachen in die Hand und tötete sein Lieblings=
pferd und seinen Lieblingshund, damit beide ihm in die glück=
lichen Jagdgründe folgten. —

Die Sprache der Indianer war sowohl im alltäglichen Ver=
kehr als bei feierlichen Anlässen in hohem Grade figürlich und
bilderreich, oft poesievoll und erhaben. Der innige Verkehr mit
der Natur in ihrer unerschöpflichen Mannigfaltigkeit und hehren
Majestät gab dem Sohn der Wildnis eine Fülle von plastischen
Anschauungen. Er schilderte daher gern die Dinge, indem er die
Bilder der Natur auf die Erscheinungen des Lebens übertrug.
Von der „glänzenden Sonne" sprach er, wenn er die Idee des
Glückes versinnbildlichen wollte, Mißgeschick nannte er „drohende,
dunkle Wetterwolken", Krieg erklären hieß „den Tomahawk aus=
graben", Frieden schließen das „Calumet (Friedenspfeife) anzün=
den"; „der Schnee von siebzig Wintern liegt auf meinem Haupte",
sagte ein alter Mann, um zu bezeichnen, daß er siebzig Jahre
alt sei.

Auf Grundlage der verschiedenen Sprachidiome der nord=
amerikanischen Indianer ist die Gruppierung in acht große Völ=
kerschaften unternommen worden, jedoch es liegt ihnen allen trotz

großer Mannigfaltigkeit der Dialekte ein gemeinsamer Urtypus
zu Grunde, und sie lassen sich auf einen einzigen Sprachstamm
zurückführen. Im ganzen soll die Zahl der gesonderten Dialekte
sich auf 500 belaufen. Die Sprachen des großen Algonquin=
stammes und der südöstlichen Völkerschaften sind reich an Flexionen,
die Dialekte der Huronen und Irokesen dagegen haben wenig
Konsonanten und Biegungen. Bei den Dakotas spielen die
Präfixe eine große Rolle, und die Einfachheit und Knappheit
ihrer Satzbildung ist so auffallend, daß man an die klassische
Sprache der alten Welt erinnert wird. Die Sioux und ihre
Verwandten zeichnen sich besonders durch die gehäuften Kehl=
laute aus. — Der Cherokee=Indianer Siquolah, von den Weißen
George Gueß genannt, erfand ein Silbenalphabet für seine
Muttersprache. Mit unermüdlichem Eifer sammelte er die ver=
schiedenen Laute seiner Sprache, deren Zahl mehr als 200 be=
trug. Er verminderte sie auf 186 und kratzte mit einem Nagel
seine Zeichen auf Rinde. Eine englische Druckschrift scheint ihm
als Vorbild gedient zu haben, denn die Formen seiner Lettern
haben eine große Ähnlichkeit mit englischen, lauten indes ganz
anders. Anfangs fiel Siquolah in den Verdacht der Zauberei
und Schwarzkunst, bis er vor den Häuptlingen seines Stammes
eine Probe der Nützlichkeit seiner Erfindung abgelegt hatte. Als
man sich überzeugt hatte, daß keine übernatürlichen Kräfte im
Spiele seien, durfte er junge Leute in seiner Schrift unterrichten.
Bald wurde das neue Testament in der Cherokeesprache gedruckt,
und 1825 erschien sogar eine Zeitung mit Siquolahschen
Lettern. Der Erfinder starb 1843 zu San Franzisko. Eine
große Verbreitung hat sein merkwürdiges Alphabet nicht ge=.
funden.

5. Die Entdeckungsreisen der Nordländer.

Es giebt Erfindungen und Entdeckungen, welche zu früh
gemacht werden und deshalb ohne nachhaltigen Einfluß auf die
Entwicklung der Gesamtkultur geblieben sind. Schon lange vor

unserer Zeitrechnung hatten die Phönizier Afrika umschifft und den Seeweg nach Ostindien gefunden, aber erst nach 2000 Jahren eröffnete die Entdeckungsreise Vasco de Gamas den Verkehr auf diesem Wege. So war auch das vielersehnte, fabelhafte West= indien schon Jahrhunderte vor den Spaniern, Portugiesen und Engländern von Europäern entdeckt und besiedelt worden. Den

Fig 5.

Ein normannischer See=König aus dem elften Jahrhundert.

kühnen Nordlandsfahrern gebührt der Ruhm einer vorkolum bischen Entdeckung Amerikas! Grönländische, isländische und norwegische Chroniken legen ein unzweifelhaftes Zeugniß dieser erstaunlichen Thatsache ab.

Nachdem Island im neunten Jahrhundert durch den un= zufriedenen Adel Norwegens bevölkert worden war, wurde im

zehnten Jahrhundert zunächst das nur 27 Meilen entfernte
Grönland aufgefunden. 986 gründete Erich der Rote daselbst
eine Ansiedlung und residierte zu Brattalid im Eriksfjord. Ihn
begleitete Herjulf Bardsen, welcher sich zu Herjulfsnes (Ikigeit)
niederließ. Bjarne, sein Sohn, kam zu derselben Zeit von Norwegen nach Island, und da er seinen Vater nicht vorfand, beschloß er trotz seiner Unkenntnis der nördlichen Gewässer, ihm
nach Grönland zu folgen. Allein anhaltende Nordwinde trieben
ihn weit in die See hinaus. Endlich kam er an ein Land,
welches den Beschreibungen nach Grönland nicht sein konnte,
denn es war teils bergig und kahl, teils bewaldet und flach:
Bjarne Herjulfson sah zuerst die Küste von Nordamerika im
Jahre 986, vermutlich das Baffins-Land und die Küste von Labrador, landete indeß nicht, sondern erreichte bei günstigen West-
winden in wenigen Tagen Grönland. — Die Reise Bjarnes erregte in Island und Grönland großes Aufsehen. Man war
unzufrieden, daß er dies neue Land nicht näher untersucht hatte
und beschloß eine neue Entdeckungsreise. Etwa um das Jahr
1000 kaufte Leif, ein Sohn Erichs des Roten, Bjarnes Schiff
und stach mit einer Besatzung von 35 Mann in See. Unter
der Mannschaft war auch ein Deutscher, Namens Tyrker, der
vom Rheine her gewesen sein soll und ein Jugendgespiele Leifs
war. Sie stießen zuerst auf die Küste, welche Bjarne gesehen
hatte, fanden sie aber wenig verlockend wegen ihrer nackten Felsen und Gletscher: daher gaben sie dem Lande den Namen
Helluland, d. i. Steinland, welches sich in Helluland it mikla
(das große) und Litla Helluland (das kleine) teilte; ersteres ist
Baffins-Land und Labrador, letzteres die Insel New-Foundland.
Darauf landeten sie auf einer anderen Küste, welche flach war,
und auf den Hügeln wuchs viel Wald; daher nannten sie dies
Land Markland, d. i. Waldland, das heutige Nova Scotia, New-
Brunswick und Unter-Canada. Von hier fuhren sie mit Nord-
ostwind zwei Tage westwärts; in einem Binnensee, aus dem ein
Fluß sich ins Meer ergoß, warfen sie Anker. Das Land war

reich an Früchten, Waldungen und Tieren. Sie beschlossen da-
selbst zu überwintern und bauten sich Häuser, die sogenannten
„Leifsbudir". Eines Tages war der Deutsche Tyrker verschwunden.
Als man sich schon anschickte ihn zu suchen, kam er jubelnd mit
Weinranken und Trauben in den Händen aus dem Walde ge-
sprungen. Er versicherte den Nordländern, daß er aus einem
Lande sei, wo diese Frucht in Menge gebaut würde. Leif nannte
infolgedessen dies herrliche und fruchtbare Land Vinland, d. i.
Weinland, welches die Küsten der Staaten Massachusetts, Rhode-
Island, Connecticut und New-York bis New-Jersey umfaßte. Im
Frühling des nächsten Jahres kehrte Leif mit Bauholz und
Weintrauben reich beladen nach Grönland zurück. Seitdem wur-
den häufig Reisen nach dem gesegneten Lande im Westen unternommen. Schon 1003 folgte Thorwald seinem Bruder Leif.
Er wagte sich noch weiter nach Süden bis Carolina, Georgia
und Florida hinunter, welche Länder er Irland it Mikla, d. i.
Großirland und Hvitramannaland, d. i. Land der weißen Männer,
nach der weißen Tracht der Eingeborenen, nannte, wurde aber
schon 1004 von den Wilden erschlagen.

Der berühmteste Entdecker Amerikas ist Thorfinn Karlsefne, ein isländischer Kaufmann, welcher 1006 nach Grönland
kam, die Gudrid, Witwe des auf einer Fahrt nach Vinland um-
gekommenen Thorsten heiratete und im nächsten Jahre mit zwei
Schiffen in Begleitung seiner Frau und 160 Mann Besatzung
eine Entdeckungsreise nach Vinland antrat. Nachdem sie an
Helluland und Markland vorübergefahren waren, landeten sie in
Vinland, woselbst sie eine Kolonie gründen wollten, denn sie
hatten sich mit Vieh und Getreide versehen. In der That hielt
Karlsefne eine Ansiedlung an der Stelle, wo die Leifsbudir standen, drei Jahre hindurch gegen die wütenden Angriffe der Eingebornen aufrecht. Er nannte diese Bucht Hóp, noch heute als
Mount Hope oder Hopes Bay bezeichnet, welche durch einen
engen, aber schiffbaren Fluß mit dem Ozean in Verbindung steht.

In dieser Kolonie gebar auch die Gemahlin Karlsefnes,

Gudrid, einen Sohn, Namens Snorre, welcher der Stammvater eines berühmten isländischen Geschlechtes wurde. Seine Enkel zeichneten wahrscheinlich als Bischöfe in Island die Nachrichten über die Expeditionen Karlsefnes auf.

Es kann als eine feststehende Thatsache betrachtet werden, daß der Verkehr zwischen Vinland und Grönland in den folgenden Dezennien in der Zunahme begriffen war. Ging doch Erik, der erste grönländische Bischof, im Jahre 1121 zu den Kolonisten nach Vinland hinüber, um sie zu bekehren oder im Glauben zu erhalten. Das ganze elfte und zwölfte Jahrhundert hindurch ist der Verkehr mit den Kolonieen im jetzigen Nordamerika fortgesetzt worden, ja die Nachrichten über Handelsreisen reichen bis ins dreizehnte und vierzehnte Jahrhundert. Spuren der Ansiedlungen von Nordländern in Runeninschriften auf Steinblöcken und in Ruinen sind sehr fraglich, daß aber ein altes Gebäude in der Stadt Newport auf Rhode-Island von ihnen herrühren soll, ist ganz unglaubwürdig.

Die frühe Entdeckung Amerikas durch die Nordländer ist zu keiner nachhaltigen allgemeinen Bedeutung für Europa gelangt. Einem späteren Jahrhundert blieb es überlassen, den neuen Weltteil für immer mit dem Osten in Verbindung zu setzen.

6. Die Entdeckungen der Engländer.

Niemand wird dem großen Genuesen Columbus den Ruhm streitig machen wollen, den unbestimmten Glauben seiner Zeit, welcher in der Vorstellung jedes denkenden Seefahrers geschlummert haben mag, daß jenseits des Atlantischen Oceans sich einst große Länderstrecken aufthun würden, zuerst vor den Augen der alten Welt verwirklicht zu haben. Und doch nehmen die Engländer die erste Entdeckung Nordamerikas mit Recht für sich in Anspruch. Die blutigen Kriege der roten und weißen Rose waren beendet, Handel und Industrie blühten unter der weisen Regierung Heinrichs VII. wieder auf, und die Lust nach Abenteuern wurde an allen Orten wach. Der König begünstigte diese Regungen,

weil er gegenüber den Staaten am Atlantischen Ozean, Frankreich, Spanien und Portugal, die nach der ersten sicheren Nachricht von einem Lande im Westen mit England in Konkurrenz
traten, bei Zeiten die Interessen seines Landes zu wahren
wünschte. Ein venetianischer Kaufmann, Namens John Cabot,
welcher zu Bristol sich niedergelassen hatte, erhielt ein Patent
von König Heinrich, welches ihn und seine drei Söhne bevollmächtigte, Entdeckungsreisen in allen Himmelsrichtungen zu
machen und von allen neuen Ländern im Namen Englands Besitz zu ergreifen. Am 24. Juni 1493, ehe noch Columbus den
Kontinent von Amerika aufgefunden hatte, erreichte John Cabot
das heutige New-Foundland und gab ihm den Namen Prima
Vista d. i. erster Blick. Es ist nicht unwahrscheinlich, daß dunkle
Gerüchte von früheren Entdeckungen, welche die Isländer über
Grönland nach dem Nordwest zu gemacht hatten, durch Kaufleute
aus Bristol, welche wegen der Fischerei des Nordens lange mit
Isländern gehandelt hatten, zuerst an das Ohr John Cabots
gedrungen waren. Die Expedition nach Amerika war durchaus
ein Privatunternehmen, der König hatte sich nur den fünften
Teil des Gewinnes reserviert, Ausrüstung und Reisekosten bestritt
Cabot aus eigenen Mitteln. Ungefähr auf dem fünfzigsten Grade
nördlicher Breite langte er in Amerika an; er fuhr durch die
Straße von Belle-Isle und die unwirtliche Küste von Labrador
entlang. Die ganze Ausbeute seines Unternehmens bestand in
drei gefangenen Wilden, die er König Heinrich überbrachte, und zwei
Truthähnen, den ersten Exemplaren dieser Vogelart in Europa.

Schon im nächsten Jahre nach der Rückkehr John Cabots
ging sein Sohn Sebastian, ein geborener Engländer von großer
Fernsicht und Ausdauer, welchem das englische Volk einen Kon-
tinent zu verdanken hatte, mit 300 Mann unter Segel. Der
Zweck seiner Reise war, zu untersuchen, ein wie beschaffenes Land
die Westindier bewohnten, und wenn möglich eine nordwestliche
Durchfahrt nach China aufzufinden. Er fuhr über Island nach
Labrador, wurde aber durch die Eisberge und bittere Kälte des

nördlichen Meeres gezwungen, seinen Kurs mehr nach Süden zu richten; an den Gestaden der Vereinigten Staaten hinab fahrend kam er bis Maryland oder vielleicht bis zur Breite des Albemarle=Sundes. Mangel an Lebensmitteln nötigten ihn endlich zur Rückkehr nach England. Er soll den ganzen Küsten= strich, welchen er sah und untersuchte, für die englische Krone in Beschlag genommen haben. Aus

Fig. 6.

Sebastian Cabot.

den frühen Entdeckungen der beiden Cabot folgerte man ein Prioritäts= recht Englands auf Nordamerika. Eine Bewilligung des päpstlichen Stuhles wußte das Parlament sich später zu verschaffen, und man preist noch heute die durch einen solchen Rechtstitel geschützte Energie Englands im Besitzergreifen. Bis 1578 machte England keine An= stalten, das Land der Cabots zu kolonisieren; aber unter der Königin Elisabeth wurde namentlich Sebastian Cabot zu einem National= helden erhoben und seine Entdeckung ausgebeutet.

7. Portugiesische Entdeckungen.

Der König von Portugal empfand lebhafte Reue, daß er die Anerbietungen Columbus' vordem ohne weiteres zurück= gewiesen hatte, nachdem er gesehen, mit welchem Erfolg die See= reisen gekrönt, und wie reiche Schätze Spanien, seinem Nachbar= lande, eröffnet waren. Um nun das Versäumte nachzuholen, sandte er zwei Seeleute nach verschiedenen Richtungen aus. Cabral sollte um das Kap der guten Hoffnung nach Ostindien fahren, wurde aber vom Sturme über den Atlantischen Ocean getragen und entdeckte im Jahre 1500 durch Zufall Brasilien. Cortereal dagegen empfing die Bevollmächtigung zu einer nörd= lichen Entdeckungsreise. In dem nächsten Jahre landete er an

der Küste von Labrador und suchte wie Sebastian Cabot nach
einem nordwestlichen Durchgang nach Indien. Er kam indes
kaum über den fünfzigsten Grad hinaus, und der Name Labrador,
welcher fast die einzige bleibende Spur von Portugiesen in
Nordamerika ist, hat später eine Verschiebung von Süden nach
Norden erlitten. Gaspar Cortereal zog an der Küste Nord=
amerikas entlang und stellte genaue Beobachtungen über Land
und Leute an. Er fand eine üppige Vegetation und dichte
Laubwälder, deren schlanke Stämme ihm zu Bauholz und
Masten als wertvolle Handelsartikel erschienen; auch meinte er,
daß die Indianer zur Arbeit tauglich seien. Fünfzig Eingeborene
führte er gefangen nach Portugal mit sich und verkaufte sie dort
als Sklaven. Bald unternahm er eine zweite Reise, von der er
nie wiederkehrte. Man vermutet, daß er von den rachsüchtigen
Eingeborenen erschlagen sei.

8. Französische Entdeckungen.

Den kühnen Fischern der Bretagne und der Normandie
waren die ergiebigen Fischbänke von New=Foundland schon früh
bekannt. In Frankreich hielt man normannische Fischer allgemein
für die Entdecker des Landes; sowohl der Name der Insel (Terre=
Neuve) als auch der des Kaps Breton stammen aus der Heimat
dieser Fischer. Denys, ein Bürger aus Honfleur, fertigte schon
1506 eine Karte des Golfs von St. Lorenz. Die Bewohner des
nordöstlichen Frankreichs wurden reich durch ihren transatlanti=
schen Fischhandel. Als im Jahre 1524 diese Dinge dem König
Franz I., dem Freund der italienischen Humanisten und des
unternehmenden Geistes venetianischer und genuesischer Seefahrer,
zu Ohren kamen, gewann er Giovanni Verrazzani, einen Floren=
tiner, für eine Entdeckungsreise nach dem hoffnungsvollen Land.
Mit einem einzigen Schiff stieß Verrazzani in die hohe See;
doch furchtbare Stürme warteten seiner, sodaß er sich glücklich
schätzen konnte, als er nach einer fünfzigtägigen Reise wohl=
behalten den neuen Kontinent erreichte. Er war in eine Gegend

verschlagen, welche noch nie ein Europäer betreten hatte, etwa in die Nähe von Wilmington. Die Küste Nord-Karolinas lag vor ihm. Lange suchte er nach einem passenden Landungsplatz, denn die Küste war seicht. Die Eingebornen des Landes nahmen ihn freundlich auf und ließen sich in einen Tauschhandel ein. So herrlich däuchte den Franzosen die neue Erde, daß sie glaubten, die Farbe des Bodens verriete überall eine Überfülle an Gold. Verrazzani lenkte sein Schiff nordwärts bis Delaware, New-Jersey und Rhode-Island. Der jetzige Hafen von New-York, sowie die breite Bucht von Newport und Providence fielen ihm als günstige Kolonisationspunkte besonders ins Auge. In demselben Jahre noch kehrte Verrazzani nach Frankreich zurück und schrieb einen Reisebericht über die neuentdeckten Län-dereien. Er nannte den ganzen Küstenstrich Neu-Frankreich, ein Name, der später auf Kanada beschränkt ward. Seine Be-schreibung ist die älteste schriftliche Überlieferung über die Ost-küste der Vereinigten Staaten. Frankreich hatte in der That auf Grund der Entdeckungen Verrazzanis ein Anrecht auf ein weit ausgedehntes Küstengebiet von Nordamerika und hat im Lauf der Zeit nicht unterlassen, dasselbe für sich geltend zu machen.

Der König Franz ward durch die unglücklichen Kriege mit Karl V. so sehr in Anspruch genommen, daß er für Kolonial-politik wenig Zeit übrig hatte. Indes setzten die normannischen Fischer ihren Handel mit amerikanischen Fischen fort. Ein eng-lischer Kapitän sah im Jahre 1527 allein sieben Fahrzeuge der Normannen im Hafen von St. John auf New-Foundland. Endlich nahm sich Chabot, der einflußreiche Admiral Frankreichs, der Sache der Fischer an; er wußte Franz für eine erneute Entdeckung und Kolonisierung der Länder Verrazzanis zu ge-winnen. Eine Expedition wurde vorbereitet, an deren Spitze man Jaques Cartier, einen Seemann aus St. Malo, stellte. Seine erste Reise fällt in das Jahr 1534 und ist wichtig wegen der Entdeckung des Golfs von St. Lorenz, welchem er diesen Namen gab. Denn er fuhr nach einer Reise von nur 20 Tagen am heiligen Laurentiustage in diese Bucht ein. Auf seiner zweiten Reise entdeckte er auch den St. Lorenz-Strom. Er fuhr den Fluß hinauf und kam an eine hervorragende Ansiedlung der Indianer, genannt Hochelaga. Voll Verwunderung über die

Fig. 7.

Jaques Cartier.

herrliche Lage dieses Ortes, gab er ihm den Namen Mont Real, später in einem Worte, Montreal, geschrieben. Im Geist sah Cartier von der Höhe aus über Berg, Wald und Gewässer schauend die Insel Hochelaga als den Mittelpunkt eines blühen-

den Handels in der neuen Kolonie Frankreichs. Ein Kreuz
wurde aufgepflanzt, Schild und Waffen Frankreichs daran ge=
hängt mit einer Inschrift, welche den König von Frankreich zum
rechtmäßigen Herrn des Landes erklärte. Viele junge Edelleute,
welche vom Rufe Neu=Frankreichs gelockt, sich seiner Expedition
angeschlossen hatten, waren bei dieser feierlichen Besitznahme zu=
gegen. Man überwinterte im St. Lorenz=Strom. Allein die
größere Hälfte der Mannschaft erlag dem furchtbaren Skorbut.
Die Indianer nahmen Cartier freundlich auf, er aber soll ihnen
dafür ihren Häuptling nach Frankreich entführt haben. Im
Juli des Jahres 1536 lief Cartier wiederum in den Hafen von
St. Malo ein.

Vergebens hatten er und sein Nebenbuhler Roberval in
der Nähe des heutigen Quebec Kolonisationsversuche gemacht.
Der Eifer der Franzosen für das entdeckte Land erlosch
für mehrere Jahrzehnte, bis unter der Regierung König
Heinrichs IV. den Bürgerkriegen religiöser Fanatiker ein Ziel
gesetzt wurde. Das furchtbare Elend, welches unter Karl IX.
über die französischen Protestanten hereingebrochen war, legte
ihnen den Gedanken nahe, ihr Heimatland auf immer zu
verlassen und sich in der neuen Welt ein Asyl für die Freiheit
ihres Gewissens zu suchen. Unter eigener Mitwirkung Calvins
hatten die bedrängten Hugenotten an der Küste Brasiliens und
im Hafen von Rio de Janeiro Zuflucht gefunden, und der
Admiral Coligny trug sich lange mit der Idee, in Amerika ein
protestantisches Frankreich zu gründen. Die Führung einer
Expedition nach einem Lande von milderem und gesünderem Klima
wurde einem erfahrenen Seemann, Jean Ribault von Dieppe,
anvertraut. Adel und Bürgerschaft schlossen sich an. Man
landete auf St. Augustine in Florida und entdeckte den St.
Johns Fluß, den St. Matteo der Spanier, welchen man den
Maifluß nannte; die zahlreichen Flüsse entlang der Küste be=
kamen ihre Namen nach französischen Flüssen; da gab es eine
Seine, eine Garonne, eine Loire; ein tiefer und breiter Hafen

fand sich an der Küste Süd=Karolinas an der Mündung des Broad River. Hier auf einer Insel inmitten von uralten Eichen köstlich duftenden Blumen und Geflügel aller Art beschloß man,

Fig. 8.

Ein katholischer Priester und ein hugenottischer Prediger disputieren auf der Überfahrt nach Amerika.
(Nach einem alten Bilde.)

eine Stadt mit Namen Port Royal zu gründen. Eine Festung ward erbaut, die König Karl IX. zu Ehren den Namen Karolina erhielt. Dieser Name ist später auf die ganze Landschaft über=

tragen worden. Ribault überließ die neue Kolonie einstweilen
ihrem Schicksal, um Verstärkungen aus dem Mutterlande herbei=
zuschaffen. Allein der Krieg raste in Frankreich fürchterlicher
als je, und die Verstärkung blieb aus. Ein unfähiger Komman=
dant reizte überdies die sonst friedfertigen Indianer, sodaß die
Kolonisten sich gezwungen sahen, auf einem selbstgefertigten
Schiff die Heimfahrt anzutreten. Eine englische Barke nahm
die vor Hunger und Durst fast erstorbenen Flüchtlinge auf. —
Nach dem Friedensschlusse der Hugenotten mit Karl IX. im
Jahre 1564 plante Coligny eine neue Kolonisation Floridas.
Unter Führung Laudamières, eines sehr einsichtsvollen Mannes,
landete daselbst abermals eine Anzahl Hugenotten. Port
Royal wurde vermieden, dagegen siedelten sich die heimatlosen
Gläubigen an den Ufern des Maisflusses an. Eine neue Festung
Karolina ward errichtet. Frankreich hat später auf Grund dieser
Ansiedlungen verstoßener Protestanten weite Ländereien der süd=
lichen Staaten für sich in Anspruch genommen. Allein nur
kurze Zeit haben sich diese Niederlassungen teils gegen die An=
griffe der Indianer, teils gegen den bigotten Fanatismus der
Spanier von St. Augustine halten können. Spanien hatte ein
älteres Anrecht auf diese Gegenden. Der hochfahrende Philipp II.
war nicht gesonnen, einen Teil seiner katholischen Provinzen an
französische Protestanten abzutreten. Pedro Melendez de Aviles,
ein grausamer und blutgieriger Kriegsmann, ward zum Gouverneur
dieser Distrikte ernannt. Auch in Frankreich regte sich auf die
Kunde von einer blühenden Kolonie in Florida eine blinde Wut
gegen die Ketzer jenseits des Meeres. Mit mehr als 2500 Per=
sonen, bestehend aus Matrosen, Priestern, Jesuiten, ganzen Fa=
milien von Arbeitern und 300 Soldaten, verließ Melendez
Spanien, um die Anhänger Calvins für immer aus Florida zu
treiben. Er überrumpelte die sorglosen Kolonisten vollständig
und richtete ein furchtbares Blutbad an. Greise und Jünglinge,
Weiber und Säuglinge, alles wurde erbarmungslos nieder=
gestoßen, nahezu 200 Menschen wurden getötet, nur wenige

entkamen in die Wälder, unter ihnen Laudamière. Am Tage des St. Matthäus war der Sieg errungen. Dem Heiligen zu Ehren nannte Melendez den Fluß St. Mathio; Messen wurden gelesen und ein Platz für die katholische Kirche auserlesen, während noch das Blut der Ermordeten rauchte. Die gefangenen französischen Flüchtlinge wurden teils zu Sklaven gemacht, teils hingerichtet: „nicht als Franzosen, sondern als Protestanten". St. Augustine, die erste Stadt der Vereinigten Staaten, schoß aus blutgetränktem Boden empor; sie ist ein warnendes Denkmal der Zeiten, in denen die Religion der Liebe die Menschheit zu himmelschreienden Greuelthaten trieb. Der französische Hof verhielt sich kalt und gefühllos, aber dem französischen Volke gereicht es zur Ehre, daß es über die Schicksale seiner Landsleute aufs tiefste empört war. Dominic de Gourgues, welcher ein wildes Abenteurerleben hinter sich hatte, stattete mit Aufopferung aller seiner Habe 3 Schiffe aus und wagte mit 150 Mann einen Angriff auf Florida. Es gelang ihm, die Forts in St. Matteo zu überraschen, allein seine Mannschaft war zu gering, als daß er sich auf die Dauer hätte halten können. Ehe er aber seinen Rückzug nach Frankreich antrat, knüpfte er die gefangenen Spanier auf und befestigte die Inschrift über ihnen: „Dies thue ich nicht Spaniern oder Seeleuten, sondern Schurken, Räubern und Mördern!" — Frankreich ließ die nächste Zeit hindurch seine Ansprüche auf Florida sinken.

Inzwischen hatten die Fischer der Normandie und Bretagne ihren Handel mit Erfolg fortgesetzt. Die Zahl und die Bedeutung stieg von Jahr zu Jahr, und 1578 kreuzten 150 französische Fahrzeuge in den Gewässern New-Foundlands. An diese Thatsache knüpfte sich von neuem die Idee, die Herrschaft der Franzosen in Nordamerika durch eine dauernde Ansiedlung zu sichern. Ein Edelmann aus Bretagne, Marquis der de la Roche, wurde zunächst mit der gleichen Vollmacht ausgestattet, wie einst Roberval, allein es wartete auch ein gleiches Schicksal seiner.

Fast wäre in den nächsten Jahren einem Privatunternehmen die Kolonisation gelungen, wenn nicht Chauvin, welcher von der Regierung ein umfassendes Handelsmonopol erlangt hatte, zu früh vom Tode hingerafft worden wäre. Ihm zur Seite stand Pontgravé, ein Kaufmann von St. Malo.

Ein zweites Privatunternehmen ging von Kaufleuten aus Rouen aus. Der Gouverneur von Dieppe bildete eine Compagnie

Fig. 9.

Samuel Champlain.

aus ihnen und Samuel Champlain von Brouage, ein tapferer und kluger Offizier, trat mit feuriger Begeisterung an die Spitze der Fahrt. Ihm verdankt Frankreich die ersten festen Ansied= lungen in Kanada. Champlain beobachtete sorgfältig jeden Charakterzug der Indianer, studierte genau die geographischen und klimatischen Verhältnisse des Landes und bestimmte schon 1603 an dem Punkt, wo heute die Stadt Quebec, d. i. in der Sprache der Indianer so viel als „Straße", liegt, die Er= bauung eines französischen Forts. — Noch ehe Champlain nach Frankreich zurückkam, hatte schon de Monts eine ausschließliche

Bevollmächtigung auf das Land zwischen dem vierzigsten und
sechsundvierzigsten Breitegrad, etwa von Philadelphia bis Mont=
real, mit dem Titel eines Souveräns von Akadia erhalten.
Unter ihm setzten sich die Franzosen in Port Royal auf Nova
Scotia 1605 zuerst fest.

Bald wurde jedoch das Handelsmonopol de Monts'
widerrufen, und eine Gesellschaft von Kaufleuten aus Dieppe
und St. Malo gründete unter Führung des talentvollen
Champlain 1608 die Stadt Quebec am St. Lorenz=Strom.
Champlain unternahm, von nur zwei Europäern, aber einer wilden
Horde Indianer begleitet, einen Streifzug gegen die Irokesen.
Bei dieser Gelegenheit erstieg er den Berg Sorel und entdeckte
einen langen See, welcher noch heute den Namen seines Ent=
deckers trägt. Damals hörten die Wilden zuerst den Donner
und sahen den Blitz französischer Flinten. Champlain aber ge=
bührt der Ruhm, das Ansehen seines Vaterlandes in der ehedem
Neu=Frankreich genannten Kolonie dauernd befestigt zu haben.
Frankreich war nunmehr im Besitz von Akadia und Kanada.

9. Spanische Entdeckungen.

Die gewaltige Umwälzung, welche die alte Welt durch
Entdeckung eines neuen Erdteils erfuhr, wirkte zunächst am
augenfälligsten auf diejenige Nation, die sich nicht nur der ersten
Entdeckung Amerikas rühmen konnte, sondern auch zuerst bis zum
Großen Ocean vordrang und den Beweis lieferte, daß nicht West=
indien von Columbus gefunden sei, sondern in der That ein
neuer, mit den übrigen Weltteilen in keiner Weise verbundener
Kontinent. Es war im Jahre 1513, als Vasco Nuñez de Balboa,
der Kommandant von Santa Maria el Antigua, mit einer Schar
goldgieriger Spanier, die meist aus Cuba herbeigelockt waren,
unter welchen auch Pizarro, der bekannte Eroberer von Peru,
gewesen sein soll, eine beschwerliche und gefahrvolle Reise durch
Darien nach dem Westen zu antrat. Ein Indianer, welcher von
einem Lande zu erzählen wußte, wo die Schiffe aus eitel Gold

gebaut würden, war Führer der Expedition. Schon hatte man die letzte Höhe fast erklommen, als Balboa seine Truppen Halt machen ließ und allein den Gipfel bestieg. Die endlose Wasserwüste des Großen Oceans lag vor seinen erstaunten Blicken.

Fig. 10.

Vasco Nunnez de Balboa ergreift Besitz vom Stillen Ocean.

überwältigt von der Majestät dieses Schauspiels sank er auf seine Kniee und dankte Gott für die große Entdeckung. Im Namen der Krone Spaniens nahm Balboa von dem neuen Meere Besitz.

Es kann nicht Wunder nehmen, daß die Phantasie der

Spanier angesichts einer unendlichen Fülle von Schönheiten
und Schätzen außerordentlich erregt und ihre Unternehmungs=
lust und ihr Enthusiasmus für Abenteuer in der weiten, großen,
neuen Welt bis zu verblendetem Aberglauben gesteigert wurde.
Europa konnte ihrem zügellosen Ehrgeize nichts mehr bieten,
Amerika war das Land der Romantik geworden, und die süßen
Träume von unermeßlichen Schätzen wirkten zauberisch auf den
jungen Adel Spaniens. Niemals hat die Weltgeschichte eine
so wunderbare Mischung von niedriger Habsucht und religiösem
Eifer gesehen.

Inmitten dieses leidenschaftlichen Treibens war Ponce de
Leon, der erste Entdecker Floridas, emporgekommen. Er war in
jeder Hinsicht ein Kind seiner Zeit. An den blutigen Kriegen
in Granada nahm er als Jüngling teil in demselben Jahre,
in welchem Columbus auf Guanahani landete. Kaum aber er=
scholl die Kunde von der großen Begebenheit jenseits des Meeres,
als er sich in jugendlicher Begeisterung der zweiten Fahrt des
Columbus anschloß. Streng und energisch verwaltete er sein
Amt als Gouverneur von Porto Rico, nachdem er in Ovandos
Diensten tapfer in den Kämpfen von Hispaniola mit gefochten hatte.
Allein das Unglück der Familie des Columbus zog auch ihn
ins Verderben: er wurde seiner Statthalterschaft auf Porto
Rico entsetzt. Ponce de Leon war schon ein alter Mann ge=
worden, dessen Runzeln und Narben von Strapazen und
Kämpfen zeugten, hatte sich aber frischen Mut bewahrt und
glaubte wie alle seine Landsleute in Amerika und Spanien an
einen immerströmenden Verjüngungsbronnen, der über Gold
und Edelsteine gleitend das köstliche von der Alchemie der
Europäer vergebens gesuchte Kleinod der neuen Welt sein sollte.
Das Festland war, wie er wußte, nichts wert, und eine neue
Entdeckung konnte ihm leicht den Verlust seiner Statthalterschaft
ersetzen. Im März 1512 stieß er von Porto Rico mit drei
eigenen Schiffen nordwärts in See. An den Bahama=Inseln
entlang fahrend, erschien ihm am Ostermorgen ein blühendes,

duftendes Land, welches er anfangs für eine Insel hielt und nach dem Ostertage, zu spanisch pascua florida, mit dem treffenden Namen „Florida" belegte. Er landete auf dem dreißigsten Breitengrade einige Meilen nördlich von St. Augustine. Das Terrain wurde zu spanischem Eigentum erklärt. Aber vergebens suchte man in den frisch im Frühlingskleide prangenden Wäldern Floridas den fabelhaften Jungbrunnen. Die Indianer verhielten sich überdies feindlich. Ponce de Leon kehrte nach einigen Wochen zurück. Zum Dank für seine Entdeckung betraute ihn der König von Spanien mit der Verwaltung der neuen Besitzungen, verband aber damit die Bedingung einer Kolonisation. Ein Krieg mit den karaibischen Indianern verhinderte die sofortige Abreise, und so kam es, daß Ponce de Leon erst im Jahre 1521 nach seiner Statthalterschaft aufbrach. Die Indianer empfingen seine beiden Schiffe mit mörderischen Angriffen. Ponce de Leon entkam von einem Pfeil tödlich getroffen mit knapper Not. In Cuba mußte er sein ereignisreiches Leben aufgeben, von dem er vergebens gehofft hatte, daß es noch einmal in ewiger Jugend prangen würde.

Die Aufmerksamkeit der Spanier schien gänzlich auf den Meerbusen von Mexiko und die angrenzenden Küsten abgelenkt zu sein. Ein einziger elender Spekulant, Vasquez de Ayllon, wagte sich 1520 in die nördlichen Gewässer, um Sklaven für die Pflanzungen und Bergwerke auf Haiti einzufangen. Eine Compagnie von sieben Spaniern hatte sich gebildet. Mit zwei Schiffen, gänzlich für den Sklavenfang eingerichtet, verließ man den Hafen von St. Domingo und fuhr bis zur Küste von Süd-Karolina, welche den Namen Chicaro empfing; den Combahoo-Fluß nannte man Jordan, und der Name des Sundes St. Helena stammt noch aus dieser Zeit. Mit List wurden ganze Haufen von Eingebornen, nachdem man sie durch Tauschhandel und Geschenke sicher gemacht hatte, an Bord der Schiffe gelockt. Sobald das Deck von Rothäuten angefüllt war, setzte man Segel auf und steuerte mit den unschuldigen Schlachtopfern Haiti zu. Aber

das eine Schiff scheiterte, und auf dem anderen starben so viele,
daß sich das Unternehmen keineswegs bezahlt machte. Es ist
bezeichnend genug für den Geist jener Zeiten, daß Vasquez, nach

Fig. 11.　　Fig. 12.

Indianer.　　Indianerin.

Nach alten Zeichnungen.

Spanien zurückgekehrt, von Kaiser Karl V. eine Bevollmächtigung
zur Eroberung des neu entdeckten Landes erlangen konnte.
Allein die Rache wartete seiner. Als er nach fünf Jahren aber=
mals an der Küste Karolinas landen wollte, strandete sein

größtes Schiff im Flusse Jordan. Die Indianer, wohl eingedenk der früheren Greuelthaten, stießen die sämtliche Mannschaft an den Ufern nieder. Vasquez selbst blieb nichts übrig, als schleunigst die Flucht zu ergreifen. Vor Ärger über seine Mißerfolge soll er bald darauf gebrochenen Herzens verschieden sein.

Es schien ein Unglücksstern über den Expeditionen nach Florida zu schweben. Kaum waren die Versuche des unmenschlichen Vasquez im Sande verlaufen, als im Jahre 1528 ein ebenso unfähiger wie unglücklicher Mann, Pamphilo de Narvaez, in Begleitung von dreihundert Abenteurern zur Eroberung der südöstlichen Ecke der Vereinigten Staaten auszog. Narvaez war einst von eifersüchtigen Statthaltern Cubas gegen Cortez ausgesandt worden, und seine Besiegung bezeichnete Cortez als das geringfügigste, was er in Mexiko vollbracht habe. Der Eroberungszug des Narvaez würde vergessen sein, wenn nicht sein Ausgang so tragisch gewesen wäre. Nur vier Menschen von den dreihundert kehrten nach jahrelangen Irrfahrten unter Europäer zurück. Es ist unbestimmt, an welcher Stelle Floridas Narvaez landete. Wahrscheinlich lief er in die heutige Bai von Apallachee ein.

Die überreizten Gemüter der Spanier waren nun einmal so angethan, daß sie dem Wunderbarsten und Unsichersten am meisten Glauben schenkten. Es konnte keinen so kühnen Bericht von herrlichen Flüssen, Wäldern und Bergen, in denen unermeßliche Schätze vergraben seien, geben, als daß nicht ein noch kühnerer Abenteurer sich bethören ließ, blindlings seiner Eroberungs- und Entdeckungswut zu folgen. Ein solcher Wagehals war auch Ferdinand de Soto, gebürtig aus Xeres, der berühmte Entdecker des Mississippi-Stromes. Seinen militärischen Ruf hatte de Soto bei der Eroberung Perus als Liebling des Pizarro begründet, aber nicht die Schätze von Peru noch von Mexiko konnten seinen Ehrgeiz befriedigen: im Innern Floridas hoffte er die größten Wunder der neuen Welt ans Licht zu fördern. Die besondere Gunst des Kaisers Karl V. erleichterte ihm die Gewähr einer Vollmacht, in die Tiefe des Kontinents

nach Norden zu, in welcher de Soto größere Städte und reichere
Tempel als selbst in den Ländern des Pizarro und Cortez er=
wartete, mit einer Mannschaft von sechshundert schwer bewaff=
neten Kriegern zu bringen. Die Sterne aller spanischen Aben=
teurer getraute er sich zu verdunkeln! Auf eigene Kosten rüstete
er Schiffe und Mannschaft aus. Dem Teilnehmer an der Er=
oberung Perus strömten aus allen Teilen Spaniens die jungen
Heißsporne zu, denn unter seiner Fahne konnte Ehre und Reich=
tum nicht fehlen. Im Hafen von San Bucar de Barrameda
hielt der Feldherr eine Musterung der in blanken Waffen er=
schienenen Portugiesen und der in Seide strotzenden Castilianer.
Manchen wies er hochfahrend zurück, der sein bestes Hab und
Gut für die Teilnahme an der Expedition veräußert hatte. Wie
im festlichen Siegeszuge lichtete die stolze Flotte ihre Anker und
steuerte zunächst auf Cuba zu. Von hier aus sandte man aus Vor=
sicht Kundschafter nach Florida, die einen passenden Hafen ausfindig
machen sollten. Als dieselben mit zwei Eingebornen wiederkehrten
und die Zeichen der Wilden sichtlich auf Gold zu deuten waren,
konnte die begeisterte Schar kaum noch den Tag zur Abreise
erwarten. Endlich im Frühling des Jahres 1539, nachdem sich
auch noch ein alter Pflanzer aus Cuba angeschlossen hatte, um
Sklaven heimzuschleppen, setzte sich die Flotte de Soto's wieder
in Bewegung. Schon nach vierzehn Tagen sah man sich in der
Bucht von Spiritu Santo auf dem erwünschten Boden Floridas.
Kaum waren Pferde, Kanonen und Gepäck ausgeladen, so sandte
de Soto wie einst Cortez alle Schiffe nach Havannah zurück,
um jeglichen Rückzug abzuschneiden. Inmitten der Wild=
nis beobachtete de Soto jedes Fest und jede Ceremonie seiner
Kirche auf das gewissenhafteste. Zu dem Ende hatte er auch
zwölf Priester und Kirchendiener mitgenommen, Messen wurden
in vollem Ornate gelesen und Absolution ward für jede Schandthat
erteilt. Daran ließ man es denn auch nicht fehlen. Die In=
dianer verhielten sich meist feindlich, weil man sie überall im
Gefühle der Überlegenheit herausforderte und mit der größten

Grausamkeit behandelte. Alles irgend Verwendbare wurde ihnen geraubt, man zwang sie die Bagage zu tragen, und bei dem leisesten Verdacht steckte man ihre Hütten an, verstümmelte sie, warf sie Bluthunden vor oder verbrannte sie gar bei lebendigem Leibe. Unverzeihliche Greuelthaten verübte eine angeblich civilisierte Nation in verhängnisvoller Verblendung. Die indianischen Führer wagten es, ihre Unterdrücker in Sümpfe und auf Abwege zu führen, ob man gleich die Strafe, den Bluthunden vorgeworfen zu werden, darauf gesetzt hatte. Sechzehn Monate lang irrte die Armee des de Soto unter zahllosen Entbehrungen und Strapazen jeder Art in dem Gebiet umher, welches jetzt Alabama und Georgien umschließen. Einmal glaubte man sich in der Nähe des Hafens St. Helena, von wo aus die schon entmutigte Mannschaft sich nach Spanien einzuschiffen gedachte, aber der eiserne Wille ihres Führers, welcher wortkarg die Vorschläge seiner Gefährten anhörte, zwang sie zu einer letzten verzweifelten Unternehmung gen Norden. De Soto's Route ist schwer zu bestimmen. Es scheint, als ob er nicht über den Scheitel der blauen Berge in das Thalgebiet des Tennessee stieg, sondern nur die Quellen des Savannah und Chattahoochee erreichte. In einem Dorfe Canasauga, dessen Namen noch heute ein Seitenarm des Cäsar-Flusses trägt, hielt er sich mehrere Wochen auf. Dann wandte er sich wieder südwärts den Alabama hinab und gründete die Stadt Mavilla oder Mobile an der Mündung des Alabama, nachdem er die Stadt Tuscaloosa berührt hatte. Doch die Eingebornen rüsteten sich zu einem gemeinsamen Widerstand, denn es wurden unmenschliche Forderungen an sie gestellt. Es kam zu einer der blutigsten Schlachten, welche je im Gebiete der Vereinigten Staaten geliefert worden sind. Auf der Seite der Indianer bedeckten 2500 Tote das Schlachtfeld, die „Christen" hatten nur 18 Mann eingebüßt. Aber Mobile war eingeäschert, und alle Habseligkeiten und Sammlungen der Spanier gingen in Flammen auf. Den Schiffen, welche inzwischen im Hafen von Pensacola und in Cuba mit

Verstärkung angekommen waren, verschwieg de Soto in stolzer Verbissenheit seine bisherigen Mißerfolge.

Beständige Zwistigkeiten mit den Indianern veranlaßten de Soto noch in demselben Herbst, sich nach Norden zu wenden. Seine Truppen waren schon auf 500 Mann zusammengeschmolzen. In der kleinen Stadt Chicaca im oberen Teile des Staates Mississippi richtete er sich auf Winterquartiere ein. Die Mann=

Fig. 13.

De Soto entdeckt den Mississippi.

schaft sammelte wilde Sämereien und fristete in Hütten ein elendes Dasein. Als der Frühling nahte, verlangte de Soto vom Stamme der Chickasaws 200 Lastträger. Dafür rächten sich die Indianer, indem sie zur Nachtzeit die Behausung der Spanier in Brand setzten. Elf Menschen, viele Pferde und der größte Teil der Bagage wurden ein Raub der Flammen. Kümmer=

lich ersetzte man die erlittenen Verluste und brach nach Westen
auf. Noch immer glaubte de Soto hartnäckig an eine Entdeckung, welche alles erlittene Unglück dreifach aufwöge. In
der That sollte er eine Entdeckung machen, die den Ruf seines
Namens für alle Zeiten sicherte. Nach einem beschwerlichen
Marsche durch Dickicht und Moräste stand er am siebenten Tage
an den Ufern des großen Mississippi-Stromes. Er war der
erste Europäer in diesen Gegenden. Freundlich von den Indianern
empfangen, die in hunderten von Canoes den Fluß kreuzten
und Nahrungsmittel herbeischafften, verweilte de Soto einen
Monat, mit der Überschreitung des mehr als eine Viertelmeile
breiten Stromes beschäftigt. Die Beschreibung des Mississippi,
welche aus jener Zeit stammt, paßt noch heute auf die Riesen-
ader der Golf- und Central-Staaten Nordamerikas. Aber
schon hatte sich sein einst so glänzendes Heer in einen
Trauerzug verwandelt. Menschen und Vieh sanken erschöpft
dahin, und die Stunde der völligen Ermattung schlug auch
dem sonst so ungebeugten Führer. Die goldenen Berge waren
nicht erschienen, Elend und Schmach war die einzige Frucht so
vieler Mühsale; ein tiefer Trübsinn lagerte auf der Stirn des
stolzen Abenteurers und umflorte seinen Geist. Auf Bitten
seiner Gefährten ernannte er einen Nachfolger und verschied schon
am andern Tage. Seine Leiche wurde in einen Mantel gehüllt
und im Schweigen der Mitternacht unter den klagenden Tönen
eines katholischen Requiems in der Mitte des Stromes versenkt.
Es war im Mai des Jahres 1542. Die überlebenden Spanier
irrten noch einige Zeit in den Wäldern und Ebenen von Texas
umher. Endlich erreichten sie den Mississippi an der Mündung
des Red River, bauten sich einige notdürftige Fahrzeuge und
fuhren den Strom hinab. Kaum die Hälfte der ursprünglichen
Zahl rettete sich an die mexikanische Küste. Welch' kühne Hoffnungen sind hier zu Grabe getragen!

10. Kolonisationsversuche der Engländer.

Schon begann England mit Spanien in einen Wettstreit um die Herrschaft zur See zu treten, und aus den frühen Reisen der Cabots leitete es später seine Ansprüche auf die Küste Nordamerikas zwischen Kap Breton und Florida her.

Während der Regierung Eduards VI. und der katholischen Maria sind keinerlei Anstalten, Amerika zu erforschen und zu kolonisieren, gemacht worden; erst bei der Thronbesteigung der Königin Elisabeth erwachte wieder die Lust an Entdeckungen. Handel und Schiffahrt blühten auf. Indien, die Perle in Englands Krone, war die Quelle unerschöpflicher Reichtümer geworden und fast der ausschließliche Zielpunkt aller Unternehmungen. Es ist eine historische Thatsache, daß die Engländer die Vereinigten Staaten von Nordamerika solange unterschätzt haben, bis diese sich durch die Unabhängigkeitserklärung vom Mutterlande für immer lossagten. Die ersten Entdeckungsreisen der Engländer hatten denn auch wesentlich den Zweck, eine nordöstliche Durchfahrt nach dem südlichen Asien zu finden. In diesem Sinne hatte Sebastian Cabot mehrere Reisen unternommen, und nichts anderes erstrebten in den Jahren 1553 und 1554 Willoughby und Chancellor. Ersterer erlag mit seiner Mannschaft an den Küsten Lapplands der eisigen Kälte, während letzterer den Hafen von Archangel erreichte und sich somit das Verdienst der „Entdeckung Rußlands" erwarb. Die verschiedenen Reisen des berühmten Erdumseglers Sir Francis Drake hatten ebenfalls Indien zum Ziel. Auf dem Isthmus von Panama hatte Drake im Jahre 1579 vom Gipfel eines hohen Baumes aus die Fluten des Stillen Oceans erblickt. Eine Expedition wurde ausgerüstet, denn Drake sah es als seine Lebensaufgabe an, einst ein englisches Schiff in jene Gewässer zu steuern. Er fuhr durch die Magellan-Straße und an der Küste Perus kreuzend beraubte er viele spanische Schiffe ihrer Schätze. Endlich gelangte er bis zum 43.° n. Br. an die Küste Oregons, welcher er den Namen Neu=Albion gab. Den Winter von 1579 auf 1580 verweilte er im Hafen von San Francisco. Die Furcht vor der Rache der Spanier hielt ihn von der Rückkehr durch den Atlantischen Ocean ab; er segelte um das Kap der guten

Fig. 14.

Sir Francis Drake.

Hoffnung. In zwei Jahren und zehn Monaten hatte er den Erdball umschifft. Durch ihn sind zuerst die westlichen Grenzen der Vereinigten Staaten bekannt geworden. —

Der erste Versuch, unter dem Protektorat der Königin Elisa= beth eine Kolonie in Nordamerika zu gründen, wurde von

Martin Frobisher gemacht, welcher anfangs die Entdeckung einer
nordwestlichen Durchfahrt für das einzige noch ungethane Werk
auf Erden hielt. Bald aber erschien ihm das Land an der
Hudsons = Bai und sogar nördlicher reicher selbst als Asien.
Allein die kühne und fast wahnwitzige Niederlassung von Gold=
gräbern in der Region der Eskimos konnte keine Dauer haben.
Frobisher räumte bald das unbekannte Land, ohne den Glauben
verloren zu haben, daß der Stille Ocean durch den hyperboreischen
Archipel und die drohenden Eisberge erreichbar sei. Gesündere
Kolonisationspläne reiften in einem Manne, der die Fischereien
in New = Foundland mit wachsamem Auge beobachtet hatte. Sir
Humphrey Gilbert war beides, Soldat und Parlamentsmitglied,
gewesen und ein scharfsinniger Schriftsteller über Schiffahrt. Im
Jahre 1578 erhielt Gilbert ein Patent aus der Hand der Königin,
worin er zum Herrn irgend eines Landes, welches er mit Eng=
ländern besiedeln würde, ernannt wurde. Die Erfolge seiner
Reisen sind nur gering. Auf New = Foundland errichtete er
unter Zusammenberufung der Spanier, Portugiesen und Fran=
zosen 1583 eine Säule, welche er mit den Waffen Eng=
lands zum Zeichen der Besitzergreifung schmückte. Seine Flotten=
mannschaft war wie fast immer in jenen Zeiten eine Gesellschaft
von Freibeutern. Sehr schwer nur konnte Ordnung unter
ihnen gehalten werden. Dazu kam, daß Gilbert sein größtes
Schiff im Sturm und mit ihm die gesammelten Mineralien,
unter denen der „Mineral=Mann" mit Bestimmtheit Silber ver=
mutete, sowie auch den Berichterstatter seiner Expedition, Par=
menius, verlor. Er sah sich genötigt, in einer Barke von nur
zehn Tonnen die Rückkehr nach England anzutreten. Ein hef=
tiger Sturm ergriff ihn und in einer fürchterlichen Nacht ver=
schwanden plötzlich die Lichter seines schwachen Fahrzeugs. — Sir
Walter Raleigh, ein Mann von kühnem Geist, ließ sich durch
die Mißerfolge seines Stiefbruders Gilbert nicht entmutigen.
Von Elisabeth mit einem unbeschränkten Freibrief ausgestattet,
wandte er sich südlicheren Gegenden zu, um die Vorzüge eines

milderen Klimas für etwaige Ansiedelungen zu gewinnen. Zwei
Schiffe unter Amidas und Barlow erreichten 1584 die Küste
von Karolina. Das neue Land erschien ihnen im Vergleich mit
den Schrecknissen des Eismeers und seinen traurigen Ufern wie
ein Paradies; so süßer Duft umwehte sie, „als seien sie inner=
halb eines schönen Gartens voll von Wohlgerüchen aller Art."
Üppige Weinranken schlangen sich um die Bäume und Trauben
hingen in Fülle zwischen den Zweigen, schattige Lauben bil=
deten rings die Musikhallen für zahllose buntgefiederte Vögel.
Die Eingeborenen waren freundlich und zutraulich und lebten
wie „im goldenen Zeitalter". Man fuhr an der Küste entlang,
um einen guten Hafen ausfindig zu machen. Eine indianische
Königin auf Roanoke=Island nahm die Reisenden gastfreundlich
auf. Im Namen der Königin von England ergriffen sie Besitz
von dem Lande, kehrten aber ohne genaue Untersuchung desselben
nach England zurück. Zwei Indianer folgten ihnen. Die jung=
fräuliche Königin war höchlichst entzückt über die Beschreibung
der herrlichen Gegenden. Sie nannte dieselben ihrem eigenen
Stande zu Ehren „Virginia".

11. Virginia.

Der Plan, Virginia zu kolonisieren, wurde mit allem Ernste
verfolgt, ob er auch erst nach langen Kämpfen und vielen Miß=
erfolgen gelingen sollte. Zunächst sandte Raleigh 1585 unter
Führung von Sir Richard Grenville eine neue Flotte aus.
Berühmte Männer, wie der Erdumsegler Cavendish, der große
Mathematiker Harriot und der hochbegabte Maler With schlossen
sich dem Unternehmen an. Im ganzen gingen 108 Kolonisten von
Plymouth aus in See. Die Flotte stieß zuerst auf Florida,
welches damals Kap Fear genannt wurde, weil man nahe daran
war, in der Flut zu scheitern. Durch die Okrakok=Einfahrt ge=
langte die Flotte glücklich nach Roanoke. Grenville untersuchte
die Küste bis Secotan hinab. Er war ein tapferer Mann, aber
ein Heißsporn und reizte die anfangs friedfertigen Wilden zu

verhängnisvollen Feindseligkeiten. Ein indianisches Dorf ließ er
in Brand stecken, weil dessen Bewohner einen silbernen Becher
gestohlen hatten. Dies war das Signal für die Indianer, fortan
mit Waffen den Weißen zu begegnen. Kaum war Grenville,
welcher seine Kolonisten auf der Insel Roanoke ihrem Gouverneur
Ralph Lane überlassen hatte, in die Heimat abgesegelt, als sich
die Indianer zur Rache anschickten. Lane war bemüht, das Land
zu erforschen. Mit Begeisterung berichtet er in seinen Briefen
über Virginia, dessen Klima ungemein gesund sei. „Hätte Vir=
ginia nur Pferde und Kühe", so fährt er fort, „und würde von
Engländern bewohnt, kein Reich der Christenheit wäre ihm ver=
gleichbar." Es ist daher nicht auffällig, daß es den hinterlistigen
Indianern gelang, mit Erzählung der Schönheit des inneren
Landes den Gouverneur zu einer verderblichen Expedition den
Roanoke=Fluß hinauf zu verlocken. Nur mit genauer Not fanden
die Abenteurer ihren Weg zur Küste zurück, nachdem sie ihr
Leben mit Hundefleisch gefristet hatten. Ihre Leichtgläubigkeit
und Goldgier war hart bestraft worden. Lane war nicht der
Mann, die Listen der Wilden zu durchschauen. Man glaubte,
einer allgemeinen Verschwörung gegenüber zu stehen. Schon gab
man es auf, das Land anzubauen, und hatte keinen sehnlicheren
Wunsch, als noch einmal die Heimat zu betreten. Da erschien
Sir Francis Drake zur guten Stunde und erlaubte den Kolo=
nisten, in seinem Schiffe heimzufahren. Sie brachten zuerst die
Kartoffeln nach England und führten den Gebrauch des Tabaks
ein, wie sie ihn von den Indianern gelernt hatten. Das Kauen
und Schnupfen soll eine Erfindung der civilisierten Europäer sein.
Wenige Tage nachdem die Kolonisten ihre Ansiedelung verlassen
hatten, erschien ein Schiff, reich beladen mit Proviant aller Art,
und bald darauf kamen drei neue Schiffe unter Grenville.
Vergebens suchte man nach den Landsleuten. Es blieb nichts
übrig, als nach England zurückzukehren. Aber Grenville fürchtete,
daß die englische Kolonie in fremde Hände übergehen würde.
Er ließ deshalb eine Besatzung von fünfzehn Mann auf Roanoke

zurück. Es sollte dieser kleinen Schar schlimm ergehen. Als im letzten Jahre trotz der Mißerfolge des Gouverneurs Lane durch Aufopferung Raleighs und das schwerwiegende Lob, welches der eifrige Forscher Harriot dem Lande zollte, eine neue Flotte zustande kam und auf der Insel landete, fand man nur noch die Gebeine der Landsleute.

Nach einer Anordnung Raleighs sollte in der Chesa=peake=Bai eine Niederlassung versucht werden; allein Streitig=keiten zwischen dem Gouverneur White und Fernando, dem Offizier zur See, hielt die Kolonisten zurück. Das Unheil wuchs mit jedem Tage. Die Spanier drohten der neuen Kolonie mit Ein=fällen und Raubzügen, und die Indianer zeigten sich feindlich. Man beging obendrein den Fehler, eine Schar Eingeborner, welche friedfertig um ihr Lagerfeuer versammelt war, zu ermorden, ehe man einen Beweis ihrer Feindschaft erfahren hatte. Auch das Bündnis mit dem indianischen Häuptling Manteo auf Croatan, welcher getauft und mit dem Titel eines Lord von Roanoke bekleidet wurde, konnte keine dauernde Sicherheit gewähren. Die Bewohner der City of Raleigh, wie man die Niederlassung aus Dankbarkeit gegen den freigebigen Ko=lonisator genannt hatte, wurden mit jedem Tage mißmutiger und nötigten endlich ihren Gouverneur, sich in England nach Hilfsmitteln umzusehen. White landete zu ungelegener Zeit in England. Alle Kraft der Nation war von der Kriegsrüstung gegen die unbesiegbare Armada in Anspruch genommen. Erst im Jahre 1590, nachdem die stolze Flotte der Spanier an den schroffen Klippen Englands zerschellt war, kehrte White zu seiner Familie und den Kolonisten zurück, fand aber nur Trümmer und Brandstätten. Jede Spur der Bewohner, welche im ganzen aus 89 Männern, 17 Frauen und 2 Kindern bestanden hatte, war verschwunden. Ihr Schicksal ist bis auf diesen Tag dunkel. Doch ist anzunehmen, daß sie sämtlich von den Indianern ge=tötet sind.

Die Mittel Raleighs waren erschöpft. Nahezu 20 000 Pf.

St. hatte er geopfert, Virginia zu besiedeln; er sah sich nun
mehr genötigt, seine Privilegien an eine Gesellschaft von Kauf=
leuten zu veräußern. Unter diesen befand sich auch der bekannte
Geograph und Geschichtschreiber Richard Hakluyt, dessen Kennt=
nisse und Wirksamkeit unter Jakob I. viel zur Besiedelung
Amerikas beitrugen. Von Nordkarolina aus sollte die oft ge=
scheiterte Kolonisation Virginias endlich gelingen.

Das Andenken Sir Walter Raleighs wahrt Nordamerika in
der seit 1792 so benannten City of Raleigh, der Hauptstadt von
Nordkarolina.

Der abenteuerliche Mut der Engländer war indes durch die
augenfälligen Mißerfolge nicht gebrochen, und der sonst so schwach=
sinnige König Jakob I. hatte für Handel und Wandel seines
Volkes ein Herz. Der Verkehr englischer Kaufleute mit New=
Foundland hatte beständig zugenommen, sodaß Raleigh dasselbe
1593 im Parlament feierlichst für die Rhede der westlichen
Länder erklärte. — Eine neue und erfolgreiche Expedition wurde
1602 unter Führung Bartolomäus Gosnolds, der wahrscheinlich
schon in Virginia gewesen war, unternommen. In sieben Wochen
durchschnitt er geraden Wegs den Ocean und landete an der
Küste von Massachusetts etwas nördlich von Nahant. Er ent=
deckte das Vorgebirge, welches die Nordländer Kjarlanes genannt
hatten, und bezeichnete es nach dem Fisch, der dort gefangen wird,
als Kap Cod. Gosnold fuhr in die Buzzard Bai ein, welche
Gosnolds Hope, während die westlichste Insel nach der Königin
Elisabeth genannt wurde, ein Name, den jetzt die ganze Insel=
gruppe trägt. Hier wurde der Grundstein der Kolonie Neu=
England gelegt.

Die glänzenden Berichte Gosnolds über die reiche Vegetation
und das günstige Klima von Neu=England veranlaßten Wing=
field, einen Kaufmann, Robert Hunt, einen Geistlichen, und John
Smith, einen genialen Abenteurer, eine dauernde Ansiedelung auf
dem westlichen Kontinent zu unternehmen. Ihr Augenmerk richtete
sich auf das bei weitem verlockendste Land Virginia. Ein Frei=

brief Jakobs I. gewährte zwei rivalisierenden Gesellschaften, der
Plymouth= und der London=Compagnie, das Recht der Koloni=
sierung des langen Küstenstreifens von zwölf Graden zwischen
Kap Fear bis Halifax hinauf. Ritter, Edelleute und Kaufleute
vereinigten sich zu dem Zwecke, eine christliche Kolonie jenseits
des Meeres zu gründen, die als ein Zufluchtsort der politisch
und religiös Bedrängten einen nationalen Freistaat bilden sollte.
Das Gebiet der Plymouth=Compagnie lag zwischen dem 45. und
41. Grad n. Br.; das Gebiet der London=Compagnie zwischen
dem 38. und 34. Grad. Das in der Mitte gelegene Land stand
beiden in gleicher Weise offen. Den fünften Teil des Reinertrages
an Gold und Silber hatten die Gesellschaften an das Mutter=
land zu zahlen; doch wurde ihnen das Recht, Münzen für den
Handel mit Indianern zu prägen, gewährt. Die oberste Legis=
lative blieb in der Hand des Königs, und die Auswanderer waren
verpflichtet, ihre englische Staatsangehörigkeit niemals abzulegen.

Unter diesen nicht eben günstigen Bedingungen sandte die
London=Compagnie 1606 eine Schar von 105 Kolonisten aus
unter Führung des Kapitäns Newport. Die Expedition trug
den Charakter einer kaufmännischen Privatunternehmung, welche
in ihrer Spekulation so weit ging, daß man in ein völlig un=
bewohntes Land zog, mit dem zweifelhaften Vorrechte ausgestattet,
dasselbe zu bevölkern und der Krone Englands einzuverleiben.
Die Landung erfolgte nach einer stürmischen Fahrt an den
Ruinen der von Raleigh versuchten Ansiedelung vorbei in der
Chesapeake=Bai, wo man den Fluß, der in dieselbe mündet, ent=
deckte und nach dem Könige „James" = River benannte. Die
beiden Vorgebirge erhielten nach den Söhnen des Königs die
Namen Kap Henry und Kap Charles. Voll Entzücken gewahrte
man die paradiesische Schönheit des Landes, als das Schiff den
Fluß hinauf fuhr. Etwa fünfzig englische Meilen von der
Mündung auf einer Halbinsel wurde der Grund zu der Stadt
Jamestown gelegt. Newport und Smith begaben sich mit zwanzig
anderen den Fluß hinauf, um nähere Kundschaft über das Land

einzuziehen. Sie kamen zu dem Sitz des Indianerhäuptlings Powhatan an der Stelle, wo heute die Stadt Richmond liegt. Das Dorf bestand aus zwölf Wigwams und der „König des Landes", wie man ihn nannte, hatte ein Gefolge von Indianern um sich. Er war gegen sechzig Jahre alt und ein großer, würde= voller Kriegsheld. Die Engländer traten bald in nähere Be= ziehung zu ihm. Als in der Mitte des Sommers die Lage der Kolonisten sehr bedenklich wurde, kehrte Newport nach England zurück. Die Hitze war fast unerträglich und schwächte die Mann= schaft dermaßen, daß bald nur noch zehn Mann sich auf den Beinen halten konnten. Auf der langen Reise waren die Lebens= mittel verdorben, die Bauten blieben unvollendet liegen, und der Ackerbau mußte eingestellt werden. In der höchsten Not betraute man John Smith mit dem Amte des Gouverneurs, nachdem man ihn wegen seiner geistigen Überlegenheit bis dahin immer neidisch zurückgesetzt hatte. Der Lebenslauf von John Smith war eine bunte Kette von Abenteuern gewesen: in Holland hatte er für die Freiheit gefochten, Frankreich hatte er bereist und war in Italien und Egypten gewesen; er hatte in Ungarn gegen die Türken gekämpft, als Sklave in Konstantinopel gedient, war durch die Krim und Rußland entflohen und hatte in Marokko neue Abenteuer gesucht. Jetzt erhob er sich plötzlich unter seinen dahinsiechenden Kameraden als der rettende Genius Virginias.

Sobald Smith die Leitung in die Hand nahm, kam ein anderer Geist über die verzagten Kolonisten. Durch weise Maß= regeln sorgte er für Proviant und hielt die schwachherzige Menge von der Flucht aus der Kolonie zurück. Rebellische Naturen aber zwang er mit eisernem Willen zum Gehorsam. Der Winter brachte reichlich Nahrungsmittel an Wildbret, und die Indianer boten freiwillig ihren Überfluß an Mais dar. So fand man denn bald wieder den Mut, das Innere des Landes näher zu untersuchen. Es hatte sich bei den Kolonisten der Wahn fest= gesetzt, daß bei Verfolgung des Laufes eines nordwestlichen Flusses eine Verbindung mit dem Stillen Ocean gefunden werden

müßte. Smith aber war stets zu Entdeckungen bereit. Auf
einem dieser Streifzüge nun ereignete es sich, daß die Mannschaft
wider das Verbot des Befehlshabers die Boote verließ und den
Indianern wieder in die Hände fiel. Smith selbst wurde in
einen Sumpf getrieben und mußte sich, nachdem er mehrere seiner
Feinde getötet hatte, auf Gnade und Ungnade ergeben. Vor
dem Tod am Pfahl rettete ihn einzig seine Verschlagenheit: er
zeigte den neugierigen Wilden seinen Taschenkompaß und erzählte ihnen die Geheimnisse der Astronomie und Erdkunde. Dieselben betrachteten ihn vollends als ein überirdisches Wesen, als er durch einen Brief seine Landsleute beauftragte, daß sie an einer gewissen Stelle im Walde bestimmte Gegenstände als Geschenk für die Indianer niederlegen sollten. Dahin führte er die erstaunten Indianer, welche mit ihm fortan im Triumph durch ihre Dörfer zogen. Bei

Fig. 15.

Smith.

dieser Gelegenheit studierte Smith ihre Sprache und Sitten auf
das genaueste.

Bei der Residenz Powhatans angelangt, mußte er sich
auf seinen Tod gefaßt machen. Die Indianer hatten vergebens
versucht, hinter seine Magie zu kommen, und obschon das milde
und offenherzige Wesen dieses Mannes sie gewann, bewog sie
doch ihr angebornes Mißtrauen, ihn zum Tode zu verurteilen.
Nur durch einen Zufall ganz besonderer Art wurde er gerettet.
Als schon sein Haupt auf einem großen Stein den Todesstreich

erwartete, warf sich plötzlich Pocahontas, die zwölfjährige
Tochter des Häuptlings Powhatan, über ihn und flehte für sein
Leben. Smith hatte das Herz des frühreifen und entschlossenen
Mädchens gewonnen, indem er ihr in Mußestunden allerlei
Spielzeug gefertigt hatte. Jetzt bewegte das Kind durch seine
Bitten das Herz des Vaters, denn es erklärte, daß es diesen
Mann retten oder selbst getötet werden wolle. Powhatan
ließ den Henker abtreten und schenkte Smith nicht nur das Leben,
sondern erlaubte ihm auch nach Jamestown zurückzukehren. Seit
der Zeit war dieser Stamm der ausgesprochene Bundesgenosse
der Kolonisten in Virginia. Das heldenmütige Mädchen
Powhatans besuchte oft ihre Ansiedelungen und beschenkte sie mit
Getreide.

Es war hohe Zeit, daß Smith zur Kolonie zurückkehrte.
Die Gesündesten unter den Vierzig, welche er noch am Leben
vorfand, bereiteten sich gerade, ihre Gefährten zu verlassen und
durch Seeraub ihr Leben zu fristen. Mit größter Gefahr und
Ruhe gelang es dem Befehlshaber, ihren Entschluß zu vereiteln.
Und bald darauf erwachte neuer Lebensmut, als Newport mit
120 Emigranten im Hafen von Jamestown erschien. Newport
verdankte es allein dem unbeugsamen Willen des Kapitän Smith,
welcher monatelang Hunger und Elend erträglich zu machen ge=
wußt hatte, daß er nicht, wie einst Grenville und White, zwischen
verlassenen und eingeäscherten Hütten zu trauern hatte. Unter
den neuen Ankömmlingen befanden sich wenige brauchbare Männer.
Es waren meist verkommene Edelleute und Goldschmiede. Ein
verderblicher Geist, den Smith umsonst bekämpfte, fuhr in die
Massen. Man glaubte nämlich in der Umgegend von James=
town Gold entdeckt zu haben.

Smith war zu verständig, als daß er sich auf solche Thor=
heiten eingelassen hätte. Zornig verließ er seine Landsleute und
verwendete drei Monate auf eine gefährliche Entdeckungsreise die
Chesapeake-Bai und ihre vielen Flüsse hinauf. Am Susquehannah
hörte er zuerst von den mächtigen Stämmen der Mohawks,

Fig. 16.

Die älteste Karte

Fig. 17.

der Vereinigten Staaten.

welche „an einem großen Wasser wohnten, viele Boote und Krieger
hätten und mit der ganzen Welt Krieg führten." Wahrscheinlich
ist er im Hafen von Baltimore gewesen. Die riesige Mündung
des Potomac, welche eine Breite von sieben englischen Meilen
erreicht, zog besonders seine Aufmerksamkeit auf sich; er fuhr an
den Höhen von Mt. Vernon und Washington, der heutigen
Bundesstadt der Vereinigten Staaten, vorbei bis zu den Fällen
oberhalb Georgetown hinauf. Überall flößte er den Indianern,
ob Freund oder Feind, durch sein stolzes Benehmen Achtung
ein. So legte er den Grund für den späteren Verkehr mit den
eingeborenen Stämmen. Die ganze Fahrt von über 1000 Meilen
geschah in einem offenen Boot. Eine Karte dieser Küstenstriche
sandte er an die London-Compagnie. Dieselbe ist noch erhalten
und in ihren allgemeinen Umrissen völlig zutreffend.

Die Überlegenheit dieses gewaltigen Mannes war nunmehr
so zwingend, daß man ihn drei Tage nach seiner Rückkehr zum
Präsidenten der Kolonie erhob. Abenteuerliche Goldgelüste be-
seitigend drang er auf Ordnung und redliche Arbeit. Newport
landete noch in demselben Jahre (1608) mit einer neuen Verstärkung von 70 Auswanderern, welche sich ebensowenig wie die
früheren für den harten Kolonistendienst eigneten, sodaß Smith
unzufrieden an die Gesellschaft schrieb: „Sendet uns lieber vierzig
wohlausgestattete Zimmerleute, Ehemänner, Gärtner, Fischer,
Schneider und Maurer, als tausende von solchen, wie wir sie
haben." Es waren obendrein bei der ganzen Expedition nur zwei
Frauen mitgekommen. Man betrachtete daheim die Kolonisten
als verbannte Leute, welche in Virginia ihrem Schicksale überlassen bleiben sollten. Smith zwang den bequemen Edelleuten
unerbittlich die Axt und den Spaten in die Hand, denn wer
nicht arbeitete, durfte auch nicht essen. Von zweihundert starben
in diesem Zeitraum nur sieben.

Im Jahre 1609 schien sich die Lage Virginias auf das
glänzendste zu gestalten. Obschon die London-Compagnie ihre
goldenen Hoffnungen keineswegs erfüllt sah, so wurde doch der

Enthusiasmus für das Handelsmonopol in Virginia dadurch nicht geschwächt, da man die Mißerfolge mehr als zufällige zu betrachten geneigt war. Die Auswanderungslust lag im allgemeinen Geist der Zeit.

Lord Delaware, ein Mann von Rang und Kriegsruhm, wurde zum ersten Gouverneur ernannt. Neun Schiffe mit reichlichem Proviant und mehr als 500 Mann verließen England unter Führung von Newport, Sir Thomas Gates und Sir George Somers, welche die Verwaltung bis zur Ankunft von Delaware übernehmen sollten. Die drei Führer wurden vom Sturm verschlagen. Nur sieben Schiffe landeten in Jamestown. Es erforderte die ganze geniale Kraft des Kapitän Smith, Ordnung und Einigkeit herzustellen. Denn wiederum war der Auswurf der Gesellschaft übers Meer gekommen. Alle, die sich in der Heimat unmöglich gemacht hatten, wie entnervte und verarmte Edelleute, bankerotte Kaufleute, Vagabunden und Straßenlungerer, fanden sich hier zusammen. Als nach neun Monaten Gates zu seinen Landsleuten stieß, entspann sich ein Streit um die Oberherrschaft.

Solange Kapitän Smith die Zügel in der Hand hielt, war noch Hoffnung vorhanden, daß die Kolonisten sich die nötigen Existenzbedingungen verschaffen würden, allein durch eine zufällige Pulver=Explosion schwer verwundet, mußte Smith, um sein Leben zu erhalten, die Heimat aufsuchen. Brennende Wunden und die Undankbarkeit seiner Genossen waren die Belohnung für seine unersetzlichen Verdienste. Er sollte Jamestown nie wiedersehen. Auch das Mutterland ehrte ihn schlecht, obschon er mehrere Male die junge Kolonie vor dem Untergange gerettet hatte. Smith war ein Mann der That und ein geborener Herrscher, umsichtig und nie verdrossen. Es ist ein beredtes Zeugnis seiner Einsicht, daß er erkannte, wie der wahre Wert Englands in Virginia nur mit sauerem Schweiße gewonnen werden könne: „Nichts, pflegte er zu sagen, ist von dort zu erwarten, es sei denn durch Arbeit." Er starb 1631 in England. Die Nachwelt bezeichnet ihn mit Recht als den Vater der Kolonie Virginia.

Zum Glück war Sir Thomas Dale 1611 noch vor der Ankunft Delawares in England ausgesandt worden und bewährte sich bald als Gouverneur. Die neuen Ankömmlinge verstärkten und erweiterten die Kolonie, mehrere Ansiedelungen erhoben sich an den Ufern des Flusses, Rindvieh und Schweine wurden von Europa eingeführt. Die glänzenden Zeugnisse Dale's über die Güte des Bodens, welche von Delaware und Gates bestätigt wurden, hatten die unerwartete Folge, daß noch in demselben Jahre Gates mit 6 Schiffen und 300 Mann reisefertig gemacht wurde. Die Kolonisten glaubten erst, daß eine feindliche Flotte nahe, und ihre Freude war unbeschreiblich, als sie sich nun auf einmal zu einer Schar von 700 Personen angewachsen sahen. Gates übernahm das Regiment. Eine große Veränderung ging in der Kolonie vor sich. Jeder Einzelne bekam einen Garten und ein Stück Ackerland als sein Privat-Eigentum zugewiesen. Die Arbeitsamkeit aber mußte darunter leiden. Was an einem Tage beschafft werden konnte, darauf verwandte man eine Woche, und die Ansiedler wurden nicht eher strebsamer, bis ihnen die Aussicht auf den Erwerb von Reichtümern eröffnet ward. Wichtiger noch ist die Änderung der Verfassung, welche der Kolonie den Stempel der Demokratie aufprägte. Die Rechte der Kolonisten blieben zunächst unverändert, aber Zugeständnisse an die Mitglieder der Compagnie ermöglichten eine größere Selbstbestimmung, namentlich was geringfügigere Dinge anlangte. Ausgeschlossen blieben vorläufig die Bestimmungen über das Regiment, Handel und Landesverteilung. Ganz abnorme Handelsprivilegien wurden der Gesellschaft erteilt und sogar Lotterien zum Besten der Kolonie erlaubt.

Ein tragisches Schicksal wartete der immer treuen Freundin der Engländer, Pocahontas. Im Jahre 1613 kaufte der unmenschliche Kapitän Argall dieselbe bei einem befreundeten Stamme, bei welchem sie zum Besuche war, für einen Kupferkeffel. Der Vater weigerte sich, das erforderliche Lösegeld zu zahlen und rüstete sich voll Empörung zum Krieg. Da aber erbot sich ein englischer Pflanzer, John Rolfe, welcher den Ruf

Fig. 18.

Matoaks als Rebecka daugeter to the mighty Prince
Powhatan Emperour of Attanoughskomouck als virginia
converted and baptized in the Christian faith, and

eines ehrlichen und bescheidenen Mannes hatte, das freundliche indianische Mädchen zu heiraten und dem Christentum zu ge= winnen. Powhatan soll aus Freude über dieses Vorhaben die

Waffen niedergelegt haben und hinfort ein Bundesgenosse der
Engländer geblieben sein. Pocahontas wurde getauft und in
allen Formen englischer Hochzeiten mit Rolfe vermählt. Sie war
die erste indianische Christin in den Vereinigten Staaten. Drei Jahre
später führte Rolfe seine Gemahlin nach England und wurde
durch sie ein berühmter Mann. Pocahontas, eine anmutige Erscheinung mit echt weiblichem Wesen, wurde am Hofe verzogen.
Eine besondere Abteilung im Schlosse zu London ließ der König
ihr einrichten, und tausende von Neugierigen kamen sie zu besuchen. Sie war Gegenstand des allgemeinen Interesses. So
fand sich auch ihr alter Freund Kapitän Smith, dem sie einst
das Leben gerettet hatte, bei ihr ein. Schon hatte sie geglaubt,
daß er längst tot sei; nun sah sie noch einmal den Mann,
welcher ihr zuerst von den Weißen eine unbedingte Achtung ein-
geflößt hatte. Vor Rührung soll sie ihr Antlitz in ihren Händen
begraben haben. — Als sie mit ihrem Gatten nach Amerika
zurückkehren sollte, starb sie plötzlich im 22. Lebensjahre, nachdem
sie einen Sohn, Thomas genannt, geboren hatte. Thomas
wurde von seinem Onkel erzogen und ward später ein reicher und
angesehener Besitzer in Virginia. Einige der vornehmsten
Familien leiten ihre Herkunft von ihm ab.

Der Kolonie drohten noch mancherlei Gefahren. Es war
der schon erwähnte Kapitän Argall, welcher im Norden die Befestigungen von De Mont und die Ansiedelung zu Port Royal
zerstört und die Waffen Englands daselbst erhöht hatte; es war
aber auch Argall, welcher die Lage der Kolonisten in Virginia
durch Mißherrschaft und Tyrannei unerträglich machte, da er die
unumschränkte Gewalt des Gouverneurs zu seinem eigenen Vorteil verwendete. Vergebens waren Gates und Dale, der frühere
Gouverneur, nach England gegangen, um der Londoner Gesellschaft Mut einzuflößen; vergebens hatte Lord Delaware erklärt,
daß die Kolonie nichts brauche, als einige ehrliche Arbeiter nebst
vielen Kindern; vergebens hatten sich 1614 die Kolonisten um
Hilfe an das Parlament gewendet; Virginia mußte es früh

lernen, auf eigenen Füßen zu stehen. Seine eigene Industrie wurde jetzt zur Quelle der Einkünfte. Es legte sich namentlich auf den Tabakbau, welcher zunächst am meisten Geld brachte, so daß selbst die Straßen von Jamestown mit Tabakstauden bepflanzt wurden. Und da es oft an Münzen fehlte, so hat man oft dieses Hauptprodukt des Landes als Zahlung verwendet. Tabak hat zuerst die materielle Existenz der Kolonie gesichert.

Im Jahre 1617 schmolz die Zahl der Kolonisten wieder sehr zusammen. Alles in allem befanden sich nur noch 54 Seelen in Virginia. Lord Delaware hätte vielleicht die alte Thatenfreudigkeit und den Lebensmut erweckt, allein er starb auf dem Ocean und mußte die Kolonie, für die er ein so warmes Interesse gezeigt hatte, ihrem Schicksal überlassen.

Endlich eröffnete sich eine glücklichere Zukunft, als 1619 Georg Yeardley, ein milder und wohlwollender Mann, Gouverneur von Virginia wurde. Bis dahin hatte die Tyrannei Argalls fortgedauert, trug aber in der Folgezeit gute Früchte, denn er hatte nicht allein die Kolonisten bedrückt, sondern auch das Vertrauen der Compagnie untergraben und dadurch den Weg zu größerer Selbständigkeit Virginias angebahnt. So war es möglich, daß unter der Verwaltung Yeardleys ein neuer Schritt zur kolonialen Freiheit gethan werden konnte. Eine Versammlung wurde als höhere Instanz über den Gouverneur eingesetzt; aus den elf Distrikten, in welche die Ansiedelungen geteilt waren, kamen je zwei Abgeordnete in Jamestown zusammen, um an Gesetzgebung und Verwaltung teilzunehmen. Diese erste republikanische Versammlung der neuen Welt ist bekannt unter dem Namen „the house of Burgesses." Das Verhältnis zur London-Compagnie kehrte sich plötzlich um; man wußte nicht genug Lobes- und Dankeserhebungen für die unermüdliche Kolonisation an die Gesellschaft gelangen zu lassen.

Im Juli 1621 erhielt Virginia die erste geschriebene Konstitution, welche ein Vorbild für die verschiedenen königlichen Provinzen geworden ist. Die Bestimmungen waren kurz folgende:

Die Gesellschaft sollte einen Gouverneur ernennen, welchem eine beständige Versammlung zur Seite zu stehen hatte. Jährlich sollte eine General-Versammlung tagen, deren Beschlüsse nur durch den Widerspruch des Gouverneurs eingeschränkt werden könnten. Alle Gesetze aber bedürften der Bestätigung der Londoner Compagnie. Die Gerichtsverhandlungen gestalteten sich ganz nach den hergebrachten Formen des Mutterlandes. Hinfort war die erste Kolonie im Gebiete der Vereinigten Staaten nicht mehr durchaus von der Gesellschaft abhängig, sondern bestand in Wirklichkeit schon aus freien Bürgern. Männer wie der Earl of Southampton, der junge Freund Shakespeares, und Sir Edwin Sandys, der Nachfolger Yeardleys, verdienten sich das Lob, für die Freiheit und Selbständigkeit Virginias entscheidend gewirkt zu haben.

Weniger erfreulich sind die Nachrichten über die Entstehung der Familien in der Kolonie. Bis dahin waren nur wenig Frauen nach Amerika gebracht worden. Sandys wußte die Gesellschaft zu veranlassen, daß sie auf ihre Kosten junge, ansehnliche und ehrbare Mädchen in die Kolonie sandte, welche gegen Zahlung von 120 Pf. Tabak im Werte von 90 Dollars von den Pflanzern gewählt wurden. Im nächsten Jahre folgte nochmals eine Ladung von 60 Mädchen, und der Preis für eine Hausfrau stieg auf 150 Pf. Tabak. Diese Zahlung war aber nur der Ersatz der, von der Gesellschaft vorgestreckten Überfahrtskosten. Den Mädchen stand die Wahl unter den Bewerbern eben so frei als diesen unter jenen und die Ehen waren meist so glücklich, daß die zweite Sendung in Folge brieflicher Einladung großenteils aus Freundinnen der Erstgelandeten bestand. Unter Yeardley war die Einwanderung in Fluß gekommen. Von 1619—1621 fanden 350 Menschen ihren Weg nach Virginien. Die Compagnie hatte zu dieser Zeit gegen 400 000 Pf. St. für die Kolonie ausgegeben und noch wenig geerntet. Aber die letzten Erfolge berechtigten zu den besten Hoffnungen für die Zukunft.

Die Bevölkerung Virginiens stieg bald auf 4000 Seelen.

Zu beiden Seiten des James River in einer Ausdehnung von 50 englischen Meilen erhoben sich Gebäude und Pflanzungen.

Aber durch die Offenherzigkeit einiger Mitglieder wurden dem König Jakob die Gefahren des letzten Freibriefs zum Bewußtsein gebracht, so daß er einige Missionäre zur Prüfung der kolonialen Verhältnisse übers Meer sandte. Vergebens suchte man die Kolonisten zu veranlassen, daß sie ihre Selbständigkeit aufgeben und die früheren Rechte der Krone wieder anerkennen möchten. Die Compagnie sowohl wie die Kolonie weigerte sich standhaft, und die Folge war, daß der König die Londoner Compagnie auflöste, indem er ihr alle Vorrechte entzog. Sie war in England unpopulär geworden. Das englische Volk hatte mehr Sympathie für die Kolonie, als für die Compagnie; denn um die Pflanzungen in Amerika zu erhalten und zu kräftigen, begünstigte es freiwillig die virginischen Händler auf seinem Markt.

Die Kolonie, welche nach der Thronbesteigung Karls I. ihre Vorrechte in vollem Umfang zurückerhielt, entwickelte sich hinfort ungestört. Während Karl im Kampf mit seinem Parlamente unterlag, hielt Virginia treu zum König und bewies seine Anhänglichkeit dadurch, daß es alle diejenigen verbannte, welche nicht die Liturgie der englischen Hofkirche gebrauchen wollten.

Von seiten der Indianer drohte 1644 ein neuer Angriff. Sie glaubten, daß, wenn sie das Vieh der Kolonisten zerstreut hätten, und ihre Kornfelder vernichtet, der Hunger die Weißen bald aus dem Lande treiben würde. Wiederum um Mitternacht brachen sie aus den Wäldern über die schlafenden Pflanzer herein: 300 erlagen ihren Waffen. Da aber rüsteten die Engländer mit aller Macht. Bald fiel der betagte Häuptling Opechancanough in ihre Hände und starb an Wunden, die ihm ein brutaler Soldat während seiner Gefangenschaft beigebracht hatte. Mit unerbittlicher Grausamkeit ging man gegen die Eingeborenen vor. Schwer bewaffnete Kriegsbanden streiften durch das Land und schossen und metzelten alles nieder, was ihnen in den Weg kam.

Der volkreiche Stamm der Powhatans wurde in alle Winde
versprengt, denn die Engländer im Gefühle ihrer Überlegenheit

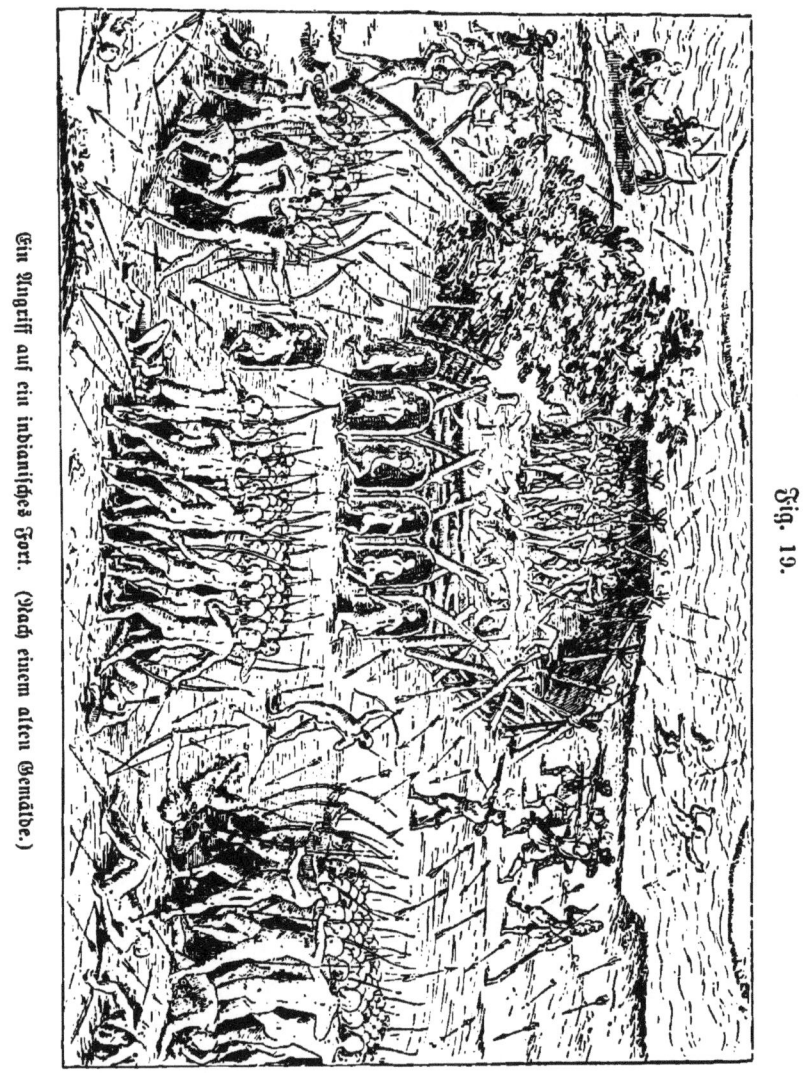

Ein Angriff auf ein indianisches Fort. (Nach einem alten Gemälde.)

Fig. 19.

kannten keine Schonung. Erst nachdem sie einen großen Strich
Landes den Eingebornen entrissen hatten, ließen sie sich zu einem

Vertrage herbei. Aber die Macht der Rothäute war für immer gebrochen. Eine lange Reihe von Greuelthaten gegen die mehr oder weniger wehrlosen Indianer ließe sich aufzählen, denn der englische Kolonist ist nur human gegen sich selber. Indes ist nicht aus dem Auge zu lassen, daß Virginia einen Kampf ums Dasein führte.

Die Bewohner der Kolonie vermehrten sich schnell, und die Einwanderung wuchs. Schon waren 20 000 Kolonisten an= sässig, und ihre Zahl vermehrte sich beständig, da die Edelleute Englands nach dem Sturze ihres Königs in der neuen Welt eine Zuflucht suchten. Die Kolonie war immer gut königlich gesinnt, und Karl gedachte ihrer selbst dann noch, als er von den fanatischen Independenten besiegt aus seinem Lande fliehen mußte. Kein Wunder, daß Virginia ihm treu blieb. Aber das überall siegreiche Parlament und Cromwell sahen mißtrauisch auf diese überseeische Provinz, welche fast allein am König hielt. Ein Verbot erging, daß keine Handelsschiffe die Kolonie besuchen dürften; und 1652 erschien eine starke Truppe, um die Autorität des Mutterlandes wieder herzustellen. Die Kolonie machte keine Miene, einen Kampf mit der republikanischen Flotte aufzunehmen, worin sie ohne Frage unterlegen wäre, sondern bequemte sich, das Parlament anzuerkennen unter der Bedingung, daß die Pflanzungen nicht zerstört würden. Insgeheim nährte man die alten Sympathien für das Königtum. Sobald Karl II. auf den Thron seines Vaters erhoben ward, huldigte die Kolonie ihm freudig als ihrem König, erntete aber Undank, denn der Monarch lohnte mit Verkürzung der Rechte und verlieh die fruchtbarsten Länderstriche an seine ruchlosen Günstlinge.

Virginia hatte das Loos aller Kolonien erduldet. Es war durch die saure Arbeit Armer und Elender gegründet worden und hatte, vom Mutterlande im Stiche gelassen, frühzeitig die Selbsthilfe gelernt. Jetzt erwies es sich als ein sicheres Empo= rium der westlichen Welt. Gestützt auf dieses Tochterland konnte England den Wettstreit um den Handel auf dem Meere siegreich gegen Spanier, Franzosen und das kühne Völkchen der Holländer führen.

12. Neu-England.

Es war im Jahre 1620, als Jakob I. einer Handesgesell=
schaft von 40 Personen so weitreichende Privilegien verlieh, daß
sein Parlament die Frage aufwarf, ob der König das Recht
dazu habe. Die ungeheuren Länderstriche zwischen dem 40. und

Fig. 20.

Landung der Pilgerväter.

48. Breitengrade von Ocean zu Ocean hatte er der Gesellschaft
zur Verfügung gestellt, und während in England über des
Königs Befugnisse eifrig verhandelt wurde vollzog sich die erste
dauernde Besiedelung von Neu=England ohne jeglichen Freibrief
durch die Puritaner oder „Pilger=Väter".

Seit 1550 waren die Puritaner in England bekannt, als
eine besondere Sekte, welche sich durch ihre asketische Zurück=
haltung von aller Fröhlichkeit und von allen Belustigungen,

durch ihre Religiosität und heiße Liebe zur bürgerlichen Freiheit und durch ihren strengen Bibelglauben hervorthat. Aber sie waren wenig nach dem Geschmack ihrer Landsleute, und Verfolgung trieb sie ins Ausland. Unter den vielen Flüchtlingen, welche in dem unabhängigen Holland eine Freistätte für ihre gottesdienstlichen Gebräuche und ihr religiöses Gewissen suchten, befand sich auch eine puritanische Gemeinde unter Führung von John Robinson. Acht Jahre hatte dieselbe in Leyden verlebt,

Fig. 21.

Die Mayflower.

als der Entschluß reifte, nach Amerika auszuwandern, woselbst man sich noch mehr Freiheit versprach. Zwei Schiffe, die „Mayflower" und die „Speedwell" wurden 1620 segelfertig gemacht; indessen erwies sich nur die „Mayflower" mit einer Besatzung von 100 Auswanderern für eine Fahrt über den Ocean geeignet. Der Plan, sich am Hudson River niederzulassen, wurde vereitelt, Stürme trieben das Schiff nordwärts nach Massachusetts, wo man nach 63 tägiger Seefahrt eine Landung versuchte. Ein kleines Boot, welches einen passenden Hafen suchen sollte, verlor in Wetter und Brandung seine Ruder und Segel und litt furchtbar in der winterlichen Jahreszeit. Endlich zeigte sich ein passender Landungsort an der östlichen Küste von Massachusetts.

Am 11. Dezember 1620 landeten die Wanderer auf dem Plymouth=
Felsen und legten nahe an der Küste den Grund zur ersten
Stadt in Neu=England, Plymouth genannt nach dem Hafen, aus
welchem sie gesegelt waren.

John Carver ward zum Gouverneur erwählt, aber seiner
und seiner Unterthanen wartete ein hartes Los. Mit unerschütter=
lichem Gottesvertrauen ertrugen die Puritaner die Beschwerden
des Hungers und der Kälte; hatten sie doch gefunden, was sie
suchten: unumschränkte Freiheit in religiösen und politischen
Dingen. Schon im Monat Dezember starben sechs Kolonisten,
und viele waren erkrankt. Der Gouverneur verlor seinen Sohn,
neben welchem er und sein Weib selbst bald zu Grabe gelegt
wurden. Es gab eine Zeit, wo nur sieben Menschen nicht an
das Siechbett gefesselt waren.

Im Jahre 1622 landeten 35 Handelsschiffe in Neu=England
und die Kolonisten, denen es noch immer an Lebensmitteln fehlte,
kauften zu enormen Preisen Getreide auf, denn ihre eigenen
Ackergerätschaften waren dürftig; auch fehlten ihnen die Haus=
tiere, und ihre Fahrzeuge waren in so traurigem Zustande, daß
sie selbst von dem Reichtum an Fischen in ihrem Hafen wenig
Nutzen ziehen konnten. Bis dahin hatten sie den Boden gemein=
sam bebaut. Aber der Ertrag war so gering, daß im nächsten
Jahre kaum etwas zu verteilen war. Daher wies man jedem
Pflanzer sein eigenes Grundstück an, in der Hoffnung, daß die
Arbeitsamkeit dadurch einen segenbringenden Antrieb erfühle.
Die Erwartungen gingen in Erfüllung. Hinfort waren alle
Speicher voll vom Überflusse an Getreide. Die Kolonie hob sich. Neue
Einwanderer kamen an, und schon 1630 war die Bevölkerungs=
zahl auf 300 tüchtige und zuversichtliche Kolonisten angewachsen.
Die Stimmung der Indianer blieb lange Zeit freundschaftlich.
Selbst Massassoit, der König derselben, der anfangs eine drohende
Miene angenommen hatte, leistete der Kolonie allerlei Dienste, denn
er vergaß nie, daß ihn einst ein Weißer, Namens Winslow, durch
Arznei von einer heftigen Krankheit errettet hatte, indem er die

Englische Ansiedler in Amerika.

lärmenden Medizinmänner mit all ihrem Hokuspokus aus dem
Wigwam des Häuptlings vertrieb.   Massassoit war es auch,
welcher ein Komplott einiger benachbarter Indianer gegen Wey=
mouth, eine Zweigkolonie Massachusetts, an Winslow verriet.

Fig. 23.

Edward Winslow.

Die Indianer hatten die Absicht, die wenigen Pflanzer dieser
Stadt von Plymouth abzuschneiden.   Sofort schickten die Puritaner
ihren Kriegshelden, Miles Standish, einen kleinen, aber tapferen
Mann, mit acht Soldaten zu Hilfe nach Weymouth aus, welche

die Rothäute in die Flucht schlugen und drei derselben töteten, darunter ihren Häuptling.

Die Verfassung der Kolonie entwickelte sich von Anfang an völlig unabhängig vom Mutterlande, zumal da die Ansiedler in Plymouth niemals einen königlichen Freibrief erhielten und ihnen erst volle zehn Jahre nach ihrer Landung von der Compagnie in England ein Rechtstitel auf das in Besitz genommene Land zuerkannt wurde. Die ganze Gemeinde pflegte sich zur Beratung zu versammeln, und der Gouverneur leitete mit fünf, später sieben Beisitzern die öffentlichen Angelegenheiten. Als 1639 die Zahl der Kolonisten beträchtlich gestiegen war, richtete man ein Repräsentativsystem ein. Das Volk machte seine Gesetze selbst und strafte nach Willkür die Verbrecher mit Geld, Haft oder dem Tode.

Der Nachschub aus England nahm mit den Jahren zu. Immer noch litten die Puritaner unter dem Drucke religiöser Intoleranz und suchten Freiheit in der neuen Welt. Die Ply= mouth=Compagnie gewährte ihnen einen neuen Landstrich an der Küste von Massachusetts, so daß sich 1628 John Endicott mit 100 Anhängern auf den Weg nach Amerika machte. Lange durchstreifte man die Umgegend, ehe ein geeigneter Ort zur An= siedelung sich zeigen wollte. Zuletzt fiel ihre Wahl auf einen Ort, den die Indianer Naumkeag nannten. Die Puritaner tauften ihn in Salem um. Bald folgten noch zweihundert Glaubens= genossen, deren einer Teil Salem bevölkerte, während ein anderer die Stadt Charlestown gründete. Im folgenden Jahre trat die Plymouth=Compagnie ihren königlichen Freibrief an die Kolonisten ab, da fast ohne ihr Zuthun dauernde Ansiedelungen in ihrem Gebiete gelungen waren. Der Wechsel hatte günstige Folgen. Im Juli 1630 schifften sich gegen 1500 Menschen nach Massachu= setts ein. Eine unabhängige Provinzial = Regierung mit John Winthrop an der Spitze wurde gebildet. Es entstanden die Städte Dorchester, Roxbury, Cambridge und Watertown. Die Mehrzahl der Kolonisten lockte eine Halbinsel an, welche sich

6*

durch schönes Wasser und besondere Fruchtbarkeit auszeichnete.
Hier wurde der Grundstein zu einer der größten Städte des
westlichen Kontinents gelegt. Man nannte die Halbinsel nach
einer Stadt in Lincolnshire, aus welcher einige von den Auswanderern gekommen waren, Boston.

Fig. 24.

Johann Winthrop.

Der General=Court erließ 1631 ein Gesetz, daß nur derjenige ein Stimmrecht haben solle, welcher Glied einer Kirche
der Kolonie sei. Nun aber bestand nur ein Viertel der Bevölkerung aus Gemeindemitgliedern, sodaß durch diese Maßnahme die
Mehrzahl von der Regierung ausgeschlossen worden wäre. Die
Puritaner hatten jenseits des Meeres eine Stätte der Gewissens-

freiheit gesucht und übten jetzt, da sie Herren des Landes waren, die ärgste Tyrannei. Kein Wunder, daß eine Reihe Unzufriedener sich zu allerhand Provokationen anschickte. Anführer der Opposition war ein junger Prediger, Roger Williams, welchen die Bewohner von Salem zu ihrem Pastor erwählten, weil er kühnlich ausgesprochen hatte, daß jedermann Gott dienen dürfe, wie es ihm gut dünke, und daß Bigotterie sowohl in Alt= wie in Neu=England wider die Vernunft und die Bibel sei. Die Regierungspartei in Boston bestimmte seine Rücksendung nach England. Doch Williams war kein vorlauter Rädelsführer, sondern ein Mann von Energie und Charakter. Fest entschlossen in einer andern Gegend die Freiheit zu suchen, welche man ihm versagte, war er über die Grenze von Massachusetts entwichen, ehe man seiner habhaft werden konnte.

Unter dem Gouverneur Winthrop hatte die Kolonie feste Wurzeln geschlagen. Zu Boston wurde ein Fort erbaut, Mühlen ließ er im Land erbauen und sorgte für den Küstenhandel mit den Nachbarkolonien Virginia und Neu=Amsterdam. Bald sollte ganz in der Nähe eine neue Kolonie erblühen.

13. Besiedelungen von Rhode Island, New=Hampshire und Connecticut.

Nachdem Williams vierzehn Wochen lang durch die Wildnis streifend dem Hunger und Frost fast erlegen war, erreichte er endlich die Wigwams der friedlichen Wampanoags. Hier brachte er den Winter zu. Als nun der Sommer kam, erwirkte er sich von den Narragansetts einen Strich Landes an der Bucht, welche deren Namen trägt. Mit fünf Begleitern unternahm er eine Ansiedelung und nannte den Ort Providentia zum Dank für seine unerwartet günstigen Schicksale. Diese Niederlassung war die erste im heutigen Staate Rhode Island. Die Freunde Roger Williams' aus Salem und Boston kamen bald zur Verstärkung herbei, und er verteilte das Land unter sie, so daß die neue Kolonie schnell erstarkte. Hier fand jeder

völlige Freiheit, und der Wille des Volkes war oberstes Gesetz.
Die Zwistigkeiten in Massachusetts kamen Rhode Island zu
statten: wer dort nicht bleiben mochte, ging zur liberalen Partei
in Providence über. Im Jahre 1635 landeten 3000 Auswan=

Fig. 25.

Henry Vane.

derer in Boston. Unter ihnen auch Henry Vane, ein hochbegabter
junger Mann, der sehr bald zum Gouverneur erhoben wurde.
Wiederum fing die Frage nach der Gemeindezugehörigkeit an
brennend zu werden. Eine Frau, Namens Ann Hutchinson,
wagte es, die aufsässigen Elemente um sich zu sammeln und für

die Religionsfreiheit kühnere Propaganda zu machen, als selbst
Roger Williams. Mit vielen Anhängern verließ sie die Kolonie,
um sich auf Acquidnay in der Bucht von Narragansetts nieder=
zulassen. Man kaufte die Insel den Indianern ab und nannte
sie Isle of Rhodes. An einer südlichen Bucht der Insel wurde
die Stadt Newport gegründet.

Die erste Kolonisation von New-Hampshire geschah ein Jahr=
zehnt früher. Sir Ferdinand Gorges und John Mason hatten
1622 die Landstrecken vom St. Lorenzstrom bis zum Kennebec
und Merrimac zugewiesen bekommen. Die Kolonie erhielt zunächst
den Namen Laconia. Portsmouth und Dover, zwei Stationen
für Fischerei, erlangten bald eine gewisse Bedeutung, während
mehrere Handelsplätze an der Küste nur geringen Verkehr mit
dem Mutterlande hatten. Als 1629 die Stadt Exeter gegründet
wurde, verwandelte man den Namen der Kolonie in New-Hamp=
shire. Allein die Niederlassungen konnten sich keine Selbständig=
keit erringen. Schon 1641 mußte New-Hampshire eine Vereinigung
mit Massachusetts nachsuchen, welche bis 1680 dauerte. Der
König von England löste in diesem Jahre die Kolonie wieder
los und machte sie zu einer unabhängigen Provinz. —

Die Kolonie Connecticut, welche ihren Namen nach dem
Strom, der sie von Norden her durchkreuzt, erhielt (Connecticut
bedeutet in der Sprache der Indianer „der lange Fluß"), war
zuerst in holländischem Besitz. Die Holländer hatten 1614 den
Fluß entdeckt und an der Stelle, wo jetzt die Stadt Hartford
liegt, eine Handelsstation errichtet. Einige Zeit erfreuten sie
sich einer uneingeschränkten Herrschaft über das Land. Da aber
die Engländer von der Fruchtbarkeit des Bodens und der Schön=
heit dieser Gegend gehört hatten, so streckten sie begehrlich ihre
Hände darnach aus. Im Jahre 1630 ward Connecticut an den
Earl of Warwick verliehen, der es an die Lords Say=and=Seal
und Brooke abtrat. Beider Name erhielt ein Denkmal in der
Festung Saybrook, welche 1635 an der Mündung des Flusses
erbaut wurde.

Vergebens hatten die Holländer den englischen Handel ab=
zusperren versucht. Inzwischen waren auch von Massachusetts=
Bai aus Kolonisten zu Lande an den Fluß gelangt, freilich mit
Verlust ihrer Viehherden und unter großen Beschwerden. Denn
es war im Winter, der Fluß zugefroren und wenig Nahrung

Fig. 26.

Auswanderer auf dem Wege nach Connecticut.

zu finden. Aber im folgenden Sommer erschien eine neue Truppe
von Boston aus, die sich bei Hartford auf von den Indianern
erstandenen Ländereien ansiedelte. Die Holländer mußten sie ge=
währen lassen, dafür aber erhob sich von anderer Seite große
Gefahr. Östlich von Connecticut am Thames River hauste der
wilde und kriegerische Stamm der Pequods, welcher schon lange
die Kolonisten durch Feindseligkeiten belästigt hatte. Als sie nun

den Kapitän eines Handelsschiffes ohne alle Ursache ermordeten,
da loderten die Rachegelüste der englischen Kolonisten in hellen
Flammen auf, und alle Greuel und Grausamkeiten eines Krieges
mit den Indianern nahmen ihren Anfang. Die Pequods schickten
Boten zu den Narragansetts, um sie zu einem vereinten Unternehmen gegen die Weißen zu veranlassen. Ein Bündnis wurde
nur vereitelt durch die Aufopferung des Roger Williams, welcher
seinen Landsleuten in Boston die erlittene Schmach hochherzig
verzieh. Die Pequods aber fielen in einzelne Gehöfte ein,
schlachteten und skalpierten wehrlose Reisende, schossen die Arbeiter
auf dem Felde hinterlistig nieder und mordeten Frauen und
Kinder am Herde. Da erklärte die Regierung in Connecticut
am 1. Mai 1637 den Krieg gegen die Pequods. Kapitän John
Mason, welcher in flandrischen Diensten gestanden hatte, brach
mit 80 Kolonisten und 60 Mohegans unter ihrem Häuptling
Uncas gegen den Feind los. Man rechnete auf die Hilfe der
Narragansetts, allein ihr Häuptling weigerte sich, da er dies
kleine Häuflein zu schwach für einen Krieg gegen den mächtigen
Stamm der Pequods erachtete. Mason faßte sich indes ein
Herz und wagte mit seiner Mannschaft einen Feldzug. Die
Pequods mit ihren Bundesgenossen zählten 26 Stämme, be-
stehend aus über 2000 Kriegern. Es kam zu einem grauen-
vollen Gemetzel, in welchem das Los der Pequods mit einem
Schlage sich entschied. Der große Stamm der Pequods ward
vernichtet und versprengt. Seit jener Zeit ist ihr Name vom
Erdboden vertilgt worden. Denn die Kolonisten konnten die
Indianer nicht schonen, sie mußten den Krieg gegen sie so führen,
wie diese sich untereinander bekämpften, da sie die natürlichen
Feinde der Ansiedler waren.

Zu derselben Zeit gründeten John Davenport, Theodor
Eaton und ihre Anhänger die Kolonie New-Haven westlich von
der Mündung des Connecticut. Das Land kauften sie den Indianern ab. Nur Kirchenmitglieder erhielten Stimmrecht und

Teilnahme an der Verwaltung. Die Bibel galt als Grundlage aller Gesetze und öffentlichen Unternehmungen.

14. Maryland.

Das Gebiet des jetzigen Staates Maryland fiel mit in den Küstenstrich, welchen der königliche Freibrief von 1609 der London=Company zuerteilt hatte. Der Feldmesser William

Fig. 27.

New=Haven im Jahre 1637.

Clayborne war ausgesandt worden, daß er eine Karte dieses Landes verfertige, wofür er die Erlaubnis, mit den Indianern Handel zu treiben, erhielt. Seit 1632 fing ein einflußreicher Mann, George Calvert, Lord Baltimore, an, ihm gefährliche Konkurrenz zu machen. Vergebens hatte Lord Baltimore große Summen aufgebracht, um auf Neu=Fundland eine dauernde Kolonie zu begründen. Er gab es auf und richtete sein Augenmerk auf Virginia. Allein ein Testakt, welchen die protestantischen Bewohner Virginias von ihm, dem Katholiken, verlangten, schloß ihn von der Besiedelung dieser Kolonie aus. Da ge=

Fig. 28.

Calvert, Lord Baltimore, der Gründer der gleichnamigen Stadt.

währte ihm König Jakob eine große Landstrecke am Flusse
Potomac, welche der Krone zugefallen war. Demokratisch ge=
sinnt und in religiöser Hinsicht freimütig, sorgte Lord Baltimore
dafür, daß seinen Kolonisten in beider Beziehung völlige Frei=
heit zuerkannt würde. Er wollte eine Freistätte für Männer
aller Konfessionen und Stände errichten. Keine Steuerabgaben
an England lasteten auf der Kolonie, deren Männer nach Majo=
ritätsbeschluß sich ihre Gesetze selber gaben. Das Mutterland
hatte in die Angelegenheiten der Kolonie nicht das geringste
dreinzureden. Zwar sollte das Christentum den gemeinsamen
Rechtsgrund bilden, aber abgesehen von jeder Schattierung des
streitigen Dogmas. Es war ein freiwilliges Zugeständnis, welches
Lord Baltimore dem Könige machte, indem er ihm eine Jahres=
rente von zwei indianischen Pfeilen und den fünften Teil des
Ertrages an Gold und Silber zusprach. Zu Ehren der Königin
Henrietta Maria nannte er die Kolonie „Maryland".

Auf solcher Grundlage versprach die neue Ansiedelung eine
schnelle und erfreuliche Entwickelung. Aber Lord Baltimore sollte
sie nicht mehr erleben. Sein Sohn Cecil Calvert erbte die
Privilegien und schickte seinen Bruder Leonard mit 200 Aus=
wanderern, meist römisch = katholischer Konfession und würdige
Männer, nach Maryland aus. Im Jahre 1634 fuhren sie in
die Chesapeake=Bai und den Potomac ein, kauften von den In=
dianern einiges Land und erbauten das Dorf St. Mary's.
Friede und Ruhe herrschten in der Kolonie, da die Einrichtungen
allesamt so wohl bedacht waren, daß innere Zwistigkeiten nicht
entstehen konnten, und man sich auch bemühte, die Indianer
gerecht zu behandeln.

Leonard Calvert starb im folgenden Jahre und es dauerte
einige Zeit, ehe ein geeigneter Gouverneur sich fand. Während
der Unruhen, die der Vertreibung Karls I. folgten, wurden
mehrere Männer dazu bestimmt, so daß zeitweilig sogar zwei
Gouverneure protestantischer und katholischer Konfession das
Scepter zugleich führten. Erst 1660 vereinigten sich beide Par=

teien wieder in der Wahl des Philipp Calvert. Damals wurde
die Bevölkerung von Maryland auf 10 000 Seelen geschätzt.

15. Die Schweden in Delaware.

Delaware verdankt seinen Ursprung einem Wunsche des
großen Schwedenkönigs Gustav Adolf, welcher sowohl für den
Protestantismus als für seine Nation insbesondere in der neuen
Welt Propaganda machen wollte. Eine Vollmacht wurde 1626
an eine Gesellschaft erteilt, und im nächsten Jahre kamen einige
Schweden nach Amerika hinüber. Da traf das schwedische Volk
der verhängnisvolle Schlag, daß ihr König auf dem Felde
bei Lützen fiel, ohne seinen Plan zur Ausführung gebracht zu
haben. Es gereicht dem weisen Staatsmanne Oxenstierna zu
besonderer Ehre, daß er bei allen diplomatischen Aufgaben der
nächsten Jahre doch nicht die Kolonie jenseits des Meeres aus
dem Auge verlor. Im Jahre 1638 wurde eine Gesellschaft von
Schweden und Finnen ausgesandt, unter Führung des Deutschen
Peter Minnewit aus Wesel am Rhein, welcher vordem in holländischen Diensten gestanden hatte. Nach ihrer Ankunft in der
Delaware-Bai kauften sie Land von den Eingeborenen, welchem
sie den Namen „Neu-Schweden" gaben. Eine Festung, Namens
Christiania, erhob sich in der Nähe der heutigen Stadt Wilmington, nach der jungen Königin von Schweden so benannt.
Ein günstiger Stern schwebte über der Kolonie, die sich bald
durch neue Ankömmlinge vergrößerte und neue Ansiedelungen an
den Orten, welche jetzt die Vorstädte von Philadelphia ein-
schließen, unternahm. Es schien, als ob die Schweden in Amerika festen Fuß gefaßt hätten.

Allein die Holländer sahen neidisch auf die Erfolge ihrer
Nachbarn. Auf Grund eines früheren Kolonisationsversuches
erhoben sie Ansprüche auf Delaware und erbauten eine Meile
von Christiania die Festung Newcastle. Als die empörten
Schweden ihr Bollwerk angriffen und schleiften, rückte Stuyvesant, der Gouverneur von Neu-Niederland, mit 600 Mann

ein, besiegte die Bewohner von Neu-Schweden und bereitete der schwedischen Macht in Amerika für immer ein Ende. Etwa 700 Kolonisten gingen in die Hände der Holländer über, mit denen sie 1664 unter die Herrschaft der Engländer kamen.

Fig. 29.

Eine schwedische Kirche bei Wilmington.

16. Die Holländer in Neu-Niederland.

Es war dem unternehmenden Volk der Holländer überlassen geblieben, den Hudson-Fluß mit seinem vortrefflichen Hafen zu

entdecken. Schon 1524 kam Verrazzani, während er eine nord=
westliche Durchfahrt nach Indien suchte, an die Küste vom New=
Jersey und war nahe daran, in den Hafen von New = York
einzulaufen. Jetzt, etwa achtzig Jahre später, machten sich die
Holländer zu Herren des verheißungsvollen Landes. In Holland
hatte sich die Befreiung vom spanischen Joche vollzogen und eine
freie Handelsrepublik war ins Leben getreten. Kein Volk auf
Erden baute so viele Kauffahrteischiffe wie die Holländer und
trieb so ausgedehnten Handel nach allen Weltgegenden. Eine

Fig. 30.

Der „Halbmond" segelt den Hudson hinauf.

große Gesellschaft, welche sich zu Handel und Kolonisation ver=
einigte, entstand im Jahre 1608. Sie ist bekannt unter dem
Namen West=Indien=Compagnie. Henry Hudson, der für englische
Kaufleute schon mehrere Reisen nach Amerika gemacht hatte,
trat in ihre Dienste und erreichte 1609 die Küste von Maine.
Anfangs wandte er sich gen Süden und kam bis nach Virgi=
nia; dann aber wandte er sich wieder nordwärts und fuhr
in die Straße zwischen Long=Island Sandy Hook und am nordöst=
lichen Ende von New=Jersey ein. Es war am 11. September,
als er die sogenannten Narrows passierte und sich in dem herr=

lichsten Hafen der Welt sah. An dieser Stelle sollte sich später die mächtige Stadt New=York erheben. Hudson fuhr den Fluß weiter hinauf, einige Meilen höher, wo jetzt Albany steht. Die Eingeborenen staunten die weißen Ankömmlinge wie göttliche Wesen an und hielten ihr Schiff, den „Halbmond", für ein schwimmendes Haus. Als Hudson in Scharlach gekleidet mit seinen Leuten ans Land stieg, fielen sie vor ihm nieder wie vor Manitou selbst und sandten Eilboten zu allen Stämmen, daß ihr Gott leibhaftig erschienen sei. Später nannten sie den Ort Manhattan, d. i. Stätte der Trunkenheit. Denn Hudson traktierte sie sofort mit Branntwein. Die Algonquins waren damals die alleinigen Herren dieser weiten Einöde, in welcher riesenhafte Bäume standen und üppige Schlinggewächse wucherten. Wild, Geflügel und Reptilien bevölkerten in reicher Zahl die Manhattan=Insel, auf welcher jetzt sich schier endlose Häuserreihen entlang ziehen.

Hudson kehrte nach England zurück. Auf einer zweiten Reise entdeckte er die Bucht, welche seinen Namen trägt. Noch immer beherrschte der Wahn die Gemüter, daß eine nordwestliche Durchfahrt nach Indien zu finden sein müßte. Auch Hudson fiel diesem Glauben zum Opfer. In der strengsten Winterkälte setzte ihn samt seinem Sohne und acht Gefährten die aufständische Mannschaft aus; er ist dort elend umgekommen.

Seit 1610 besuchten viele holländische Kaufleute die Manhattan=Insel. Der Pelzhandel mit den Indianern erwies sich als eine ergiebige Einnahmequelle und schon entstanden einige Hütten auf der Insel. Im Jahre 1614 wurde eine Festung erbaut. Die Ansiedelung erhielt den Namen Neu=Amsterdam und das Land den Namen Neu=Niederland. Adrian Block segelte zuerst in den East River hinauf und in den Sund, welcher um Long=Island liegt. Als sein Schiff gestrandet war, baute er sich in Neu=Amsterdam ein neues Fahrzeug, welches deshalb bemerkenswert ist, weil es das erste war, welches in diesem Hafen

vom Stapel lief. Eine Ansiedelung wurde auch bei Albany im
Jahre 1615 unternommen, und man nannte sie Fort Orange.

Der erste Gouverneur dieser holländischen Kolonie war
der schon erwähnte Rheinländer Peter Minnewit. Im Jahre
1625, in welchem er nach Amerika hinüberkam, kaufte er die ganze
Manhattan=Insel für 24 Dollars von den Indianern. Er mußte
sich mit der Plymouth=Compagnie auf friedlichen Fuß zu stellen,
obschon die Engländer im Allgemeinen mißvergnügt auf die Fort=
schritte der Holländer in der neuen Welt sahen, wie sich bald
zeigen sollte. Eine Haupterwerbsquelle wurde der Handel mit
Rauchwaaren und die Plünderung spanischer Schiffe, welche in
der Nähe von Neu=Amsterdam kreuzten. Das jetzige New=York
erlebte zu dieser Zeit die Tage der „Jäger und Händler, Ottern=
und Biberfelle, Strohdächer, hölzernen Schornsteine und Wind=
mühlen." Neu=Amsterdam entwickelte sich in Frieden, und die
Holländer verbreiteten sich über Long=Island, Staten=Island
und New=Jersey. Wo immer gutes Ackerland zu finden war, oder
Biber zahlreich waren, kauften sie den Eingebornen das Land
in ehrlichem Handel ab und begründeten nach ihrer heimatlichen
Weise neue Ansiedelungen. Tauschgegenstände waren besonders
Messer, Perlen und Wampumgürtel. Noch fehlte es an Arbeits=
kräften; aber die Compagnie wußte die Auswanderung zu be=
fördern durch die Bestimmung, daß jeder Kolonist, der sich an=
heischig machte, innerhalb vier Jahren eine Ansiedelung von
fünfzig Seelen zu gründen, einen Landstrich von fünf Meilen
Länge von den Indianern erstehen dürfe und den Titel eines
„Patron" oder Verwalter erhalten solle. Männer wie Van
Rensselaer u. a. machten sich das Anerbieten zu Nutze.

So lange man die Indianer freundlich behandelt hatte,
störten sie in keiner Weise die ruhige Entwickelung der Kolonie.
Nur mit dem Branntwein war man nicht sorgsam genug, und
betrunkene Wilde erlaubten sich manche Excesse. Die harte
Strafe, welche ihnen zu teil wurde, erregte allmählich ihren
Rachedurst. Auch die Ausrottung der Pequods war noch in

frischer Erinnerung, so daß eine Verschwörung von der Küste New-Jersey's bis zum Connecticut hinauf den Blaßgesichtern mit Tod und Verderben drohte. Mancher Europäer mußte büßen, was er nicht verschuldet hatte. Unter Anderem auch Mrs. Hutchinson auf Rhode-Island. Hätte nicht Roger Williams seinen Einfluß auf die Wilden geltend gemacht, so würde vielleicht die blühende Niederlassung der Holländer vom Erdboden vertilgt worden sein. Nach vielen Raufereien von beiden Seiten machte endlich John Underhill, der sich gegen die Pequods ausgezeichnet hatte, dem Indianerkriege ein Ende.

Kieft, der Gouverneur von Neu-Amsterdam, hatte seine Sache schlecht geführt und die öffentliche Meinung verurteilte ihn. Ein ergrauter Kriegsmann, Peter Stuyvesant, der schon manchen Dienst der West-Indien-Compagnie geleistet hatte, folgte ihm als Gouverneur. Er sorgte für den Frieden mit den Indianern, indem er die vielen kleinen Grenzstreitigkeiten schlichtete, gewährte der Kolonie ein freieres Handelssystem und führte im Ganzen ein weises Regiment. Die Insel Manhattan bewohnte zu dieser Zeit ein ackerbautreibendes Völkchen. Der jetzige Central-Park von New-York war noch Urwald, aus welchem die Lohgerber die nötige Borke bezogen. Die „Bowerie", nach welcher eine der Hauptstraßen der Stadt heißt, kaufte Stuyvesant für ein geringes, denn der Grundbesitz hatte wenig Wert. Quer durch die Insel zog man einen Wall zum Schutze gegen die Indianer, an welchen noch jetzt die Wallstreet in New-York erinnert.

Neue Streitigkeiten mit den Indianern entstanden, als Stuyvesant auf Befehl der Regierung 1655 zur Eroberung von Neu-Schweden, welches seither Delaware heißt, ausgezogen war. Schweden konnte nach dem langen Kriege, welchen es in Deutschland geführt hatte, wegen Entvölkerung und politischer Verwickelungen, seine überseeischen Besitzungen nicht mehr halten. — Vierundsechzig Kanoes erschienen inzwischen vor Neu-Amsterdam und richteten vielen Schaden an, bis der Gouverneur zurückkehrte und den Frieden wieder herstellte. Kaum aber war die Kolonie nach Außen gesichert worden, als ein innerer Zwist ent=

Fig. 31.

Der holländische Gouverneur Stuyvesant.

brannte. Von Zeit zu Zeit hatte die Niederlassung beträcht= lichen Zuwachs erfahren, denn aus aller Herren Ländern strömten

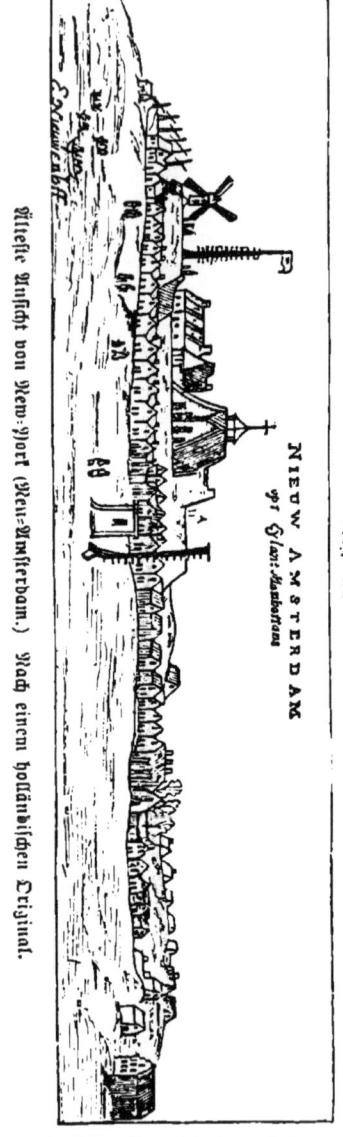

Älteste Ansicht von New-York (Neu-Amsterdam.) Nach einem holländischen Original.

Fig. 32.

Elende, Verunglückte, Mißmutige und Bedrängte hierher. Namentlich auch Deutsche, die nach dem dreißigjährigen Kriege verarmt und verwaist waren. Jetzt wurden die Forderungen nach größerer Freiheit unter dem Volke laut. Stuyvesant war wohl ein strammer Soldat, aber kein Staatsmann, er achtete die militärische Disziplin weit höher als eine konstitutionelle Verfassung, und verweigerte jegliches Zugeständnis. Aber die republikanische Freiheit war ein Lebensbedürfnis der Kolonien in der neuen Welt. Die Kolonisten setzten es durch, daß eine allgemeine Versammlung aus Deputierten der einzelnen Dörfer sich konstituierte, ohne jedoch im wesentlichen Anteil an der Regierung zu gewinnen. So lange der große Staatsmann Peter Minnewit, welcher wegen eines unbegründeten Verdachtes aus seiner Stellung abberufen wurde, mit seinem Ansehen für die holländische Kolonie eintreten konnte, wagte keiner von den lüsternen Nachbarn seine Hände darnach auszustrecken. Unter Kieft aber und Stuyvesant machte die Kolonie in politischer Hinsicht Rückschritte, und die Engländer scheuten sich nun nicht mehr vor einer Eroberung der Manhattan-Insel, welche schon lange für sie ein Dorn im Auge gewesen war.

Fig. 33.

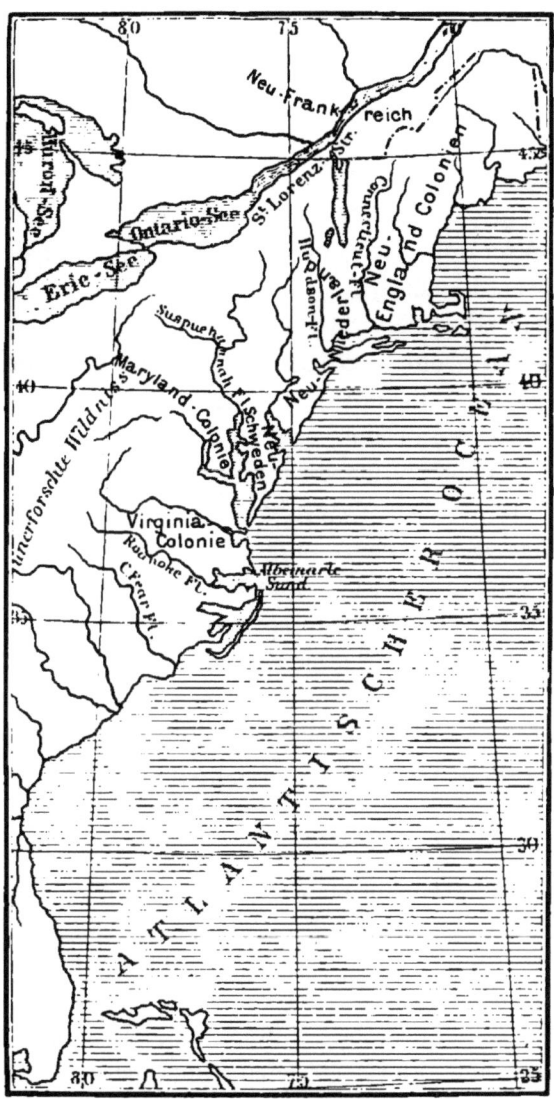

Karte der ältesten Kolonieen.

Wenig achtete Karl II. von England die Rechte fremder
Nationen. Mit erstaunlicher Unbefangenheit teilte er im Jahre
1664 die ganze Küste vom Connecticut bis Delaware seinem
Bruder Jakob, Herzog von York, dem späteren König Jakob II.,
als Lehen zu. Eine starke Flotte stieß in See, um die holländischen Besitzungen der Krone von England einzuverleiben. Stuyvesant, ein alter tapferer Haudegen, rüstete sich als guter Patriot
zu energischer Gegenwehr. Das Fort Amsterdam, welches einst
der vorsichtige Minnewit erbaut hatte, bot ein sicheres Bollwerk
gegen die Feinde dar. Allein seine Landsleute ließen ihn im
Stich, sei es weil sie mit seiner streng militärischen Herrschaft
unzufrieden waren und von den Engländern größere staatliche und
kommerzielle Freiheit erwarteten, sei es weil sie von vornherein
an einem erfolgreichen Widerstand verzweifelten. Kurz, der
kampfesmutige Gouverneur mußte sich wohl oder übel in die
Hände der Engländer ergeben, und die ganze holländische Kolonie
wurde ohne Blutvergießen eingenommen. Die Sieger waren
klug genug, die fleißigen Landleute nicht zu vertreiben, und selbst
Stuyvesant verweilte bis an das Ende seiner Tage unter englischer Oberhoheit. Der Name der Kolonie, sowie der Ansiedlung auf Manhattan wurde zu Ehren des Herzogs in „New-
York" umgewandelt. Auch das Hudsonthal leistete keinen Widerstand. Fort Orange nannte man zur Erinnerung an des Herzogs
schottischen Titel „Albany". Mit einem einzigen, echt englischen
Handstreich war die ganze atlantische Küste von Maine bis ein-
schließlich Georgia in den Besitz der Krone Großbritanniens gekommen.

Das Land zwischen dem Hudson und Delaware wurde von
dem Herzoge von York Berkeley zugewiesen. Als früherer
Gouverneur der Isle of Jersey nannte er seine neuen Besitzungen „New-Jersey". Die Kolonie füllte sich sehr schnell mit
Auswanderern, da man ihnen völlige Freiheit in religiösen Dingen
zusicherte, sowie das Recht der Besteuerung an die koloniale
Versammlung abtrat.

17. Union der Neu-England Staaten.

Die tyrannische Gesinnung, wodurch sich Karl I. von Eng=
land sein Verderben selbst bereitete, trieb ihn auch, auf die
Kolonien einen Druck auszuüben und die Puritaner jenseits
des Meeres mit gleicher Strenge zu verfolgen wie daheim. Er
ermächtigte 1634 eine Kommission, deren Mitglied der Erzbischof
Laud war, die Freibriefe zu widerrufen, Strafen zu verhängen
und ein neues Regiment in den amerikanischen Pflanzungen ein=
zuführen. Sobald die Nachricht nach Boston gelangte, daß ein
von der Krone ernannter Gouverneur auf dem Wege nach Massa=
chusetts sei, wurde eine Versammlung berufen, welche einstimmig
beschloß, daß die Kolonie so lange als möglich Widerstand leisten
wolle. Die Plymouth=Compagnie lieferte 1635 ihr Patent aus
und der Massachusetts=Bay=Compagnie wurden ihre Privilegien
auf gesetzlichem Wege entzogen. Beide Massachusetts=Kolonien
standen bald unter der Kontrole der Krone, welche Anstalten
machte, jeden freien Gedanken und jede freie That zu unter=
drücken. Puritaner durften nicht mehr nach Amerika auswan=
dern, eine Maßregel, welche Cromwell und Hampdon in Eng=
land zurückgehalten haben soll. Zum Glück ging es in der
Heimat so bunt her, daß das Rachegericht, welches sich über den
Kolonieen zu entladen drohte, vorüberzog.

Allein die Kolonieen hatten doch eingesehen, daß sie dieselben
Ziele und Interessen verfolgten und ihre Vereinigung den Indianern
auf der einen, und den Holländern und Franzosen auf der anderen
Seite gegenüber, ratsam sei. So schlossen sich Plymouth, Massa=
chusetts=Bai, Connecticut und New=Haven zu einem Offensiv=
und Defensiv=Bündnis unter dem Namen „the united Colonies
of New-England" (die Vereinten Kolonien von Neu=England)
im Jahre 1643 zusammen. Die Gesamtbevölkerung betrug um
diese Zeit etwa 20 000 Seelen und war in 50 Dörfern ansässig.
Die Bedingungen waren folgende: jede Kolonie behielt ihre Selbst=
verwaltung, aber alle Fragen über Krieg und Frieden und An=

gelegenheiten von gemeinsamem Interesse kamen vor die Ver=
sammlung, welche aus zwei Kommissären aus jeder Kolonie
bestand. Je nach der Bevölkerungszahl hatten die Kolonieen
Mannschaft zu stellen und Kriegsgelder aufzubringen. Diese
Union währte vierzig Jahre und brachte den Kolonieen viele
Vorteile. Massachusetts sorgte auch früh für die Erziehung der
Jugend. Der General=Court bewilligte eine Geldsumme zur
Errichtung einer gemeinsamen Schule zu Cambridge, und als
der Prediger John Harvard derselben 4000 Dollars und seine
Bibliothek überlassen hatte, erhob man die Schule zu einer Uni=
versität unter seinem Namen. So entstand die Harvard=Uni=
versität in Cambridge, als die älteste in den Vereinigten Staaten.
Jedes Städtchen von fünfzig Einwohnern war verpflichtet, ein
Schulgebäude zu bauen und einen Lehrer anzustellen.

18. Besiedelung von Carolina.

Die Kolonie Carolina, welchen Namen französische Ansied=
ler ihr zu Ehren des Königs Karl IX. gaben, wurde erst unter
Karl VI. von England mit Erfolg kultiviert. Im Jahre 1663
verlieh der König an Edward Clarendon, Lord Albemarle und
den Earl of Shaftesbury auf ihr Gesuch eine Bevollmächtigung
zur Besiedelung dieses Landes. Es war dieser Freibrief zugleich
ein Schlag gegen die Ansprüche Frankreichs und Spaniens.
Die Unternehmer beabsichtigten in großem Stile vorzugehen.
Shaftesbury entwarf mit Hilfe des berühmten Philosophen Locke
eine Verfassung, genannt das „große Modell", worin dem Adel
fast alle Macht zuerkannt ward, die Rechte des Volkes aber übersehen
waren. Die Krone genehmigte die Verfassung 1670, als in
Carolina zwar noch keine Kirche, kein Gerichtshof und keine
Presse bestand, aber viele Ansiedler von den natürlichen Vor=
zügen des Landes angelockt sich bereits am Albemarle=Sund und
in der Nähe des Cap Fear=Flusses niedergelassen hatten, von
wo aus sie einen blühenden Handel mit Schnittholz und Schindeln
eröffneten. Nichts war unpassender für die Verhältnisse der

Bewohner, als Lockes aprioristisch konstruierte Verfassung. Wo
sich die Arbeiter in Hirschfelle und selbstgewebte Leinwand klei=
deten, war für hohe Adelsherren kein Platz. Unternehmend wie
die Kolonisten waren, hatten sie sich als „die freiesten der Freien"
selbst regiert und alle Versuche, die neue Verfassung durchzu=
führen, mußten scheitern.

In demselben Jahre landete eine Schar Auswanderer unter
William Sayle nahe bei der Mündung des kleines Flusses Ashley.
Einen Augenblick dachte man daran, Lockes Verfassung anzu=
nehmen, setzte indes sehr bald eine repräsentative Versammlung
und eine republikanische Regierung ein, welche sich infolge der
Entfernung von Albemarle ganz selbständig gestaltete. Das
war die Veranlassung der Trennung in Nord= und Südcarolina.
Einige Viehhändler erbauten 1672 ihre Hütten an der Stelle,
an welcher acht Jahre später die Stadt Charleston officiell
gegründet wurde, die umgrenzenden Ländereien waren ein
wahres Paradies. Stattliche Fichten wurzelten auf den Ufer=
bänken des Flusses, und der wuchernde gelbe Jasmin erfüllte die
Lüfte mit Wohlgeruch. Schnell sammelten sich von allen Seiten
Ansiedler. Karl II. sandte 50 Familien, welche den Anbau von
Wein, Mandeln und Oliven und die Seidenkultur einführen
sollten. Obschon das Unternehmen fehlschlug, hatte doch die
Kolonie an Arbeitskräften gewonnen. Dazu fand sich ein be=
deutender Zuwachs an französischen Hugenotten ein, aus deren
Mitte einige der tüchtigsten Männer der Revolution hervor=
gingen. Die Kolonie war reif zur Selbstherrschaft. Umsonst
schickten die Eigentümer des Landes den Gouverneur Colleton
hinüber; das Volk weigerte sich ihn anzuerkennen. Es verhöhnte
ihn selbst und verhaftete seinen Geheimschreiber. Sobald die
Nachricht von der Revolution im Mutterlande sich in der Kolonie
verbreitete, trieb man den aristokratischen Gouverneur aus dem
Lande. Nordcarolina folgte dem Beispiel seiner Schwesterkolonie.
Die Volkspartei regierte seit 1689 unumschränkt, und Friede und
Reichtum hielten ihren Einzug.

19. Entstehung der Sklaverei.

Das unglückselige Übel der Sklaverei, die Mißgeburt über=
legener Kultur, fand auch in Nordamerika ihren Eingang. Es
ist schwer zu sagen, ob anfänglich mit oder wider Willen der
Kolonisten. Jedenfalls ist es ein greller Widerspruch, daß ge=
rade in Virginien, dem Lande der socialen Freiheit, erbliche
Hörigkeit einer einzelnen Menschenklasse nicht nur möglich wurde,
sondern auch die festesten Wurzeln schlug.

Die Sklaverei bei den Mauren ist fast so alt wie der
mohammedanische Glaube. Gleichzeitig mit der Entdeckung Ame=
rikas wurden die letzten Mauren aus Spanien verdrängt und
eröffneten von der Nordküste Afrikas aus ein wüstes Piraten=
leben. Die Spanier vergalten mit gleicher Münze, und, obgleich
das Oberhaupt der Christenheit für die Aufhebung der Sklaven=
märkte in Bristol, Hamburg, Lyon und Rom sorgte, wanderten
doch Tausende von Sarazenen in die Knechtschaft. Alle Afri=
kaner galten als Mauren. Mit den spanischen Entdeckungen
und Eroberungen wurde die Sklaverei in die Neue Welt ein=
geführt. Schon Kolumbus sandte 1495 fünfhundert Indianer
nach Spanien, wo sie öffentlich meistbietend verkauft wurden.
Viele Entdecker wie Cortereal, Vasquez de Ayllon und de Soto
gingen auf Menschenfang aus. Aber der Neger, welcher selbst von
seinesgleichen schon im Altertum zum Verkauf in fremde Häfen
geschleppt wurde, erwies sich als geeigneter für die Rolle eines
gequälten Lasttieres, als der freie Sohn der Steppen. Hispaniola
füllte sich bald mit schwarzen Ankömmlingen, und die spanische
Regierung billigte 1501 durch ein ausdrückliches Gesetz den
Sklavenhandel nach Westindien. Auch England ließ sich unter
der Königin Elisabeth, deren Gesinnung bei diesen Unterneh=
mungen keineswegs vorteilhaft beleuchtet wurde, in solchen Handel
ein. Sie teilte die Einkünfte desselben mit dem englischen Aben=
teurer Sir John Hawkins, welcher, nicht eben ein Mann von
bemerkenswerter Grausamkeit, der öffentlichen Meinung seiner

Zeit ein unlöbliches Zeugnis ausstellte, indem er naiv mit dem
Raube von 250 Negern großthat.

In Virginien war eine Art Sklaverei mit weißem Dienst=
personal schon seit Gründung der Kolonie Gebrauch gewesen.
Leute, welche kein Geld zur Überfahrt hatten, verpflichteten sich
einem Gläubiger auf mehrere Jahre mit Leib und Leben. Bald
entstand ein Handel mit solchen Individuen, und Männer, die
für zehn Pf. Sterling nach Virginien übergeführt waren, wur=
den für vierzig und fünfzig Pfund wieder verkauft. Ihre
Freiheit mußten sie sich erarbeiten. Ganze Ladungen weißer
Sklaven schaffte man nach Neu=England, wie die schottischen Ge=
fangenen von Dunbar, die Unglücklichen von Worcester und
irische Katholiken. Anfangs sträubte sich Virginien gegen die
Einführung von Negersklaven. Als aber ein holländisches Kriegs=
schiff mit einer Ladung Neger landete, fand auch in dieser Kolonie
der gewissenloseste Menschenhandel Eingang, dessen Vorteile be=
sonders die Holländer einstrichen. Der Neger erwies sich als ein
sehr brauchbarer Arbeiter in den Baumwollenpflanzungen und
für den Seidenbau. Sehr bald folgten alle übrigen Kolonien
dem Beispiel Virginiens. Der Preis eines Negers betrug in
Neu=Amsterdam 125 bis 150 Dollars. Er war doppelt so teuer
als ein weißer Arbeiter, welcher der socialen Freiheit näher stand
als sein Leidensgefährte. Zum ersten Male stießen die äthiopische
und kaukasische Rasse in einem Staate zusammen. Der Wider=
wille gegen die schwarze Hautfarbe und die geistige Überlegen=
heit der Europäer drückte die Neger bald zu dem verachteten
Stande erblicher Knechtschaft herab.

20. Puritaner und Quäker. John Eliot und William Penn.

Das häusliche Leben, der Charakter und die Gesetze der
Puritaner verdienen eine besondere Betrachtung. Obgleich sie
im allgemeinen den Engländern ihres Zeitalters in den Formen
des gesellschaftlichen Lebens glichen, unterschieden sie sich als
Sekte doch durch mancherlei Eigenarten. Sie hatten eine natür=

liche Scheu vor den Sitten und Gewohnheiten ihrer Verfolger, eiferten gegen Schleier, Perücken und langes Haar, verurteilten seidene Hüte und Schärpen, verlangten von den Damen, daß sie ihre langen Ärmel verkürzten, und strebten nach möglichst schlichter Kleidung. Das Kreuz in der englischen Flagge war ihnen ein Greuel, und Weihnachten feierten sie nicht. Dem auserwählten Volke der Juden, welches aus der Knechtschaft in Ägypten nach

Fig. 34.

Ein Puritaner.

einem unbekannten Lande floh, verglichen sie sich gern und suchten alttestamentliche Gebräuche, wie die Feier des Sabbats einzuführen. Ihr Sonntag wurde in der That auf den Sonnabend verlegt. Ganze Sprüche aus der Bibel verwandelten sie zu Namen, alle Gesetze der Gemeinde leiteten sie aus Gottes Wort her: nur ein Vertheidigungskrieg war erlaubt; auf Spiel, Unmäßigkeit und Unsittlichkeit standen harte Strafen; Zinsen zu nehmen galt als Sünde und auf Gotteslästerung stand die Todesstrafe. Die Puritaner waren steif und formell, aber fleißig und unternehmend. Glaubensgenossen, welche ohne Mittel hinüberkamen, erhielten sie zeitweilig auf öffentliche Kosten. Indes kein Priester oder Jesuit durfte sich in ihren Grenzen zeigen.

Ebenso hart verfuhren sie mit den Quäkern. Es war eine Zeit, in welcher religiöse Unduldsamkeit und Verfolgung den Geist der Christenheit beherrschte. Und nur so ist es begreiflich, daß die eigentümliche Sekte der Quäker von den Puritanern mit so glühendem Hasse verfolgt wurde. — Seit 1644 sind die Quäker

als religiöse Körperschaft, deren Begründer George Fox war,
in England bekannt geworden. Ihre absonderliche Gottergeben=
heit verschaffte ihnen schnell einen Ruf. Da sie meinten, daß
der Wille des Höchsten unmittelbar durch die Regungen ihres
Geistes sich kundthue, waren sie zu der strengsten Askese und
dem härtesten Märtyrertum bereit. Es ist bekannt, daß die
Quäker keine Waffen trugen, noch einen Eid leisteten, daß sie
Vergnügungen und Etikette verabscheuten, gegen Tyrannen
wüteten und Titel verlachten. In der Absicht, ihre Lehren zu
verbreiten, hatten sie, bereit ihren Glauben mit Blut zu be=
siegeln, die Blicke nach Amerika gerichtet. Aber es erging ihnen
jenseits des Meeres noch schlechter als in der Heimat. Als
1656 zwei Quäkerinnen in Boston ankamen, wurden sie mit
großem Geschrei aus dem Lande getrieben, und sofort ward ein
Gesetz erlassen, daß jeder Quäker, der in Massachusetts lande, ein
Ohr verlieren solle, wenn er zum zweiten Mal in der Kolonie
betroffen würde, auch das andere Ohr; beim dritten Male sollte
seine Zunge mit rothglühendem Eisen gespalten werden.

Allein die Quäker ließen sich durch solche Maßnahmen nicht
abschrecken. Je strenger die Gesetze, desto gewisser erschienen sie.
War ihnen doch die Gelegenheit geboten, ihre Glaubensfestigkeit
an den Tag zu legen. Als Geldstrafe, Peitschen, Foltern nichts
mehr gegen sie vermochten, ging man in Boston sogar so weit,
drei Männer und eine Frau auf das Schaffot zu bringen. Ihre
Erklärung, daß sie um des Gewissens willen stürben, erinnerte
die Puritaner, daß auch sie einst in gleicher Lage gewesen waren,
und hinfort verwies man die Quäker nur noch des Landes.
Roger Williams nahm die Verbannten in seine Pflanzungen bei
Providence und Lord Baltimore in seine glückliche Kolonie am
Chesapeake auf.

Aus der Mitte der Puritaner ging ein berühmter Missionär
der Indianer hervor. Viele wohlwollende Männer waren her=
übergekommen von dem Wunsche beseelt, den Eingeborenen des
Landes das Evangelium vom Kreuze zu predigen. Am eifrigsten

unter ihnen war der jugendliche John Eliot, welcher 1604 in England geboren wurde und im sechsundzwanzigsten Lebensjahre nach Massachusetts auswanderte. Er sammelte die Indianer um sich und richtete eine Schule für sie ein. Nachdem er ihre Sprache erlernt hatte, schrieb er eine Grammatik und übersetzte die Bibel in den Dialekt der Algonquins, welche 1663 in Cambridge gedruckt wurde und die erste in Amerika erschienene Bibel ist.

Die Nachfolger Eliots nahmen seine Bestrebungen auf. Viele Indianer lernten lesen und schreiben, einer besuchte sogar ein College. Aber nur die Stämme an der Ostküste von Massachussetts zeigten sich willig zur Annahme der Civilisation, die Narragansetts und alle entlegeneren Stämme wiesen jeden Unterricht zurück, stolz den Glauben ihrer Väter bekennend.

Eifrig bemüht um die Heidenmission war auch der Quäker William Penn, der berühmte Gründer der Kolonie Pennsylvanien (d. i. das waldige Land des Penn). Dieser hervorragende Mann war ein Sohn des Admirals Penn, welcher in der Eroberung Jamaicas geglänzt und im Krieg gegen Holland seine Truppen trefflich geführt hatte. William Penn ward 1644 geboren. Im Alter von sechzehn Jahren mußte er die Universität Oxford wegen seiner Beziehungen zu den Quäkern verlassen. Sein Vater sandte ihn in die weite Welt, daß er auf andere Gedanken käme. Allein sobald er nach England zurückkehrte, brach seine Vorliebe für die Lehren der Quäker doppelt stark hervor, so daß er eine Verstoßung aus dem väterlichen Hause geduldig ertrug. Mehreremale büßte er für seine Brüder im Gefängnisse. Einmal, als ein gelehrter Mann Bekehrungsversuche mit ihm anstellte, ließ er dem König sagen, daß „der Tower, in welchem er säße, für ihn das schlechteste Argument von der Welt sei."

Grausam im Mutterlande und Neu-England verfolgt hatte schon 1675 eine Schar Quäker in New-Jersey Zuflucht gefunden. Ein Grundbesitzer verkaufte seine Ländereien an mehrere Personen, unter denen sich auch William Penn befand. Er

wollte für seine Brüder ein glückliches Heim gründen und be=
schloß sein „heiliges Experiment" in größerem Maßstabe zu unter=
nehmen. Von Karl II. erhielt er 1682 einen umfangreichen
Landstrich westlich vom Delaware, gegen eine Zahlung von
16 000 Pf. Sterling, seiner väterlichen Hinterlassenschaft. Der

Fig. 35.

William Penn.

König selbst bestimmte den Namen Pennsylvanien. Eine An=
zahl Schweden, Holländer und Teutsche wohnten bereits
in diesem Gebiete. Penn ließ sie gewähren und sicherte ihnen
völlige Freiheit in Religion und Politik zu. Bald landeten drei
Auswandererschiffe, beladen mit Gerätschaften zu Häuser=
bauten. Penn selbst folgte 1682 mit hundert Ansiedlern.

Dreißig Leute seiner Mannschaft waren auf der langen Reise
an den Blattern gestorben und unter Trauerklängen ins Meer
versenkt worden. Im Februar 1683 bestimmte Penn einen mit
Fichten bewachsenen Platz an den Ufern des Delaware, den er
von den Schweden kaufte, für die Gründung einer Stadt. Er
gab ihr den schönen Namen Philadelphia, d. h. brüderliche Liebe,
zum Wahrzeichen der Gesinnung, welche er von seinen Glaubensgenossen erwartete.

Darauf begann Penn, sich mit den Indianern zu beschäftigen.
Unter einer Ulme, deren Standort im jetzigen Kensington ein
Denkmal kennzeichnet, schloß er ein Bündnis mit den würdigen
Häuptern des Stammes, welches auf beiden Seiten treu gehalten
worden ist.

Die Grenzbestimmung zwischen Pennsylvanien machte Schwie-
rigkeiten, weil Penn und Baltimore sich nicht vereinbaren konnten.
Der Streit mußte von England aus entschieden werden. Die
Quäker erhielten die Hälfte des Landes zwischen der Chesapeake-
Bai und dem Delaware. Zwei Feldmesser, Mason und Dixon,
bestimmten 1761 die jetzige Grenze, welche oft als „Mason und
Dixonslinie" bezeichnet worden ist. Das Gebiet des Staates
Delaware gehörte darnach ursprünglich zu Pennsylvanien unter
dem Namen der „drei niederen Counties". Erst später wurde
es eine selbständige Kolonie.

Die Verfassung der Kolonie Penns war in allem republikanisch. Sechs Vertreter jeder County bildeten eine Versammlung, welche ein Jahr lang die Geschäfte verwaltete. Alle Sekten
wurden geduldet. Wer nur an Gott glaubte und den Sonntag
heiligte, der hatte auch Stimmrecht. Die Eltern waren gehalten,
ihre Kinder zu einem nützlichen Gewerbe zu erziehen. Nur auf
Mord stand Todesstrafe. Die Kolonie wuchs und gedieh in
Frieden. Große Scharen Auswanderer kamen aus Holland,
Deutschland und Großbrittannien herbei. Keine Stadt bevölkerte
sich so schnell wie Philadelphia, selbst New-York nicht. Im

August des Jahres 1683 bestand es aus nur vier Hütten, und zwei Jahre später zählte es bereits sechshundert Häuser.

Als Jakob II., welcher als Herzog von York und als König von England ein treuer Gönner Penns gewesen war, vor Wilhelm von Oranien nach Frankreich flüchten mußte, endete die erfolgreiche Laufbahn des Quäkers. Es wurde nach seiner Rückkehr nach England von ihm gefordert, daß er seinen

Fig. 36.

Ansiedler zur Zeit Penns.

Grundsätzen entsage, und der Sympathieen für den entthronten König beschuldigt, entzog man ihm sein Eigentumsrecht auf Pennsylvanien. Er starb 1718 schwerverschuldet in Vergessenheit und Elend. Indessen gedieh seine Schöpfung in Amerika, welche alles seiner Umsicht und Rechtschaffenheit dankte, zu Macht und Bedeutung empor. Philadelphia hatte in seinem Sterbejahr schon gegen 10000 Einwohner.

21. Deutsche Einwanderung.

Die Anfänge der Besiedelung Nordamerikas durch deutsche Auswanderer sind mehr eine Leidens= als eine Siegesgeschichte. Deutschland war durch den dreißigjährigen Krieg nicht allein

entvölkert, sondern um mehrere Jahrhunderte zurückgekommen, so
daß es heute noch sehnlichst zu erlangen wünscht, was seine
Nachbarstaaten längst besitzen: Kolonieen! — Kein Land war
durch die Schrecken und Greuel des internationalen Religions=
krieges auf deutscher Erde so gründlich ausgesogen worden, wie
die Pfalz, und kein Land hat unter dem Standal deutscher
Kleinstaaterei so gelitten. Der ruhige Deutsche läßt sich viel
gefallen; wenn aber zur materiellen Not die Knechtschaft des
Gewissens durch beständigen Wechsel von Protestantismus
und Katholizismus hinzukommt, dann greift er empört zum
Schwerte oder verzweifelt zum Wanderstabe. Die Kunde von
der Freiheit und dem Wohlstand der Quäkerkolonie Pennsylva=
nien war nach Deutschland gedrungen, und viele Elende und Be=
drückte suchten und fanden Schutz jenseits des Meeres. Denn
William Penn kannte die deutsche Art und wußte ihre gewissen=
hafte Arbeitstreue zu schätzen. Im Jahre 1708 verließ eine
Anzahl pfälzischer Familien unter Josua vom Kocherthal,
ihrem Pfarrer, müde und lebenssatt die Heimat und wandte
sich um Hilfe an die englische Regierung, die sich ihrer wohl=
wollend annahm. Der freigebige Lord Lovelace schiffte sie nach
New=York ein und wies ihnen die von der englischen Regierung
bewilligten Ländereien am rechten Ufer des Hudson an. Zwölf
Meilen oberhalb New=York gründeten sie eine Stadt, welcher
sie den pfälzischen Namen Neuburg gaben; jetzt heißt die ang=
lisierte Stadt Newburgh und ist die Hauptstadt von Orange
County im Staate New=York. Dem Pfarrer Josua vom Kocher=
thal war von der Königin ein großes Stück Kirchenlandes, so=
wie Geld zum Baue einer Kirche bewilligt worden. So herr=
lich auch die Lage des Ortes ist, so wenig wollte der Boden
anfangs seine Bewohner ernähren. Er war steinig und dicht=
bewaldet, auch fehlte es an Wiesen und Weiden. Die guten
Pfälzer, welche noch eine Zeit lang von der englischen Krone
unterstützt wurden, gerieten bald in völlige Abhängigkeit von den
immer näher rückenden Engländern und Holländern.

Dennoch waren nur günstige Nachrichten von den Lands=
leuten in der Fremde nach der Heimat gedrungen, und englische
Spekulanten machten sich die Not der Pfälzer zu nutze, in
der Absicht, die öden Landstriche Nordcarolinas schnell zu be=
völkern. Im Jahre 1709 erfolgte eine Massenauswanderung
aus der Pfalz über Rotterdam nach England, von wo aus man
sich in die Neue Welt verschicken lassen wollte. Es waren Flug=
schriften und Bücher unter die Menge verteilt worden, worin
die Vorteile Amerikas mit blendenden Farben geschildert waren,
namentlich in dem sogenannten, „goldenen Buch“. Größer als
in der Heimat konnte die Not im Auslande nicht werden, zumal
da ein furchtbarer Winter die Weinberge auf mehrere Jahre
zerstört hatte. So kamen denn mehr als 10 000 Pfälzer und
Schwaben auf einmal in London an und wurden auf Rat des
Herzogs von Marlborough verpflegt, bis sich eine passende Ver=
wendung für sie fände. Ihre Zahl wuchs im Laufe des Jahres
bis auf 13—14 000 Seelen, welche in Zelten auf der Heide bei
Greenwich ihr Lager aufgeschlagen hatten und ein Gegenstand
der Neugierde aller Londoner wurden. Die Königin steuerte
täglich 160 Pf. Sterling zu ihrer Verpflegung bei, und das
Parlament bewilligte ihre Naturalisierung. Eine Sammlung,
an deren Spitze ein Ausschuß der Großwürdenträger des Reiches
stand, wurde in England für sie veranstaltet. Es kamen gegen
20 000 Pf. Sterling zusammen.. Viele Menschen erlagen dem
jammervollen Lagerleben. Endlich schaffte die Regierung sie an ihren
Bestimmungsort: 3800 Leinweber schickte man zur Hebung des
Protestantismus nach Irland, 600 nach Nordcarolina und 3000
landeten 1710 in New=York. Im ganzen verwendete die englische
Regierung gegen 100 000 Pf. Sterling für sie, da sie den Vor=
teil der Einwanderung wohl erkannt hatte. Außer Preußen hätte
vielleicht kein Staat zu dieser Zeit ein solches Opfer gebracht,
denn der spanische Erbfolgekrieg verschlang viele Gelder. Der
Segen für diese gute That blieb nicht aus; die Pfälzer bewährten
sich als tüchtige Kolonisten, und ihnen verdankt es England, daß

8*

es das Streben der Franzosen nach der Hegemonie in Amerika
schnell entkräften konnte.

Die Lage der 3000 nach New-York verschickten Deutschen
auf den Schiffen muß entsetzlich gewesen sein; es starben unter=
wegs allein 470 Personen am Schiffsfieber und gleich nach der
Landung noch 250. Sie wurden aus Furcht vor Ansteckung
nicht in die Stadt gelassen. Der Oberst Robert Hunter, da=
maliger Gouverneur von New-York, nahm sich ihrer an. Die
Deutschen sollten am Hudson und Mohawk angesiedelt werden,
aber das Land schien dem Gouverneur wegen Mangel an Fichten
nicht geeignet, denn es war die Aufgabe der Pfälzer, Groß=
brittannien mit Schiffsharz (Teer, Pech und Terpentin) zu ver=
sehen, welchen es bislang fast ausschließlich aus Norwegen und
Schweden beziehen mußte. Hunter kaufte daher zwei Stunden
südlich von Catskill zu beiden Seiten des Hudson den West
Camp und East Camp, später Germantown, für die Deutschen
an, weil er hier die glückliche Vereinigung von Tannenwaldungen
und fruchtbarem Ackerland sah. Allein man täuschte sich nicht
nur in der Hoffnung, daß die Deutschen sich wie französische
Pelzhändler in Kanada mit den Indianern vermischen würden,
sondern behandelte sie gänzlich verkehrt, indem man ihnen eine
Mittelstellung zwischen leibeigenen Sklaven und willenlosen Sol=
daten einräumte. Eine Kolonie kann nur dann gedeihen, wenn
ihre Ansiedler auf eigenen Füßen stehen und in freier Arbeit
die Schwierigkeiten des Bodens und Klimas überwinden. Hunter,
ein hochfahrender englischer Emporkömmling, verkannte völlig
seine Aufgabe. Mit militärischer Gewalt wachte er über die
Freiheitsgelüste der Unzufriedenen und hatte sie obendrein in
seiner Kurzsichtigkeit an den gewissenlosesten Menschen der Ko=
lonie, Robert Livingston, welcher ihre Verpflegung übernommen
hatte, wirtschaftlich preisgegeben. Die Bereitung des Teers
brachte bei weitem nicht die Einkünfte, welche man sich ver=
sprochen hatte, und die Regierung in England zog ihre Hand
bald zurück, da sie immer nur zusetzen mußte. Jetzt brach eine

neue Zeit für die Deutschen an. Der Gouverneur mußte ihnen freien Willen lassen, sich anzusiedeln, wo immer sie wollten. Viele boten ihre Dienste bei den Farmern als Arbeiter und Knechte an, andere versuchten selbst die Ackerwirtschaft, und ein großer Teil mußte den Weg nach dem Schoharie=Thal zu finden. Die Einwanderung aus Deutschland hatte inzwischen fort= gedauert, Germantown und Rheinbeck oder auch nördlichere An= siedelungen waren die Zielpunkte der Reisenden.

Die pfälzisch=schwäbische Zwangskolonie am oberen Hudson war gesprengt. Die Deutschen erwarben sich in dem schönen und fruchtbaren Schoharie=Thal und bald auch am Mohawk eigene Besitzungen. Die Führer des Unternehmens waren Johann Konrad Weiser, der Gründer von Weisersdorf, und sein Sohn Konrad Weiser, welcher seine Lehrjahre bei einem Indianerhäupt= ling genossen hatte und als bester Kenner des Charakters der Rothäute den Landsleuten bald ein unentbehrlicher Berater wurde. Die Kolonisten hatten sich mit den indianischen Stämmen in freundschaftliche Beziehung gesetzt, ihre einzigen Feinde waren die neidischen Holländer, vor deren Augen das reiche Schoharie= Thal in einen blühenden Garten verwandelt ward. Mit Recht hat man bemerkt, daß die Entstehung des Gemeinwesens daselbst eine Robinsonade im Großen und eine Geschichte der Vereinigten Staaten im Kleinen sei.

22. Jesuitische Missionäre.

Den Algonquin=Stamm, mit welchem William Penn ver= kehrte, nannten die Engländer Delawares, in ihrer eigenen Sprache hießen sie: „Lenne=Lenapen" und hatten gemäß ihren Überlieferungen mit Hilfe der Irokesen in frühester Zeit die Hügelbauer aus dem Mississippi=Thale vertrieben, waren aber zur Zeit Penns von eben ihren Bundesgenossen völlig entkräftet worden, nachdem sie sich vom Mississippi ostwärts am Susque= hannah, Delaware und Potomac Wohnsitze erobert hatten. Ihr größter Krieger war Tamanend, später bekannt als St. Tam=

many. Während die Europäer an der Ostküste Amerikas festen Fuß faßten, schlossen sich die Indianer des inneren Landes zu einer gemeinsamen Gegenwehr zusammen. Das wichtigste Bündnis war das der Irokesen, welches um das Jahr 1539 geschlossen wurde und die sechs Nationen der Mohawks, Oneidas, Onondagas, Cayugas, Senecas und Tuscaroras umfaßte. Der sagenhafte Häuptling Hiawatha war der Schöpfer dieses Bündnisses. Die Indianer hielten ihn für den Liebling des Großen Geistes und glaubten, daß er in einem schneeweißen Kanoe unter Tönen himmlischer Musik in die seligen Jagdgründe entrückt sei. Der ursprüngliche Sitz der Irokesen war der mittlere Teil des Staates New-York, im siebzehnten Jahrhundert aber drangen sie bis an den St. Lorenzstrom und die Mündung des Ohio vor. Sie waren ein Schrecken der entlegensten Stämme der Indianer.

Hatte Eliot mit den Indianern von Massachusetts Bekehrungsversuche angestellt, so wandten sich die jesuitischen Missionäre vornehmlich an das Volk der Irokesen und Huronen. Schon 1617 hatten Franzosen in dieser Absicht die Mohawks besucht und unter den Huronen eine Mission eingerichtet. Zu Quebeck wurde ein Kloster und ein Kollegium eröffnet, und die Standarten Frankreichs und der römisch-katholischen Kirche waren an vielen Orten von Maine bis zum Huron-See aufgepflanzt worden.

Die Gesellschaft Jesu schickte in wohlberechneter Absicht ihre Vorposten nach Nordamerika. Die besten Männer der geistlich-weltlichen Armee des päpstlichen Thrones, welche in glühendster Begeisterung für ihre Aufgabe Frost, Hunger, Not und Tod gern erduldeten, sandte Frankreich in die unermeßlichen Arbeitsfelder des Westens. Galt es doch die Bekehrung eines Weltteiles. Selten mögen wohl glaubensfreudige Männer mit solchem Eifer und Ernst und so vielseitiger Thätigkeit alle Schwierigkeiten und Drangsale der Wildnis auf sich genommen haben wie die kanadischen Jesuiten Le Jeune, Brébeuf, Jogues u. a. m.

Die Energie, Festigkeit und Gewandtheit dieser Leute waren geradezu wunderbar; und man muß schmerzlich beklagen, daß die Mehrzahl von ihnen den Strapazen der Missionsreisen oder dem Märtyrertum im Kriege zwischen Huronen und Irokesen ohne dauernden Erfolg erliegen mußte. Mehrere Städte verdanken ihnen ihren Ursprung.

Zu historischer Bedeutung gelangte der Jesuit Albouez, welcher 1665 das Land am Oberen See entdeckte. Am Fuße der Pictured Rocks, einem grotesken Sandsteingebirge an der südlichen Küste des Sees, lehrte er die Chippewäer und Sioux, von denen er die Kunde vom Mississippi oder vom „großen Flusse" vernahm. Sein Nachfolger Marquette erbte die Pläne seines Vorgängers. Nachdem er im nördlichen Michigan die wichtige Station Mackinaw angelegt hatte, brach er mit seinem Gefährten Joliet zu einer Erforschungsreise des Mississippi auf. Trotz der Warnung der Indianer drangen sie mutig vor und gelangten bald zur Green Bay, wo sie ein Dorf fanden, in welchem Albouez schon vor ihnen gewesen war. Das Kreuz, welches er aufgerichtet hatte, war von den Indianern mit Pfeilen, Bogen, Fellen und Gürteln zu Ehren des großen Geistes behangen worden. Bald kam Marquette an den Wisconsin, und noch einige Tagereisen, da rauschte der gewaltige Strom vor seinen Blicken vorüber. Seine Freude war unaussprechlich. Hatte er doch eine Straße von den nördlichen Ansiedelungen der Franzosen quer durch den Kontinent nach dem Golf von Mexiko gefunden, welche die Grundlage eines großen militärischen Planes werden sollte.

Schon begann die französische Regierung auf die Reisen der Missionäre aufmerksam zu werden, und Ludwig XIV., der trotz seines ausschweifenden Hoflebens doch nach allen Seiten für die Mehrung seines Reiches eintrat, sandte eine Kommission unter Führung von La Salle zur Besitzergreifung der entdeckten Länderstrecken aus. Mit dem Jesuiten Hennepin, der einen

Bericht über seine Entdeckungen schrieb, ging La Salle, ein nicht eben hervorragender Geist, aber ein Mann von Mut und Ausdauer, von Fort Frontenac am Ontario-See auf die Reise. Sein Schiff scheiterte auf dem See, und er kehrte bald nach Kanada zurück, nachdem er mehrere Festungen und Handelshäuser gegründet hatte und mit den romantischen Abenteurern, welche in der Wildnis auf Pelzhandel ausgingen, in Verbindung getreten war. Eine zweite Reise verlief glücklicher. Ein Teil der ersten Expedition, unter welcher Hennepin sich befand, hatte den Mississippi schon im oberen Laufe erreicht und den Fällen daselbst den Namen St. Antoine gegeben. Jetzt, im Jahre 1681, gelangte La Salle selbst zu seinen Ufern und fuhr den Strom hinab bis in den Golf von Mexiko. Im Namen des Königs von Frankreich nahm er Besitz von dem Lande und nannte es zu Ehren des großen Ludwig „Louisiana". Er kehrte zurück und fuhr nach Frankreich, wo er sogleich zur Kolonisation von Louisiana ausgerüstet wurde. Aber das Unglück wollte, daß er die Mündung des Stromes von Süden her nicht auffinden konnte. Dazu scheiterte sein Proviantschiff, und es blieb nichts übrig, als zu Lande den Mississippi zu suchen. Lange irrte er in Texas und dem nördlichen Mexiko umher, bis er in seiner Verzweiflung beschloß, quer durch den Kontinent zu wandern bis nach Kanada, auf welchem Wege er auf den verschwundenen Fluß zu stoßen hoffte. Er gelangte indes nur bis zum Trinity Fluß in Texas, als er einen Streit unter seiner Mannschaft veranlaßte und ermordet wurde. Nur wenige erreichten Kanada, nachdem sie eine Kolonie am Colorado angelegt hatten, die aber bald von den Spaniern zerstört worden ist.

Frankreich verlor aber die Entdeckungen seiner Missionäre nicht aus dem Auge, denn die Jesuiten in Nordamerika waren nicht allein die Vorkämpfer des katholischen Glaubens, sondern auch die politischen Pioniere Frankreichs in der neuen Welt.

23. Kriege mit den Indianern.

Die Engländer hatten sich allmählich gewöhnt, den Indianer als ein hinderliches Subjekt zu betrachten, der, weil zur
Sklaverei unbrauchbar, nur die Erwerbungen der Ländereien
erschwere und die Wälder unsicher mache. In diesem Sinne
behandelten sie denn auch unwillkürlich die Eingeborenen und
beschworen eine lang verhaltene blutige Empörung herauf, welche
im Jahre 1675 ausbrach und unter dem Namen „Krieg König
Philipps" bekannt ist. Der treue Bundesgenosse der Engländer,
Massassoit war gestorben, sein Sohn Philipp, der sich durch besondere körperliche und geistige Gaben auszeichnete, wurde
Häuptling der Wampanoags, deren Kriegerzahl sich auf etwa
700 Mann belief.

Von allen Seiten hatten die englischen Ansiedler ihnen ihre
Jagdgründe geschmälert, so daß sie endlich auf zwei kleine Halb-
inseln zusammengedrängt waren, und auch diese fürchteten sie
binnen kurzer Frist zu verlieren. Das meiste Land hatten sie
für Kleinigkeiten verkauft, ohne sich die Folgen recht zu ver-
gegenwärtigen. Jetzt war ihnen ihre Freiheit in den Wäldern
genommen, sie fühlten sich um ihr bestes Glück, die Jagd auf
weiten, grenzenlosen Flächen, beraubt und lernten mit Ingrimm
jene geheimnisvollen Zeichen verstehen, die sie so oft harmlos
unter Urkunden gemalt: Das Papier entriß ihnen ihr Land
für immer. Die wachsende Macht der Weißen und die Furcht,
das Land ihrer Väter gänzlich zu verlieren, trieb die Wampanoags zu einem Verzweiflungskampf.

Ein Anlaß fand sich bald. Die Engländer hatten von
einem Häuptling wegen einiger Vergehen verlangt, daß er seine
Waffen ausliefere; er aber tötete den weißen Gesandten und
mußte dafür in Boston am Galgen baumeln. Die Indianer
fielen sofort über Swanzey bei Mount Hope her und töteten
acht Kolonisten. Der Indianer-König Philipp soll, als er den

Ausbruch des Krieges erfuhr, geweint haben, denn er wußte nur zu gut, daß er mit seinem Stamm in einen Todeskampf ging. Waren doch die Weißen an Zahl sowohl wie an Waffen weit überlegen. Es entstand bald ein Gemetzel, das an Greueln und Blutgier auf beiden Seiten alle bisherigen Kriege über=

Fig. 37.

Der Indianerkönig Philipp.

bietet. Nach einer Woche erschien eine bewaffnete Truppe von Boston aus vor Swanzey und nötigte die Indianer zum Rückzug zu benachbarten Stämmen, wobei sie ihre Fährte durch Häuser= brände und Stangen, an welchen sie die Skalphäute der Er= mordeten aufhängten, teuflisch ausstaffierten. In König Philipp erwuchs ein furchtbarer Feind. Alle Stämme von Maine bis Connecticut vereinigte er durch seine glühende Beredsamkeit zu einem Bündnis, an welches selbst die Narragansetts sich anschlossen. Wildes Kriegsgeschrei ertönte in der ganzen Gegend und kein Europäer war mehr seines Lebens sicher. Ueberall streiften Indianerbanden sengend und mordend umher. Die Dörfer Brookfield, Deerfield und Springfield am Connecticut und viele andere gingen in Flammen auf.

Die Gefahr der Kolonisten muß sehr groß gewesen sein. Nur allmählich gewannen sie Zeit zu militärischen Maßregeln. Unter Führung von Josiah Winslow rückte ein Heer von 1000 Mann im Winter 1675 in das Gebiet der Narragansetts ein, wo es die Indianer in einem Morast hinter Pallisaden stark verschanzt antraf. Ihr Hauptlager wurde nach zweistündigem mörderischen Feuer erstürmt, und ihre Hütten und Lebensmittel wurden in Brand gesteckt. Gegen tausend Krieger und viele Greise, Weiber und Kinder fanden teils durchs Schwert, teils in den Flammen den Tod. Die erbitterten Kolonisten kannten keine Gnade. An einem Tage war die Macht der Narragansetts gebrochen, und im Anfang des nächsten Jahres fiel auch ihr Häuptling Conanchet in die Hände der Sieger.

Philipp hauste überall und nirgend als Schreckensgespenst. Hier überrumpelte er das Haus der Mary Rowlandson, worin 40 Personen Zuflucht gesucht hatten; dort fiel er über den Kapitän Wadsworth her, der sich auf dem Marsch befand; die Städte Croton, Medford, Weymouth und Marlborough standen in Flammen. Die Rothäute „rösteten ihre Gefangenen vorsichtig aus der Welt". Es wurde notwendig, Philipp in seinen geheimsten Verstecken aufzuspüren, denn niemand konnte seiner habhaft werden. Kapitän Turner fand ihn eines Nachts bei den Fällen des Connecticut, und der König entfloh nur mit genauer Not. Seine meisten Krieger wurden erschossen oder in den Katarakt hinabgetrieben. Kapitän Church sollte es endlich gelingen, den unnahbaren Häuptling zu töten und damit dem

Kriege ein Ende zu machen. Als Philipp erfuhr, daß Church sein Weib und sein Kind, den letzten Nachkommen Massassoits, gefangen hätte, rief er aus: „Jetzt bin ich bereit zu sterben!" Die Puritaner vergaßen in der Leidenschaft des Krieges völlig, was sie dem Großvater des neunjährigen Knaben verdankten. Sie verkauften ihn als gewöhnlichen Sklaven nach Bermuda. Philipp wurde in der That zu Tode gehetzt. Als er sich mit wenigen Kriegern in einen Sumpf geflüchtet hatte, fiel er durch die Kugel eines mit den Europäern verbündeten Indianers. Schamlos ging man mit seinem Leichnam um. Sein Haupt wurde nach Plymouth geschleppt und im Triumphe umgeführt. Der indianische Mörder erhielt zur Belohnung seine rechte Hand.

Hinfort sahen sich die Engländer mehr vor, zumal da die Indianer wichtige Bundesgenossen gegen die Franzosen in Kanada zu werden begannen. New-York und Virginia schlossen 1684 einen Bund mit den Irokesen, welche de la Barre von Norden her angriff. Der Konflikt zwischen Engländern und Franzosen begann, als der Nachfolger de la Barre's, Denaville, gegen den Willen des Gouverneurs von New-York am Niagara-Fall eine Festung erbaute. Denaville hatte von Frankreich aus Weisung erhalten, so viele Indianer als möglich lebendig zu fangen und einzuschiffen. Er lockte eine Anzahl in ein Fort, ließ sie binden und schickte sie nach Marseille auf die Galeere. Die Indianer erschienen zur Rache vor Montreal. Der schlaue Denaville hätte einen Krieg verhütet, wenn nicht ein Häuptling der Huronen, der einen Angriff von seiten des Sechs-Völker-Bundes fürchtete, den Streit wieder entfacht hätte. Derselbe redete den Irokesen ein, daß der Franzose sie hinterginge, und ein wütender Einfall in Kanada war die Folge. Montreal wurde zerstört, gegen 1000 Einwohner wurden ermordet, und ein großer Teil Kanadas ward verheert. Verzweifelt sprengten die Franzosen Fort Frontenac und Niagara in die Luft. Ihre Macht war fast erschöpft, denn sie besaßen nicht mehr eine einzige Stadt vom St. Lawrence-Strom bis nach Mackinaw.

24. Französische Ansiedler im Südwesten.

Da Spanien auf Grund der früheren Entdeckungen des Ponce de Leon und des De Soto auf die von La Salle für die Krone Frankreichs in Besitz genommenen Ländereien am Mississippi Anspruch erhob, beeilte sich Ludwig XIV., der die Wichtigkeit dieser Gebiete wohl erkannte, unmittelbar nach dem Frieden von Ryswick eine Gesellschaft unter D'Iberville zur Kolonisation Louisianas auszurüsten. Dieselbe fuhr 1699 in die Mündung des „Vaters der Ströme“ ein, welche der unglückliche La Salle vergeblich gesucht hatte. D'Iberville glaubte anfangs, daß er sich ebenfalls verirrt habe, da ihm die Gegend so wenig einladend und weit hinter den Beschreibungen zurückzubleiben schien, wurde aber bald durch einen Brief, den die Indianer ihm brachten, von der richtigen Lage Louisianas überzeugt. Dreizehn Jahre lang hatten die Eingebornen diesen Brief, welcher von einem Lieutenant an La Salle geschrieben, aber dem Empfänger vorenthalten worden war, mit abergläubischer Vorsicht überwacht. Die Franzosen gingen nun an die Gründung der Stadt Biloxi und stiegen den Fluß hinan bis zur Höhe des heutigen Natchez. Ein militärischer Posten wurde in Fort Rosalie errichtet. Die ersten Ansiedelungen am Mississippi begannen. D'Iberville lebte nicht lange. Schon 1712 verlieh der König von Frankreich ein neues Monopol für Louisiana auf fünfzehn Jahre an Crozat, der die Kolonie indes schon nach fünf Jahren wieder im Stiche ließ, weil er sich in der Hoffnung, reiche Goldminen zu finden und seinen Wohlstand schnell zu heben, getäuscht sah. Doch hatte er 700 Kolonisten ins Land gebracht.

Unter vielen Ceremonien ging man 1718 an die Gründung der Stadt New-Orleans, so genannt nach dem damaligen Regenten, dem Herzog von Orleans, ohne daß die Ansiedelung in einigen Jahren wesentliche Fortschritte machte.

Denn die Franzosen wissen sich nicht wie die Engländer in die unerbittlichen Notwendigkeiten eines unkultivierten Weltteils zu schicken; spöttelnd hat man von ihnen gesagt, daß sie, die eine Stadt erbauen sollten, an den Ufern des Flusses gelegen und „auf Häuser gewartet" hätten. Indes die Grundbesitzer bemühten sich doch durch Einführung des Tabaks, Indigo, Reis und der Seide rühmlich für die Befruchtung ihrer Pflanzungen. Ein Versuch, aus den Bleiminen von Missouri Silber zu gewinnen, wurde bald wieder aufgegeben. Niemand hatte mehr Verlangen nach den Privilegien der Krone auf den Bergbau in der Kolonie.

Unvorsichtigkeit und dreiste Forderungen führten bald zu einem Zusammenstoß mit den Indianern des Natchez- und Chikasaw-Stammes. Die Franzosen in Fort Rosalie hatten verlangt, daß die Natchez, welche sich im stolzen Gefühl ihres hohen Adels „die Kinder der Sonne" nannten, ihre uralte Stadt am Mississippi verlassen sollten, weil es den Weißen gefiel, dort eine Pflanzung anzulegen. Empört über solche Forderung und von den Chikasaws aufgehetzt, fielen sie über das Fort her und töteten mit Ausnahme der Weiber und Kinder und zweier Mechaniker die ganze Besatzung 1729. Es folgte ein Rachezug der Franzosen, auf welchem der Stamm der Natchez fast ausgerottet worden ist. Viele wanderten nach St. Domingo in die Sklaverei, einige suchten bei benachbarten Stämmen ein Unterkommen. Die französischen Erwerbungen im Mississippi-Thale erhielten den Namen Neu-Frankreich, im Gegensatz zu der Kolonie „Neu-England".

25. Oglethorpe in Georgia.

Schon war Carolina zu einer blühenden Kolonie gediehen, als das anmutige Land westlich von Savannah noch immer unbeachtet eines Unternehmers harrte. Endlich im Jahre 1732 erhoben die Engländer faktischen Anspruch, welcher freilich ideell immer bestanden hatte. Es war der wohlwollende James Ogle-

thorpe, welcher als Parlamentsmitglied die Gefangenen des
Reiches besucht und hunderte nur wegen Schulden oder kleiner
Vergehen Eingesperrte freigelassen hatte, nun aber in einem
Teile Amerikas eine Kolonie für die Armen und Elenden zu

Fig. 38.

gründen beschloß. Er landete schon 1733 mit einer Schar
Auswanderer am Savannah-Fluß und suchte einen geeigneten
Ort zur Anlage einer Stadt aus. Seinem gnädigen König
Georg II. zu Ehren, der ihm einen Freibrief ausgestellt hatte,
nannte Oglethorpe die neue Kolonie „Georgia". Freundlich

nahm ihn der in der Umgegend wohnhafte Indianerstamm der Muscogees auf, denn er begegnete ihnen freundlich.

Über Erwarten glücklich entwickelte sich die Kolonie, so daß Oglethorpe bald nach England zurückkehrte, um neue Einwanderer herbeizuführen. Eine ansehnliche Schar schottischer Bergbewohner begab sich auf seine Veranlassung nach Georgia und begann zu Daria eine Ansiedelung; er selbst kehrte 1736 in Begleitung von John und Charles Wesley nach seiner Kolonie zurück. John Wesley kam in der Absicht, die Indianer zu bekehren und Georgia zu einer christlichen Kolonie zu machen. Wir finden ihn indes schon nach zwei Jahren wieder in England, woselbst er sich den Ruhm, zu den Gründern der methodistischen Kirche zu gehören, erwarb. Mit mehr Erfolg arbeitete der beredte Geistliche Whitefield in der Kolonie. Derselbe gründete in Savannah ein Waisenhaus und schaffte viel Gutes.

Die Notwendigkeit eines Schutzes gegen die Spanier im Süden machte sich sehr bald fühlbar. Der vorsichtige Oglethorpe ließ daher auf St. Simons-Insel eine Festung erbauen und setzte sich am St. John's River, als der südlichen Grenze seiner Niederlassungen, fest. Die Spanier in Florida aber betrachteten diese Maßnahme als einen Eingriff in ihre Rechte und legten die Gesandten des englischen Gouverneurs in Ketten. Da rüstete sich Oglethorpe zum Kriege. Viele Indianer strömten bunt bemalt und kampfbegierig aus den Stämmen der Muscogees und Uchees zu seiner Hilfe herbei. Doch für dieses Mal wurde durch diplomatische Unterhandlungen der offenen Gewalt noch ein Ziel gesetzt. Die englischen Gesandten erhielten die Freiheit zurück, und der Friede zwischen beiden Kolonien währte bis zum Jahre 1739, in welchem das Mutterland gegen Spanien den Krieg erklärte. Ein Zug Oglethorpe's gegen St. Augustine scheiterte an der Festigkeit des Forts. Nun wendete sich das Blatt: Die Spanier erschienen 1742 vor St. Simon mit einer starken Flotte, und die Engländer wären sicherlich verloren gewesen, wenn nicht der Gouverneur unter den Feinden das Gerücht zu verbreiten gewußt hätte, daß eine englische Flotte zur Belagerung St. Augustine's auf der Fahrt sei. Die Furcht, von Florida abgeschnitten zu werden, veranlaßte die schon siegreichen Spanier zum Rückzug. Zwei Jahrzehnte später sollte Florida für immer in die Hände der Engländer übergehen.

Oglethorpe hatte in Georgien durchaus selbstlose Zwecke verfolgt, ja er sicherte nicht einmal seiner Familie einen Teil des großen Landstriches, welcher durch seinen Einfluß gewonnen war. Seit 1743, in welchem Jahre er nach England reiste, sah er seine Schöpfungen jenseits des Meeres nicht wieder und die georgischen Kolonisten fanden trotz des unermüdlichen Eifers ihres ersten Gouverneurs noch manche Schwierigkeit zu überwinden. Vor allem fehlte es an Arbeitskräften. Es schien, als wolle es ohne schwarze oder weiße Handlanger in der Neuen Welt nicht mehr gehen. Unglücklicherweise stand aber in dem Freibrief der Kolonisten eine Klausel, welche die Einführung von Sklaven untersagte. Endlich, als das Bedürfnis sich zu gebieterisch geltend machte, fand man den Mut, das Verbot zu übertreten. Von nun an hob sich die Landwirtschaft und der Reisbau versprach einen reichen Ertrag. Ein neuer Freibrief wurde 1752 vom König genehmigt und eine mehr demokratische Verfassung bewilligt.

26. New-York unter Leisler und Sloughter.

Zweierlei war die Folge der Besitzergreifung Neu-Niederlands durch die Engländer: die ganze atlantische Ostküste bildete als geographische Einheit die Basis der dreizehn ersten Staaten in Nordamerika, und der Sturz der aristokratischen Handelshäuser der Holländer bahnte insbesondere für New-York der Volksregierung den Weg. Doch kostete es noch manche Opfer, ehe die republikanische Freiheit feste Wurzeln schlug. Als heldenmütiger Vorkämpfer der guten Sache bewährte sich der zweite deutsche Gouverneur von New-York, Jakob Leisler aus

Frankfurt am Main. Mit seinem Blute wurde die Volks-
freiheit besiegelt.

Als Richard Nichols 1664 Neu-Amsterdam für die britische
Krone in Beschlag nahm, hatte er das Eigentum der westindischen
Compagnie verauktioniert, im ganzen aber wenig an den bestehenden Verhältnissen geändert. Noch ein volles Jahr blieben
die holländischen Behörden in Kraft, und die Großgrundbesitzer
mußten es sich nur gefallen lassen, daß der habsüchtige Gouverneur ihnen in eigenem Interesse allerlei Erpressungen aufer-
legte. In den drei Jahren seiner Regierung versuchte er keine
Reformen, und sein Nachfolger Lovelace übernahm eine Kolonie, die
in Wirklichkeit noch holländisch war. Da brach der englisch-franzö-
sische Krieg gegen Holland aus; Neu-Niederland geriet auf
15 Monate wiederum in die Hände seiner früheren Herren,
mußte aber im Frieden von 1674 zum zweiten Male an England abgetreten werden. Der schnelle Wechsel der Gouverneure
förderte inzwischen die Macht der holländischen Adelsfamilien.
Einmalige Privilegien behaupteten sie in der Folge als ihr gutes
Recht und schauten hochfahrend auf die sogenannten kleinen Leute,
die Handwerker, Farmer und Kaufleute herab. Die englischen
Gouverneure gefielen sich darin, aus den alten Familien New-
Yorks einen Hofstaat zu sammeln, und zeigten ein williges Ohr
bei Verteilung königlicher Gunstbezeigungen und Landschenkungen.
Der mittlere Stand wurde immer unzufriedener und mißtrauischer
gegen die Gouverneure.

Den beständig wachsenden Übelständen in der Kolonie
mußte Abhilfe geschaffen werden. Vom Mutterlande war kein
Heil zu erwarten, so half sich denn das Volk selbst. Hatte in
England der Kampf zwischen Papismus und Protestantismus
als politischer Anlaß zur Vertreibung Jakobs II. und der Thronbesteigung Wilhelms von Oranien gedient, so war es den Männern
in der Kolonie, die um ihres protestantischen Glaubens willen
ausgewandert waren, bitterer Ernst um den Papismus, von dem

sie nur politische und geistige Knechtung erwarteten. Alle Gou=
verneure, welche Karl II. und Jakob II. übers Meer gesandt
hatten, waren katholische Höflinge, die als Werkzeuge der Krone
in den Kolonieen ihre bankerotten Vermögensverhältnisse auf=
bessern sollten. Kein Wunder also, daß man die Nachricht von
der Landung Wilhelms von Oranien, welche so lange als möglich
von dem damaligen Stellvertreter eines Gouverneurs, Franz
Nicholson, verheimlicht wurde, als einen Sieg des Protestantismus
begrüßte und sich in einem allgemeinen Aufstand zur Vertreibung
der Papisten und Unterdrückung der Adelsherrschaft erhob!
Durch den reichen Handelsmann Jakob Leisler war die Nachricht
zuerst in die gährende Volksmenge gedrungen. Ihn, den beliebten
Volksmann wählte man daher sofort zum Führer der Oppo=
sition, denn es war ein zielbewußter Leiter nötig, der die Wünsche
und Forderungen der Menge durchzusetzen vermochte.

Leisler war im Sommer 1660 als Soldat in holländischen
Diensten herüber gekommen, hatte sich aber kaufmännischen
Unternehmungen zugewendet. Er heiratete die reiche Witwe
Cornelius Peter van der Veens, welche ihm zwei Kinder, Jakob
und Marie, die spätere Frau des Johann Milborn, gebar. Sein
blühendes Geschäft als Rheder und Importeur machte ihn bald
zu einem der reichsten und angesehensten Bürger New=Yorks.
Freigebig gegen die Hugenotten und die Armen des Landes,
patriotisch im protestantischen Sinne, und unzugänglich für das
Intriguenspiel der sich beim Gouverneur einschmeichelnden
Familien, war er ein Mann des unbedingten Volksvertrauens.
Seine militärische Bildung befähigte ihn zur Stelle eines Be=
fehlshabers. Alle Vorbedingungen eines populären Führers
vereinigte er in seiner Person, und doch war Leisler keine groß=
artige Natur. Es fehlte ihm am letzten Ende der unbeschränkte
Blick eines großen Staatsmannes. Niemand hätte ihm ein
diktatorisches Regiment verargt. Aber er erhob sich nicht über
die Massen, sondern ging mit ihnen: das war sein Untergang.

Im Mai des Jahres 1689 rotteten sich plötzlich auf das

9*

dunkle Gerücht hin, daß Nicholson beabsichtige, die Stadt an
allen vier Ecken anzuzünden, die Bürger New-Yorks zusammen
und forderten vom Vizegouverneur Nicholson und dem
Milizenoberst Bayard die Schlüssel des Forts, welches sie ohne
Widerstand eingenommen hatten. Nicholson verschwand bald aus
der Stadt und kehrte nie wieder zurück. Seine Räte flohen
meist nach Albany oder versteckten sich in ihren Häusern. Oberst
Bayard verschanzte sich mit den Anhängern der Gegenpartei in
Fort Albany, und Milborn, Leislers Schwiegersohn, machte
einen vergeblichen Versuch, ihn zur Übergabe zu zwingen. Es
war ein entschiedener Fehler Leislers, daß er die Waffen gegen
holländische Flüchtlinge führte, welche Wilhelm von Oranien
als einen Landsmann mit Freuden anerkannt hatten. Wenige
Wochen darauf wurde Bayard indessen gefangen gesetzt.

Der alte Kolonialrat und der Gemeinderat trugen Bedenken,
die Revolution in England und den neuen König anzuerkennen.
Es mußte daher bis zur Ankunft eines neuen Gouverneurs eine
andere Regierung geschaffen werden. So entstand denn durch
Volkswahl ein Sicherheitsausschuß aus den angesehensten Bürgern
der Stadt, der Leisler ohne weiteres zum Oberbefehlshaber ernannte. Neu-England und die benachbarten Kolonieen sprachen
ihre Sympathieen für die Vorgänge in New-York unverhohlen
aus, aber vom königlichen Hofe wurde die regierungsfreundliche
Bewegung nicht unterstützt noch gewürdigt, weil Nicholson durch
Verdächtigungen den Erfolg eines später eintreffenden Schreibens
Leislers vereitelt hatte. Inzwischen vertrat Leisler mit Kraft
und Energie die Stelle eines Vizegouverneurs, wozu er sich
einstweilen ermächtigt sah durch einen Brief des Königs, dessen
Aufschrift lautete: „An Franz Nicholson oder im Falle seiner
Abwesenheit an denjenigen, welcher in Sr. Majestät Provinz
New-York den Frieden und die Gesetze aufrecht erhält." Es
schien als sollten Ruhe und Frieden ihren Einzug halten; allein
die politischen Gegner Leislers sannen auf Verderben. Ein
offener Straßenkrawall, der zum Zwecke der Gefangennahme des

Vizegouverneurs angestiftet war, gab Veranlassung zur Verfolgung der wegen Hochverrats gegen Ihrer Majestät Behörden beschuldigten Aufständischen. Nichols und Bayard waren zum Tode verurteilt worden, als sie in schmählichster Weise zu Kreuze krochen und um Gnade für ihre Verblendung und Leidenschaft flehten. Leisler war schwach genug, zwei Schufte am Leben zu lassen, die nicht eher ruhten, als bis sie ihren milden Richter an den Galgen gebracht hatten.

Inzwischen hatte der König Sloughter, einen unerfahrenen und einsichtslosen Mann, zum Gouverneur bestimmt. Das Unglück wollte, daß ein Sturm ihn von seiner Begleitung trennte und sein Major Richard Ingoldsby, der ihm im Kommando am nächsten stand, vor ihm in New-York landete. Derselbe verlangte, daß Leisler die Festung räumen solle; Leisler weigerte sich natürlich, da der unbekannte englische Offizier in keiner Weise seine Berechtigung legitimieren konnte. Leisler, von Ingoldsby belagert, verlor von Tag zu Tag mehr Anhänger; und als endlich der charakterlose Sloughter landete, fiel er sofort in die Schlingen der Aristokraten, stürmte das Fort, befreite Bayard und Nichols und setzte Leisler dafür gefangen. Ängstlich wie Sloughter war, verwies er die Untersuchung gegen den gestürzten Gouverneur vom Militärgericht an einen Civilgerichtshof, in welchem Bayard und Nichols das Wort hatten. Die Verhandlungen drehten sich um die Frage, ob Leisler durch den königlichen Brief bevollmächtigt gewesen sei, bis zur Ankunft des Gouverneurs als Vizegouverneur aufzutreten, wurden aber ohne Ernst und Gerechtigkeit geführt, denn im Herzen hatten die rachedürstenden Aristokraten bereits das Urteil gefällt. So lautete denn auch der Richterspruch auf schuldig. In der Betrunkenheit eines unmäßigen Gelages erpreßte man von Sloughter die Unterschrift des Todesurteils und früh am andern Morgen, als der Gouverneur noch im Rausche lag, wurden Leisler und Milborn schon aus dem Gefängnis auf den Richtplatz geschleppt. Eine ungeheure Menschenmenge folgte unter Murren und

Drohungen dorthin, wagte aber vor der Übermacht des Militärs
nicht, ihren geliebten Führer zu befreien. Auf dem Gerüste des
Galgens stehend, wandte sich Leisler noch einmal an das Volk
und legte in schlichten Worten sein Bestreben als das eines guten
Patrioten und Protestanten dar. „Ich sterbe ja für den König und
die protestantische Religion, in der ich geboren und erzogen bin", er=
widerte er dem Sheriff auf seine Frage, ob er nicht noch den König
und die Königin segnen wolle. Darauf wurden beide Opfer nach
altenglischem Rechte gehängt und geköpft.

Doch der Umstand, daß sich nach seinem Tode noch Jahr=
zehnte lang eine Partei von Leislerianern d. i. die Volkspartei,
und eine Partei von Antileislerianern gegenüberstanden, beweist
hinlänglich, wie wenig dieser ehrliche, hochherzige Deutsche ein
elender Opportunist war, sondern vielmehr ein bahnbrechender
Vorkämpfer notwendiger, politischer Neuerungen.

Es war am 16. Mai 1691, als dieser Justizmord im
eigentlichsten Sinne des Wortes verübt wurde. Die englische
Regierung hat unverzeihlich gefehlt, daß sie einen verkommenen
Menschen wie Sloughter, der bald sein verpraßtes Leben aus=
hauchte, in einem Augenblicke nach New=York sandte, wo wichtige
soziale Gegensätze zu lösen waren. Leislers Sohn drang auf
die Rechtfertigung seines Vaters, welche er 1695 in der That
erlangte. Die Regierung suchte ihr Verbrechen an einem patrio=
tischen Helden wieder gut zu machen, indem sie seine Nachkommen
wieder in den Besitz der konfiszierten Güter setzte und die Über=
führung der Gebeine Leislers und Milborns zum Friedhof der
holländischen Kirche erlaubte.

Sloughters Nachfolger, Namens Fletcher, war ein un=
mäßiger Tyrann gewesen, der beständig mit dem Volke im Streite
lag. Erst 1698, als der einsichtsvolle und liberale Earl of
Bellamont Gouverneur wurde, erhielten die Kolonisten einen
Teil der Rechte wieder, welche ihnen durch die Widerrufung des
Freibriefes entzogen waren. Bellamont übernahm kraft könig=

licher Ordre die Verwaltung von New-York und ganz Neu-
England, ausgenommen Rhode Island und Connecticut.

27. Zur Geschichte Neu-Englands.

Die Puritaner von Neu England hatten sich im Gegensatz
zu den Virginiern während der langen Kämpfe Karls I. und
seines Parlamentes auf Seiten des letzteren gestellt, weswegen
sie nach der Enthauptung des Königs vom Lord-Protektor
Cromwell mit großer Liberalität und Wohlwollen behandelt
wurden. Es wuchs die Bevölkerung ungemein, der Handel
dehnte sich aus, die Fischereien vergrößerten sich, und viele neue
Schiffe liefen vom Stapel. Allein die Lage der Kolonieen änderte
sich bald wieder mit dem Tode Cromwells und der Restauration
der Stuarts im Jahre 1660. Wieder kamen flüchtige Protestanten übers Meer, welche Endicott, der damalige Gouverneur
Bostons willig aufnahm. Indes mußte Neu-England die Autorität
Karls II. anerkennen, und die Kolonisten von Massachusetts
sandten Boten an den Hof, welche den König um Verzeihung
für die Parteinahme gegen seinen Vater bitten und die Bestätigung ihres Freibriefes erwirken sollten. Der König bewilligte alles in Gnaden, verlangte jedoch von den Puritanern,
daß sie den Eid der Treue leisteten und hinfort unter der Dul-
dung der englischen Hochkirche das Stimmrecht auf solche, die
nicht Glieder ihrer Kirche wären, ausdehnten. Die Antwort der
Kolonisten auf diese Forderung lautete ablehnend. Vier Kommissionäre des Königs erschienen in Boston, um die Zustände
der Kolonie in Augenschein zu nehmen, und es ist wahrscheinlich,
daß der König mit Waffengewalt den Unabhängigkeitssinn Neu-
Englands bestraft hätte, wenn nicht seine Aufmerksamkeit durch
die große Seuche und den Brand Londons abgelenkt worden
wäre. Zu dieser Zeit standen in Neu-England bereits 120 Dörfer,
und die Einwohnerzahl belief sich auf 60 000.

Als 1685 der Herzog von York König von England wurde,
widerrief er die Freibriefe der nördlichen Kolonieen und setzte

Sir Edmund Andros zum Gouverneur über ganz Neu-England
ein. Andros, in Erinnerung an die Behandlung, welche er wenige
Jahre zuvor in New-York erfahren hatte, machte Anstalten, die
despotischen Prinzipien seines Königs auf die Kolonieen zu übertragen. Alle Rechte des Volkes wurden annulliert und die
Steuern beträchtlich gesteigert; die Einführung der englischen
Hochkirche mußte wider Willen geduldet werden, und alle Volks-
versammlungen außer zur Wahl der städtischen Beamten waren
untersagt. Andros zog im Lande umher, hob die Versammlungen auf und zog die Freibriefe ein. Von Rhode Island
kommend, stieß er auf lebhaften Widerspruch in Connecticut.
Die Versammlung, welche damals zu Hartford tagte, beriet bis an
den Abend über die Herausgabe des Freibriefes; das erregte Volk
drängte sich in den Sitzungssaal und lauschte aufmerksam den
Verhandlungen. Plötzlich erloschen die Lichter. Das wertvolle
Pergament, welches auf dem Tische gelegen hatte, war verschwunden. Niemand wußte, wo es geblieben war, bis sich
herausstellte, daß ein eifriger Patriot den Freibrief entwendet
hatte, um ihn in einer hohlen Eiche zu verbergen. Das Instrument, worauf die Freiheiten Connecticuts sich gründeten, ward
so vor den Händen Andros' gerettet, der indessen die Herrschaft
an sich riß. Die hohle Eiche, genannt die Charter-Eiche, war
bis zum Jahre 1856, wo sie ein heftiger Sturm fällte, ein
Heiligtum Connecticuts. — Andros schritt weiter und entsetzte
den Gouverneur von New-York seines Amtes. Im Jahre 1688
sahen sich alle Kolonieen nördlich von Pennsylvanien unter der
tyrannischen Herrschaft eines einzigen Gouverneurs vereinigt.

In Boston hatte Andros seine Residenz aufgeschlagen. Aber
die Herrlichkeit währte nur kurze Zeit. Kaum drang im Jahre
1688 die Nachricht übers Meer, daß Jakob II. von Wilhelm
von Oranien vertrieben sei, als ein allgemeiner Volksaufstand
erfolgte, der die früheren Magistrate wieder einsetzte, Andros
aber gefangen nach England zum Verhör sandte. Alle übrigen
Kolonieen folgten dem Beispiel Massachusetts; Connecticut holte

sein Pergament wieder aus der Eiche hervor. Nach zweijährigen
Bemühungen erlangte Massachusetts endlich einen neuen Frei=
brief von König Wilhelm III., der freilich den Erwartungen
wenig entsprach. Unter anderen Verkürzungen der kolonialen
Privilegien fand sich auch die, daß die Beamten hinfort von
dem Gouverneur oder der Krone selbst ernannt werden würden.
Eine unwillkommene Ausdehnung der Grenzen der Kolonie bis
an den St. Lorenzstrom nötigte die Bewohner zu einer kost=
spieligen Verteidigung gegen die Franzosen. Gleichsam als Be=
ruhigungsmittel gegen diese Schädigungen ernannte der König
Sir William Phipps, einen in Neu=England gebürtigen Mann,
zum Gouverneur von Massachusetts. Phipps hatte sich als
Freibeuter aus schiffbrüchigen spanischen Schiffen in Hispaniola
ein großes Vermögen an Juwelen und Kleinodien zusammen=
geholt, war aber unwissend und bigott, sodaß die Interessen der
Kolonie durch ihn wenig Förderung erfuhren.

28. Die Kämpfe zwischen den Engländern und Franzosen. (Französisch=indianischer Krieg).

Die Eifersucht zwischen Franzosen und Engländern in Nord=
amerika ist so alt wie die Ansiedelungen beider Nationen. Schon
Leisler hatte auf eigene Faust ein Heer und eine Flotte gegen
die Feinde im Norden ausgeschickt, welche durch den verhängnis=
vollen Krieg mit den Irokesen an Zahl beträchtlich abgenommen
hatten, ohne daß einige der sichersten Posten aufgegeben worden
wären. Auf Grund der Entdeckungen französischer Jesuiten, die
an verschiedenen Punkten der Wildnis die Waffen Frankreichs
aufpflanzten und einen großen Einfluß über einige Stämme der
Eingebornen gewonnen hatten, erhob Frankreich auf die weiten
Landstrecken von Nova Scotia, Neu=Fundland, Labrador, Hudsons=
Bai, dem Missisippithal und Texas unter Ludwig XIV., der
sich als Anwalt Jakob II. von England aufwarf, energischen
Anspruch. Graf Frontenac, der Gouverneur von Kanada, erhielt

1689 Befehl zum Schutze der französischen Besitzungen die englischen Niederlassungen an der Hudsons-Bai zu zerstören und in Verbindung mit einer Flotte einen Angriff auf New-York zu machen. Er wiegelte die Indianer in Maine, welche dreizehn Jahre vorher von den Engländern mißhandelt worden waren, zum Kampfe auf. Frontenac wußte auch die Irokesen zu gewinnen und überfiel nach einem Eilmarsch von 21 Tagen das Dorf Schenectady, woselbst er ein entsetzliches Blutbad anrichtete und die Häuser in Brand steckte. Die Kunde vom Anrücken Frontenacs versetzte New-York in die größte Bestürzung. Von allen Kolonieen bis Maryland hinunter trafen Gesandte ein, um einen gemeinsamen Streich gegen die Franzosen zu führen. Eine Landmacht wurde zur Eroberung Kanadas und eine Flotte gegen Quebec segelfertig gemacht, deren Befehl der frühere Pirat Sir William Phipps übernahm.

Der „König Wilhelms-Krieg", welcher erst 1697 im Frieden von Ryswick seinen Abschluß fand, hallte in den Kolonieen wieder. Frontenac fiel mehrere Male in das englische Gebiet ein, verheerte die Ernten, zerstreute die Viehherden und schleppte eine Menge Gefangene fort, welche furchtbar unter den Mißhandlungen der sogenannten „christlichen Indianer" litten. — Der Friede von Ryswick war bekanntlich von kurzer Dauer, da Wilhelm III. den Bourbonen ihre Macht mißgönnend mit Frankreich und Spanien den Krieg begann, welcher nach der ihm bald folgenden Königin Anna der „Krieg der Königin Anna" genannt wird. Die Feindseligkeiten in der neuen Welt nahmen im Herbste 1702 in Süd-Karolina ihren Anfang. Der Gouverneur Moore eroberte die spanische Festung St. Augustine, mußte jedoch den Rückzug antreten, als aus Mobile zwei Kriegsschiffe zum Entsatz der Spanier erschienen.

Glücklicher verlief eine andere Expedition gegen die mit Spaniern und Franzosen verbündeten Indianer an der Apalachee-Bai. St. Marks und andere Dörfer wurden eingeäschert, die Stämme aber unter die Gerichtsbarkeit von Karolina gestellt. —

Im Jahre 1706 versuchten die Franzosen von Havanna aus einen Flottenangriff auf Charleston, dessen Bevölkerung sich indes ohne Hilfe der Pflanzer so tapfer wehrte, daß dreihundert Franzosen, die einen Landungsversuch gemacht hatten, getötet wurden und ihr Schiff verloren ging.

Die Indianer bildeten ein wichtiges Mittelglied zwischen Franzosen und Engländern. Von beiden Seiten kamen die Unterhändler zu ihnen, um sich ihrer Freundschaft zu versichern. Die schlauen Rothäute aber gefielen sich in dem Bewußtsein ihrer Bedeutung und trieben meist eine listige Diplomatie mit beiden Parteien. In Maine und New-Hampshire erklärten die Stämme, welche im Bunde mit den Franzosen standen, den Engländern, daß „die Sonne nicht weiter von der Erde sei als ihre Gedanken vom Krieg", fielen aber plötzlich über die Ansiedelungen an der Grenze her und zerstörten 1704 die Stadt Deerfield im nördlichen Massachusetts. Allgemeiner Schrecken und Verstörtheit herrschte im Innern der Kolonie. Der Tomahawk und das Skalpiermesser wüteten auf das Entsetzlichste unter der weißen Bevölkerung. Niemand traute sich noch über den Weg. Die meisten Familien flüchteten sich in die größeren Städte, wo ein buntscheckiges Heer von Jägern, Farmern, Handwerkern und Geistlichen durch wohlgeschulte Veteranen zusammengestellt wurde. — Es war bei wachsender Bevölkerung Amerikas eine unabweisbare Notwendigkeit geworden, daß der Streit um die Hegemonie in der neuen Welt zwischen Engländern und Franzosen durch die Gewalt der Waffen eine Lösung fand. Noch waren keine Grenzen zwischen den beiderseitigen Besitzungen im Norden und Westen gezogen. Die Engländer gründeten ihre Ansprüche hauptsächlich auf den Umstand, daß sie das meiste Land käuflich von den Indianern erworben hätten. Um aber diesem Rechtstitel noch größere Sicherheit zu gewähren, veranstalteten Kommissionäre von Virginien und Maryland samt dem Gouverneur von Pennsylvanien 1744 eine Zusammenkunft mit den Häuptlingen der Irokesen, bei welcher Gelegenheit sie ihnen für

200 Pf. St. in Gold und denselben Betrag in Silber ihr Anrecht „auf alle Ländereien, welche in der Kolonie Virginien lägen oder nach Seiner Majestät Bestimmnng darin liegen sollten, abkauften." Die Franzosen waren von diesem Handelsvertrage wenig erbaut. Sie fielen sofort über die englische Besatzung in Canso, an der östlichen Ecke von Nova Scotia, her und schleppten achtzehn Gefangene nach Louisburg, einer ihrer stärksten Festungen. Die Legislatur von Massachusetts brachte eine Armee von 3 800 Mann auf, zu deren Befehlshaber sie Sir William Pepperell ernannte. Bald stand der neue General vor Louisburg, nachdem er eine Batterie von dreißig Kanonen, welche an der Küste aufgestellt war, mit leichter Mühe genommen hatte. Zwar hatten die Franzosen vor ihrem Rückzug versucht, die Kanonen un= brauchbar zu machen, aber mit Hilfe eines Flintenschmieds aus Northampton gelang es, die Geschütze wieder herzustellen. Louis= burg sah nun die Schlünde seiner eigenen Kanonen gegen seine Mauern gerichtet. Acht Wochen lagen die Engländer vor der Festung, ehe die Franzosen aus Mangel an Lebensmitteln den Siegern die Thore öffneten. Die Nachricht vom Falle des Forts Louisburg erregte in Boston große Freude. Hatte doch das Volk ohne Hilfe des Mutterlandes diese Waffenthat voll= führt. Stolz im Gefühle ihrer Macht wollte die Bürgerschaft sofort in Kanada einfallen, allein das britische Ministerium ver= sagte seine Cooperation aus Furcht, daß die militärische Macht der Kolonieen zu großen Zuwachs erhielte. Der Vertrag von Aachen setzte dem Kriege einstweilen ein Ende. Ungern nur tra= ten die Kolonisten gemäß der Verordnung das so tapfer und glücklich eroberte Louisburg wieder an die Franzosen ab.

Die Streitigkeiten brachen bald wieder mit größerer Heftig= keit aus; denn während die europäischen Staaten über die Friedensbedingungen verhandelten, blieben die Ansprüche der französischen und englischen Nation in Nordamerika ungeregelt. Den nächsten Anlaß zu kriegerischen Demonstrationen bot die Niederlassung der Ohio=Compagnie am Ohio, wo 500 000 Acker

Landes von der englischen Krone an eine Gesellschaft zum Zwecke des Handels und der Besiedelung des Landes westlich vom Alleghany-Gebirge überwiesen waren. Alsbald errichteten die Franzosen, die sich als rechtmäßige Eigentümer dieser Gegend betrachteten, das Fort Presqu'isle, jetzt Erie, und führten britische Vorposten gefangen nach Canada; ferner legten sie im nordwestlichen Pennsylvania die beiden militärischen Posten Waterford und Wenango an. Dinwiddie, der Gouverneur von Virginien, beschloß einen zuverlässigen Boten an den Kommandeur zu senden, der ihn wegen seines Einbruchs in englisches Gebiet zur Rede stellen sollte. Dieser mißliche Auftrag gelangte an den jungen Washington, den späteren Präsidenten der Vereinigten Staaten, welcher jetzt zum ersten Male ins öffentliche Leben trat und sich durch viel Geschick sogleich bewährte. Zwar bekam er von St. Pierre, dem Kommandanten Waterfords, keine andere Antwort, als daß nur die Befehle des Generals ausgeführt würden, welche auf Zerstörung aller englischen Posten am Ohio lauteten, brachte aber so genaue Kenntnis der Absichten der Feinde und der Stärke ihrer Festungen nach Virginia, daß die Kolonisten daraufhin eine militärische Aktion wagten. Beim Zusammenfluß des Alleghany und Monongahela wurde auf Rat Washingtons, dem auch die Führung der Truppen zufiel, ein Fort, das spätere Pittsburg, erbaut, welches jedoch noch vor seiner Vollendung in französische Hände fiel und den Namen Du Quesne nach dem neuen Gouverneur in Canada erhielt. Die Beschwerden des Marsches hatten es Washington unmöglich gemacht, zur rechten Zeit am Orte zu sein; nun mußte er eine notdürftige Verschanzung aufwerfen, welche er der Lage entsprechend Fort Necessity nannte. Bald aber räumte er nach einem heftigen Kampf auch diesen Posten, da eine Macht von 600 Franzosen und 100 Indianern ihm auf den Leib rückte.

Nach diesem Rückzug wehte keine englische Fahne im Westen des Alleghany-Gebirges. Die Kolonieen lernten endlich einsehen, daß ein gemeinsames Vorgehen aller englischen Kolonieen durchaus notwendig war. Im Juni 1754 hielten daher die Abgeord= neten aller Kolonieen nördlich vom Potomac eine Zusammenkunft in Albany, wozu auch die Häuptlinge der Irokesen geladen waren. Unter diesen befand sich der große Mohawk Hendrick, der den Weißen ihre Saumseligkeit gegenüber drohenden Gefahren vor= halten durfte. Man versprach schleunige Aktion und suchte nach einer Form, unter welcher die Kolonieen die Pläne der Union ausführen könnten. Da trat der hochberühmte Benjamin Franklin mit dem Entwurf zu einer Allianzverfassung hervor; in Phila= delphia sollte jährlich ein Kongreß von zwei bis sieben Delegierten jeder Kolonie stattfinden, auf welchem Gesetze gegeben, Civil= beamte ernannt, Gelder bewilligt, der Handel reguliert, Soldaten ausgehoben und Steuern auferlegt werden sollten — alles Kompetenzen, die das Veto des von der Krone ernannten General=Gouverneurs einschloß. Dieser Plan gelangte an die einzelnen Kolonieen zur Vorlage und wurde nach einigem Wider= streben angenommen, trat aber nicht sofort in Kraft, da das englische Ministerium, entschlossen die Kolonieen zu stützen, schon früh im Jahre 1755 den General Braddock mit einer Abteilung der Armee aus Irland hinüberschickte. Vier Expeditionen wurden geplant, deren wichtigste gegen die Franzosen im Ohiothal der Oberbefehlshaber selbst übernahm. Zunächst sollte Du Quesne zurückerobert, und dann sollten die festen Punkte Niagara und Frontenac gesprengt werden. Braddock war ein tapferer Führer, aber verschlossen und unzugänglich, sodaß man ihn vergebens vor dem Feuer der Indianer aus dem Hinterhalt warnte. Die geschulten Linientruppen kannten noch nicht die Kampfesart der Wilden, aus einem Versteck hinter Felsen und Bäumen eine heranrückende Armee unversehens zu vernichten. Ein furchtbares Schicksal harrte dieser glänzenden Armee von 2000 kampfgeübten Männern. In Reih und Glied marschierten die Truppen am 9. Juli das Flußthal des Monongahela hinab zum Angriff auf Du Quesne, als die Franzosen mit über 600 Indianern verbündet einen Ausfall wagten, der dem englischen Feldherrn 26 Offiziere und

714 Soldaten das Leben kostete. Washington bewährte seine strategischen Talente. Überall war er zugegen und ward durch ein Wunder aus dem Kugelregen gerettet, während Braddock tödlich verwundet aus der Schlacht getragen werden mußte. In wenigen Augenblicken war alles verloren, denn eine unbeschreib= liche Panik bemächtigte sich der englischen Mannschaften; in wilder Flucht eilten die Reste der Armee zu den Befestigungen in Wills Creek. Braddock starb vier Tage nach seiner Nieder= lage, welche mit einem Schlage die Erfolge seines Feldzugs in Frage stellte. Die Schreckenspost verbreitete in allen Kolonieen die ärgste Bestürzung und Entmutigung. Hatte man doch die Armee Braddocks für unwiderstehlich gehalten.

Nun konnte auch Shirley, der Gouverneur von Massachusetts und Führer der Expedition gegen Niagara nichts ausrichten, denn er war auf die Vereinigung mit Braddock von Süden her angewiesen. Er drang nur bis Oswego an der südöstlichen Ecke des Ontariosees vor, mußte aber nach Erbauung eines Forts, in welches er 700 Mann Besatzung legte, nach Massachusetts zurückkehren.

Im nächsten Jahre erklärte Frankreich offen den Krieg. Montcalm, ein hervorragender französischer General, wurde nach Canada geschickt und nahm zunächst das Fort Oswego. Lord Loudoun aber, welcher neuerdings zum General=Gouverneur der englischen Kolonie ernannt worden war, machte keine Anstalten zur Wiedereroberung dieses wichtigen Punktes. Der Sommer verstrich, und zum großen Verdruß der Kolonisten mußten tausende von englischen Soldaten, die noch keinen Schlag für sie gethan hatten, in Winterquartiere verteilt und beköstigt werden.

Unzufrieden über die Unthätigkeit Loudouns trafen sich die Gouverneure im Januar 1757 zu Boston und beschlossen, ein Heer von 4000 Mann auszuheben. Loudoun berichtete fälschlich nach England, daß die Kolonieen keine Steuern tragen wollten; in Wahrheit verlangten sie nur, daß die Steuereinkünfte für die

eigenen Bedürfniſſe verausgabt würden, denn ſie wollten ihre
Sicherheit nicht mehr unfähigen britiſchen Offizieren anvertrauen.
Der General=Gouverneur dagegen ging im Sommer nach Halifax
und hob 10000 Mann aus, die er während der beſten Jahreszeit
einexerzierte. Vor der Einnahme von Louisburg ſchreckte ihn
die Nachricht zurück, daß die franzöſiſche Flotte ein Schiff mehr
beſäße als die ſeine. Bald verließ er ſeinen Paradeplatz und
kehrte nach New=York zurück. Inzwiſchen hatte Montcalm die
Gelegenheit benutzt, einen energiſchen Angriff auf Fort William
Henry zu machen. Morro, ein alter braver Krieger, wehrte ſich
im Vertrauen auf Entſatz von dem nur 14 engl. Meilen ent=
fernten Fort Edward ſolange, bis ſeine Munition verbraucht
und die Hälfte ſeiner Flinten geplatzt war. Montcalm gewährte
ihm freien Abzug, konnte es jedoch nicht hindern, daß die beute=
gierigen Indianer über die ſchutzloſen Truppen herfielen. Nur
ein Teil erreichte Fort Edward, wo General Webb mit 4000 Mann
ſich in Ruhe und Gelaſſenheit feſtgeſetzt hatte. Wieder verſtrich
ein Jahr, und die Engländer hatten nur verloren.

Da beſtieg der große Staatsmann Pitt den Miniſterſitz in
England und machte endlich aller Halbheit ein Ende. Amerika
war ſeine erſte Sorge. Der unbrauchbare Loudoun wurde ab=
berufen, und die Kolonieen bekamen Weiſung, ſo viel Truppen
als nötig auszuheben, die Koſten werde das Mutterland tragen.
Neues Leben erwachte in den Armeen, als die Offiziere der
Kolonieen auf gleiche Rangſtufe mit den britiſchen Befehlshabern
geſtellt wurden. Das amerikaniſche Volk offenbarte durch ſeinen
Eifer das höchſte Vertrauen auf ſeinen Retter Pitt. Ein drei=
facher Kriegsplan wurde entworfen: Amherſt und Wolfe ſollten
Louisburg belagern, Lord Howe und Abercrombie einen Angriff
auf Crowe Point und Ticonderoga machen und General Forbes
ſollte gegen Fort Du Quesne und in das Thal des Ohio marſchieren.
Der erſte Plan glückte völlig, indem Louisburg kapitulierte.
5637 Gefangene wurden nach England geſchickt. Die Engländer
ergriffen Beſitz von Kap Breton und Prinz Eduards Inſel.

Halifax erhoben sie zur Hauptstadt und Schirmfeste im Nord=
osten. — Die gegen Crown Point bestimmte Truppe war die
imposanteste, welche je durch die Urwälder Amerikas marschierte.
Im Juli 1758 brachen 9000 Provinzialtruppen und 6000 bri=
tische Reguläre nach Georgs=See auf. Montcalm hielt sich in
Ticonderoga am Champlain=See mit 3600 Mann verschanzt.
Gegen ihn richtete sich der Feldzug. Unglücklicherweise fiel der
junge und populäre Howe gleich in einem der ersten Treffen
und das Kommando ging an den unfähigen Abercrombie über,
welcher bei einem voreiligen Angriff 2000 Soldaten einbüßte,
sich nach dem Georgs=See zurückzog und Artillerie und Munition
nach Albany in Sicherheit brachte. Der einzige Gewinn des
Feldzugs war die Zerstörung des Fort Frontenac und die Er=
oberung zweier Kriegsschiffe auf dem Ontariosee. — Die Ein=
nahme des Fort Du Quesne verdankte die in das Ohiothal
vordringende dritte Truppe einem kühnen Streich des jungen
Washington, welcher von den schwachen Besatzungen des Forts
durch Überläufer sichere Kunde erfahren hatte. Schon gab
Forbes, der statt die Wege Braddocks einzuschlagen, bei dem Ver=
suche, sich eine neue Bahn zu brechen, unendlich langsam vor=
wärts gekommen war, den Feldzug dieses Jahres auf, als
Washington sich die Erlaubnis einholte, mit virginischen Truppen
gegen Fort Du Quesne vorzurücken. Zu schwach, um das Fort
zu halten, setzten die Franzosen dasselbe in Flammen und flohen
den Ohio hinab. Washington erhöhte auf den rauchenden
Trümmern die Flagge seines Landes. Hinfort hieß Fort Du
Quesne zu Ehren des großen Pitt, Pittsburg. In Virginien
aber wurde der noch nicht 27 Jahr alte Washington mit lautem
Jubel empfangen und in die koloniale Versammlung gewählt.
Seit dieser Zeit begann Washington seine Laufbahn als Staats=
mann. Inzwischen räumte Abercrombie dem General Amherst,
welcher die Stelle eines Gouverneurs von Virginien und Ober=
befehlshabers der Armee erhalten hatte, das Feld.

Die Sterne Frankreichs in der neuen Welt waren im

Sinken, um so mehr, als der unermüdliche Pitt gleich im An=
fange des Jahres 1759 die gewonnenen Vorteile ausnützte und
Montcalm, vom Heimatlande im Stich gelassen, von Tag zu
Tag seine Kriegerzahl und Munition zusammenschmelzen sah.
Ein wohlangelegter Plan wurde von den Engländern ins Werk
gesetzt: Oberst Stanwix erhielt Befehl, das Land zwischen Pitts=
burg und dem Eriesee zu unterjochen, Prideaux sollte Niagara,
Amherst Ticonderoga angreifen und Wolfe richtete seine ganze
Macht gegen die Bergfeste Quebec. Prideaux eroberte zwar
Niagara, fiel aber im Kampf; Amherst trieb die Franzosen mit
wenig Mühe aus Ticonderoga den Champlain=See hinab, ver=
säumte jedoch den rechten Augenblick, um Wolfe in Canada zu
Hilfe zu eilen. Unerschrocken wie Wolfe war, brach er allein
mit 22 Linienschiffen und einer gleichen Zahl kleinerer Fahrzeuge
von Louisburg gegen das als stärkste Festung des Nordens all=
gemein bekannte Quebec auf. Seine Mannschaft belief sich auf
8000 Streiter, die reich versehen mit Proviant und Munition
am 26. Juni 1759 auf der Insel Orleans angesichts Quebec
Stellung nahmen. Es erwies sich bald als unmöglich, Montcalm
von der Wasserseite beizukommen, obgleich die Batterien auf
Point Levi unaufhörlich arbeiteten. So vergingen zwei Monate
ohne Fortschritte. Wolfe aber war eine zu ehrgeizige Natur,
als daß er beim Einbruch des Winters unverrichteter Sache
wieder abgezogen wäre. Wußte er doch, daß die Augen des
ganzen englischen Volkes auf seine Thaten gerichtet seien. Er
faßte einen kühnen Plan, der ebenso gewagt wie vorteilhaft er=
schien. Quebec mußte von der Landseite aus angegriffen werden.
Das war aber nicht anders möglich, als durch eine Landung
oberhalb der Festung und Ersteigung des Hochplateaus von
Abraham, welches, nach den Zelten zu urteilen, nur von etwa
100 Franzosen bewacht wurde. Ein schmaler Steig führte das
felsige Ufer des St. Lorenzstromes hinan. Gelang es, die Be=
satzung zu überrumpeln, so war der Zugang gewonnen. In
tiefer Nacht kletterten die Engländer, sich an Zweigen und Ge=

sträuchen auf dem halsbrecherischen Pfade haltend, fast bis zur
Höhe, als die canadische Wache Feuer gab. Doch schon war
der Feind imstande, sich zu verteidigen; die Wache mußte fliehen
und bei Tagesanbruch sah Montcalm das Unglaubliche: Wolfes
Armee stand auf dem Hochplateau von Abraham bereit zum
Angriff auf Quebec. Der mutige Franzose rückte sofort mit
2000 Mann gegen sie aus und begann die Schlacht, in welcher jeder
Soldat das Bewußtsein haben mußte daß alles auf dem Spiele
stehe. So entspann sich ein mörderischer Kampf. Aber Mont=
calms Schicksal war entschieden. Ein rechtzeitiger Befehl Wolfes,
mit dem Bajonette vorzudringen, sicherte ihm den Sieg, den
er aber mit dem Leben erkaufen mußte. „Sie fliehen! Sie
fliehen!" rief der Offizier, welcher seinen zusammensinkenden
Feldherrn stützte. — „Wer flieht?" rief Wolfe sich vom Tode
aufraffend. „Die Franzosen — sie weichen auf allen Seiten",
versetzte der Offizier. „Dann sei Gott gelobt! Ich sterbe glück=
lich." Mit diesen Worten verschied der Feldherr auf dem
Schlachtfelde, nachdem er den herrlichsten Sieg erfochten hatte,
dessen englische Waffen bislang in der neuen Welt sich rühmen
konnten. Auch Montcalm, welcher sich ebenfalls das Lob eines
heldenmütigen Führers erwarb, wurde tödlich verwundet aus
der Schlacht getragen. Als der Arzt ihn auf seinen Tod vor=
bereitete, antwortete er gelassen: „Das freut mich! So erlebe
ich doch nicht die Übergabe Quebecs." Am 17. September zogen
die englischen Truppen ein. Ein Ruf des Frohlockens erscholl
in England und Amerika über diesen Sieg. Wolfes Leiche
wurde nach England übergeführt und das dankbare Vaterland
setzte ihm ein Denkmal in der Westminster=Abtei. Siebzig Jahre
später aber ließ der englische Gouverneur von Canada in der Stadt
Quebec einen hohen Granit=Obelisk „zum Andenken an Wolfe
und Montcalm" errichten. Die Reste der französischen Armee
sammelten sich in Montreal und machten im folgenden Jahr
noch einen vergeblichen Versuch Quebec wiederzugewinnen. Am=
herst rückte mit vereinten Streitkräften zur völligen Unterwerfung

Neu = Frankreichs herbei. Montreal und ganz Kanada samt
Detroit und Mackinaw fielen in seine Hände.

Der gewaltige Plan der französischen Regierung, durch eine
kontinentale Verbindungslinie der nordöstlichen und südwestlichen
Ansiedelungen die englischen Kolonieen an der Westküste in einem
Halbkreis zu umschließen und allmählich vorrückend aus dem
Lande zu drängen, war mit dem Verluste Kanadas gescheitert.
Beide Mächte hatten ihre Streitkräfte in siebenjährigem Kriege
erschöpft. Es kam zum Friedensschluß am 10. Februar 1763
zu Paris. Frankreich trat Kanada und Kap Breton an Eng=
land ab und erkannte den Mississippi als Grenze zwischen den
britischen Kolonieen und Louisiana an. In diesem Frieden kam
auch Florida in englischen Besitz, wogegen Frankreich Louisiana
an Spanien überlassen mußte. Die Staatsschulden Englands
hatten sich in diesem Kriege um 50 Millionen Pfd. Sterl. ver=
mehrt, aber es hatte erreicht, daß seine Herrschaft sich jetzt vom
hohen Norden Amerikas bis nach Florida hinunter und von
Ocean zu Ocean eröffnete.

Es blieb nur noch übrig, die durch den langjährigen Krieg
aufgestörten und gereizten Indianer wieder in ihre Schranken
zurückzudrängen. Im Süden regten sich die Cherokees. Lyttle=
ton, der Gouverneur von Karolina, hatte einige ihrer Häupt=
linge gefangen gesetzt und so einen indianischen Krieg mit all
seinen Schrecken heraufbeschworen. Bald hatten die Rothäute
Fort Loudoun, eine Grenzfestung, eingeschlossen und zwangen die
Besatzung durch Aushungerung zur Übergabe. Nichts ver=
mochte der Milizenoberst Montgomery an der Spitze von
1900 Mann gegen sie auszurichten. Er verließ Karolina und
entpuppte sich später, zum Mitglied des Parlaments in England
erwählt, als ein Feind Amerikas und der Freiheit. — Auf kaum
geringere Schwierigkeiten stießen die Engländer im Norden, als
sie Anstalten machten, ihre Siege in Kanada durch Besetzung der
französischen Forts zu verfolgen. Die Indianer bemerkten ihr
Vorrücken mit Abscheu und Entsetzen, Gefühle, die durch die

Ungerechtigkeit und Verachtung, mit welcher sie jahrelang be=
handelt waren, nur zu erklärlich erscheinen müssen. Pontiac, der
tapfere und beredte Häuptling der Ottawas, „ein Prachtexemplar
von Indianer", setzte ein Nachspiel des französisch=indianischen
Krieges in Scene, indem er ein Bündnis seines Stammes mit
den Chippeways, Miamis, Shawnees, Delawares und anderen
zustande brachte. Die Parole war: Vernichtung aller Engländer
in den westlichen Länderstrecken. Völlig unerwartet fielen die
Wilden über Händler, Farmer und Soldaten her; neun englische
Garnisonen wurden an einem Tage überrumpelt; mehr als
hundert Händler traf der Tomahawk; ganz Westvirginia ver=
wandelten sie in eine Wüste und 20 000 Ansiedler flohen vor
dem Skalpiermesser aus ihren Heimstätten. Mackinaw fiel in
die Hände der Indianer und Pittsburg wurde nur durch recht=
zeitige Verstärkung vor ihnen gerettet. Die Einnahme von
Detroit übernahm Pontiac in Person. Eine beliebte Kriegslist
der Indianer war, die weißen Befehlshaber zu Friedensverhand=
lungen in ihr Lager zu locken und schonungslos niederzumachen.
Doch diesmal mißglückte der Kunstgriff. Eine indianische Frau
verriet dem Kommandanten Major Gladwin den Plan und die
Indianer sahen sich zu einer langwierigen Belagerung genötigt,
wozu sie weder Ausdauer noch Geschick besitzen. Gegen Ende
des Sommers wurde die Zahl von Pontiacs Kriegern immer
kleiner. Eifersucht zwischen den einzelnen Stämmen hatte das
Bündnis gesprengt, so daß „der große Häuptling des Westens"
sich mit seinem Stamme isoliert sah und sein Unternehmen
aufgeben mußte. Pontiac hatte so durchgreifenden Einfluß
auf die westlichen Stämme ausgeübt, wie kein Häuptling vor
ihm. Er war ein tüchtiger Feldherr und kluger Staatsmann,
als welcher er sogar eine Bank einrichtete. Seine Wechsel, die
stets pünktlich bezahlt wurden, bestanden aus Rindenstücken,
welche die Angabe dessen enthielten, was er zu kaufen wünschte;
das Bild einer Otter war seine hieroglyphische Unterschrift.

Die Indianer hatten nun den Mut verloren, den Krieg

noch weiter zu führen. Zweiundzwanzig Stämme schlossen 1764
einen Friedensvertrag mit dem General Bradstreet ab, wovon sich
nur die Delawares und Shawnees, sowie der stolze Pontiac
zurückhielten. Willens, einen neuen Indianerbund zu stiften, zog
er sich in die Jagdgründe von Illinois zurück, wo die meuchle=
rische Hand eines engländerfreundlichen Indianers seinem thaten=
reichen Leben ein Ende machte.

29. Die Ursachen der amerikanischen Revolution.

Mit dem Frieden von Paris war die Oberherrschaft Eng=
lands über Frankreich auf dem amerikanischen Kontinente be=
siegelt. Die britische Flagge wehte jetzt vom atlantischen Ocean
bis zum Mississippi, vom Golf von Mexiko bis zur Hudsons=Bai,
und die hart geprüften Kolonieen atmeten wieder auf in dem
frohen Bewußtsein, einer wenn auch arbeitsvollen, so doch
wenigstens sorglosen Zukunft entgegen zu gehen. Handel und
Wandel waren im Aufblühen begriffen, die Bevölkerung, welche
an 2 Millionen Seelen betrug, wuchs beständig und lebte in
jener glücklichen Zufriedenheit, die das Zeichen gesunder socialer
Verhältnisse ist. Das Gefühl der Dankbarkeit gegen das Mutter=
land herrschte vor. Die Not des Krieges hatte die gemeinsamen
Interessen befestigt, und es würde unmöglich sein, aus jener
Zeit Erscheinungen aufzufinden, welche auf einen bevorstehenden
Zwist hindeuteten. Der hartnäckigen Unklugheit der englischen
Regierung war es vorbehalten, mit eigener Hand das freund=
schaftliche Band zu lösen, das zwischen England und den Kolo=
nieen bestand, und durch die fortgesetzten Besteuerungsversuche
eine Bewegung hervorzurufen, welche wenige Jahre später ihren
Widerhall in der großen französischen Revolution finden sollte.
Der Plan des englischen Ministeriums, die Kolonien zur
Besteuerung stärker heranzuziehen und letztere als eine Befugnis
des Parlaments zu proklamieren, war zum Teil durch die
dringende Notwendigkeit veranlaßt worden, für die Deckung des
immerfort steigenden Staatsbedarfs des englischen Reiches neue

Mittel aufzutreiben. Der siebenjährige Krieg hatte die Staats=
schuld bedeutend vermehrt; die fundierte betrug 122$^1/_2$ und die
schwebende 3$^1/_2$ Millionen Pfd. Sterl.; die Kolonien hatten
dabei durch den Krieg die größten Erfolge erzielt, so daß dieser
Grund nicht ganz ohne Berechtigung war. Aber nicht nur als Finanz=
maßregel sollte die beabsichtigte Besteuerung wirken, sondern es
lag in dem Plane der Regierung, auf diese Weise die ihr lästig
werdenden Freiheiten der Kolonieen zu beschränken und die königliche
Macht auch in jenen Gebieten wieder schärfer zum Ausdruck zu
bringen. Lord Bute handelte im Einverständnis mit dem König
und der königlich gesinnten Partei, als er Lord Cavishend mit der
Verwaltung der Kolonieen betraute, der sofort eine umfassende
Revision des amerikanischen Regierungswesens erwog. Das
Hauptaugenmerk war dabei auf die Erhebung einer jährlichen
Steuer gerichtet, deren Erträge in erster Linie zur Besoldung
der in den amerikanischen Kolonien befindlichen Beamten dienen
sollten, um letztere von den Versammlungen einzelner Kolonieen
unabhängig und den Regierungsinteressen geneigt zu machen.
Da nun aber ein solches Vorhaben durch die „Freibriefe" ver=
wehrt war, so sollten diese hinweggeräumt und durch ein ein=
heitliches Regierungssystem ersetzt werden. Eine Ergänzung
fanden diese, die freiheitliche Entwickelung der Kolonien ver=
nichtenden Pläne in dem Bestreben Lord Grenvilles, die Navi=
gationsakte, sowie alle Handelsbeschränkungen hinsichtlich Amerikas
in schärfster Weise zur Anwendung zu bringen.

Ungeachtet des Bestrebens von Cavishend, die Besteuerung
so schnell als möglich durchzuführen, verging doch das Jahr
1763, ohne daß dem Parlament irgend ein Gesetzentwurf betreffs
Abänderung des bisherigen Zustandes vorgelegt wurde, da
es im Laufe des Jahres zu einer Änderung innerhalb des
englischen Ministeriums kam, die zwar keine andere politische
Lage schuf, wohl aber die Regierung zwang, von allen weiter=
gehenden Plänen vorläufig Abstand zu nehmen. Lord Bute
fühlte, daß der Grund und Boden, auf dem seine Regierung

aufgebaut war, zusammenbrach, und beeilte sich, den König um
seine Entlassung zu bitten, indem er Lord Grenville als den
geeignetsten Nachfolger vorschlug. Der König acceptierte denselben, zu welchem später, nachdem die Verhandlungen mit Pitt
sich zerschlagen hatten, Lord Bedford hinzutrat. Erst im September 1763 nahmen die Besteuerungspläne insofern eine festere
Gestalt an, als unter dem Vorsitz von Grenville sich ein Komité
bildete, dessen Aufgabe es sein sollte, die für die Besteuerung
Amerikas geeigneten Vorschläge aufzustellen und auszuarbeiten.
Gleichzeitig verfolgte der Minister mit großem Eifer seinen
Lieblingsplan, die Bestimmungen der Navigationsakte genau
durchzuführen und den Handel mit Amerika völlig für England
zu monopolisieren. Die naturgemäße Folge der beschränkenden
Handelspolitik war gewesen, daß der Schmuggelhandel stark
florierte und große Summen auf diese Weise für die Engländer verloren gingen. Die Befugnisse der Behörden wurden daher erweitert und den Zollbeamten das Recht zugesprochen, gegen des unerlaubten Handels Verdächtige selbst-
ständig vorzugehen und ihre Waren und Schiffe mit Beschlag
zu belegen. Diese Bestrebungen, die das von dem englischen Volke
so hochgehaltene Recht der persönlichen Freiheit und Sicherheit
gröblich verletzten, waren nur die Konsequenzen jenes Systems,
das die Engländer von Anfang an inbetreff des Handels der
Kolonieen befolgt hatten. Der Grundsatz, daß die Industrie der
Kolonieen dem Mutterlande nur zum Schaden gereiche, war der
herrschende und wirkte bestimmend auf die Handelspolitik des
englischen Volkes, welches eifersüchtig seine Vorrechte bewachte
und systematisch darauf ausging, die Kolonieen in fortdauernder
wirtschaftlicher Abhängigkeit zu erhalten. Schon 1760 war seitens der englischen Regierung der Befehl gegeben worden, daß
die Gerichtshöfe auf Antrag der Zollbehörden Vollmachten aus-
stellen sollten, welche die Beamten instand setzten, überall Nach-
forschungen nach verbotenen oder geschmuggelten Waren zu halten
— eine Maßregel, welche als die Vorläuferin der von Grenville

beschlossenen Zollverschärfung anzusehen ist, und die im Lande durchweg böses Blut verursachte. Die Behörde zu Salem war die erste gewesen, welche sich wegen solcher Vollmachten an das Gericht wandte, das jedoch die Rechtmäßigkeit einer solchen Maßregel erst zu untersuchen beschloß. Bei dieser Gelegenheit war es, daß zwei der berühmtesten Rechtsgelehrten, welche später bei dem Widerstande gegen England eine bedeutende Rolle spielten, Thatcher und Otis, als Vertreter der Kaufmannschaft auftraten und dabei gerichtliche Erlasse als Eingriffe in die Kolonialverfassung erklärten. Die erste Erwähnung der Stempeltaxe im Parlament geschah durch Lord Grenville in seiner Budgetrede vom 9. März 1764. Der Minister wies auf die Notwendigkeit erhöhter Einnahmen hin und schlug die baldige Erledigung einiger Zollerhöhungen betreffs Amerikas vor, während er sich bereit erklärte, die Stempelakte erst im nächsten Jahre zur Beratung zu bringen. Er erklärte dieselbe für die beste von all den vorgeschlagenen Formen der Besteuerung, fügte jedoch hinzu, daß er bereit sei, jeglicher anderen Maßregel seine Zustimmung zu geben, die eine gleiche Wirkung herbeizuführen imstande wäre. Gegen das hierbei vorausgesetzte Recht des Parlaments, die Kolonieen zu besteuern, erhob sich kein Widerspruch. Wenige Tage später gelangte die Bill, welche eine Abgabe auf Wein legte und die Zollgebühren für Zucker erhöhte, zur Annahme.

Die Nachricht von dem Parlamentsbeschlusse, die Stempeltaxe betreffend, erregte in Amerika große Bestürzung und heftigen Unwillen. In Boston war es namentlich Samuel Adams, welcher unaufhörlich auf den Widerspruch einer direkten Besteuerung mit den Rechten britischer Unterthanen aufmerksam machte und so in der Bürgerschaft den Geist der Freiheit weckte. In ähnlicher Weise trat der Unwille der anderen Kolonieen, welche Massachusetts zur Mitwirkung beim Protest aufgefordert hatte, offen zu Tage. Besonders war es das Volk von New-York, welches heftig gegen die neuen Gesetze eiferte, und schon damals wurden Stimmen laut, welche dazu rieten, sich des Ge-

brauches der von England mit neuen Steuern belegten Waren zu ent=
halten. Neben diesen officiellen Kundgebungen erschien eine große
Anzahl von Broschüren und Flugschriften, welche bezweckten, das

Fig. 39.

Samuel Adams.

Volk über die ihm zustehenden Rechte und über die Grundsätze
der englischen Konstitution zu belehren.

Am 10. Januar 1765 wurde das zwölfte englische Parla=
ment eröffnet. Der König, welchem das Ministerium die Peti=
tionen der Amerikaner als unbotmäßig und gegen die königliche

Autorität verstoßend bezeichnet hatte, sprach in der Thronrede
die Hoffnung aus, daß es der Festigkeit und Weisheit des Parlaments gelingen werde, der gesetzgebenden Macht des britischen
Reiches allenthalben Gehorsam zu verschaffen. Wenige Tage
später wurde die Stempeltaxe dem mit dem Vorgehen der Regierung einverstandenen Hause vorgelegt, welches die Eingaben
der Kolonieen zurückwies, da es nicht Brauch sei, gegen Geld-
gesetze Petitionen anzunehmen, und das Gesetz mit großer Majorität bewilligte. Noch schneller, ohne jede Debatte, erledigte das
Oberhaus die Bill, welche am 22. März 1765 vom Könige
unterzeichnet wurde. Die Wirksamkeit des Stempelgesetzes erstreckte sich auf alle im bürgerlichen Leben vorkommenden Schrift-
stücke, wie Rechnungen, Noten, Kontrakte, Anzeigen und dergl.,
und auf Preßerzeugnisse jeder Art, wie Flugschriften, Zeitungen,
Zeitschriften, Kalender u. s. w.

Das Repräsentantenhaus von Virginien war gerade zu der
Zeit versammelt, als die Nachricht von der Annahme der Bill
nach Amerika gelangte. Das jüngste Mitglied, Patrick Henry,
stand auf und schlug einige, vom Augenblick eingegebene Resolutionen vor, welche auf das entschiedenste die Rechte der Kolonieen gegenüber der Anmaßung des Parlaments verteidigten.
Eine heftige Debatte entspann sich, da viele Mitglieder Royalisten waren, d. h. sich zu England hinneigten, und die Mehrzahl jeglichem Widerstande abhold war. Im Eifer der Rede
entschlüpften Henry folgende Worte, welche die größte Aufregung
hervorriefen: „Cäsar hatte seinen Brutus, Karl I. seinen Cromwell und Georg III. . . .“ „Verrat!“ rief der Sprecher des
Hauses, und „Verrat! Verrat!“ tönte es von den Bänken zurück, während Henry, den Sprecher kühn fixierend, seine Rede
mit den Worten schloß: „. . . wird sich aus diesen Ereignissen
eine Lehre nehmen. Ist dies Verrat, so macht daraus, so viel
ihr könnt.“ Die Beschlüsse Henrys wurden acceptiert; wenn
auch nicht sämtlich zu Protokoll genommen, so fanden sie doch
den Weg durch alle Zeitungen und erregten allgemeines Auf-

sehen. Das Verlangen nach gemeinsamem Handeln trat deutlich
hervor und wurde von den Patrioten so viel als irgend mög=
lich unterstützt. Der unermüdlich thätige Otis von Boston war
es, der am 6. Juni in der Legislatur von Massachusetts den
ersten bestimmten Vorschlag machte, eine Einladung zu einem all=
gemeinen Kongreß an die Repräsentantenhäuser sämtlicher Kolo=
nieen zu erlassen. Der Kongreß, welcher von neun Kolonieen
beschickt wurde, trat am 9. Oktober in New=York zusammen.
Jeder Kolonie wurde bei der Abstimmung eine Stimme zuge=
sprochen, gleichviel ob ihr Gebiet groß oder klein, die Bevölkerung
stark oder schwach war. Die Lauheit und Zaghaftigkeit einiger
Abgeordneten machte die Diskussion über die Aufstellung der
Grundrechte und Beschwerden der Kolonieen zu einer recht lang=
wierigen, so daß erst am 25. Oktober die betreffenden Aktenstücke
unterzeichnet werden konnten. Die Kolonieen nahmen in ihrer
Erklärung alle Rechte und Freiheiten der Unterthanen des Königs
von England in Anspruch und wiesen nach, daß das Parlament
nicht befugt sei, Steuern aufzulegen, da sie in demselben nicht
vertreten wären und auch schon der weiten Entfernung halber
nicht vertreten sein könnten. Sie protestierten ferner gegen die
Ersetzung der Geschworenen durch die Admiralitätsgerichtshöfe, da
es das Recht eines jeden freien Briten sei, durch seine eigenen
Mitbürger nach dem gemeinen Recht abgeurteilt zu werden. —
Während des Sommers 1765 waren von englischer Seite alle
Vorbereitungen getroffen worden, um die Stempeltaxe am 1. No=
vember zur Ausführung zu bringen. Große Ballen von Stempel=
papier waren hinübergeschickt und Stempelbeamte überall ernannt
worden. Das erbitterte Volk rächte sich dadurch, daß es, wie
in New=York, die Ballen zu zerstören suchte, oder, wie in Phila=
delphia und Boston, diejenigen öffentlich in Verruf erklärte,
welche bei der Durchführung irgendwie behilflich waren, sei es
daß sie die Beamtenstellen angenommen, oder sich bereit erklärt
hatten, Stempelpapier zu gebrauchen. In Boston kam es sogar
zu einigen Ausschreitungen, da das Volk seine Wut gegen die

Wohnungen der Stempelbeamten richtete und dieselben zerstörte.
In New-York verspottete man das Gesetz, indem man es als
„die Thorheit Englands und den Untergang Amerikas“ in den
Straßen zum Verkauf ausrief. In New-Hampshire bereitete
man am Morgen des verhängnisvollen Tages eine Trauerfeier
vor, indem man unter Grabesgeläute einen mit der Inschrift:
„Freiheit, 145 Jahre alt“ versehenen Sarg auf den Kirchhof
trug. Dort angekommen, hielt ein Mann aus dem Volke eine
Trauerrede, in der er plötzlich innehielt, um mit lauter Stimme
auszurufen: „Ich bemerke Lebenszeichen“, worauf der Sarg
emporgehoben und mit der neuen Inschrift: „Die Auferstehung
der Freiheit“ versehen, im Triumphe nach der Stadt zurückge-
tragen wurde. Eine Bostoner Zeitung, der „Constitutionel
Courant“, erschien mit einer, die kritische Lage der Kolonie ver-
sinnbildlichenden Devise: eine zerstückelte Schlange, die auf den
einzelnen Teilen die Anfangsbuchstaben der Kolonieen aufwies,
während das Ganze die Überschrift „Zusammen oder Tod“ trug.

Als die Kunde von diesen Vorfällen England erreichte, war
das Ministerium unter dem Vorsitze des Lord Rockingham am
31. Juli eingesetzt worden. In demselben waren die Gegner und
Freunde gleichmäßig vertreten, sodaß die Agenten der Kolonieen
neue Hoffnung auf Zurücknahme des verhaßten Gesetzes schöpften. Das Ministerium sah ein, daß die praktische Durchführung
der Bill nur mit Hilfe von Waffengewalt erzielt werden könne,
und schreckte vor einem solchen gefährlichen Wege erklärlicherweise zurück. In der Thronrede vom 14. Januar 1765 wies
der König mit einigen allgemeinen Worten auf die Bedeutsam-
keit der amerikanischen Vorfälle hin, ihre Ordnung der Weisheit
des Parlaments anheimstellend. Dasselbe verfehlte nicht, sich
eingehend damit zu beschäftigen, und wartete zu diesem Zweck
nicht einmal die in Aussicht gestellte Vorlage aller auf Amerika
bezüglichen Papiere ab, sondern benutzte gleich die Gelegenheit
der Adreßdebatte, um die prinzipielle Frage der Berechtigung
des Parlaments, die Kolonieen mit Steuern zu belegen, zu er-

örtern. William Pitt, der große Bürger, wie sein Ehrenname lautete, verteidigte die Kolonieen mit der ganzen ihm zu Gebote stehenden Beredsamkeit, während Grenville in höhnischer Weise die Amerikaner als aufrührerisch und undankbar hinstellte.

Die Worte Pitts machten großen Eindruck, hinderten jedoch nicht, daß die Ansichten des Ministeriums und seiner Anhänger

Fig. 40.

Benjamin Franklin.

triumphierten. Inzwischen hatte das Ministerium den Entschluß gefaßt, Benjamin Franklin, welcher als Agent Virginiens in London weilte, vor die Schranken des Hauses zu citieren, um nach alter Sitte über die amerikanischen Verhältnisse Auskunft zu geben — glaubte es doch, in den Aussagen dieses allgemein geachteten Mannes eine Unterstützung für seine Pläne zu finden!

Der Lebenslauf Franklins ist merkwürdig und wichtig ge=
nug, um einen Augenblick bei ihm zu verweilen. Franklin ent=
stammte einer bäuerlichen Familie, die in schlichter Ehrbarkeit
in Northamptonshire in England gelebt hatte, später nach Ame=
rika ausgewandert war, wo seine Eltern in Boston lebten. Dort
wurde er 1706 geboren. Früh angewiesen sich selbst zu er=
halten, lernte er nichtsbestoweniger mit einer Zähigkeit ohne
gleichen und schuf so die Grundlage seiner späteren bedeutsamen
Stellung im öffentlichen Leben. Jung verheiratet, besorgte er
mit seiner Frau sein kleines Drucker= und Buchbindergeschäft,
das ihm eine unabhängige Existenz verschaffte. Von dem Ver=
trauen seiner Mitbürger begünstigt, gelangte er schnell zu den
Ehrenämtern der Stadt Philadelphia, welche er gewissenhaft,
ohne den Ehrgeiz eines gewerbsmäßigen Politikers verwaltete.
Am bekanntesten wurde jedoch sein Name durch die Herausgabe
des Kalenders: „Armer Richard", welcher fünfundzwanzig Jahre
lang, von 1732—1757, erschien und auf den Bildungsgang seiner
Landsleute den bedeutendsten Einfluß ausübte. Die kleinen
Kalender=Geschichten sowohl, wie seine Artikel in der von ihm
gegründeten „Pennsylvania Gazette" weisen alle die hervorragen=
den Merkmale des Franklinschen Geistes auf, welcher es liebte,
seine Moral auf dem Wege komischer Vergleiche und witziger Bei=
spiele an den Mann zu bringen.

Seine naturwissenschaftlichen Arbeiten, von denen die Unter=
suchungen über die Erdbeben und den Blutumlauf und die Ver=
suche mit der Elektrisiermaschine, welche zur Erfindung des Blitz=
ableiters führten, hervorzuheben sind, stellten ihn bald in die
Reihe der namhaftesten Gelehrten der damaligen Zeit und trugen
viel dazu bei, ihm seinen späteren Aufenthalt in England und
Frankreich angenehm zu machen. Im Jahre 1753 wurde er zum
General=Postmeister für sämtliche Kolonieen ernannt und hatte
in dieser Stellung, sowie als Abgesandter von Pennsylvanien,
reiche Gelegenheit, in den französischen und indianischen Krieg
thätig einzugreifen. 1757 ging er nach London, wo er die Be=

Fig. 41.

Poor Richard, 1733.

AN

Almanack

For the Year of Christ

1733,

Being the First after LEAP YEAR:

And makes since the Creation	Years
By the Account of the Eastern *Greeks*	7241
By the Latin Church, when ☉ ent. ♈	6932
By the Computation of *W. W.*	5742
By the *Roman* Chronology	5682
By the *Jewish* Rabbies	5494

Wherein is contained

The Lunations, Eclipses, Judgment of the Weather, Spring Tides, Planets Motions & mutual Aspects, Sun and Moon's Rising and Setting, Length of Days, Time of High Water, Fairs, Courts, and observable Days

Fitted to the Latitude of Forty Degrees and a Meridian of Five Hours West from *London*, but may without sensible Error serve all the adjacent Places, even from *Newfoundland* to *South-Carolina*.

By *RICHARD SAUNDERS*, Philom.

PHILADELPHIA:
Printed and sold by *B. FRANKLIN*, at the New Printing-Office near the Market.

Titel des armen Richards Kalender von Franklin.

schwerden der Kolonie Pennsylvanien gegen die Eigentümer, die Nachkommen William Penns, vortrug und ein für die Kolonie günstiges Resultat erzielte. 1762 zurückgekehrt, fand er in seiner Heimat neue Aufgaben vor, da der Streit der Legislatur mit den Eigentümern der Kolonie sich noch immer herumschleppte und die Legislatur den Entschluß faßte, den König zu bitten, die königliche Regierung einzuführen.

Franklin wurde wieder mit der Überreichung der Bittschrift betraut und langte 1764 zum zweiten Male in England an, wo aber die beginnenden Streitigkeiten zwischen der Regierung und den Kolonieen seine Aufmerksamkeit in Anspruch nahmen und schließlich zu dem oben erwähnten Verhör führten.

Dasselbe fand am 13. Februar 1766 statt; das Resultat war jedoch ein anderes, als das Ministerium gewünscht hatte, da die Antworten Franklins die völlige Unmöglichkeit nachwiesen, die Stempelakte beizubehalten.

Das Ministerium erkannte die Notwendigkeit, das Gesetz schleunigst zurückzunehmen, und legte dem Parlament eine hierauf bezügliche Bill vor, der eine Rechtsverwahrung, das sogenannte Erklärungsgesetz, vorherging. In demselben nahmen die Krone und das Parlament das Recht in Anspruch, „in allen erdenk= lichen Angelegenheiten Gesetze und Verordnungen zu erlassen, welchen die Kolonieen und das Volk Amerikas, Unterthanen der Krone Großbritanniens, sich fügen müssen". Beide Regierungs= vorlagen gaben zu langwierigen Debatten Anlaß, da die Freunde des Königs sich dagegen erklärten, wurden jedoch schließlich an= genommen und erhielten am 18. März 1766 die königliche Ge= nehmigung.

Der mit so vieler Mühe hergestellte Friede zwischen Eng= land und den Kolonieen sollte jedoch nur von kurzer Dauer sein, da die über die Aufhebung der Stempeltaxe unwillige königliche Partei danach trachtete, die Scharte auszuwetzen und den Amerikanern ihre Macht vor Augen zu führen. Zudem hatte der König im Sommer 1766 das Whig=Ministerium Rockingham entlassen und

ein neues gebildet, dessen Führerschaft Pitt übernommen hatte,
der in dem Streben, die Regierungsgewalt aus den Händen der
Aristokratie zu reißen, dem Wunsche Georgs III. entsprach. Aber
Pitt war nicht mehr derselbe, der er vor wenigen Monaten noch
gewesen. Alter und zunehmende Krankheit hatten ihn fast gänz-
lich unfähig gemacht, den Stürmen im Parlament und dem
Widerstreit der Interessen in seinem eigenen Ministerium zu
widerstehen. Durch seine von ihm beantragte Ernennung zum
Earl von Chatham und Mitglied des Oberhauses hatte er überdies beim Volke einen großen Teil seiner Popularität eingebüßt.
Charles Townshend, einem enragierten Anhänger der Besteuerung
Amerikas, gelang es, dem Willen des Ministeriums entgegen,
durch einen kühnen Handstreich das Parlament zu einer deutlichen
Zustimmung zu neuen Besteuerungsversuchen zu bewegen. Am
26. Januar 1767 bei Gelegenheit der Beratung über die Ausgaben für die in den Kolonieen befindlichen Truppen rühmte er
sich, Amerika besteuern zu wollen, ohne irgend welchen Widerspruch zu erfahren. Das Haus unter der Führerschaft Grenvilles rief ihm lebhaften Beifall zu, während das Ministerium
keine Kraft mehr hatte, ihn zur Rechenschaft zu ziehen. Chatham
zog sich im März vollständig gebrochen von der Regierung zurück, welche nun vollends in die Hände des geschäftigen, talentvollen, aber herrschsüchtigen Townshend geriet. Sein dem Parlament mitgeteilter Wunsch nach einer anderweiten Besteuerung der
Kolonieen erfuhr immer mehr Billigung, je beunruhigender die
Nachrichten lauteten, welche aus Amerika kamen. Unter dem
Eindruck dieser Berichte wurde die von Townshend vorgeschlagene
Bill, welche die Einfuhr von Papier, Malerfarben, Glas und
Thee mit Zöllen belegte, von beiden Häusern, ohne irgend welchen erheblichen Widerspruch zu finden, angenommen und am
24. Juni 1767 zum Gesetz erhoben. Wenige Tage später, am
2. Juli, suspendierte man die weitere Gesetzgebung der unbot-
mäßigen New-Yorker Versammlung, bis sie sich den Befehlen
des Statthalters unterwerfen würde.

Letztere Maßregel erbitterte die Kolonieen am meisten. Massachusetts ging in dem Widerstande gegen die Parlamentsbeschlüsse wieder voran; es erließ ein Umlaufschreiben an die übrigen Repräsentantenhäuser, welche zum Anschluß an eine von Samuel Adams aufgestellte Eingabe an die Krone und das Parlament aufgefordert wurden. Außerdem erneuerte man die auch in anderen Städten gefaßten Beschlüsse, keine englischen Waren zu importieren, wenngleich in Bezug hierauf keine durchgreifende Maßregel erzielt werden konnte. In den Regierungskreisen wuchs die Erbitterung über den hartnäckigen Widerstand der Amerikaner täglich, so daß Lord North, welcher seit dem im Sommer 1767 erfolgten jähen Tode Townshends mit dem Herzog von Grafton zusammen die Regierungsgewalt inne hatte, dem Drängen des Statthalters und der Zollbeamten von Massachusetts willig nachgab und Soldaten nach Boston beorderte. Das dortige Repräsentantenhaus war vom Statthalter aufgelöst worden, da es sich geweigert hatte, die Beschlüsse über das Sendschreiben an die Kolonieen, welches als aufrührerisch bezeichnet wurde, aus seinen Akten zu streichen. Die hierdurch gereizte Stimmung des Volkes machte sich in Angriffen gegen die verhaßten Zollbeamten Luft, so daß diese die am 1. Oktober 1768 einrückenden Soldaten freudig begrüßten. Boston forderte die Städte und Gemeinden von Massachusetts auf, einen unabhängigen Konvent zu bilden, der auch in der That zustande kam und gegen die Maßregeln der Regierung Protest einlegte. Diese offenbar revolutionäre Maßregel brachte die Gegner der Kolonieen im Parlament derart in Wut, daß ein von dem Herzog von Bedford vorgeschlagener Antrag, welcher bestimmte, daß die an dem Widerstande beteiligten Amerikaner gemäß einer alten Satzung König Heinrichs VIII. zur Aburteilung nach England gebracht werden sollten, ohne Bedenken angenommen wurde. Die Weigerung der Kolonieen, besteuerte englische Waren einzuführen, sowie die gelungenen Versuche, ihre eigene Gewerbthätigkeit auszudehnen, mußten endlich das Ministerium überzeugen, daß der beschrittene

11*

Weg zu keinem nennenswerten Resultate führe, und den Ge=
danken nahe legen, die Zolltaxe wieder aufzuheben. Im Mai
1769 brachte der Herzog von Grafton diese Maßregel im
Kabinet zur Sprache, traf jedoch bei Lord North auf heftigen
Widerstand, da dieser unbedingt den Theezoll aufrecht erhalten
wissen wollte. Bei der Abstimmung siegte die Ansicht Lord
Norths, daß es rätlich sei, in der nächsten Parlaments=Session
die Aufhebung der Zölle mit Ausnahme des Theezolles zu be=
antragen. Lord Hillsborough, dem die Verwaltung der Kolonieen
übertragen war, erließ ein Rundschreiben an die Statthalter,
daß die betreffenden Zölle nur deshalb aufgehoben würden, weil
sie den „wahren Handelsgrundsätzen widersprächen".

Durch die Truppen in Boston wurde der erste blutige Zu=
sammenstoß zwischen Engländern und Amerikanern herbeigeführt.
Das Benehmen der Soldaten war ein so hochfahrendes, daß es
das gemeine Volk verdroß und zu steten Reibereien Anlaß gab.
Anfang März 1770 nahmen diese Vorfälle ernstere Gestalt an,
bis es schließlich am Abend des 5. März zum Handgemenge
kam, in welchem drei der aufrührerischen Bürger getötet und
fünf verwundet wurden. Das Ereignis wurde sofort zu einer
Staatsaktion aufgebauscht, indem die Bostoner Patrioten die
Entfernung der Truppen verlangten, und führt in der Geschichte
den pomphaften Namen: das Bostoner Gemorde. Trotz aller
Bemühungen der energischeren Elemente in den Kolonieen trat
jedoch jetzt eine Zeit der Ruhe ein, welche von den Amerikanern
zur Sammlung ihrer Kräfte benutzt wurde. Der Verkehr mit
England wurde sogar wieder aufgenommen und nur das frei=
willige Verbot der Thee=Einfuhr aufrecht erhalten. Die Wirkung
der letzteren Maßregel machte sich in England besonders empfindlich
bemerkbar; am meisten litt die englisch=ostindische Gesellschaft,
welche circa 17 Millionen Pfund aufgespeichert hatte und des=
halb petitionierte, daß man ihr die abgabenfreie Thee=Ausfuhr
gestatten möge. Die Regierung sowohl, als das Parlament
gingen gern auf diese Bitte ein, da man darauf spekulierte, daß

die Kolonieen den durch Wegfall des Ausfuhrzolles billiger ge=
wordenen Thee kaufen und so den ihnen auferlegten Einfuhrzoll
bezahlen würden. Aber auch diesmal schlug die auf Grund der
Krämerpolitik Englands angeordnete Maßregel fehl. Die Thee=
schiffe wurden entweder wie in New-York und Philadelphia ge=
zwungen, unverrichteter Sache nach England zurückzukehren,
oder man speicherte den Thee, wie in Charleston, in feuchten
Kellern auf, in denen er zu faulen begann. Am heftigsten war
naturgemäß der Streit wieder in Boston, wo der neue Statt=
halter von Massachusetts, Hutchinson, die Schiffe liegen zu
bleiben hieß, bis der Thee verzollt und untergebracht sei.
Dieser bestimmte Befehl schüchterte jedoch die Bostoner nicht
im mindesten ein, sondern reizte sie im Gegenteil noch mehr,
dem hinterlistigen Gebahren der Engländer ein Ende zu machen.
An 7000 Personen versammelten sich am 16. Dezember 1773
in der Stadt zu einer großen Versammlung, auf der Adams
und Andere feurige Reden hielten; am Schlusse der Versamm=
lung erscholl das gellende Kriegsgeschrei der Indianer, und
mehr als fünfzig Personen, als Mohawks verkleidet, be=
gaben sich in guter Ordnung zu den Werften, wo die Schiffe
lagen. Dieselben wurden rasch erstiegen, die Kisten — 342 an
der Zahl — aufgebrochen und der gesamte Thee im Werte
von 18 000 Pfund Sterling ins Wasser geschüttet. Der ganze
Vorgang spielte sich unter völliger Ruhe ab, trotzdem an den
Ufern große Menschenmassen sich angesammelt hatten, welche dem
sonderbaren Schauspiele zusahen.

Das Benehmen Hutchinsons in der eben geschilderten Affaire
hatte zu heftigen Klagen der Patrioten Anlaß gegeben, welche
sich steigerten, als es Franklin gelang, die zum kräftigen Ein=
schreiten gegen die Kolonie auffordernden geheimen Briefe des
Statthalters in Besitz zu bekommen und sie dem Korrespondenz=
ausschusse von Massachusetts zu übermitteln. In einer neuen
Bittschrift sprach sich die Legislatur für sofortige Abberufung
Hutchinsons aus, die jedoch erst im nächsten Jahre (1774) er=

folgte. Die Petition wurde Franklin übersandt, der ihretwegen,
sowie der Veröffentlichung der Briefe Hutchinsons halber ein
Verhör vor dem Geheimrat zu bestehen hatte. Seine kurz
vorher veröffentlichten Flugschriften: „Erlaß Friedrichs des
Großen, um die Abgabenlast der unmittelbaren Unterthanen zu
erleichtern", und „Regeln um ein großes Reich kleiner zu machen",
welche in satirischer Weise die Besteuerungspolitik Englands be=
leuchteten, hatten die Würdenträger des Landes derart erbittert,

Fig. 42.

Eine Karikatur, die Benjamin Franklin in London 1774 entwarf.

daß sie die Gelegenheit, sich an Franklin zu rächen, mit Freuden
ergriffen. Namentlich war es der Kronanwalt Wedderburn,
der spätere Lord Loughborough, welcher seiner spöttischen Bered=
samkeit und seinem Hange nach beißenden Invektiven freie Zügel
ließ, während die beisitzenden Lords durch Beifall und Gelächter
ihre Genugthuung ausdrückten. Franklin beschränkte sich in
seiner Verteidigung auf die notwendigsten Antworten, die er mit
größter Selbstbeherrschung hervorbrachte; das unedle Benehmen
Wedderburns verspottete er jedoch bald darauf in der Vorrede

zum zweiten Abdruck seiner „Vorschriften, um ein großes Reich kleiner zu machen."

Aber nicht allein Franklin, sondern vor allem Boston, die Hauptstadt von Massachusetts, sollte empfindlich gezüchtigt werden. Lord North legte dem Parlament eine Bill vor, durch welche der Hafen von Boston geschlossen und nach Salem verlegt werden sollte. Nach Annahme dieses Gesetzes folgte eine Bill „zur besseren Regierung der Provinz Massachusettsbucht", welche ebenfalls Geltung erlangte und durch die der Kolonie fast alle Freiheiten genommen wurden.

An Stelle Hutchinsons war inzwischen General Gage, ein erfahrener Soldat, zum Statthalter von Massachusetts ernannt worden. Derselbe glaubte, daß die Anwesenheit von vier Regimentern in Boston genügen würde, um die Einwohner von jeder Thorheit, welche Blutvergießen herbeiführen würde, abzuhalten. Dennoch konnte er nicht verhindern, daß die Bostoner eine Versammlung veranstalteten, in der sie gegen die jüngsten Maßnahmen der englischen Regierung protestierten und wiederum einen allgemeinen Kongreß zur Regelung der amerikanischen Angelegenheiten vorschlugen.

In Boston war am 1. Juni die Maßregel, betreffend die Schließung des Hafens, in Kraft getreten; der Handel begann zu stocken und trübselig schlichen die Bewohner umher. General Gage hatte, um die Stadt noch mehr zu strafen, die Legislatur aus Boston nach Salem verlegt, in der Hoffnung, letztere Stadt für sich zu gewinnen, was aber nicht der Fall war, da die Einwohner von Salem es verschmähten, auf Kosten der leidenden Nachbarstadt emporzukommen, und dieses Gefühl auch in einer öffentlichen Kundgebung offenbarten. Die Legislatur selbst war gerade im Begriff, Deputierte zu dem allgemeinen Kongreß zu wählen, als ein Befehl des Statthalters, der von diesem Vorhaben Kenntnis erhalten hatte, sie auflöste. Der das Dekret überbringende Bote fand jedoch die Thür des Sitzungssaales verschlossen vor, so daß es der Versammlung noch gelang, die

Abgeordneten zu ernennen, worauf sie auseinanderging. So endete am 17. Juni 1774 die letzte auf Grund der königlichen Freibriefe einberufene Legislatur von Massachusetts.

Die Mitglieder kümmerten sich jedoch nicht um das Verbot, sondern kamen nach wie vor erst in Salem, dann in Cambridge zusammen, aus freiem Antriebe einen „Kongreß der Provinz Massachusetts“ bildend. Den kampffähigen Bürgern wurden Waffen gegeben und ein bestimmter Sold ausgezahlt, damit sie jederzeit dem Aufgebote des Kongresses folgen könnten, weshalb sie auch Minutenleute genannt wurden.

Die Wahlen zum allgemeinen oder kontinentalen Kongreß hatten im Laufe des Sommers 1774 stattgefunden, teils waren die Abgeordneten von den kolonialen Legislaturen, teils von eigenen Konventen oder auch vom Volke direkt gewählt worden. Am 5. September 1774 trafen diese „Delegaten von dem guten Volke der Kolonieen“ in Philadelphia ein, wo sie sich in dem Beratungs= haus der Korporation der Zimmerleute versammelten. Zum Vorsitzenden wurde Randolph von Virginien gewählt, während Charles Thomson aus Pennsylvanien den Posten des Schrift= führers übertragen erhielt.

Nach dem 1775 plötzlich erfolgten Tode Randolphs bestieg John Hancock aus Massachusetts den Präsidentenstuhl. Zu An= fang der Verhandlungen machte sich eine Mißstimmung gegen die Bostoner geltend, da man vielfach glaubte, daß sie zu weit gegangen wären, und man sich nicht der Gefahr aussetzen wollte, in der gleichen Weise von England behandelt zu werden. Zum Glück verstand es Samuel Adams, durch seine unermüdliche Thätigkeit die Spannung zwischen den einzelnen Delegierten auszugleichen und die Verhandlungen des Kongresses in die Bahn zu lenken, welche dem Stande der Dinge angemessen war. Was die Aufzeichnungen der Verhandlungen betrifft, so wurde beschlossen, bloß die Beschlüsse zu registrieren, woher es kommt, daß außer den Tagebüchern John Adams, nur sehr dürftige Notizen über den Kongreß sich vorfinden.

Die Thätigkeit des Kongresses richtete sich zunächst auf die Aufstellung einer Rechtserklärung der Kolonieen. Um jedoch auch hier wieder der Frage nach der Souveränität des Kongresses aus dem Wege zu gehen, begnügte man sich mit einer am 4. Oktober 1774 erfolgten Zusammenstellung der Rechte, welche seit 1763 durch die Beschlüsse des englischen Parlaments verletzt worden seien. Mit dieser Erklärung ziemlich gleichlautend sind die Eingabe an den König und die Zuschrift an das englische Volk gehalten. Die einzelnen Maßnahmen des Kongresses sind später von den kolonialen Legislaturen bestätigt worden, mit einziger Ausnahme der New-Yorker, in der die königlich Gesinnten überwogen. Das Ministerium hoffte aus dieser einen Thatsache auf einen Zwiespalt unter den Kolonieen, der jedoch nicht eintrat. In England waren inzwischen die Wahlen zum Parlamente vollzogen worden, in dem auch diesmal der König auf eine ergebene Majorität rechnen konnte.

Dennoch schöpften die Freunde und Verteidiger der Kolonieen neue Hoffnung aus den Verhandlungen, welche Lord Howe sowohl, als Chatham mit Franklin angeknüpft hatten. Lord North selbst erklärte des öfteren seine Bereitwilligkeit, jede Gelegenheit mit Freuden zu ergreifen, um dem Kriege vorzubeugen. Im Ministerrate vom 12. Juni 1775 wurde er jedoch überstimmt und zu jener verhängnisvollen Rolle gedrängt, welche die Revolution nur beschleunigen konnte. Gegen den Eifer des Königs und seiner Partei vermochte keine andere Meinung aufzukommen; mit der brutalen Gewalt der das Parlament beherrschenden royalistischen Majorität wurden die Anträge Chathams — sowohl derjenige vom 20. Januar, die Zurückziehung der Truppen von Boston betreffend, als auch sein vollständig ausgearbeiteter Plan vom 1. Februar zur Herstellung einer dauernden Versöhnung — trotz der unvergleichlichen Verteidigung, welche der gealterte, sieggewohnte, aber jetzt von keiner Partei getragene Staatsmann ihnen angedeihen ließ, abgelehnt; dagegen eine Adresse angenommen und am 9. Februar überreicht, in welcher das Parla-

ment Massachusetts in Empörungszustand erklärte. Am 20. Febr.
legte Lord North mit der Zustimmung des Königs dem Hause
einen „Versöhnungsplan" vor, der sich hauptsächlich auf das
Prinzip gründete, daß das Parlament, falls die Kolonieen sich
zu seiner Zufriedenheit selbst besteuern wollten, ihnen keine anderen
Abgaben als die wegen Regulierung des Handels notwendigen
auflegen würde. Eine friedliche Beilegung war von nun an
ausgeschlossen; für Amerika galt es jetzt zu siegen und sich die
Unabhängigkeit zu erringen, oder nach blutigem Kampfe sich zu
unterwerfen und aller bisherigen Freiheiten verlustig zu gehen!
Diese Gedanken bewegten alle patriotischen Herzen längs der
Küste des Atlantischen Oceans; überall herrschte jene dumpfe
Stille, welche dem großen Sturme vorangeht, und es war wie
das Kreischen des Sturmvogels, als Patrick Henry am 23. März
bei der Beratung seines Antrages, Virginien in Waffenbereitschaft
zu setzen, mit wilder Begeisterung ausrief: „Wollen wir frei
sein, so müssen wir Schlachten schlagen! Bei Gott, wir müssen
Schlachten schlagen. Ein Ruf zu den Waffen und zu dem Gott
der Heerscharen ist alles, was uns noch übrig bleibt!"

30. Von Lexington bis zur Unabhängigkeitserklärung.

Die Spannung zwischen England und den Kolonieen hatte
denjenigen Grad erreicht, wo ein noch so geringfügiger Zufall
genügt, um die Katastrophe eintreten zu lassen. Und an einem
solchen sollte es auch nicht mehr lange fehlen. Infolge der
Maßnahmen des Kongresses von Massachusetts war es den
Patrioten gelungen, ihre Munition und sonstiges Kriegsmaterial
aus dem von den englischen Truppen besetzten Boston zu retten
und in dem Depot von Concord niederzulegen. Sobald General
Gage dies erfahren, sandte er in der Nacht vom 18. auf den
19. April 1775 eine Truppe von 800 Mann nach Concord, um
die Kriegsvorräte in Beschlag zu nehmen. Trotz der großen
Heimlichkeit, mit der englischerseits der Zug vorbereitet worden
war, gelang es Dr. Joseph Warren, einem Mitgliede des mit der

Organisation der Verteidigung betrauten Komités, seinen Lands=
leuten die Kunde von dem bevorstehenden Überfall mitzuteilen,
was die Ansammlung einer genügenden Menge von amerikanischen
Milizen in Concord und der Umgegend zur Folge hatte. An den
Signalschüssen und dem Sturmläuten der Glocken merkte der An=
führer der englischen Truppen, daß die Amerikaner entschlossen
seien, Widerstand zu leisten; er schickte deshalb einen Teil seiner
Soldaten als Avantgarde zur Recognoscierung voraus und ent=
sandte gleichzeitig einen Boten nach Boston wegen Verstärkungen.
Die Vorhut unter Pitcairn erreichte gegen Tagesanbruch das
sechs englische Meilen unterhalb Concord belegene Lexington, wo
ein Haufen Minutenleute sich ihr entgegenstellte, und die ersten
Kugeln gewechselt wurden. Von wem der erste Schuß ausge=
gangen, ist, wie bei allen diesen Fällen, nicht mit Gewißheit fest=
zustellen; als die Aufforderung Major Pitcairns, sich zu zer=
streuen, keinen Erfolg hatte und die Amerikaner ihre Stellung
beibehielten, fielen einige Schüsse, worauf der englische Führer
Feuer kommandierte. Mit einem Verlust von 7 Mann zogen
sich die Amerikaner zurück. Um 7 Uhr langten die Engländer
in Concord an, fanden jedoch nur noch wenige Kriegsvorräte
vor, da das Meiste vorher in Sicherheit gebracht worden war.
Nach der Zerstörung des vorgefundenen Materials traten die
Engländer den Rückzug an, den sie unter fortgesetzten Kämpfen
mit den von allen Seiten herbeieilenden amerikanischen Schützen
vollführen mußten. Bei Lexington trafen sie endlich auf die von
Boston gesandte Verstärkung von ca. 1000 Mann unter Lord Percy,
deren Aufgabe es jetzt sein mußte, die gehetzten und decimierten
Soldaten vor gänzlicher Vernichtung zu bewahren. Die Ver=
luste der Engländer betrugen 65 Tote, 160 Verwundete, 28 Ge=
fangene, während die Amerikaner 59 Tote, 39 Verwundete und
5 Fehlende zählten. Der Erfolg dieses die „Schlacht von
Lexington" genannten Scharmützels trug viel dazu bei, den
Mut der Patrioten zu heben und den Glauben an einen glück=
lichen Ausgang des Kampfes zu stärken. Aber auch in mate=

rieller Hinsicht verschaffte der Sieg den Amerikanern viele Vorteile; von allen Seiten strömten jetzt Freiwillige herbei.

Fig. 43.

Amerikanischer Schütze.

Freilich fehlte diesen von Begeisterung erfüllten Soldaten so ziemlich alles, was zur Kriegsführung gehört: Waffen, Pulver,

Geschütz, ja selbst Kleidung, waren nicht in genügender Menge vor=
handen, und Mangel an Lebensmitteln stellte sich mehr als ein=
mal ein. Der provinziale Kongreß von Massachusetts über=
nahm die Leitung der verschiedenen Angelegenheiten, entsetzte
Gage seines Amtes als Statthalter, gab Papiergeld zur Be=
soldung der Truppen aus und sandte die Nachricht von dem
Vorgefallenen in alle Kolonieen. Connecticut griff mit Freuden
die Idee einer kriegerischen Aktion auf und veranstaltete sofort
eine Expedition, um die Grenzfestungen auf dem Wege nach
Kanada, von welchen bedeutende Truppensendungen für die Eng=
länder avisiert waren, in Besitz zu nehmen. Eine kleine Armee
von 270 Mann unter dem Kommando von Ethen Allen ver=
versammelte sich an dem Ostufer des Champlain=Sees, setzte in
der Nacht vom 9. zum 10. Mai über das Wasser und überfiel
die in tiefem Schlafe liegende Besatzung des Forts Ticonderoga,
das ohne jeden Widerstand und ohne Blutvergießen erobert
wurde. In gleich glücklicher Weise, ohne den Verlust eines
einzigen Soldaten, gelang die Besetzung des am Nordrand des
Champlain=Sees gelegenen Forts Crown=Point. An demselben
Tage, da Ethen Allen Ticonderoga eroberte, trat der kontinentale
Kongreß zu einer zweiten Session zu Philadelphia zusammen.
Er beschäftigte sich vor allem mit der Wahl eines Oberbefehls=
habers, für welchen Posten John Adams das Kongreßmitglied
Georg Washington vorschlug, nachdem er in einer machtvollen
Rede die hohen Anforderungen dargelegt hatte, welche das
Volk und der Kongreß an den zu Wählenden zu stellen berech=
tigt und gezwungen sei. Sein Vorschlag wurde vom Hause,
welches zuerst überrascht war, da Adams niemandem seinen Plan
mitgeteilt hatte, einstimmig acceptiert. Seit jenem Tage nimmt
der Name Washingtons den Ehrenplatz in der Geschichte des
Befreiungskrieges ein; ist es doch seinem unerschütterlichen Gleich=
mute und seiner Opferfreudigkeit zu verdanken, daß die schlimm=
sten Stunden der Krisis vorübergingen, ohne den Bund der
Kolonieen zu sprengen.

Washingtons Laufbahn war bisher eine ruhige und ehren=
volle gewesen; geboren am 22. Februar 1732 auf einer Pflanzung
in Virginien als der Sprößling einer reichen, der dortigen
Pflanzeraristokratie angehörigen Familie, verlor er schon im
elften Jahre seinen Vater, erhielt jedoch von seiner Mutter eine
tüchtige Erziehung, die ihn befähigte, sich das im praktischen
Leben anzueignen, was der Unterricht selbst ihm nicht bieten
konnte. Nach dem Tode eines älteren Bruders bewirtschaftete
Washington das Gut Mount Vernon am Potomac, bis der
„französische und Indianer=Krieg“ ihn ebenso in das öffentliche
Leben hineinzog wie Franklin, mit dem er damals eine erste
Begegnung hatte. 1759, nachdem durch die Schlacht bei Quebeck
der Krieg zu Gunsten der Engländer entschieden war, verheiratete
er sich und lebte nun fünfzehn Jahre in ungestörter Ruhe auf
seinem Gute inmitten eines großen Kreises gesellschaftlich ge=
bildeter Männer, aber ohne mehr als nötig sich an den poli=
tischen Ereignissen zu beteiligen. Erst die den Kolonieen wider=
fahrene Unbill veranlaßte ihn, aus dem behaglichen häuslichen
Leben herauszutreten und seine Dienste dem Vaterlande anzu=
bieten. Er ging 1774 als einer der virginischen Abgesandten
nach Philadelphia zu dem allgemeinen Kongresse, wo er seine
Pflicht geräuschlos, ohne jegliches Hervordrängen seiner Person
erfüllte. Die Wahl Washingtons zum Oberbefehlshaber ist einer
der glücklichsten Griffe, welche der Kongreß gethan zu haben
sich überhaupt rühmen darf. Unabhängig, reich, besonnen und
Vertrauen erweckend, war Washington der Mann, unter den
schwierigen, durch die Indolenz und den bösen Willen der
einzelnen Kolonieen und die Furcht des Kongresses vor der
Militärherrschaft hervorgerufenen Verhältnissen eine auf Grund
absoluter Freiheit zusammengebrachte Armee zu beseelen und zu
lenken, ja mit ihr Waffenthaten zu vollführen, die sich den
größten kriegerischen Thaten aller Zeiten ebenbürtig zur Seite
stellen. Als er den Posten als Befehlshaber annahm, lehnte er
das ihm angebotene Gehalt ab und beanspruchte nur den Ersatz

der von ihm im öffentlichen Dienste gemachten Auslagen. Charakteristisch für die Sorgfalt und Umsicht, mit der Washington auch die unbedeutendsten Dinge behandelte, ist das 66 Seiten starke Verzeichnis dieser Ausgaben, welche sich für die acht Kriegsjahre nur auf 64,355 Dollars 30 Cents belaufen, in welche Summe sich sogar die Auslagen für die geheimen Nachrichten und die Besoldung der Spione mit eingerechnet befinden. Von welcher Seite wir auch die Ernennung Washingtons betrachten mögen — sie war ein Glück für die im Sturm und Unglück zusammengekitteten Kolonieen, und es ist daher eine wohlangebrachte Pflicht der Dankbarkeit, wenn in den Vereinigten Staaten Washingtons Geburtstag neben dem Tage der Unabhängigkeitserklärung als nationaler Festtag begangen wird.

Die britischen Streitkräfte in Boston waren im Mai 1775 durch eingetroffene Verstärkungen, die von den Generalen Howe, Clinton und Burgoyne kommandiert wurden, auf 10,000 Mann gebracht worden, lauter erprobte und kampfbegierige Soldaten. Es schien jetzt ein Leichtes, mit dieser Macht die wenn auch numerisch stärkeren, aber völlig undisciplinierten Haufen der Amerikaner auseinander zu treiben, und General Gage war zu einem möglichst energischen Vorgehen entschlossen. Vorher erließ er am 12. Juni eine Proklamation, welche allen Bürgern, die ihre Waffen niederlegen und zu ihren Pflichten zurückkehren würden, Amnestie versprach, mit Ausnahme von Samuel Adams und John Hancock, während er anderenfalls gesonnen sei, von der Gewalt, welche ihm die Kriegsgesetze in die Hand gegeben, unnachsichtlich Gebrauch zu machen. Diese resolute Sprache des Generals hat aber nur dazu beigetragen, die Kampflust und Widerstandsfähigkeit der Amerikaner zu verstärken. Der Mut, welcher ihre armselig ausgerüsteten Truppen beseelte, ist am meisten in der denkwürdigen Schlacht von Bunker-Hill zu Tage getreten, welche weniger des unmittelbaren Erfolges halber als wegen ihres die schönsten Züge des amerikanischen Heroismus offenbarenden Verlaufes bemerkenswert ist.

Von Boston nur durch einen schmalen Seearm getrennt liegt die Stadt Charlestown, hinter der sich einige Anhöhen, Bunker=Hill und Breeds=Hill, 75 bis 110 Fuß hoch), erheben. Da die Besetzung dieser Hügel mit der Beherrschung Bostons gleichbedeutend war, so mußte ihre Besitznahme ein lebhaft ersehntes Ziel der amerikanischen Armee sein. General Gage hatte nach dem Gefecht von Lexington die Hügel unbesetzt gelassen, beabsichtigte jedoch in der Mitte des Juni einige Verteidigungswerke dort oben aufzuführen. Das von seinem Vorhaben unterrichtete Sicherheitskomité von Massachusetts beschloß ihm zuvorzukommen und sandte am Abend des 10. Juni den Obersten Prescott mit 1200 Soldaten zur Besetzung der Hügel ab. Das Komitee hatte Bunker=Hill in Vorschlag gebracht, Prescott aber den Befehl bekommen, Breeds=Hill zu befestigen, welche Anhöhe näher an Boston lag und dem Feuer der Engländer mehr ausgesetzt war. Trotzdem ist die Schlacht in den Annalen der Geschichte als die von Bunker=Hill verzeichnet worden. Die Soldaten arbeiteten die ganze Nacht hindurch mit größtem Eifer und in so lautloser Stille, daß sie erst bei Tagesanbruch von den englischen Posten entdeckt wurden, deren „alles in Ordnung" sie durch die dunkle Nacht hindurch gehört hatten. Die Überraschung der Engländer war grenzenlos, als sie die in der Eile aufgeworfenen, aber doch haltbaren Wälle sahen, welche die Stadt beherrschten. Gelang es den Amerikanern, dort eine Batterie Kanonen aufzustellen, so wären sie gezwungen gewesen, Boston zu räumen. General Gage hielt einen Kriegsrat ab, in welchem beschlossen wurde, die amerikanischen Positionen auf alle Fälle zu nehmen. Dreitausend gediente Soldaten unter der Führung der Generale Howe und Pigot wurden zu diesem blutigen Gange ausersehen und begannen um drei Uhr in dichten Zügen gegen die Anhöhen vorzurücken. Die Amerikaner, müde und ermattet von der harten Arbeit der Nacht, aber voll Begeisterung und froher Hoffnung, erwarteten schweigend ihr Herannahen. Oberst Prescott hatte den gemessenen Befehl gegeben, erst dann zu schießen, wenn das

Weiße in den Augen der Feinde sichtbar wäre. Als die Eng=
länder, welche fortwährend feuerten und durch die Kanonade von
den Schiffen aus unterstützt wurden, dicht genug herangekommen
waren, schwang Prescott sein Schwert und kommandierte „Feuer!"
Die Salve krachte, und als der Rauch sich verzogen hatte, er=
blickte man die gelichteten Reihen der Engländer. Eine große
Anzahl von Toten lag auf dem Platze, ganze Züge waren hin=
gerafft, so daß die Front gebrochen war und die Überlebenden
sich schleunigst zurückzogen. Ein zweiter Angriff mißlang gleich=
falls, wiederum flohen die alten gedienten Soldaten vor dem
mörderischen Feuer der ungeschulten Amerikaner. General Clinton
kam nun mit einer Verstärkung von 1000 Mann seinen Lands=
leuten zu Hilfe, und ein drittes Mal wurde der Sturm versucht,
welcher diesmal zum Siege der Engländer führte, da den Ameri=
kanern das Pulver ausging. Ein blutiges Handgemenge ent=
spann sich dicht vor der Brustwehr der Wälle, in welchem die
Amerikaner vor der Übermacht der Feinde erlagen. Der Rück=
zug mußte angetreten werden; in wilder Hast und in unge=
ordneten Haufen stürzten die Milizen den Hügel herab, von
den Engländern verfolgt, die ihnen große Verluste zufügten.
Namentlich schwer wurde der Tod Warrens', des Präsidenten
des Provinzialkongresses von Massachusetts, empfunden; derselbe
hatte ein ihm von Prescott angebotenes Kommando ausgeschlagen
und als einfacher Soldat seine Pflicht erfüllt. Die Anzahl der
Toten und Verwundeten betrug auf amerikanischer Seite 453 Mann,
auf englischer dagegen 1054, darunter viele Offiziere. Die
Heftigkeit des Kampfes wird am besten durch ein Wort des
englischen Generals Howe charakterisiert, welcher ausrief: „Sagt,
was ihr wollt, von Minden und Fontenay, ich habe niemals
von einem solchen Blutbad gehört in so kurzer Zeit." Konnten
sich auch die Engländer rühmen, im Besitze des Kampfplatzes
geblieben zu sein, so war der eigentliche Triumph doch auf
Seiten der Amerikaner, welche trotz Hunger und Ermattung
unter den wuchtigen Angriffen der Engländer und dem mörde=

rischen Feuer der Schiffe mit Todesverachtung ihren Posten
verteidigt hatten, und ohne den Mangel an Pulver sicher den
Sieg davongetragen hätten.

Als Washington am 2. Juli 1775 in Cambridge eintraf,
fand er eine Armee von 14,500 Mann vor, ohne jegliche Dis=

Fig. 44.

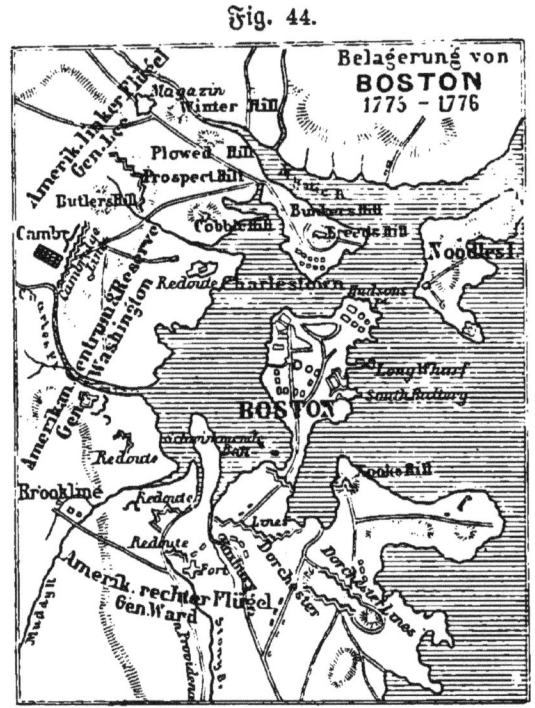

Ansicht von Boston und Umgegend.

ciplin und von dem Notwendigsten entblößt. Besonders empfind=
lich war der Mangel an Pulver, der sich ja auch bei Bunker Hill
so verderblich gezeigt hatte. Die ersten Maßnahmen Washingtons
bezogen sich auf die Einteilung der Armee in Brigaden und auf
Einführung regelmäßiger Übungen, um die Soldaten wenigstens
einigermaßen zum Kriegsdienst zu schulen. Am meisten Schwierig=
keiten machte die kurze Dauer der Anwerbung der meisten
Truppen, welche sich nach Ablauf ihrer Zeit gewöhnlich weigerten,

weiter zu dienen, und ruhig, unbekümmert um die Folgen einer derartigen Desertion, nach Hause gingen. Diesen Übelstand ver= suchte der Kongreß endlich dadurch zu beseitigen, daß er von dem früheren Plane, eine Milizarmee aller verbündeten Kolonieen zu schaffen, abging und unter dem 21. Juli 1775 Washington autorisierte, zu Massachusetts ein stehendes Heer von 22 000 Mann anzuwerben, welche Zahl jedoch keinesfalls überschritten werden durfte, um jeglicher Gefahr, daß die Armee eine Quelle von Bedrohungen der Freiheit werden könne, vorzubeugen.

Am 6. Juli 1775 hatte der Kongreß die Annahme eines Manifestes beschlossen, in welchem er der Krone, dem englischen Volke und der ganzen Welt die Gründe seiner bisherigen Hand= lungsweise darzulegen versuchte. Die englischen Minister wiesen dasselbe zurück als von einer revolutionären Körperschaft aus= gehend, die der König keiner Antwort würdigen könne.

Das englische Parlament eröffnete am 26. Oktober 1775 seine Sitzungen wieder. Die Thronrede wies auf die „verzweifelte Verschwörung und allgemeine Rebellion" hin, welche in den Kolonieen herrsche, und zu deren Unterdrückung eine bedeutende Vermehrung der Truppen erforderlich sei. Der König erklärte, daß er seinen kurfürstlichen Truppen aus Hannover Befehl ge= geben habe, sich nach Gibraltar und Port Mahon zu begeben, um die bislang dort stationierten englischen Garnisonen in Amerika verwenden zu können, sowie daß er ferner in Bezug auf auswärtigen Beistand die freundschaftlichsten Anerbietungen erhalten habe. Von den weiteren Maßregeln erwähnte er die Abbrechung des Handels mit den Kolonieen und die Erklärung aller amerikanischen Schiffe als gute Prise. Trotzdem sei er entschlossen, Kommissäre nach den Kolonieen zu senden, welche den gerechten Beschwerden abhelfen und den sich freiwillig Unter= werfenden Pardon gewähren sollten. Bei den Adreß=Debatten überwogen diejenigen Stimmen, welche sich für energische Zwangs= maßregeln aussprachen, bei weitem, und die Abstimmung ergab

ein Resultat von 278 gegen 114 Stimmen zu Gunsten der Maß=
nahmen der Regierung.

Der Plan, Hülfstruppen aus Rußland zu beziehen, schei=
terte; einen Ersatz hierfür fand Georg III. in den Truppen,
welche deutsche Fürsten ihm zu verkaufen sich nicht entblödeten.
Die Zustände in den deutschen Kleinstaaten im achtzehnten Jahr=
hundert sind zu bekannt, als daß es notwendig wäre, hier eine
genaue Schilderung zu geben. Prunkender Luxus und unsinnige
Maitressenwirtschaft machten sich überall breit, und selbst die
Beschäftigung mit den Waffen war zu einem Spielzeuge ge=
worden, das den Herrschern die Zeit zu vertreiben diente. Man
beschränkte sich nicht auf eine vernunftgemäße Verteidigung des
Landes, sondern suchte einen kindischen Stolz darin, große
Scharen von Soldaten zu exercieren, deren Unterhaltung für
den geplagten Bauer eine furchtbare Last war. Mehrere deutsche
Fürsten, darunter der Herzog von Braunschweig, der Landgraf
von Hessen, der Fürst von Waldeck, ergriffen mit Freuden die
von England dargebotene Gelegenheit, ihre leeren Kassen zu
füllen, und verkauften tausende ihrer Soldaten, resp. zu dem
Zweck gepreßten Unterthanen, die mit ihrem Blute auf den
Schlachtfeldern Amerikas den schimpflichen Handel ihrer Herren
büßen mußten. Im ganzen sind mehr als 27 000 deutsche
Soldaten nach Amerika hinübergesandt worden, für einen Sün=
denlohn von 50 spanischen Thalern pro Kopf, der aber durch
die hohen Subventionen, die England zahlen mußte, in Wahr=
heit noch viel höher war. Die Habsucht der Fürsten ging so
weit, daß sie, wie z. B. der Landgraf von Hessen, es sich nicht
nehmen ließen, die Kleidung der Soldaten selber zu beschaffen,
wodurch noch Extragewinne erzielt wurden. Gleich sinnreich
war die Bestimmung, daß der britische Sold für die Soldaten,
welcher höher war als der hessische, in den hessischen Schatz ein=
gezahlt werden mußte, was ebenfalls zu einem pekuniären Vor=
teile des Fürsten führte. Hinsichtlich der für die Toten und
Verwundeten zu zahlenden Entschädigungsgelder hatten die Eng=

länder sich mit Braunschweig geeinigt, während der Landgraf
von Hessen kein solches Abkommen traf, so daß es ihm möglich
war, für jeden den Engländern zur Verfügung gestellten Mann
fortwährend den Sold zu fordern, mochte er nun schon längst
getötet oder noch am Leben sein. Von den Befehlshabern ragten
der braunschweigische Oberst Riedesel und der hessische General
Heister hervor; die Truppen selbst waren — soweit sie nicht
aus den auf gewaltsame Weise geworbenen Unterthanen bestan=
den — kampfgeübte, streitlustige Scharen, welche in Amerika
auf reiche Beute und ungestörte Befriedigung ihrer Leidenschaften
hofften. Ihr rohes Benehmen hat nicht zum geringsten Teil
jenen Haß hervorgerufen, welcher lange Zeit in den niederen
amerikanischen Volksschichten gegen die Deutschen herrschte und
erst in unseren Tagen einem freundlicheren Gefühle Platz ge=
macht hat. Die Zahl der von Braunschweig gelieferten Truppen
betrug den siebenundzwanzigsten Teil der Bevölkerung, derjenige
Hessens den zehnten Teil oder das Viertel aller waffenfähigen
Männer.

Der Krieg hatte sich mittlerweile nach Kanada hinüberge=
spielt. Im Auftrage des Kongresses, welcher auf einen Anschluß
der kanadischen Bevölkerung hoffte und außerdem die Kunde er=
halten hatte, daß in Quebeck große Kriegsvorräte aufgespeichert
seien, war General Montgomery, ein für die Unabhängigkeit
Amerikas fechtender Irländer, nach Kanada gezogen und hatte
sich rasch in den Besitz von St. Johns und Montreal gesetzt.
Auf dem Marsche nach Quebeck verließen ihn jedoch die meisten
Soldaten, da ihre Dienstzeit abgelaufen war, so daß seine
Truppen schließlich nur 300 Mann stark waren. Der Kongreß
befahl daher im September 1775, daß ein Hülfskorps unter
dem Befehl des Hauptmann Benedict Arnold ihm nachgesandt
wurde, um so mit frischen Kräften an die Eroberung von Que=
beck zu gehen. Arnold hatte jedoch mit seinen Truppen, welche
ungefähr 1100 Mann stark waren, in dem unwirtsamen Lande
eine Reihe von Hindernissen zu überwinden, welche seine Sol=

daten derart angriffen, daß ein großer Teil starb und die üb=
rigen lieber nach Hause zurückkehrten, als an dem beschwerlichen
und gefährlichen Winterfeldzug teilzunehmen. Am 9. Novem=
ber 1775 stand er endlich mit seiner stark geminderten Schar
vor Quebeck, dessen Garnison völlig überrascht wurde und sich
bei einem Sturme hätte ergeben müssen, wenn nicht die Ameri=
kaner durch ein Unwetter verhindert gewesen wären, über den
St. Lorenz=Fluß zu setzen, und es so den Engländern möglich
wurde, Verstärkungen in die Stadt zu werfen. Als bald darauf
Montgomery mit seinen wenigen Soldaten eintraf, beschlossen
beide Führer die Stadt im Sturm zu nehmen. Am 31. De=
zember erfolgte der Angriff, in dunkler Nacht, unter dem Schutze
eines heftigen Schneegestöbers. Es war ein tollkühnes Unter=
nehmen, das von vornherein aussichtslos erschien und in der
That zu einer Niederlage der Amerikaner führte. Montgomery
wurde getötet, Arnold erhielt eine Kugel in das Bein, Kapitän
Morgan, der zuletzt den Oberbefehl übernommen hatte, geriet
mit 200 Mann in Gefangenschaft. Der Gesamtverlust der
Amerikaner bezifferte sich auf 160 Tote, 426 Gefangene, während
die Engländer nur 20 Tote verloren hatten. Arnold zog sich
in ein Lager einige Meilen von Quebeck zurück, bis im Früh=
jahr 1776 der ganze Feldzug im Norden aufgegeben wurde und
die kleine übriggebliebene Schar eilig nach Hause zurückkehrte.

Diese im Norden erlittene Niederlage wurde durch die Er=
eignisse im Süden und namentlich durch die Einnahme von
Boston wieder ausgewetzt.

Daselbst war der britische Oberbefehlshaber Gage im Ok=
tober 1775 durch General Howe ersetzt worden. Der Winter
verging jedoch ohne ernstere Feindseligkeiten zwischen den beiden
Armeen. Anfang März 1776 hielt Washington endlich die Ge=
legenheit für günstig und beorderte den General Thomas in der
Nacht vom 4. März, die Höhen von Dorchester zu besetzen,
welche die Stadt von Südosten aus beherrschen. Trotzdem der
Boden noch stark gefroren war, ging die Befestigungsarbeit

schnell von statten, und als die Engländer, welche durch ein
nächtliches Bombardement von dem Hauptlager aus in Atem
gehalten worden waren, sich zum Sturm gegen die Höhen anschickten, erwiesen sich die Werke der Amerikaner schon stark
genug, um erfolgreichen Widerstand leisten zu können. Angesichts der auf den Höhen aufgestellten Batterieen vermochte Howe
die Stadt nicht länger zu halten, sondern beschloß dieselbe zu
verlassen. Am 17. März schiffte er sich mit der gesamten
Streitmacht und 1500 Royalisten ein, um sich nach Halifax auf
Nova-Scotia zu begeben und dort die Ankunft der von England
aus abgesandten Verstärkungen abzuwarten.

Zu Beginn des Sommers 1776 wandten sich die Engländer
wieder nach dem Süden, wo sie auf Unterstützung seitens der
dort zahlreichen Royalisten hofften. Am 4. Juni erschien Admiral Parker mit einer starken Flotte, welche 2500 Soldaten
unter dem Kommando des Generals Clinton an Bord hatte,
vor Charleston in Süd-Karolina. Die Bevölkerung der Stadt,
welche den beabsichtigten Angriff erfahren hatte, war entschlossen,
bis aufs äußerste Widerstand zu leisten, und hatte demgemäß
ihre Vorbereitungen getroffen. Von den Miliztruppen der Umgegend waren so viel als möglich herbeigezogen worden, so daß
ungefähr 6000 Mann beisammen waren. Zwei auf Sullivans
Eiland schnell errichtete Forts, von denen das eine infolge
der tapferen Verteidigung des Hauptmanns Moultrie später
Fort Moultrie genannt wurde, hielten die Engländer von der
Einfahrt zum Hafen ab. Von Norden her eilte überdies General
Lee mit einer Schar geübter Soldaten zum Ersatz herbei. Am
28. Juni begannen die Engländer einen heftigen Angriff gegen
die Forts, wurden jedoch völlig zurückgeschlagen und mußten
sogar ein Schiff zurücklassen, das die Amerikaner eroberten. Die
Verluste der letzteren in dem mehr als neunstündigen Kampfe
waren nur gering, 10 Tote und 22 Verwundete, während die
Engländer über 200 Tote und Verwundete zählten. Clinton
gab nach dieser Niederlage die Belagerung auf und segelte mit

seinen Truppen nach dem Norden. Das glücklichste Resultat des Sieges war jedoch, daß während der nächsten zwei Jahre die Südstaaten von allen Kriegsnöten verschont blieben.

Dem von den Engländern bedrohten New-York eilte Washington mit seiner Armee zu Hülfe. Ehe es jedoch zu neuen Kämpfen kam, war vom Kongreß die Unabhängigkeitserklärung erlassen worden, welche für die staatliche Stellung der Kolonieen von entscheidender Wirkung war und dem Kampf eine ganz andere Wendung gab. Der 4. Juli, der Tag, an welchem der Kongreß die Erklärung annahm, ist seitdem mit Recht der Nationaltag der Amerikaner geworden; von ihm aus datieren die Vereinigten Staaten von Nord-Amerika als ein staatliches Ganze, wenngleich auch noch Jahre vergehen sollten, bis die Selbständigkeit errungen, und wiederum Jahre, bis eine Organisation gefunden war, die das Ganze umfaßte, ohne den Einzelnen Gewalt anzuthun.

Der Unabhängigkeitsgedanke lag seit Langem sozusagen in der Luft. Der Beginn der offenen Feindseligkeiten, die Erfolge, welche die amerikanischen Truppen errangen, die Begeisterung, mit der die Bevölkerung herbeieilte, um sich der Verteidigung des Landes zu weihen, die Unerschrockenheit und Ausdauer, mit der Strapazen und Ungemach ertragen wurden, alles dies bestärkte die Führer der Bewegung in der Hoffnung auf glücklichen Ausgang des Krieges, nährte ihre Wünsche, offen der Welt zu verkünden, was nach dem Ratschlusse des Unerforschlichen beschlossen schien, und stachelte sie in dem Verlangen an, die amerikanische Flagge offen auszubreiten, zu Wasser nicht minder wie zu Lande. Es ist eine müßige Sache, nachzuforschen, wer zuerst dem Gedanken an Unabhängigkeit einen greifbaren Ausdruck gegeben hat, genug zu sagen, daß er da war, sich ausbreitete und zu einer Macht wurde, deren Wirkung sich schließlich der Kongreß nicht entziehen konnte. Und doch ist es erwähnenswert, daß die Hinterwäldler in Nord-Karolina, Bewohner der Grafschaft Mecklenburg, die ersten waren, welche

im Mai 1775, als sie zur Milizversammlung zusammenkamen,
die Unabhängigkeit proklamierten: „Wir Bürger der Country
Mecklenburg lösen hiermit alle staatlichen Bande, welche
uns mit dem Mutterlande verbunden haben, wir entledigen
uns jedes Gehorsams gegen die britische Krone und
schwören ab jeder politischen Verbindung, jedem Ver=
trage, jeder Gemeinschaft mit der Nation, welche so leichtsinniger=
weise unsere Rechte und Freiheiten zu Boden getreten und das
Blut der amerikanischen Patrioten bei Lexington vergossen hat.
Wir erklären uns hiermit für ein freies und unabhängiges
Volk, wir sind, wie wir dies von Rechts wegen sein
sollten, ein souveränes, sich selbst regierendes Gemeinwesen
unter keinerlei Gebot irgend einer Macht, als Gottes und des
allgemeinen Kongresses. Zur Erhaltung dieser Unabhängigkeit
verpflichten wir uns in feierlicher Weise, uns gegenseitig bei=
zustehen mit unserem Leben, mit unserem Besitztum und
unserer heiligen Ehre: Wer immer, in welcherlei Form und
Weise, die englischen Anmaßungen gegen unsere Rechte und
Freiheiten unterstützt, der ist ein Feind dieses Landes, ein Feind
Amerikas, ein Feind der angeborenen und unveräußer=
lichen Rechte der Menschheit.“

Bemerkenswert ist, daß die durch den Druck hervorgehobenen
Worte sich auch in der späteren Unabhängigkeitserklärung des
Kongresses vorfinden, und man deshalb Jefferson, den Urheber
derselben, des Plagiats beschuldigt hat, welcher Vorwurf jedoch
durch nichts begründet werden kann und durch die Aussage
Jeffersons, daß er die „Mecklenburg Erklärung“ nie vor Augen
gehabt habe, völlig hinfällig geworden ist. Einen praktischen
Erfolg hat die „Mecklenburg Erklärung“ damals nicht gehabt;
ihre Worte verhallten in den schweigsamen Wäldern Nord=Ka=
rolinas.

Während aus dem Volke heraus der Wunsch nach Unab=
hängigkeit immer lauter wurde, trieb den Kongreß ein anderer
Beweggrund zu dem entscheidenden Schritte. Er sah einmal ein,

daß es notwendig sei, sollte das Land in seinen Interessen nicht
aufs schwerste geschädigt werden, die Häfen dem Handel mit
den europäischen Nationen zu eröffnen, was eine direkte Erklä=
rung der Selbständigkeit gewesen wäre; dann aber bestimmte ihn
vollends die Aussicht, mit Frankreich, dem alten Erbfeinde Eng=
lands, ein Schutzbündnis eingehen zu können. Daß die fran=
zösische Regierung nun aber nimmermehr eine aufständische
Kolonie unterstützen würde, sahen auch die am wenigsten Ge=
scheiten unter den Kongreßmitgliedern ein. Den virginischen
Abgeordneten gebührt das Verdienst, die unklaren Gefühle zuerst
in verständliche Worte gefaßt zu haben; am 7. Juni 1776 brachte
Richard Henry Lee im Namen Virginiens den Antrag ein, der
Kongreß möge beschließen:

1) daß diese Vereinigten Kolonieen freie und unabhängige
Staaten sind und von Rechts wegen sein sollten;

2) daß sie von jeder Unterthanenpflicht gegen die englische
Krone entbunden sind, und

3) daß alle politische Verbindung zwischen ihnen und dem
englischen Reiche vollständig aufgehoben ist und fortan voll=
ständig aufgehoben sein soll.

Der Antrag wurde am 10. Juni angenommen und ein
Ausschuß eingesetzt, bestehend aus Jefferson, John Adams,
Benjamin Franklin, Roger Sherman und Robert Livingston,
welcher einen Entwurf zur Unabhängigkeitserklärung ausarbeiten
sollte. Die Beratung desselben sollte jedoch bis zum 1. Juli
verschoben werden, damit alle Kolonieen inzwischen ihre Vertreter
mit Vollmachten versehen könnten. Der Ausschuß übertrug, da
der Antragsteller Lee wegen anderweitiger Geschäfte nicht mit
hineingewählt worden war, die Abfassung der Erklärung Thomas
Jefferson, einem jungen Südländer, der sich damals als scharfer
Denker und trefflicher Schriftsteller hervorgethan hatte, aber nicht
ahnen ließ, daß er dereinst Präsident der Vereinigten Staaten
werden sollte. Seine Arbeit fand den ungeteilten Beifall der

übrigen Ausschußmitglieder, von denen Franklin und Adams nur noch einige Wortverbesserungen anstellten.

Am 28. Juni legte Jefferson dem Kongreß seinen Bericht über den Entwurf vor, welcher am 2. Juli debattiert und nach einigen Abänderungen am 4. Juli 2 Uhr Mittags angenommen wurde, nachdem schon am ersten Juli die Unabhängigkeit selbst votiert worden war. Die auf den Sklavenhandel bezüglichen Abschnitte erregten im Kongresse den meisten Widerspruch. Jefferson hatte Georg III. beschuldigt, sein Veto gegen das von den Kolonieen früher angenommene Verbot, fernerhin Sklaven einzuführen, eingelegt und so den schändlichen Handel gegen den Willen aller Beteiligten aufrecht erhalten zu haben, während er jetzt nicht davor zurückschrecke, die Schwarzen gegen ihre Herren aufzureizen, um sich die „Freiheit, deren er sie beraubt hat, dadurch zu erkaufen, daß sie die Herren, welchen er sie ebenfalls aufgedrängt, ermorden, so daß er die früheren an der Freiheit des einen Volkes begangenen Verbrechen noch durch die erschwert, welche er es an dem Leben eines andern begehen heißt."

Die von Jefferson angeführte Thatsache hinsichtlich des Veto-Mißbrauches seitens des Königs war unzweifelhaft richtig, aber ebenso sicher stand fest, daß die Kolonieen, selbst die nördlichen, sich stark am Sklavenhandel beteiligt hatten, sodaß ihre sittliche Entrüstung nicht recht angebracht war. Dazu kam, daß die Südstaaten ihre Interessen schon damals höher schätzten als die Gebote der Humanität, sie es also ungern sehen mußten, wenn in dem Aktenstücke eine derartige scharfe Verdammung allen Sklavenhandels aufgenommen würde. Andererseits vermochte der Kongreß sein Gewissen zu salvieren, indem er auf einen früheren Beschluß gegen die Sklaveneinfuhr hinweisen konnte.

Aus dem berühmten Aktenstücke heben wir folgende besonders wichtige Stelle hervor: „Wir, die zum Generalkongreß versammelten Vertreter der Vereinigten Staaten von Amerika, erklären daher, indem wir den höchsten Richter der Welt für die Rein-

heit unserer Absichten zum Zeugen anrufen, im Namen und ge=
stützt auf die Autorität des guten Volkes dieser Kolonieen hier=
mit feierlich und öffentlich: daß diese Vereinigten Kolonieen
freie und unabhängige Staaten sind und von Rechts wegen
sein müssen; daß sie aller Unterthanenpflicht gegen die britische
Krone entbunden sind und daß aller politische Zusammenhang
zwischen ihnen und dem Staat Großbritannien gänzlich aufge=
hoben ist und sein muß; ferner, daß sie als freie und unab=
hängige Staaten volle Macht haben, Krieg zu erklären, zu
schließen, Bündnisse einzugehen, Handelsverträge zu errichten
und alles andere zu thun, was unabhängige Staaten von Rechts
wegen thun dürfen.

„Zur Aufrechterhaltung dieser Erklärung verpfänden wir mit
fester Zuversicht auf den Schutz der göttlichen Vorsehung einander
wechselseitig unser Leben, unsere Habe und unsere geheiligte
Ehre."

31. Von der Unabhängigkeitserklärung bis zur Kapitulation bei Saratoga.

Nach der Räumung Bostons hatte der englische Befehls=
haber Howe sich nach Halifax zurückgezogen, wo er die von
seinem Bruder, dem Admiral Howe, herüberzubringenden Verstär=
kungen abzuwarten beschloß. Als dieselben eingetroffen waren,
zählte das englische Heer 30000 Mann, dem Washington nur
27000 meist ungeübte Soldaten entgegensetzen konnte. Die Eng=
länder hielten es deshalb für ganz sicher, durch einen leichten
Sieg die Stadt New=York zu erobern, in welcher eine große
Anzahl Royalisten lebte, auf deren bereitwillige Hilfe sie ver=
trauen konnten. Am 22. August begann das Vorrücken der
Engländer, welche mit 10000 Mann und 40 Kanonen unter
General Clinton von Staaten Island übersetzten. Die Lan=
dung ging ungestört vor sich, da die Amerikaner, die an
8000 Mann stark, in der Umgegend von Brooklyn standen, es für
rätlicher hielten, dem numerisch und militärisch stärkeren Feinde

gegenüber sich auf die Defensive zu beschränken. In drei Ko=
lonnen rückten die Engländer vorwärts, bis sie am 27. August
auf die amerikanischen Truppen unter General Sullivan stießen,
welche die nach Brooklyn führenden Pässe besetzt hielten. Sie
erlitten eine völlige Niederlage, indem sie aus ihren Stellungen
vertrieben und umgangen wurden. Besonders thaten sich dabei
die Hessen hervor, die auch die meisten Gefangenen, darunter die
beiden Generale Sullivan und Stirling machten. Während des
Kampfes war Washington von New=York nach Brooklyn geeilt,
hatte jedoch, da die in New=York befindlichen Soldaten für die
Verteidigung der Stadt unbedingt erforderlich waren, keine ge=
nügenden Truppen mitnehmen können, um den Engländern eine
Schlacht anzubieten. Dennoch gelang es ihm, begünstigt durch
einen plötzlich hereinbrechenden Nebel, den Rest der in Brooklyn
stehenden Truppen nebst Munition und Kanonen nach New=
York hinüberzuführen.

Die Niederlage von Long Island übte in jeder Hinsicht
einen unheilvollen Einfluß auf die Amerikaner aus. Empfind=
licher als die Verluste selbst machte sich der Mangel an Mut
und Selbstvertrauen geltend, welcher sich bei den undisciplinierten,
an die Wechselfälle des Krieges noch nicht gewöhnten Massen
einstellte. Die Desertion nahm überhand und lichtete die Reihen
der Armee, während der Zuzug neuer Freiwilliger gänzlich auf=
hörte.

Die Stadt New=York stand jetzt der britischen Armee offen.
Washington sah ein, daß weiterer Widerstand nutzlos sei, und
zog sich langsam den Hudson hinauf in eine wohlbefestigte Stel=
lung zurück. Als die Engländer in New=York einzogen, wurden
sie von den zahlreichen dortigen Royalisten freudig begrüßt;
General Howe erließ eine Proklamation, welche den sich Unter=
werfenden Verzeihung versprach, die von vielen acceptiert wurde.
Ferner sandte er den in englische Gefangenschaft geratenen General
Sullivan an den Kongreß mit dem Vorschlage, nochmals zu
versuchen, ob durch eine Besprechung nicht eine friedliche Lösung

herbeigeführt werden könne. Der Kongreß ernannte einen Aus=
schuß, bestehend aus Franklin, John Adams, und Eduard Rut=
ledge, welcher am 11. Oktober mit Lord Howe zusammentraf,
jedoch ohne eine Einigung erzielt zu haben, wieder nach Hause
zurückkehrte.

Am 20. September brach in New=York eine Feuersbrunst
aus, welche 493 Gebäude in Asche verwandelte. Die Royalisten
schoben die Brandstiftung, jedoch ohne Beweis, auf die Rebellen,
welche, um ihre Niederlage zu rächen, zu diesem Mittel zu greifen
sich nicht scheuten. — Wäre General Howe nach der Einnahme
von New=York den Amerikanern gleich energisch nachgerückt, so
hätte er mit Leichtigkeit die ganze Armee vernichten können.
Aber er zögerte mit der Verfolgung, da er die Befestigungen
der Amerikaner für stärker hielt, als sie wirklich waren, und
setzte sich erst dann in Bewegung, als Washington Zeit genug
gehabt hatte, die niedergeschlagenen Truppen einigermaßen zu
sammeln und mit neuem Eifer zu beleben. Ein Teil der briti=
schen Flotte segelte den Hudson hinauf, um den Verkehr mit dem
Süden zu stören, während Howe sich nordwestlich wandte und
den Amerikanern in den Rücken zu fallen drohte. Um eine
Schlacht unter so ungünstigen Umständen zu vermeiden, verlegte
Washington sein Hauptquartier nach White Plains, in dem näher
an New=York belegenen Fort Washington nur eine Truppe von
3000 Mann zurücklassend. Am 27. Oktober erschien die eng=
lische Armee vor White Plains und begann eine wütende Kano=
nade in der Hoffnung daß die Amerikaner die Schlacht annehmen
würden, welche sich zu der entscheidenden des Krieges gestalten
mußte. Washington aber beschränkte sich darauf, die Befesti=
gungen zu verstärken, und vermied einen in seinem Erfolge sehr
zweifelhaften Kampf zu beginnen, während Howe andrerseits
ebenso vor einem allgemeinen Sturm zurückschreckte und weitere
Verstärkungen abzuwarten beschloß. Ehe er jedoch den Angriff
erneuern konnte, zog sich Washington noch weiter nach North
Castle zurück. Howe verfolgte ihn jedoch nicht weiter, sondern

verweilte noch einige Tage in White Plains und wandte sich
dann wieder New-York zu. Aus dieser Bewegung schloß Wa=
shington, daß die Engländer einen Einfall in die südlich des
Hudson liegenden Staaten machen wollten, wodurch namentlich
Philadelphia, der Sitz des Kongresses, gefährdet sein würde,
und überschritt deshalb, den General Lee mit 4000 Mann in
North Castle zurücklassend, den Hudson, an dessen Ufer er bei
Fort Lee gegenüber Fort Washington, in welchem General
Greene kommandierte, sein Lager aufschlug. Am 17. Oktober
griffen die Engländer mit bedeutenden Kräften Fort Washington
an und zwangen dasselbe, ehe von dem Hauptheer Hilfe gesandt
werden konnte, zur Kapitulation. 2818 Mann wurden gefangen
genommen, während nahezu 1000 getötet worden waren. Der
Verlust dieser Festung erweckte von neuem die schlimmsten Be=
fürchtungen und zugleich heftigen Tadel gegen Washington, dessen
fortwährende Rückzüge als Feigheit gescholten wurden, während
sie in der That dazu dienten, die in Auflösung begriffene Armee
überhaupt zu erhalten. Zwei Tage später, am 19. Oktober,
setzten die Briten über den Hudson, eroberten mit leichter Mühe
Fort Lee und verfolgten die nach dem Süden abmarschierenden
Truppen Washingtons, welcher jetzt noch ungefähr 3000 Mann
beisammen hatte. Unter großen Verlusten erreichten die Ameri=
kaner den Delaware bei Preston, wohin sie alle Boote zu=
sammenbrachten und anzündeten, um den Engländern den Über=
gang zu erschweren. In der That waren dieselben gezwungen,
entweder neue Boote zu bauen, oder auf das Zufrieren des
Flusses zu warten, zu welchem letzteren Mittel General Howe
sich entschloß. Die Lage der Amerikaner schien verzweifelt. Die
Armee war auf dem Punkte, sich gänzlich aufzulösen, Phila=
delphia von den Engländern bedroht, so daß der Kongreß sich
dort nicht mehr sicher fühlte und nach Baltimore übersiedelte. —
Dazu kam noch die Nachricht von der Gefangennahme des
Generals Lee, der trotz Washingtons Befehlen sich nicht mit
ihm vereinigte, sich überdies von seinen Truppen entfernte und

in einem Landhaus gefangen wurde; aber alle diese Unglücks=
schläge vermochten nicht den Mut Washingtons niederzudrücken,
sondern bestärkten in ihm den Entschluß, alles daran zu wagen, um
die Ehre und Unabhängigkeit der Kolonieen zu retten. Zum Glück
konnte er sich mit Lee's Truppen, die jetzt unter dem gegen einen
gefangenen englischen Obersten ausgewechselten General Sullivan
standen, vereinigen, sodaß er wieder eine größere Anzahl Mann=
schaften bereit hatte, zu denen noch einige Rekruten aus Penn=
sylvanien kamen. Er beschloß deshalb, durch einige kühne Unter=
nehmungen den Mut seiner Leute aufzurichten und die Sache
der Freiheit zu fördern. Der Übergang über den Delaware und
ein Angriff auf die in Trenton liegenden hessischen Truppen
wurde auf den Christtag festgesetzt, indem man darauf vertraute,
daß die von der am Weihnachtsabend stattfindenden Feier er=
schöpften und müden Deutschen keinen ernstlichen Widerstand
leisten würden. Heftiger Eisgang und starker Wind erschwerten
das nächtliche Überschreiten des Flusses und bewirkten eine Ver=
spätung von einigen Stunden; trotzdem gelangten die Amerikaner
gegen 8 Uhr morgens an die feindlichen Vorposten, welche sich
zwar tapfer schlugen, aber bald überwältigt wurden. Das gleiche
Schicksal traf die im Schlafe überfallenen Hessen, deren Anführer
Oberst Rahl schwer verwundet in Gefangenschaft geriet. Mit
seinen Leuten und den Gefangenen — ca. 1000 Mann — ging
Washington schnell wieder über den Delaware zurück, da er gegen
die Übermacht des Generals Howe, dessen Herannahen gemeldet
worden war, nicht hätte standhalten können. Dieser unver=
hoffte, glänzende Sieg belebte den Mut der Armee und förderte
den Plan Washingtons, vom Kongreß mit diktatorischen Gewalten
versehen zu werden. Letzteres war namentlich dazu notwendig,
um dem fortwährendem Schwanken des Präsenzzustandes der
Armee ein Ende zu machen; durch Zureden der Offiziere und
ein neues Handgeld gelang es dem Befehlshaber, 1700 Soldaten,
welche zum Gehen entschlossen waren, wenigstens noch auf Wochen
länger zu behalten. Vier Tage nach dem Siege ging Washing=

ton von neuem über den Delaware und nahm sein Quartier in
Trenton, um diesmal das Herannahen der Engländer zu erwar=
ten, welche am 2. Januar 1777 mit einer bedeutenden Streit=
macht unter Lord Cornwallis erschienen. Washington wagte es
aber weder eine allgemeine Schlacht anzubieten, noch durch einen
Rückzug Philadelphia dem Feinde zu überlassen, sondern faßte
den kühnen Entschluß, durch einen halbkreisförmigen Marsch dem
englischen Heere in den Rücken zu kommen und eine in Princeton
stehende Schar aufzuheben. Um Mitternacht wurde der Marsch
in möglichster Stille angetreten, nachdem man die Bagage nach
Burlington geschickt und die Wachtfeuer, um Lord Cornwallis
zu täuschen, in gewaltigen Brand gesetzt hatte. Damit der
Feind ja keinen Verdacht schöpfen sollte, wurden die Wachen
nicht eingezogen. Als die Amerikaner am 3. Januar bei Sonnen=
aufgang Princeton erreichten, trafen sie gerade auf eine im
Marsch befindliche Brigade, überwältigten dieselbe bald und
stürzten sich dann auf die anderen Regimenter, welche nach hef=
tigem Kampfe völlig besiegt wurden. Als Lord Cornwallis zur
Hilfe eintraf, war Washington wieder verschwunden und nach
Morristown gezogen, wo er sein Winterquartier aufzuschlagen
gedachte.

Die Engländer unter Cornwallis hatten sich inzwischen, von
allen Seiten von den Milizen und einigen Streifcorps Washing=
tons verfolgt, nach New=Brunswick und Amboy zurückgezogen,
welche beiden Plätze durch ihre Seeverbindung mit New=York
leichter zu halten waren, im Sommer aber ebenfalls geräumt
wurden. New=Jersey wurde wieder frei, zur großen Freude der
Bewohner, welche namentlich von den hessischen Soldaten viele
Gewaltthätigkeiten zu erleiden hatten, und nun an den abziehen=
den Truppen auf alle erdenkliche Art ihre Rache ausließen. Der
erste Jahrestag der Unabhängigkeitserklärung wurde überall mit
großer Feierlichkeit begangen, besonders in Philadelphia, wo die
Anwesenheit des Kongresses der Feier ein eigenartiges Gepräge
aufdrückte.

Seit dem Rückzuge des Generals Howe aus Jersey ver=
gingen einige Monate, ehe es zu neuen kriegerischen Ereignissen
kam. Washington beobachtete aufs schärfste die Bewegungen
der englischen Armee, welche bald hier, bald dort auftauchte, um
die Amerikaner von dem eigentlichen Ziele, der Eroberung Phila=
delphias, abzulenken. In diese verhältnismäßig ruhige Zeit fällt
jedoch ein Ereignis, das von größter militärischer und politischer
Bedeutung werden sollte — die Ankunft Kalbs und Lafayettes
und ihr Eintreten in die amerikanische Armee.

Von allen Regierungen Europas war es die französische
gewesen, welche von Anfang an mit größtem Eifer die Streitig=
keiten zwischen dem Mutterlande und den Kolonieen verfolgt
hatte. Der Herzog von Choiseul sowohl, wie später Graf Ver=
gennes ließen es weder an Sorgfalt, noch an Kosten fehlen, um
sich über den in Amerika herrschenden Geist zu orientieren. Nicht
nur daß ihre Gesandten in London sich mit den Agenten der
Kolonieen in Verbindung setzten, sondern schon 1764 schickte
Choiseul einen Agenten nach Amerika, der 1766 zurückkehrend,
von dem Lande und den Bewohnern nur Günstiges meldete und
auf die Schwäche der Engländer hinwies, welche durch die Er=
oberung von Kanada unwillkürlich den Ausbruch einer Revolu=
tion beschleunigt hätten, da damit die Furcht der Kolonieen vor
einem französischem Einfall gegenstandslos geworden sei. Im
Frühjahr 1767 beschloß Choiseul nochmals einen Agenten aus=
zusenden und wählte zu diesem Zweck den Baron von Kalb,
einen in französische Dienste getretenen Deutschen, welcher,
einer fränkischen Bauernfamilie entsprossen, der militärischen
Laufbahn sich gewidmet und durch persönliche Tüchtigkeit
und Kriegsglück sich zu der Stellung eines Majors aufge=
schwungen hatte. Er langte am 11. Januar 1768 in Amerika
an und schickte dem Herzog von Choiseul eine Reihe von Be=
richten, die eine scharfe Beobachtung der damaligen Verhältnisse
und treffende Würdigung der Aussichten für die Zukunft ent=
halten, vom Herzog jedoch unbeantwortet blieben, so daß Kalb,

der nicht wußte, ob sein Bleiben noch länger gewünscht werde, schon im April zurückzukehren beschloß. Choiseul, der durch den Krieg in Korsika und anderweite politische Pläne beschäftigt war, brach bald darauf unter nichtigen Vorwänden die Beziehungen zu Kalb ab.

Erst zu Anfang des Jahres 1776 hatte letzterer eine Audienz bei dem neu ernannten Kriegsminister St. Germain, der schon früher den Vorschlag gemacht hatte, den Amerikanern einen so bewährten Soldaten wie Kalb zu schicken. Wegen der bevorstehenden Ankunft des amerikanischen Agenten Silas Deane in Paris verzögerte sich jedoch der Abschluß der Verhandlungen, welche durch das von Lafayette geäußerte Verlangen, ebenfalls nach Amerika zu ziehen, eine weitere Ausdehnung erfuhren.

Die Unabhängigkeitserklärung des Kongresses war, wie schon früher erwähnt, zum Teil durch die Erwägung herbeigeführt worden, mit Frankreich ein Bündnis eingehen zu können. Von den Ministern Ludwigs XV. waren es hauptsächlich Vergennes, St. Germain und Sartines, welche dem unentschlossenen Könige eine energische Aktion anrieten, während Maurepas, Malesherbes und Turgot — letzterer hauptsächlich wegen des schlechten Standes der Finanzen — für Aufrechthaltung des Friedens waren. Dieses Schwanken der königlichen Politik verhinderte jedoch nicht, daß Vergennes den Amerikanern unter der Hand alle mögliche Hilfe angedeihen ließ. Neben der durch Beaumarchais bewirkten Geldunterstützung, zu der er auch König Karl von Spanien bewog, ließ er durch den Obersten du Coudray aus den Arsenalen des Reiches soviel Kriegsgerät auswählen, als entbehrlich war, und dasselbe unter dem Vorwande, daß es für die französischen Besitzungen in Westindien bestimmt sei, nach Amerika verschiffen. Das gleiche Verfahren sollte, um nicht den Verdacht Englands zu wecken, hinsichtlich der abzusendenden Offiziere eingeschlagen werden. Am 1. Dezember unterschrieb Kalb für sich und 15 Begleiter einen Kontrakt mit Deane, welchem zufolge er den Rang eines Generalmajors mit dem Dienstalter vom 7. November

1776 bekleiden sollte. Wenige Tage später wurde der Kontrakt nochmals erneuert und diesmal auch von Lafayette, der inzwischen mit Deane in Verbindung getreten war, mit unterzeichnet. Der überschwängliche Ruhm, welchen Lafayette ob seiner Teilnahme an dem Unabhängigkeitskrieg geerntet hat, ist die Ursache gewesen, daß die Person seines Waffengefährten Kalb lange Zeit

Fig. 45.

Marquis de Lafayette.

im Hintergrunde gestanden hat — schien es doch, als ob Lafayette, der damals ein neunzehnjähriger junger Mann war, die führende Rolle übernommen und Kalb eine ihm untergeordnete Stelle bekleidet habe, während in Wirklichkeit die Sache eher umgekehrt lag und dem deutschen Bauernsohne in jeder Weise der Vortritt gebührt! Lafayette war der Typus des besseren Teils der damaligen aristokratischen Jugend, reich, liebenswürdig, tapfer, ehrgeizig, dabei eitel und begierig eine Befreierrolle zu spielen, die ihm seinem ganzen Wesen nach gar nicht zukam. Freilich wog sein Name schwer in der Wagschale zu Gunsten der amerika= nischen Angelegenheiten, und dieser Gesichtspunkt ist es auch wohl hauptsächlich gewesen, welcher den erfahrenen Weltmann Kalb bestimmte, Lafayette in seinem Entschlusse, den Kolonieen in ihrem Kampfe beizustehen, zu bestärken und anzueifern. Nur dann, wenn es gelang, eine Anzahl französischer Edelleute mit den Interessen der Amerikaner zu liieren und ihren hochfliegen= den und phantastischen Ideen eine bestimmte praktische Richtung zu geben, war es zu hoffen, daß Frankreich seine zögernde Hal= tung aufgeben und sich auf die Seite der Kolonieen schlagen würde.

Das herausfordernde Treiben der jungen Abligen hatte in= dessen die Aufmerksamkeit der englischen Regierung, welche über= all ihre Spione hielt, auf sich gelenkt, so daß Vergennes genötigt war, eine offizielle Verwarnung gegen die sich zur Überfahrt rüstenden Offiziere zu erlassen, was ihm am Ende gerade nicht unlieb war, da die Nachrichten aus Amerika um jene Zeit sehr beunruhigend lauteten. Nichtsdestoweniger segelte du Coudray am 19. Februar 1777 nach Amerika ab, während Kalb und Lafayette mit ihren Begleitern eine günstigere Gelegenheit abzu= warten beschlossen. Da sich dieselbe jedoch nach langem Warten noch immer nicht zeigte, kaufte Lafayette in Bordeaux ein Schiff, das er zu befrachten vorgab, um durch diese List die Wachsam= keit der englischen Agenten zu täuschen und der französischen Regierung keine Unannehmlichkeiten zu bereiten. Ehe es jedoch zur Abfahrt kam, trat ein neues Hindernis ihm in den Weg, indem seine Familie, welche gegen die Reise war, vom Könige einen Befehl auswirkte, der ihm sofortige Rückkehr zu seiner Familie und demnächste Abreise nach Italien anbefahl. Es gelang ihm jedoch noch, diesen Befehl rückgängig zu machen, so daß endlich am 21. April das Schiff mit der kleinen Schar kriegs= lustiger Männer abfahren konnte. Am 13. Juni 1777 landeten sie in der Bucht von Georgetown, von wo sie sich sofort nach

Philadelphia begaben, um sich dem Kongreß vorzustellen und ihre Stellen im Heere anzutreten. Die Aufnahme, welche sie fanden, war jedoch eine sehr kühle; der Kongreß erklärte ihnen rundweg, daß Deane seine Vollmachten überschritten und das Haus selber keine Veranlassung habe, die fremden Offiziere zu bevorzugen und dadurch den Unwillen der einheimischen Führer hervorzurufen. Dieses abweisende Benehmen des Kongresses war hauptsächlich dadurch veranlaßt worden, daß schon das bloße Gerücht von der Erfüllung der Anforderungen de Coudrays genügt hatte, um das Abschiedsgesuch des Brigade= Generals Knox und zweier Generalmajore herbeizuführen. Du Coudray lehnte infolgedessen die ihm vom Kongreß angebotene Stellung ab und beabsichtigte als Freiwilliger mit dem Range eines Kapitäns in die Armee einzutreten, ertrank jedoch in Schuylkill am 16. September auf dem Wege dahin. Die Ver= handlungen mit ihm schwebten noch gerade zu jener Zeit, als Kalb, Lafayette und weitere zehn fremde Offiziere mit ihren An= sprüchen, gestützt auf die Abmachungen mit Deane, hervortraten. Als der Kongreß dieselben unter dem angegebenen Vorwande abgewiesen hatte, richtete Lafayette ein Schreiben an den Kongreß, in welchem er sich bereit erklärte, als Freiwilliger und unter Verzichtleistung auf jede Belohnung den Krieg mitzumachen. Einem derartigen Anerbieten vermochte der Kongreß nicht zu widerstehen; er ernannte am 31. Juli den Marquis in Rücksicht auf die durch dessen Eintritt in das Heer der amerikanischen Sache erwachsenden Vorteile zum Generalmajor, welche Stellung Lafayette jedoch nur dann anzunehmen erklärte, wenn Kalb den= selben Rang zugesichert erhielte. Dieser, das Taktgefühl des Franzosen dankbar anerkennend, riet ihm jedoch zur Übernahme des Postens, da es bei dem großen Aufsehen, das seine Ab= reise in Frankreich gemacht, nun auch wünschenswert wäre, daß er auf dem Schlachtfelde einige Proben seines Mutes ablege.

Was Kalb selber betrifft, so richtete er am 1. April eine Beschwerde an den Präsidenten des Kongresses, in welcher er

in scharfen Worten den Thatbestand auseinandersetzte und auf
der Erfüllung seines Vertrages bestand. Am 8. September be=
schloß jedoch der Kongreß, daß Deane unverantwortlicher Weise
gehandelt habe, das Haus infolge dessen nicht gezwungen wer=
den könne, trotzdem aber bereit sei, die Kosten der Hin= und
Zurückreise für jeden Einzelnen zu bezahlen. Kalb berechnete
sämtliche Ausgaben und überreichte die Note dem Kongreß, wel=
cher seiner Verpflichtung pünktlich nachkam, worauf die übrigen
Offiziere in die Heimat zurückkehrten. Kalb selber, welcher durch
ein Fieber an der sofortigen Abreise verhindert worden war,
verließ am 18. September Philadelphia, wurde jedoch unterwegs
von einem Boten eingeholt, welcher ihm die Nachricht über=
brachte, daß der Kongreß ihn zum Generalmajor ernannt habe.
Dieser Schritt war von einigen einflußreichen Kongreßmit=
gliedern ausgegangen, welche Kalb während seines Aufenthaltes
in Philadelphia kennen gelernt und seinen Nutzen für die Ar=
mee erkannt hatten. Nach einiger Bedenkzeit erklärte sich Kalb
zur Annahme des Postens bereit und ging am 13. Oktober zur
Armee ab, welche damals etwa fünfzehn Meilen nördlich von
Philadelphia stand.

Letztere Stadt war der Gegenstand heftiger Kämpfe im
Sommer 1777 gewesen. General Howe war im Juli von New=
York aus, wo er eine starke Besatzung unter Clinton zurückließ,
mit 18000 Mann unter Segel gegangen und wenige Wochen
später in der Chesapeake=Bucht in einer Entfernung von unge=
fähr fünfzig Meilen von Philadelphia gelandet. Washington
eilte mit seinem Heere, von dem aber fast die Hälfte kriegsun=
tüchtig war, schleunigst herbei zur Rettung der bedrohten Stadt,
in deren Nähe er seine Truppen bei Germantown ein Lager
aufschlagen ließ, während er selber sich nach Philadelphia be=
gab, um den Kongreß zu neuen umfassenden Verteidigungsmaß=
regeln zu bestimmen. Die britische Armee rückte langsam vor=
wärts und erreichte erst am 16. September den Brandywine=
Fluß, wo ein Teil der amerikanischen Truppen unter Sullivan

und Lafayette Widerstand zu leisten versuchte. Durch eine ge=
schickte Seitenbewegung fielen jedoch die Engländer in die Flanke
der amerikanischen Armee, welche nach heftiger Gegenwehr völlig
geschlagen wurde. Vergebens bemühte sich Lafayette, die Fliehen=
den zu sammeln; eine Wunde machte ihn selber kampfunfähig
und nur mit genauer Not entging er der Gefangenschaft. Die
Niederlage der Amerikaner war so groß, daß Washington es ver=
meiden mußte, eine zweite Schlacht zu liefern, und Philadelphia
den Feinden überließ, welche am 28. September in die Stadt
einzogen. Die Mitglieder des Kongresses flohen noch am Tage
der Schlacht von Brandywine erst nach Lancaster, darauf nach
Yorktown, wo sie bis zu der im nächsten Jahre stattfindenden
Rückeroberung von Philadelphia versammelt blieben. Trotz der
Einnahme der Stadt war jedoch die Lage der englischen Armee
keine allzu glänzende; von den amerikanischen Truppen um=
schwärmt, mußte General Howe beständig auf der Hut sein, um
nicht überrumpelt zu werden. Zudem hatten die Amerikaner
kleine Schiffe ausgerüstet, welche längs des Flusses die britischen
Posten beunruhigten und alle Zufuhrwege unsicher machten.
Die unsichere, zersplitterte Stellung des Feindes benützend, griff
Washington, der eine Verstärkung von 2500 Mann erhalten
hatte, am 9. Oktober vor Sonnenaufgang das in Germantown
liegende britische Corps an, welches auch überrascht und in die
Flucht geschlagen wurde. Ein plötzlich eintretender Nebel brachte
jedoch völlige Unordnung bei Freund und Feind hervor, so daß
die Amerikaner in Verwirrung gerieten und von dem herbeieilen=
den Lord Cornwallis besiegt wurden.

Um die Schiffahrt auf dem Delaware den Amerikanern zu
entreißen, sandte General Howe einen Teil seiner Truppen gegen
die Forts, welche unterhalb Philadelphia auf Mud=Island er=
richtet waren. Dieselben wurden nach einigem Kampfe genom=
men, wobei die Hessen gewöhnlich zuerst in das Feuer geschickt
wurden und dadurch mörderische Verluste erlitten.

Das amerikanische Heer unter Washington war in=

zwischen nach Whitemarsh, 14 Meilen von Philadelphia, ge=
zogen, wohin General Howe mit 12 000 Mann vorrückte. Es
kam jedoch nur zu einigen kleinen Gefechten, bei denen die ame=
rikanische Miliz sich nicht gerade rühmlich auszeichnete. Die be=
ginnende Kälte lähmte zudem die weiteren Operationen, bewirkte
aber auch, daß Washingtons Soldaten furchtbar zu leiden be=
gannen. Während Howe sich in die bequemen Winterquartiere
von Philadelphia und Umgegend zurückzog, mußte Washington
zu Valley Forge, ca. 150 Meilen von Philadelphia auf der
Südwestseite des Schuylkill gelegen, sein Lager aufschlagen, in=
mitten einer wenig hilfsbereiten Bevölkerung, welche für ihre
Lebensmittel lieber das Gold und Silber der Engländer als das
Papiergeld des Kongresses eintauschte. Dennoch hatte Washing=
ton seine Stellung mit Vorbedacht gewählt, da sie ihn instand
setzte, die Bewegungen des Feindes zu beobachten und dem wach=
senden Einfluß der Engländer entgegenzutreten. Immerhin
blieb die Lage eine derartig kritische, daß man nicht mit Unrecht
diese Herbst= und Wintertage als die trüben Stunden der Revo=
lution bezeichnet hat.

Glücklicherweise waren aus dem Norden bessere Nachrichten
gekommen. Die Kapitulation des englischen Generals Burgoyne
zu Saratoga, der größte Erfolg, den die Amerikaner während
des ganzen Krieges zu verzeichnen hatten, warf einen Lichtstrahl
auch auf die Niederlagen Washingtons bei Philadelphia und
belebte von neuem die Hoffnung auf den endlichen Abschluß des
Bündnisses mit Frankreich, das in der That auf Grund des er=
rungenen Sieges zustande kam. Zu derselben Zeit, da General
Howe bemüht war, Washington zur Annahme einer Schlacht zu
bewegen, war der englische General Burgoyne, welcher eine Ar=
mee von ungefähr 9000 Mann, darunter viele deutsche Truppen
unter Baron Riedesel sowie mehrere Indianertrupps, zusammen=
gebracht hatte, von Kanada nach dem Süden aufgebrochen, um
sich mit dem von New=York kommenden General Clinton zu ver=
einigen und die Neu=England=Staaten gänzlich von der Verbin=

dung mit dem amerikanischen Heere und dem Kongreß abzu=
schneiden. Ticonderoga, welches General St. Clair mit 3000 Mann
besetzt hielt, wurde am 6. Juli genommen; bald darauf fiel auch
das Fort Eduard den Engländern in die Hände, während der
Kommandeur desselben, General Schuyler, über den Hudson nach
Saratoga zurückging und den Feinden durch Vernichtung der

Fig. 46.

John Burgoyne.

Schiffe, sowie Versperrung des Weges den Weitermarsch zu ver=
wehren suchte.   Der Verlust so vieler festen Plätze, ohne irgend
einen entscheidenden Kampf, brachte allgemeine Bestürzung her=
vor und erregte bei vielen Verdacht gegen die Redlichkeit Schuy=
lers, welcher sich zwar vor dem Kongresse rechtfertigte, dennoch
am 19. August durch General Gates im Kommando ersetzt
wurde.   Das Frohlocken Burgoynes über die Leichtigkeit, mit
welcher der Sieg errungen werden könne, verstummte bald, je

weiter er vordrang. Die Marschroute ging über wüstes, mo=
rastiges Land, welches durch die von den Amerikanern ange=
legten Verhaue noch unwegsamer geworden war. Mangel an
Lebensmitteln und allen sonstigen Bequemlichkeiten stellte sich ein,
da die Bewohner die Vorräte entweder versteckt hielten oder nach
dem amerikanischen Lager trugen, um auf diese Weise ihre ge=
ringe Habe vor den räuberischen Händen der Indianer zu schützen.
Die Grausamkeiten der letzteren zwangen die an den Ufern des
Hudson und in den umliegenden Staaten wohnenden Kolonisten,
sich der Selbsterhaltung wegen zu bewaffnen, wodurch der ame=
rikanischen Armee eine brauchbare Miliztruppe zur Verfügung
gestellt und dieselbe auf eine Stärke von 13 000 Mann gebracht
wurde. Die Schwierigkeiten der Verproviantierung veranlaßten
Burgoyne, eine Abteilung seines Heeres unter Oberst Baum nach
Bennington zu senden, wo die Amerikaner, wie er wußte, bedeu=
tende Vorräte aufgespeichert hatten. Wenige Meilen von Ben=
nington trafen die Engländer auf eine Schar der New=Yorker
Milizen, welche General Stark schleunigst zusammengerafft hatte.
Ein heftiger Regenguß verhinderte den sofortigen Angriff, wel=
cher am folgenden Tage, dem 16. August, stattfand und zu einer
völligen Niederlage der Engländer führte. Nahezu 700 Mann,
darunter viele Officiere, wurden gefangen genommen, sowie eine
Anzahl Kanonen und anderes Kriegsgerät erbeutet. Mehr als
ein Monat verging nach diesem das Ansehen der amerikanischen
Waffen wieder hebenden Gefecht, ehe eine Entscheidung ge=
troffen werden konnte, da der englische General ohne genügen=
den Vorrat an Lebensmitteln keine weiteren Operationen zu un=
ternehmen fähig war. Diese Zeit der Ruhe benutzte der in=
zwischen eingetroffene General Gates zur Heranziehung weiterer
Streitkräfte und zur Befestigung seines auf dem westlichen Ufer
des Hudson belegenen Lagers, wobei ihm der Pole Kosciusko,
dessen Name später in der alten Welt ebenfalls zu Ehren kom=
men sollte, hilfreich zur Hand ging. Burgoyne, dessen Situation
immer bedenklicher wurde, ging nochmals über den Hudson, dies=

mal in der Absicht, die Amerikaner anzugreifen. Das Gefecht
fand am 19. September statt, führte jedoch trotz seines blutigen
Verlaufes zu keiner völligen Entscheidung, wenngleich der Verlust auf Seiten der Engländer der beträchtlichere war. Mehr
denn zwei Wochen vergingen hierauf unter beständigen kleinen
Kämpfen, welche fast stets zu Ungunsten der durch den Mangel
an Proviant geschwächten britischen Truppen endigten. Am
7. Oktober kam es endlich zur Entscheidungsschlacht. Burgohne
hatte seine letzten Kräfte aufgeboten, um aus dem sich immer
dichter zusammenziehenden Netze der amerikanischen Scharen her-
auszukommen, unterlag jedoch nach einem langen, von beiden
Seiten mit großer Erbitterung geführten Kampfe, in welchem
der sehr geachtete und unermüdlich thätige britische General
Fraser sein Leben verlor. Die Erschöpfung der auf 5300 Mann
geschmolzenen Engländer war eine derartige, daß sie bei ihrer
Ankunft in Saratoga unfähig waren, sich gegen die schlimmen
Einflüsse des Herbstwetters durch Aufschlagen eines ordentlichen
Lagers zu schützen. Der Proviant reichte, trotzdem daß schon
seit langem die Rationen verkleinert worden waren, nur noch
auf sechs Tage, während die Aussicht auf Ersatz von New-York
aus täglich mehr schwand, dagegen die kecken Streifzüge des
Feindes sich wiederholten. Am 13. Oktober hielt der britische
Oberbefehlshaber einen Kriegsrat ab, in welchem die Übergabe
beschlossen wurde. Am 16. Oktober wurden die Bedingungen der
Amerikaner, welche zuerst auf unbedingte Kriegsgefangenschaft
gelautet hatten, dahin abgeändert, daß die Abmachung zwischen
Gates und Burgohne nicht als Kapitulation, sondern 'als eine
Konvention bezeichnet, und daß ferner die ganze britische
Armee nach England zurückgeschickt werden sollte, sofern die Ein-
zelnen sich verpflichten würden, während des weiteren Krieges
nicht wieder gegen die Amerikaner zu kämpfen. Durch die Übergabe von Saratoga wurde das Ansehen der amerikanischen Waffen in ebendemselben Maße gehoben, wie das der Briten bei den
Indianern und den im Lande befindlichen Royalisten abnahm.

Den größten Triumph feierte jedoch General Gates, dessen Ver=
dienste in Wahrheit sehr geringe waren, da einerseits General
Schuyler und andererseits General Arnold durch ihre Thätig=
keit ihm erst den Weg zur Erlangung so wohlfeiler Lorbeeren
gebahnt hatten; nichts destoweniger war Gates der kriegerische
Liebling der Amerikaner, deren Hoffnungen er jedoch später in
höchst unglücklicher Weise zu schanden machen sollte.

32. Die letzten Kriegsjahre und der Friede.

Der Aufenthalt des amerikanischen Heeres zu Valley Forge
während des Winters von 1777 auf 1778 zählt zu den trau=
rigsten Ereignissen des an niederdrückenden Momenten so reichen
Unabhängigkeitskrieges. In den Briefen, welche Kalb aus dem
Lager an seine Frau richtete, finden wir die besten Beweise für
die jämmerliche Lage, in welcher die Soldaten und Offiziere sich
infolge des Unverstandes des Kongresses und der geringen Be=
reitwilligkeit der einzelnen Staaten befanden. Nicht nur, daß
Lebensmittel knapp waren, sondern noch viel empfindlicher war
der Mangel an Kleidungsstücken und Schuhwerk, was auf die
Kriegstüchtigkeit und Disziplin den schlimmsten Einfluß hatte.
Mehr als 4000 Mann waren unfähig, an den Exercitien teil=
zunehmen, da sie ohne genügende Bekleidung waren. Ein ordent=
liches Paar Schuhe war im Lager eine Seltenheit, welche den
Besitzer zu einem beneideten Manne machte. Die Not wurde
durch die fabelhafte Entwertung des vom Kongresse ausgegebe=
nen Papiergeldes gesteigert; das Gehalt eines Generals genügte
gerade, um ihn zu kleiden, und ein Wagen voll Papiergeld
reichte nach dem Zeugnis Washingtons kaum hin zur Bezahlung
einer Wagenladung von Lebensmitteln. Zu dieser Not traten noch
Intriguen aller Art, die auch Washington selber nicht verschon=
ten. Während die ganze Welt den Mann bewunderte, der an
der Spitze erbärmlicher Truppen Jahre lang den geschulten Sol=
daten der Engländer stand hielt und sie des öftern völlig be=
siegt hatte, war die Meinung des Volkes ihm ungünstig gewor=

den, da es die zögernde Kriegsführung Washingtons für Feig=
heit und Unfähigkeit ansah. General Gates, der Sieger von
Saratoga, war der Mann nach dem Herzen der Schreier, die
selbst im Lager unter den höheren Offizieren ihren Anhang hat=
ten. Die Seele der allmählich zu einer förmlichen Verschwörung
heranreifenden Bewegung gegen den Oberbefehlshaber war der
Irländer General Thomas Conway, welcher auf eine lange Dienst=
zeit in Frankreich bauend, nach Amerika gekommen war, um dort
mit leichter Mühe Ehren und reichen Gewinn einzuheimsen.
Das Fehlschlagen seiner Hoffnungen hatte ihn erbittert und er
versuchte nun durch engen Anschluß an Gates zu erreichen,
was Washington, dem seine Strebernatur zuwider war, ihm vor=
enthalten hatte. Lafayette und Kalb sollten ebenfalls in die Be=
wegung mit hinein gezogen werden, lehnten jedoch jede Beteili=
gung von vorne herein ab. Washington selbst erhielt frühzeitig
von der Kabale Nachricht und sorgte durch sein entschiedenes,
wenn auch gemäßigtes Vorgehen dafür, daß sie im Keime er=
stickt wurde.

Einen Lichtpunkt in dieser traurigen Winterzeit bildet die
Ankunft Steubens, des ausgezeichneten preußischen Offiziers, der
unter Friedrich dem Großen das Waffenhandwerk erlernt hatte,
und nun in gleicher Weise wie Kalb von dem französischen Mi=
nisterium unterstützt, nach Amerika eilte, wo seine Thätigkeit von
der größten Wichtigkeit werden sollte. Er ist es gewesen, der
im Lager von Valley Forge es fertig gebracht hat, ohne Kennt=
nis des Englischen den Haufen zerlumpter, heruntergekommener
Soldaten in eine wohldisziplinierte Masse zu verwandeln, deren
Exaktheit und Bravour nichts zu wünschen übrig ließ. Um nicht
von neuem die Eifersucht der amerikanischen Generale zu erregen,
trat Steuben in keine kommandierende Stellung ein, sondern be=
gnügte sich mit dem Titel eines Generalinspektors. Seine Be=
strebungen, einfache, verständliche Reglements für den Dienst auf=
zustellen und durchzuführen, hatten den gewünschten Erfolg,
wodurch auch der Kongreß gewonnen wurde und den weiteren

Fig. 47.

DAS "STEUBEN DENKMAL" BEI UTICA N.Y

Friedrich Wilhem Auguſt von Steuben.

Anordnungen Steubens willfahrte. Mit Recht stellt man heutigen Tages den Namen des preußischen Edelmanns mit in die vorderste Reihe der Namen der amerikanischen Freiheitshelden, wie es auch nur eine Pflicht der Dankbarkeit war, die das Volk der Vereinigten Staaten erfüllte, als es ihm unlängst bei Utika im Staate New-York ein Denkmal errichtete.

Eine zweite erfreuliche Thatsache, die in den Ausgang des Winters 1777/78 fällt, ist der Abschluß des Allianzvertrages mit Frankreich. Die Verbindung zwischen beiden Ländern war eine noch innigere geworden, seitdem nach der Zurückberufung des unfähigen Silas Deane, Franklin und Lee in Paris als die Abgesandten der Kolonieen weilten. Der Erfolg der amerikanischen Waffen bei Saratoga führte endlich den Abschluß des Vertrages herbei.

Der Feldzug des Jahres 1778 fing insofern gleich günstig für die Amerikaner an, als der englische General Clinton im Juni Philadelphia und Pennsylvanien räumte, um sich mit seiner ganzen Macht in New-York festzusetzen. Washington nahm sofort Besitz von Philadelphia und folgte dann den Engländern, welche den Landweg eingeschlagen hatten und durch die beständigen Angriffe der Amerikaner starke Verluste erlitten. Entgegen dem Rate seiner Offiziere, beschloß Washington den Feind zu einer Schlacht zu zwingen, welche am 28. Juni zu Monmouth Courthaus stattfand und mit dem vollständigen Siege der Amerikaner geendet haben würde, hätte nicht der amerikanische General Lee eine Reihe von Fehlern gemacht, die das Glück der amerikanischen Waffen stark beeinträchtigten. Lee wurde nach beendeter Schlacht vor ein Kriegsgericht gestellt und mit Entlassung aus der Armee bestraft. Die Engländer erreichten ohne weiteren Unfall Sandy Hook, wo sie sich nach New-York einschifften, während Washington in der Nähe des Hudsonflusses bei White Plains ein Lager aufschlug und das Eintreffen der französischen Truppen erwartete.

Im Juli erschien der französische Admiral Graf d'Estaing

mit einer starken Flotte, welche 4000 Soldaten an Bord führte, an der Küste Virginiens, wo er den ersten französischen Gesandten bei der Republik, Herrn Gérard, landete, der am 6. August vom Kongreß zu Philadelphia in feierlicher Sitzung empfangen wurde. Von den Hoffnungen, welche man auf die neuen Bundesgenossen gesetzt hatte, ging jedoch nur wenig in Erfüllung da die Flotte von dem Versuche, New-York von der Seeseite zu erobern, wegen Seichtigkeit des Hafens abstehen mußte und später durch einen Sturm derart beschädigt wurde, daß sie die Unternehmung gegen Rhode Island aufgab und nach Boston ging.

Im November 1778 beschloß Clinton, den Kriegsschauplatz nach dem Süden zu verlegen, und entsandte 2000 Mann unter dem Obersten Campbell auf einer Flotte gegen Savannah. Die Stadt wurde mit Leichtigkeit genommen, desgleichen wurden die Provinzen Georgia und Südkarolina erobert, in denen die königlich Gesinnten stark vertreten waren, so daß die Engländer ganze Kompagnieen aus den einheimischen Leuten errichten konnten.

Der Winter von 1778 auf 79 wurde von der amerikanischen Hauptarmee zu Widdlebrook in New-Jersey in der gleichen Thätigkeit, welche die Kriegsführung des Sommers aufwies, zugebracht. War auch die Verpflegung des Heeres eine bessere als vor Jahresfrist zu Valley Forge, so übte doch die Eintönigkeit des Lagerlebens einen erschlaffenden Einfluß aus, dessen Umsichgreifen durch die Saumseligkeit des Kongresses mit der Auszahlung des Soldes bedeutend gefördert wurde. Ganze Kompagnieen drohten auf Grund der Nichterfüllung der ihnen gemachten Zusagen nach Hause zu gehen, was auch sicher geschehen wäre, wenn nicht Washington durch seine Beredsamkeit und seinen Eifer es immer von neuem verstanden hätte, die Soldaten, deren Klagen gegen den Kongreß er für voll begründet ansehen mußte, zum Bleiben zu veranlassen.

Zu Beginn des Feldzuges 1779 hatte der englische General Clinton beschlossen, durch eine kühne Unternehmung die Ehre der britischen Waffen glänzend wieder herzustellen und die Truppen

Washingtons aus ihrer Stellung zu verdrängen. Er marschierte den Hudsonfluß hinauf und bemächtigte sich, ohne großen Widerstand zu finden, der beiden Forts Stony Point und Verplanks Point, welche die sehr wichtige Kingsfähre, die einzige Flußverbindung zwischen den östlichen und den mittleren Staaten, beherrschten. Seine Hoffnung, auch das stark befestigte und mit einer hinreichenden Mannschaft versehene West Point erobern zu können, wurde jedoch durch eine Reihe geschickter Bewegungen seitens Washingtons zu schanden gemacht, worauf er nach New-York zurückkehrte. Washington begnügte sich jedoch mit dem so erzielten Resultat nicht, sondern betraute den General Wayne mit der Wiedereroberung der beiden genannten Forts, die in der That am 15. Juli nach heftigem Kampfe, bei welchem der Bajonnett-Angriff die Hauptrolle spielte, eingenommen wurden. Der Sommer und Herbst verstrichen jedoch ohne irgend weitere ernstliche Kämpfe der beiden am Hudson stehenden feindlichen Heere. Washington befestigte die Forts und ließ seine Truppen von Steuben weiter ausbilden und neu formieren, während Clinton das Innere des Landes zu verwüsten fortfuhr. Die von dem amerikanischen Befehlshaber stets gehegte Hoffnung, mit Hülfe der französischen Flotte New-York erobern zu können, erwies sich auch diesmal wieder trügerisch, da Admiral d'Estaing sich verleiten ließ, in die Aktion im Süden einzugreifen und Savannah zu erobern versuchte, wobei er jedoch am 2. Oktober zurückgeschlagen wurde, so daß er es vorzog, mit seiner Flotte teils nach Westindien, teils nach Frankreich zu gehen. Die Folge dieses unverhofften Sieges war, daß der englische General Clinton jetzt sein Hauptaugenmerk auf die südlichen Provinzen richtete, deren Erzeugnisse, wie Reis, Tabak, Indigo, den Amerikanern die Mittel lieferten, sich von den Franzosen und Spaniern die Kriegsbedürfnisse zu verschaffen. Während die Armee Washingtons in ihrem neuen Winterquartiere zu Morristown infolge der strengen Kälte eine ähnliche traurige Zeit wie zwei Jahre zuvor zu Valley Forge durchmachen mußte, segelte Clinton am

20. Dezember 1779 mit 7000 Mann von New-York nach dem Süden ab, wo er am 1. April 1780 die Belagerung von Charleston eröffnete, welche Stadt sich ihm trotz des heftigen Widerstandes der Besatzung unter General Lincoln am 12. Mai ergeben mußte. Die von Washington abgesandten Verstärkungen hatten das Schicksal der Stadt nicht abzuwenden vermocht, zumal da ein zweites unter dem Befehl Kalbs stehendes Hülfscorps durch die Saumseligkeit der Provinzialregierungen, welche die zur Beförderung des Gepäckes und der Vorräte nötigen Wagen stellen sollten, so lange aufgehalten worden war, daß es erst Ende Juni den Kriegsschauplatz erreichte. Die Schwierigkeiten häuften sich, je weiter Kalb nach dem Süden vorrückte, da die Lebensmittel knapp waren, die versprochenen Zufuhren und Unterstützungen nicht eintrafen und der Genuß des noch nicht reifen Getreides im Verein mit der Sommerhitze verderbliche Krankheiten erzeugte. Die ganze Misère des amerikanischen Regierungswesens kam jetzt wieder recht deutlich zum Vorschein, da nicht nur jede einzelne Staatsregierung, sondern auch jeder Miliz-Anführer nur das thun wollte, was das eigene Interesse erheischte, trotzdem daß die Lage bei der Übermacht der Engländer, welche in dem Besitz der wichtigsten Städte waren, immer kritischer wurde. Inzwischen hatte der Kongreß an Stelle des in Charleston gefangenen Lincoln den Sieger von Saratoga, General Gates, zum Oberbefehlshaber der südlichen Armee ernannt. Derselbe traf am 25. Juli im Lager ein, wo ihn Kalb mit größter Zuvorkommenheit empfing. Sein erster Befehl war, daß die Truppen sich marschfertig machen sollten, um gegen den Feind zu ziehen. Vergebens ließ ihn Kalb, von der schlechten Beschaffenheit der Armee mit Besorgnis erfüllt, durch seinen Adjutanten Williams, der ein früherer Waffengefährte von Gates war, warnen, vergebens setzten die höheren Offiziere eine Denkschrift auf, in der sie das Tollkühne und Unvernünftige eines ohne genügende Deckung und ohne Vorräte unternommenen Marsches darlegten, General Gates blieb bei seinem Befehle stehen,

indem er auf sein Glück vertraute und den Einwand, daß nur noch für einige Tage Proviant vorhanden sei, mit dem Hinweis auf die im Falle des Sieges zu erbeutenden Schätze nieder-

Fig. 48.

Lord Cornwallis.

schlug. Der Aufbruch des Heeres fand demgemäß am 27. Juli in der Richtung auf Camden statt. Nach Verlauf weniger Tage begann Gates die Schwierigkeiten wohl einzusehen, bestand indessen nichtsdestoweniger auf seinem Vorhaben. Eine von den

ermatteten Soldaten angezettelte Meuterei wurde von den Offi=
zieren, die dem gleichen Ungemache ausgesetzt waren, glücklich
besänftigt, ließ jedoch für die Zukunft das Schlimmste befürch=
ten. Am 7. August gelang es endlich Gates, sich mit den nord=
karolinischen Milizen unter dem ebenso unfähigen als eitlen
Caswell zu vereinigen. Die englischen Truppen standen damals,
seit der Rückkehr Clintons nach New-York, unter dem Oberbe=
fehle von Lord Cornwallis, der auf die Nachricht von dem Vor=
rücken Gates' sein Hauptquartier in Charleston verließ, um dem
in Camden stehenden Lord Rawdon zu Hilfe zu eilen. Diese
Vereinigung erfuhr jedoch Gates, dessen Untüchtigkeit durch diese
eine Thatsache hinreichend gekennzeichnet wird, nicht eher, als zu
Beginn der Schlacht, welche am Morgen des 16. August in der
Nähe von Camden geschlagen wurde. Die Amerikaner erlitten,
hauptsächlich durch die Schuld der ungeübten Milizen, eine voll=
ständige Niederlage, deren niederdrückende Wirkung durch den
Tod des braven Kalb noch verstärkt wurde. Von elf Kugeln
durchbohrt, sank der tapfere Freiheitskämpfer zu Boden, um drei
Tage später als Gefangener der Engländer seinen Geist aufzu=
geben. Der Kongreß ehrte sein Andenken durch den Beschluß,
ihm in Annapolis, der Hauptstadt des Staates Maryland, dessen
Truppen er kommandiert hatte, ein Denkmal zu setzen, dessen Aus=
führung aber noch heutigen Tages auf sich warten läßt.

General Gates hatte sich durch die Flucht gerettet, wurde
jedoch von seinem Posten enthoben und durch den tüchtigen
und energischen General Greene ersetzt. Außer Greene erhielt
jedoch noch Steuben den Befehl, sich ebenfalls nach dem Süden
zu begeben, da dort seine Fähigkeiten und sein Organisations=
talent dringend notwendig erschienen. Im Norden war noch
immer keine Entscheidung getroffen worden; sich gegenseitig be=
obachtend, standen die beiden Heere einander gegenüber, ohne den
Mut zur Initiative zu finden. Washingtons Lage war durch die
Lässigkeit des Kongresses eine so mißliche geworden, daß er mit
der größten Freude die Ankunft eines neuen französischen Corps

unter Graf Rochambeau begrüßte, dessen Absendung Lafayette, der Ende 1778 nach Frankreich zurückgekehrt war, trotz der von Minister Necker vorgebrachten finanziellen Besorgnisse bewirkt hatte. Besondere Thaten konnten die Franzosen allerdings auch nicht ausrichten, da eine englische Flotte unter dem Admiral Arbuthnot eintraf und das französische Geschwader zu blokieren begann, sodaß ihre Hilfe sich nur darauf beschränkte, die englischen Streitkräfte durch die Notwendigkeit der Aussendung von Beobachtungscorps zu schwächen und General Clinton in New-York festzuhalten. Das einzige Ereignis, welches im Sommer 1780 die Ruhe der nördlichen Armee störte, der Verrat des amerikanischen Generals Arnold, konnte natürlicherweise nicht ermutigend auf die französischen Führer wirken, deren schlechte Meinung von den amerikanischen Zuständen Washington nach Kräften zu bessern suchte.

Der Feldzug im Süden hatte somit die Bedeutung erlangt, daß von seinem Ausgange das Schicksal der Kolonieen abzuhängen schien. Trotz der elenden Verfassung der amerikanischen Armee gelang es dem General Morgan, den Engländern am 17. Januar 1781 eine empfindliche Niederlage bei Cowpens in Südkarolina beizubringen, worauf er sich, von der englischen Hauptarmee unter Cornwallis verfolgt, nach Nordkarolina wandte und mit Greene vereinigte, der am 15. März den Engländern eine Schlacht bei Guildfort Court House anbot, jedoch von den meist aus gedienten Hessen bestehenden Truppen Cornwallis' zurückgeschlagen wurde. Während Cornwallis durch Nordkarolina nach Virginien zog, kehrte General Greene nach Südkarolina zurück, wo er während des Sommers einzelne britische Trupps aufhob und der Hauptarmee bei Eutaw Springs am 8. September 1781 eine Schlacht lieferte, in deren Folge die Engländer sich nach Charleston zurückzogen.

Washington hatte dem Vorrücken von Cornwallis machtlos zusehen müssen; der Mangel an Truppen, Schiffen und Geld hinderte jede ernstliche Unternehmung. Am Neujahrstage 1781

waren die Pennsylvanier Truppen zur offenen Empörung ge=
schritten, da sie auf andere Weise keine Abhilfe ihrer berechtig=
ten Beschwerden sahen. Washington war genötigt, dem Kon=
greß den Rat zur friedlichen Beilegung des Aufstandes zu geben,
da er sich der anderen Truppen nicht mehr sicher fühlte. Eine
zweite Empörung, die von den New=Jersey=Truppen ausging,
ließ er jedoch durch Gewalt niederschlagen und die hervorragend=
sten Unruhestifter hinrichten. Diese Vorgänge zeigten dem Kon=
greß den Ernst der Lage und waren die Veranlassung, daß der=
selbe sich bestrebte, einigermaßen Ordnung in die Finanzen und
Vertrauen zu der Geldpolitik des Landes zu bringen, mit
welcher schwierigen Aufgabe Robert Morris im Februar 1781
betraut wurde.

Nach vielen Vorbereitungen gelang es endlich, eine Schar
von 1200 Mann unter Lafayette nach Virginien abzusenden.
Die Klagen der Soldaten über mangelhafte Kleidung beantwor=
tete der junge Franzose damit, daß er seinen Kredit bei den
Kaufleuten Baltimores benutzte, um eine Summe von 2000
Guineen zu erheben, welche er zum Ankauf von Kleidungsstücken
und Schuhwerk verwandte. Die geringe Schar reichte jedoch
nicht hin, um einen irgendwie erfolgreichen Widerstand leisten
zu können. Cornwallis bedrängte Lafayette unaufhörlich und
fühlte sich seines Sieges so sicher, daß er nach Hause schrieb:
„Der Knabe Lafayette kann mir nimmermehr entrinnen."
Dennoch gelang es den Amerikanern, Cornwallis zu überlisten,
indem sie ihn bewogen, seine ganze Truppenmacht in Yorktown
zu vereinigen, welcher Ort freilich mit New=York in Seeverbin=
dung stand, jedoch der französischen Flotte ebenfalls Gelegen=
heit gab, thätig in den Kampf einzugreifen. Washington hatte
damals, von dem Bestreben geleitet, endlich den entscheiden=
den Schlag gegen New=York zu führen, seine Armee mit den
Truppen Rochambeaus vereinigt, richtete jedoch nun, den
günstigen Augenblick benutzend, wo ein französisches Ge=
schwader unter dem Admiral de Grasse in der Chesapeake=Bucht

gelandet war, sein Augenmerk auf Yorktown. Es gelang ihm, Clinton über seine Absichten im Unklaren zu lassen, so daß derselbe, für die Sicherheit von New-York fürchtend, die neu

Fig. 49.

Plan der Belagerung von Yorktown.

eintreffenden Verstärkungen, darunter 3000 Hessen, bei sich behielt, statt sie an Cornwallis zu senden. Am 14. September trafen Washington und Rochambeau in Lafayettes Hauptquartier zu Williamsburg ein, von wo aus das gesamte Heer, an

18000 Mann stark, den Marsch antrat und am 28. September
die Belagerung von Yorktown eröffnete, an der auch Steuben,
dessen militärische Verdienste von Lafayette nur ungern aner=
kannt wurden, lebhaften Anteil nahm. Nach einer regelrechten
Belagerung wurde am 17. Oktober ein Waffenstillstand geschlossen,
dem zwei Tage später, am 19. Oktober, die Unterzeichnung der
Kapitulation nachfolgte. Die Bedingungen waren dieselben,
welche die Engländer der Besatzung von Charleston auferlegt
hatten; sämtliche Kriegsvorräte mußten ausgeliefert werden und
die Soldaten sich als Kriegsgefangene erklären; von irgend wel=
cher Bestrafung, die als Vergeltung für die zahlreichen Grausam=
keiten der englischen Truppen hätte gelten können, wurde jedoch
Abstand genommen.

Mit dem Siege von Yorktown war der Krieg thatsächlich
zu Ende, die englische Macht im ganzen Lande bis auf New=
York niedergeworfen und das Land von den Brandschatzungen
der Feinde befreit. Die Nachricht von der Kapitulation erregte
in London die größte Bestürzung; allenthalben erklärte man den
Versuch, den Krieg fortzusetzen, für unmöglich, und nur der
König wollte nichts von Unterhandlungen und Frieden wissen.
Die Thronrede war daher auch in möglichst energischem Sinne
abgefaßt, fand jedoch im Hause selbst nur geringen Beifall und
wurde außerhalb des Parlaments allgemein heftig angegriffen.
Das Land war dem weiteren Kampfe abgeneigt und zu einem
Aufgeben der Kolonieen bereit. Im März 1782 schlug Gene=
ral Conway im Unterhause eine Adresse vor, welche die Erwar=
tung aussprechen sollte, daß der Krieg auf dem nordamerikanischen
Kontinente keinen Fortgang finden möge. Der Antrag wurde
zwar in dieser Fassung abgelehnt, dem Wesen nach jedoch einige
Tage später angenommen, was den Rücktritt des Ministeriums
North zur Folge hatte. Ein Whigministerium unter Lord Rok=
kingham trat an die Spitze der Regierung, welche den General
Carleton nach Amerika sandte, um Clinton abzulösen und den
Kongreß von den Beschlüssen des Parlaments in Kenntnis zu

Die Übergabe Cornwallis'.

ſetzen. Ein von ihm vorgeſchlagener Separatfrieden wurde von
den Amerikanern auf Anraten Waſhingtons abgelehnt. Die
Friedensverhandlungen hatten ſchon im März 1782 begonnen,
waren jedoch erſt ernſtlich zu nehmen geweſen, nachdem das eng-
liſche Miniſterium zwei Abgeſandte, Oswald und Grenville, nach
Paris geſchickt hatte, um dort mit Frankreich und Amerika zu
gleicher Zeit zu verhandeln. Als am 1. Juli Rockingham ſtarb,
gelangte die Leitung des Miniſteriums in die Hände Shel-
burnes, welcher die beiden verbündeten Mächte zu trennen ver-
ſuchte, um mit jedem einzelnen einen günſtigeren Vertrag zu
ſchließen. Der Plan gelang, da die amerikaniſchen Kommiſſäre
ſich gegen Frankreich, das doch wahrlich mit größter Uneigennützigkeit und unter Aufbietung aller Kraft gehandelt hatte, aufreizen ließen. Franklin, der ſein Leben lang die Rechtſchaffen-
heit gepredigt hatte, verſchmähte es nicht, hier am Ende ſeines
Lebens in einer Weiſe gegen den Bundesgenoſſen vorzugehen,
welche dem franzöſiſchen Miniſter Vergennes die bitterſten Vorwürfe entlockte. Dieſelben nehmen ſich allerdings etwas ſonder-
bar in dem Munde des Mannes aus, der kurze Zeit vorher,
noch ehe das Glück der Waffen den Ausſchlag zu Gunſten der
Amerikaner gegeben hatte, geheime Verhandlungen mit England
angeknüpft hatte, was jedoch damals Franklin und ſeinen Ge-
noſſen, unter denen ſich beſonders John Adams durch ſein miß-
trauiſches und unleidliches Benehmen auszeichnete, noch unbekannt war. Die Friedensbedingungen, welche auf Anerkennung
der Unabhängigkeit der 13 Staaten, auf Erlaß einer völligen
Amneſtie und Regelung der verſchiedenen Beſtimmungen über
Schiffahrt und Fiſcherei lauteten, wurden am 30. November
1782 zwiſchen England und Amerika ſtipuliert, mit der durch
den franzöſiſch-amerikaniſchen Schutz-Vertrag vom 6. Februar
1778 bedingten Klauſel, daß der Friede erſt dann eintrete, wenn
auch zwiſchen England und Frankreich die Verhandlungen beendet
ſein würden.

Die hierauf bezüglichen Präliminarien wurden am 20. Ja-

nuar 1783 unterzeichnet. In England machte sich freilich über
diese Bedingungen eine große Mißstimmung geltend, die aber
an der Unmöglichkeit, einen günstigeren Frieden herbeizuführen,
machtlos abprallte. Dem auf das Ministerium Shelburne,
dessen Sturz am 2. April 1783 stattfand, folgenden Koalitions=
Ministerium unter Fox und Lord North blieb nichts anderes
übrig, als die früheren Abmachungen anzuerkennen, was am
3. September 1783 durch Erhebung der dreifachen Präliminar=
rien zu Friedensschlüssen erfolgte, und zwar zwischen England
und Amerika zu Paris, und zwischen England und Frankreich zu
Versailles. Der Kongreß hat am 14. Januar 1784 die Be=
schlüsse ratifiziert.

Die amerikanische Armee hatte unterdessen ihren eigenen
Weg eingeschlagen, um sich aus der unwürdigen Lage, in welche
sie die Machtlosigkeit des Kongresses versetzt hatte, herauszu=
helfen. Im Frühling 1782, im Lager zu Newburg, trat der
Unwille der Soldaten, die sich jahrelang für die Freiheit der
Staaten herumgeschlagen hatten, ohne irgend welchen Dank zu
finden, in bedrohlicher Weise zu Tage. Wäre Washington nicht
ein Mann von so ausgeprägtem Pflichtgefühl gewesen, hätte in
seiner Brust ein Funken jenes Ehrgeizes gelebt, der sonst allen
großen Männern mehr oder weniger innewohnt — das Schick=
sal der Staaten wäre ein anderes geworden und die staunende
Welt hätte das Schauspiel schon damals erleben können, was
Bonaparte ihr zwei Jahrzehnte später bot! Aber wir können
es dem ehrlichen Washington glauben, wenn er von der „schmerz=
lichen Empfindung" schreibt, mit der er den Vorschlag seines
alten Waffengefährten Nicola, ihn zum Herrscher und König zu
machen, lesen mußte. In eindringlichen Worten setzte er
das Verwerfliche des Planes auseinander, mit Waffengewalt von
dem Lande die Belohnung für geleistete Dienste zu ertrotzen;
daneben war er freilich unermüdlich thätig, bei dem Kongresse
wegen Einhaltung der gemachten Versprechungen vorstellig zu
werden. Seine Bemühungen hatten endlich den Erfolg, daß der

Kongreß einlenkte und die berechtigten Forderungen der Armee erfüllte. Am 25. November erfolgte die Räumung New-Yorks seitens der Engländer; wenige Tage darauf, am 4. Dezember, nahm Washington von der Armee und den Offizieren Abschied, welcher sich zu einer ergreifenden Scene gestaltete. Am 23. Dezember gab er dem Kongreß, zu Händen des Präsidenten Mifflin, seine Bestallung als Oberbefehlshaber zurück, nachdem er kurz vorher Steuben seinen herzlichsten Dank für die der amerikanischen Freiheit dargebrachten Opfer ausgesprochen hatte. Der Kongreß beantwortete Washingtons Ansprache mit einem Hinweis auf seine dem Vaterlande geleisteten unschätzbaren Verdienste und der Versicherung der Fortdauer seines Ruhmes bis zu dem fernsten Zeitalter. Als die feierliche Ceremonie vorüber, war Washington wieder der einfache Bürger, der er früher gewesen, zugleich hatte jene Episode vollgiltig ihr Ende erreicht, welche in den Annalen der Weltgeschichte als der amerikanische Unabhängigkeitskrieg eingetragen ist.

· Acht Jahre lang, 1775 bis 1782, hatte der Streit gedauert; einen glücklich beendeten Krieg fortsetzend, hatten Mutterland und Kolonieen in heißem Kampfe gerungen, wessen Wille in Zukunft allein maßgebend sein solle. Alt-England war unterlegen — die Kraft des stolzen Britenvolkes hatte nicht ausgereicht, dem aufstrebenden Aar die Flügel zu stutzen, machtvoll war die Saat aufgegangen, welche einst die Pilgerväter in ihrem frommen Sinn gepflanzt .... die Welt zählte ein mächtiges Reich mehr. Damals freilich lag noch die Zukunft in Dunkel gehüllt, und wohl konnten sich die Patrioten zweifelnd fragen: wird es uns möglich sein, zur Freiheit die Einheit zu fügen, dies erhaltende Element aller Staatskörper zu beleben? Der Krieg hatte die Staaten und Menschen durcheinander geschüttelt, die Not die Herzen einander näher gebracht — aber was durfte man von der kommenden Zeit und den kommenden Geschlechtern erwarten?

Die Geschichte hat darauf die Antwort gegeben. Die Zähigkeit, das Erbstück der germanischen Rasse hat triumphiert und den gewaltigen Bundesstaat geschaffen, der heute als mitbestimmender Faktor in Krieg und Frieden auf dem Welttheater erscheint. Allen jenen Männern, deren Eifer und Fähigkeiten die Aufrichtung des Reiches gelungen ist, gebührt die Anerkennung der Nachwelt, und nicht zuletzt unseren deutschen Stammesangehörigen, welche ohne niederen Eigennutz übers Meer gezogen sind, um mit ihrem Blute den Triumph der Freiheit zu besiegeln.

Sachregister.

Druck von Grehner & Schramm in Leipzig.

Geschichte

der

Vereinigten Staaten von Nordamerika

von

Ernst Otto Hopp.

II. Abteilung:

Von der Konstitution des Bundesstaates 1783 bis zum Ausbruch des großen Bürgerkrieges 1861.

Mit 32 in den Text gedruckten Abbildungen.

Leipzig: Prag:
G. Freytag.   1885.   F. Tempsky.

Inhaltsverzeichnis.

Der Bundesstaat und seine Konstitution.

Der Friede von 1783 fand die dreizehn Vereinigten Staaten in einem wenig befriedigenden Zustande vor. Die Zerrüttungen des Krieges machten sich überall geltend, die Handels- und Verkehrsverhältnisse waren in bedrohlicher Unordnung und der Kongreß unfähig, von der ihm übertragenen Macht irgend welchen Gebrauch zu machen, da seine Befugnisse mit den ihm zu Gebote stehenden Machtmitteln in grellem Kontraste standen. Von jeher durch die Verschiedenheit der Gründung, durch den abweichenden Entwickelungsgang der politischen und sozialen Institutionen, durch die Gestaltung von Handel und Verkehr, durch die Mangelhaftigkeit der Kommunikationen und die ausgedehnten, dünn bevölkerten Territorien mehr auf einzelne Selbständigkeit hingewiesen, hatten die dreizehn Kolonieen in dem Kampfe gegen das Mutterland das einigende Element gefunden, das alle Unterschiede zurücktreten ließ und die egoistischen Ansprüche der Einzelnen zum Schweigen brachte. Die rauschenden Wogen des Ozeans, der sie nicht nur vom Mutterlande, sondern von der ganzen übrigen zivilisierten Welt trennte, hatten in jener schicksalsschweren Zeit es ihnen oft genug ins Gedächtnis zurückgerufen, daß nur die Einigkeit stark machen und den Sieg herbeiführen könne, und in ihnen so die Meinung langsam befestigt, daß der Abfall von der gemeinsamen Sache nicht nur ein schmähliches Verbrechen, sondern auch ein selbstmörderisches und unkluges Benehmen wäre. Das „gute Volk dieser Kolonieen" hatte ausgeharrt, bis der letzte englische Soldat sich unterworfen und

die am 4. Juli 1776 zu Papier gebrachte Unabhängigkeit eine
Thatsache geworden war. Ganz anders aber gestalteten sich die
Dinge nach Abschluß jener blutgetränkten Periode, als die Gefahr vorüber und die trivialen Beschäftigungen mit der Wiederherstellung der Ordnung ihren Anfang nahmen. Der Egoismus
der Einzelstaaten machte eine gedeihliche Entwickelung des ganzen
Gemeinwesens unmöglich, ja stellte dessen Existenz selbst in Frage.
Das Bewußtsein der eigenen Kraft regte sich allenthalben, ver-
schob aber durch die Anmaßung, mit der es auftrat, und durch
die lächerliche Eifersucht, die es auch den notwendigsten Beschränkungen gegenüber zu Tage treten ließ, die Linien des staatlichen Organismus derart, daß derselbe aufhören mußte zu
funktionieren. Dem berechtigten „Hilf dir selbst!“ — von jeher
die Maxime der an Arbeit und Sorgen gewöhnten Amerikaner
— mischte sich ein unverständiges „Rühr mich nicht an!“ bei,
das die scharffichtigen Führer der Nation, einen Washington,
Hamilton u. a. mit Besorgnis in die Zukunft schauen ließ. Die
Folgen dieser durch die Halsstarrigkeit der Einzelstaaten hervorgerufenen Regierungslosigkeit machten sich zuerst und auch am
schärfsten auf dem Gebiete des öffentlichen Kredits und des
Handels fühlbar, welche beide das Interesse jedes einzelnen Bürgers
berührten. Die ewigen Geldverlegenheiten, welche im Kriege so
unliebsame Szenen herbeigeführt und das Vertrauen der Soldaten
mehr als einmal erschüttert hatten, dauerten auch nach dem
Friedensschlusse fort und begannen angesichts der Thatsache,
daß binnen kurzem die ausländische Schuld fällig wurde, wahrhaft kritisch zu werden. Die Bittgesuche des Kongresses an die
Staaten wurden von diesen nicht beachtet, die Drohungen der
ohnmächtigen Körperschaft verlacht, so daß die Bundesregierung
ohne feste Einnahmequellen von der Hand in den Mund zu
leben genötigt war und der allgemeine Ruin fast stündlich eintreten konnte. In den Staaten selbst sah es freilich nicht besser
aus. Überall war eine kleine Schar gewissenloser Menschen an
der Arbeit, die Legislaturen zur Annahme eines Gesetzes zu be-

wegen, daß die Einlösung der Schulden illusorisch machen sollte
— eine Bewegung revolutionären Charakters, die sich in dem
Treiben der Schar des Hauptmanns Shay in Massachusetts in
ihrer ganzen Gefährlichkeit offenbarte. Unter diesen Umständen
sank das öffentliche Vertrauen, sanken die Kurse der Schuldver=
schreibungen und stockte schließlich das gesamte Geschäft, da
jeder sein Eigentum und namentlich seinen Vorrat an barem
Gelde zu sichern suchte. Hierzu kamen noch die Handelsab=
sperrungen und Beschränkungen der einzelnen Territorien unter
sich, welche in ihren Handelsreglements eine Politik verfolgten,
die der der Nachbarstaaten feindlich war und natürlich einen
gleichen Gegendruck hervorrufen mußte. Die Handelsbeziehungen
der Vereinigten Staaten mit den europäischen Ländern litten
gleicherweise unter den trüben Zuständen, welche in Amerika
herrschten. Wer wollte und konnte sich auf die feierlichen Ver=
sicherungen und Verträge eines Landes verlassen, dessen Regie=
rung zum Stillstande verurteilt und in dessen einzelnen Teilen
der Geist der Unzufriedenheit und Eifersucht in vollstem Maße
rege war? Beklagten sich doch die Engländer über die mangel=
hafte Ausführung der Friedensbestimmungen, welche Thatsache
John Jay, Sekretär der auswärtigen Angelegenheiten, zugestehen
mußte! Durften sich die Amerikaner denn beklagen, als England
auf diese Unzuträglichkeiten mit geheimen Ratsbefehlen antwortete,
die dem amerikanischen Handel den schwersten Schaden zufügten?
Kein Wunder, daß die Freunde der Freiheit Amerikas Ruhm ver=
loren gaben und die Befürchtung aussprachen, daß dieser traurige
Zustand den Anhängern der Willkürschaft zur Befriedigung und
ihren Ideen zur Stärkung gereiche!

Schon 1783 hatte John Adams eine Änderung der Ver=
fassung vorgeschlagen, dieselbe jedoch nicht durchzusetzen vermocht.
Zwei Jahre später, im Juli 1785, trat die Legislatur des Staates
Massachusetts der Frage näher und befürwortete die Berufung
einer allgemeinen Konvention, deren Bestreben es sein müsse, den
schreienden Mängeln, die sich im Laufe der letzten Jahre heraus=

gestellt, abzuhelfen. Da der Kongreß sich jedoch ablehnend dazu
verhielt, und die übrigen Staaten hin- und herschwankten, schien
die ganze Angelegenheit wieder in Vergessenheit zu geraten, wenn
nicht Virginia den Vorschlag von Massachusetts in beschränkter
Form wieder aufgenommen hätte. Am 21. Januar 1786 nahm
die virginische Legislatur den nachstehenden bedeutsamen Be=
schluß an: Eine Konvention soll zusammentreten und darüber
beraten, inwieweit ein einheitliches System in den kommerziellen
Verhältnissen der Staaten für das gemeinsame Interesse not=
wendig sein dürfte. Im September desselben Jahres trat diese
Konvention zu Annapolis in Maryland zusammen, war jedoch
nur von den fünf Staaten: New York, New Jersey, Pennsylvania,
Delaware und Virginia beschickt worden. Man überzeugte sich
bald, daß unter diesen Umständen wenig Ersprießliches aus der
Versammlung hervorgehen dürfte, und begnügte sich deshalb einen
Bericht abzufassen, der dem Kongresse und den Legislaturen der
einzelnen Staaten übersandt wurde. In demselben wurde für Be=
schickung eines allgemeinen Konvents plaidiert, der „den zweiten
Montag im kommenden Mai in Philadelphia zusammentreten sollte,
um die Lage der Vereinigten Staaten in Erwägung zu ziehen und
die weiteren Maßnahmen zu ermitteln, welche ihnen (den Kom=
missaren) notwendig erschienen, um die Verfassung der Bundesregie=
rung den Bedürfnissen der Union entsprechend zu machen." Damit
die Oberhoheit des Kongresses gewahrt und die Eitelkeit seiner
Mitglieder geschont werde, hob man in dem Berichte ausdrücklich
hervor, daß die Entwürfe zuerst an den Kongreß gehen
und erst dann, wenn von diesem gutgeheißen, den Legislaturen
der Einzelstaaten zur Genehmigung oder Verwerfung vorgelegt
werden sollten. Schließlich stellte noch New York, um jeden
Verdacht, als ob ein ungesetzliches Verfahren vorgeschlagen würde,
auszuschließen, durch seine Delegierten im Kongreß den Antrag,
daß dieser den Staaten die Beschickung eines allgemeinen Kon=
vents empfehle, und setzte am 21. Februar 1787 die Annahme
desselben durch.

Für die Freunde einer stärkeren Zentralisierung der Bundesgewalt war jetzt der Moment gekommen, um ihren Bestrebungen
endlich den Sieg zu verschaffen; sie ergriffen daher mit aller Freudig-
keit die Gelegenheit, durch unermüdlichen Hinweis auf die Bedeutung der Konventswahlen das Volk zu bestimmen, nur den
würdigsten und verdienstvollsten Männern des Landes seine Stimme
zu geben. Ihre Hauptaufgabe freilich war, Washington zur Übernahme einer Kandidatur zu bestimmen; denn fehlt der Heros des
Freiheitskampfes — so urteilten sie — so fehlt der Vertrauens-
mann des Volkes, und unsere Arbeit wird wenig erfolgreich sein.
Washington verhehlte sich die Schwierigkeit der Lage nicht; er
schwankte lange, ob er sich beteiligen sollte, da er nicht mit Unrecht der Meinung seiner Freunde Humphries und Knox war,
daß „die Dinge noch schlimmer werden müßten, ehe sie besser
werden könnten." Schließlich gab er jedoch seine Einwilligung
zur Wahl in den Konvent, dessen Mitglieder zur bestimmten
Zeit in Philadelphia eintrafen, ihre Unterhandlungen jedoch erst
am 25. Mai eröffneten.

Das Gefühl schwerer Verantwortlichkeit vor dem Volke beherrschte diese Eliteversammlung, welche den letzten dringenden
Versuch machen sollte, dem zerfallenden Staatsorganismus neues
Leben einzuflößen. Ein jeder sah ein, daß gegenseitige Kon-
zessionen durchaus notwendig waren, hielt sich aber seinem Staate
gegenüber für verbunden, sich hierin so hartnäckig als möglich
zu zeigen, so daß erbitterte Kämpfe unabweislich bevorstanden, und
demgemäß der Beschluß, daß die Verhandlungen bei geschlossenen
Thüren geführt und die Mitglieder zum Schweigen über dieselben verpflichtet werden sollten, in vollem Maße gerechtfertigt
erschien. Wären die einzelnen Streitfragen damals der öffentlichen
Diskussion überlassen worden, so hätte die Konvention zweifellos
bald unter dem Drucke der hin- und herwogenden Parteien gestanden, was für die gütliche Einigung innerhalb der Versammlung von dem schwersten Nachteile gewesen wäre. Trotz dieses
Ausschlusses der Öffentlichkeit sind uns genaue Berichte von den

Verhandlungen in den Aufzeichnungen Madisons erhalten, welche
der Kongreß nach dem Tode des Autors für 30 000 Dollars
von der Witwe kaufte. Ferner versteht sich von selbst, daß in
den Briefen von Washington, Jefferson, Adams, Hamilton u. a.
reichhaltige Bemerkungen sich vorfinden, welche uns in den Stand
setzen, den charakteristischen Verlauf der Debatten näher zu be-
leuchten. Besondere Schwierigkeit verursachte das Vorgehen einzelner Abgeordneten, welche erklärten, sich nicht durch die Vollmachten ihrer Wähler, die nur auf eine Verbesserung der bestehenden
staatenbundlichen Verfassung hinzielten, gebunden zu halten, sondern
als Grundlage der Verhandlungen die Anerkennung des nationalen
Momentes forderten. Daß diese Ansicht — so gerechtfertigt sie
uns vom Standpunkte einer vernünftigen, praktische Ziele ver-
folgenden Politik erscheint — jedoch auf einen gewaltigen Widerstand stieß, beweist der Austritt von zweien der drei Abgeordneten
New Yorks, welche voll Bitterkeit erklärten, daß ihre Wähler
„niemals Delegaten geschickt haben würden, wenn sie geahnt hätten,
daß derartige Projekte im Schilde geführt werden" — beweisen
ferner die Drohungen vieler Mitglieder aus den Südstaaten,
welche erklärten, die Sezession zu einer allgemeinen zu machen,
wenn nicht ihre Rechte aufs vollständigste gewahrt blieben.
Wie sehr die Hitze des Gefechts sich steigern und alle Besonnenheit verbannen konnte, wird aus dem Antrage klar, den Franklin
sich einst zu stellen gedrungen fühlte, daß nämlich den Sitzungen
in Zukunft ein Gebet vorhergehen solle, denn „nur noch vom
Himmel sei Hilfe zu erwarten, Menschenwitz sei erschöpft!" Bei
alledem konnte nicht verhindert werden, daß eine große Zahl
von Abgeordneten sich fern hielt und die Fortdauer der Konvention mehr als einmal in Frage gestellt war, trotz der ver-
söhnenden Politik, welche Washington in seiner Stellung als
Präsident der Versammlung auch diesmal wieder zu befolgen
für angemessen hielt.

Am 17. September endlich wurde der Entwurf der neuen
Verfassung von den Delegaten der zur Zeit vertretenen Staaten

angenommen, wobei vorsichtigerweise bestimmt worden war, daß
die Zustimmung von neun Staaten hinreichen sollte, für diese
neun Staaten die Verfassung zur Geltung zu bringen. Letztere
bestimmte, daß die Regierung eine nationale, keine föderative
sein solle, deren Wirksamkeit nicht wie bisher vom guten Willen
der Legislaturen der einzelnen Staaten abhänge, sondern die sich
an die Bevölkerung der ganzen Union müsse richten können und
mit einer Art zwingender Machtvollkommenheit ausgerüstet sein
solle. Außer einer höchsten gesetzgebenden Gewalt seien voll=
ziehende und richterliche Faktoren zu schaffen und derart mit
Rechten zu versehen, daß sie ihren Befehlen Geltung verschaffen
könnten. Über die Einzelheiten der Regierungsform ist in der
Konvention viel gestritten worden, bis man sich dahin einigte,
folgenden Entwurf anzunehmen: Die gesetzgebende Gewalt besteht
aus dem Repräsentantenhaus, dem Kongreß, dessen Mitglieder
direkt vom Volke gewählt werden, und dem Senat, der sich aus
den von den Legislaturen der Einzelstaaten ernannten Senatoren
zusammengesetzt; die Exekutive aus dem Präsidenten, dem ein
Vetorecht zusteht, das aber illusorisch wird, wenn zwei Drittel
der beiden Häuser an den gefaßten Beschlüssen festhalten. Die
richterliche Gewalt endlich erstreckt sich auf Interpretation der
Gesetze, sowie auf alle Anklagen gegen Beamte und sonstige An=
gelegenheiten, welche sich auf die Ordnung des staatlichen Ge=
meinwesens bezogen. — Über die Art und Weise der Vertretung
der einzelnen Staaten im Kongresse wurde nach langen und
heftigen Debatten bestimmt, daß als Grundlage der Vertretung
die Seelenzahl der weißen Bevölkerung dienen müsse, zu der
aber noch drei Fünftel der Sklavenzahl hinzugezählt werden,
wodurch die Sklavenstaaten den Vorteil erlangten, ihre Sklaven
neben der ökonomischen Verwendung gleichzeitig politisch verwerten
zu können. Da auf je 40 000 Seelen ein Abgeordneter kommen
sollte, so genügte die Sklaveneinfuhr von 66 666 Seelen, um
dem betreffenden Staate eine Stimme mehr zu verschaffen. Wie
wichtig diese Bestimmung, welche als der erste Kompromiß zwischen

dem ängstlichen Norden und dem brutal auftretenden und mit
seinem Austritte drohenden Süden anzusehen ist, in der Folgezeit wurde, ersieht man aus der Angabe, daß der Süden für
seine Sklaven von 1789—1792 sieben, von 1813—1823 neun-
zehn, von 1833—1843 fünfundzwanzig Abgeordnete mehr erhielt.
Seit dem Ende der Vierziger Jahre nahm infolge der massen-
haften Einwanderung in den sklavenfreien Nordwesten dieses
Verhältnis etwas ab, bis schließlich der Bürgerkrieg und die
Sklavenemanzipation der ganzen Frage eine andere Wendung
gab. Der Norden hatte damals ohne Bedenken in den Kompromiß gewilligt, weil diese Art der Repräsentation auch für
die Auflage der direkten Besteuerung bestimmend sein sollte, was
sich in Zukunft jedoch als wenig belangreich erwies, da die
Haupteinnahmen aus der indirekten Besteuerung flossen und nur
zweimal ausnahmsweise eine direkte Steuer zur Erhebung kam.

Bei der Bildung des Senats hatte, — wie wir gesehen —
das staatliche Prinzip gesiegt; die Zahl der Senatoren wurde
auf zwei von jedem Staate festgesetzt, so daß kleine wie große
Staaten in gleicher Weise vertreten waren, was für die Be-
schwichtigung der egoistischen Staateninteressen von großem
Nutzen war.

Die Wahl des Präsidenten wurde derart angeordnet, daß
das gesamte Volk eine bestimmte Zahl von Wahlmännern wählen
mußte, welche ihrerseits dann das Oberhaupt der Exekutive ernannten, dabei jedoch von vornherein an die Satzungen ihrer
Wähler resp. Partei, an die sogenannte „Platform" gebunden
waren. Die Wahl der Präsidenten erfolgte auf vier Jahre;
eine Wiederwahl war nicht ausgeschlossen.

Um der neuen Konstitution das Gepräge eines allgemeinen,
vom Volke angenommenen Grundgesetzes zu geben, war schließlich noch bestimmt worden, daß nicht die bestehenden Legislaturen,
sondern eigens vom Volke ernannte Konvente über die Annahme
oder Verwerfung derselben beschließen sollten. Neben diesen
allgemeinen prinzipiellen Bestimmungen sind jedoch noch auf der

Versammlung zu Philadelphia eine Reihe weiterer Fragen zur
Sprache gekommen, welche für die Gestaltung der neuen Union
nicht minder wichtig waren. Wie erinnerlich, hatten die traurigen
Handels- und Verkehrsverhältnisse den ersten Anstoß zur Um-
arbeitung der Konstitution gegeben, so daß es ganz natürlich
war, die hierauf bezüglichen Fragen erörtert zu sehen. Man
war geneigt, der Zentralregierung das Recht Schiffahrtsgesetze
zu erlassen, zuzugestehen, zeigte sich aber namentlich von seiten des
Südens durchaus ablehnend gegen eine auf die Rohprodukte der
Einzelstaaten zu legende Ausfuhrsteuer. Die Debatte nahm bald
den üblichen gereizten Ton an, zumal da infolge des Auftretens
des Südens die Frage über die Fortdauer des Sklavenhandels
mit hineingezogen wurde. Der Standpunkt des Südens war
insofern ein richtiger, als die einzelnen Staaten keinen gemeinsamen Exportartikel besaßen und eine Ausfuhrsteuer leicht zu
einer Begünstigung etlicher Staaten hätte führen können; seine
Verteidigung geschah aber wieder in jener nichtachtenden Manier,
welche die Wortführer des Südens von jeher an den Tag legten.
„Eine Ausfuhrsteuer" — so äußerte sich Pinkney von Süd-Karolina — „muß unserem Handel den Todesstoß versetzen. — Süd-
Karolina vermochte in einem einzigen Jahre durch seine Sklaven
Produkte zum Werte von 600000 Pfund Sterling auszuführen.
Es wird also die Konstitution nicht annehmen und die Konvention verlassen, wenn der neuen Regierung das Recht der Ausfuhrsteuer eingeräumt werden sollte." Dem Widerstande der
beiden Karolinas und Georgias gelang es, den Plan der Ausfuhrsteuer zum Scheitern zu bringen. Das weitere Verlangen
des Südens, daß alle auf den Seehandel bezughabenden Gesetzentwürfe nur dann Gültigkeit erlangen sollten, wenn sie mit
Zweidrittel-Majorität angenommen seien, blieb jedoch unerfüllt, da
der Norden sich gegen diese offenbare Beherrschung der Majorität
durch die Minorität energisch sträubte. In dem wichtigsten
Punkte, der Frage nach der Fortdauer des Sklavenhandels
triumphierte dagegen wieder der Süden, indem die Konvention

den Beschluß faßte, daß der Sklavenhandel nicht vor dem Jahre
1808 verboten werden dürfe, wobei es den Staatenlegislaturen
überlassen blieb, ob sie eine Steuer von 10 Dollars auf jeden
importierten Sklaven legen wollten oder nicht. Das praktische
Resultat dieser Bestimmungen weisen die Ziffern über die Sklavenbevölkerung in den Jahren 1790 bis 1810 deutlich auf. Die
Zunahme der Sklaven in jenem Zeitraum betrug nämlich in Nord-
Karolina 32,53%, in Süd-Karolina 36,46% und in Georgia
102,99%, während die späteren Zählungen eine weit geringere
Vermehrung konstatieren. Wie sehr trotz des ostentativ zur
Schau getragenen Unbekümmertseins der Süden dieser doch das
Gehässige und Schmachvolle der Sklavenwirtschaft fühlte, geht
aus dem Wortlaute aller auf den Sklavenhandel und die Sklaven-
benutzung bezüglichen Dokumente hervor, indem man statt Sklaven
„Personen, zur Arbeit verbunden" schrieb und den Sklavenhandel
als „Einwanderung und Importation solcher Personen, welche
die Einzelstaaten zuzulassen für gut befinden" bezeichnete. Da
es aber den Sklavenstaaten nicht nur darum zu thun war, sich die
Zufuhr neuen Menschenmaterials zu sichern, sondern sie auch
Schutz gegen das Entweichen der Sklaven in die freien Staaten
forderten, so wurde schließlich noch bestimmt, daß die Einzelstaaten
verpflichtet sein sollten, auf Antrag des betreffenden Herrn der
Auslieferung der Sklaven kein Hindernis entgegenzusetzen. Mit
der Annahme dieses Gesetzes schloß der Ring von Kompromissen,
in denen der Norden regelmäßig den kürzeren zog, die aber notwendig waren, um der Union überhaupt erst zum Dasein zu
verhelfen. Freilich rächte sich diese Überbrückung der zwischen
dem Norden und dem Süden bestehenden Kluft durch eine Reihe
fortgesetzter Kämpfe, die schließlich die Entscheidung durch das
Schwert als den alleinigen Ausweg übrig ließen. Es ist müßig,
heutzutage darüber Erörterungen anstellen zu wollen, ob es nicht
besser gewesen wäre, wenn die Nordstaaten den Süden sich selbst
überlassen hätten — Thatsache ist, daß das Werk der Konvention
von Philadelphia ein durch die Verhältnisse gebotenes war, daß

jedermann von der gebieterischen Überzeugung beherrscht war,
daß man es nicht zum Äußersten kommen lassen dürfe, und daß
die geschaffene Konstitution nicht das Werk eines phantasiereichen,
idealen Politikers, sondern nur die Frucht gemeinsamen Nach=
gebens sein konnte. Von jener „Erleuchtung“ der großen Väter
der Union, welche Phrase mit Vorliebe in den Biertischreden des
vierten Juli gebraucht wurde, war keine Spur vorhanden —;
die geschichtliche Wahrheit erfordert vielmehr, zu sagen, daß die
Konstitution einem „widerstrebenden Volke durch die zermalmende
Notwendigkeit abgerungen worden ist.“

Bei der Beratung der Konstitution in den Konventen der
Einzelstaaten platzten die Geister mit erneuter Heftigkeit aufein=
ander. Es bildeten sich die Parteien der Föderalisten (Anhänger
der neuen Regierungsform) und der Republikaner, später Demo=
kraten genannt, welche in partikularistischer Tendenz die vermeint=
liche Unterjochung der Staaten abwehren wollten und gegen
das Schreckgespenst der „konsolidierten Regierung“ eiferten. Die=
selben Männer, welche einst, zur Zeit des Kampfes gegen Eng=
land, emphatisch ausgerufen hatten: „Wir sind alle Amerikaner,
es giebt keine Virginier, New Yorker u. s. w. mehr!“ verleug=
neten ihre Vergangenheit und zeigten einen ebenso verbissenen
als lächerlichen Lokalpatriotismus. Die Kraft der föderalistischen
Partei wuchs jedoch mit der fortschreitenden Erkenntnis der
Massen, daß es eine Notwendigkeit sei, die Konstitution anzu=
nehmen, da wohl schwerlich jemals ein gleich günstiger Augen=
blick dafür wieder kommen würde, und so bequemte sich ein Staat
nach dem andern, die Beschlüsse der Philadelphier Konvention
anzuerkennen. Besonderen Einfluß übten hierbei eine Reihe von
Artikeln in der New Yorker Zeitung „The Daily Adviser“ aus,
die zumeist aus der Feder Hamiltons stammten und später unter
dem Titel „Der Föderalist“ vereinigt erschienen. Delaware war
der erste Staat, der zur Wahl eines Konvents schritt und die
Konstitution annahm; ihm folgten Pennsylvania, New Jersey,
Georgia, Connecticut, Massachusetts, Maryland, Süd=Karolina,

New Hampshire, Virginia und New York, während Rhode-Island
sich weigerte, einen Konvent einzuberufen und die Versammlung
von Nord-Karolina sich auflöste, ohne die Konstitution genehmigt
zu haben. In einzelnen Staaten waren von der antiföderalistischen Seite Wünsche laut geworden, die Anerkennung der
Konstitution nur dann zu beschließen, wenn vorher einige Abänderungen und Amendements genehmigt würden, gegen welches
Vorhaben sich die Freunde der Konstitution aufs energischeste
zur Wehr setzten, da durch die Gestattung einer derartigen bedingten Zustimmung die Konstitution den Charakter eines Grundgesetzes verloren hätte und ein Präzedenzfall gefährlichster Art
geschaffen worden wäre. So besonders in Virginia und in New
York, wo der Kampf überhaupt am heftigsten tobte und es nur
den unaufhörlichen Bemühungen Hamiltons gelang, ein glückliches Resultat herbeizuführen. Die Idee, zur Lösung der streitigen
Fragen einen zweiten allgemeinen Konvent zu berufen, wurde
ebenfalls lange debattiert, jedoch schließlich verworfen, da selbst
die Mehrzahl der Partikularisten einsah, daß ein solcher Schritt
nur dazu dienen würde, die alten Leidenschaften von neuem
aufzuwühlen und das Übel nur noch schlimmer zu machen. —

Mit der am 21. Juni 1788 erfolgten Ratifikation seitens
New Hampshires hatte die Konstitution Gesetzeskraft erhalten.
Die nachschleppenden Voten der beiden wichtigen Staaten Virginia
und New York verstärkten naturgemäß die Bedeutung der Anerkennung, und bald wurde sie von allen Seiten der Konstitution ge-
zollt. Die beiden widerstrebenden Staaten, das eigennützige Rhode-
Island und das der Verwilderung anheimgefallene Nord-Karolina, wurden durch die Androhung, daß man sie als fremde und
feindliche Staaten behandeln würde, in den nächsten zwei Jahren
gleichfalls bestimmt, in die Union einzutreten und das Grundgesetz
zu acceptieren.

Der praktische Sinn der Amerikaner erkannte bald, von wie
großem Werte die Vagheit mancher Bestimmungen der Konstitution
sei, welche je nach der Interpretation die Zentralregierung

und die Exekutive zu einem größeren oder geringeren Grade von
autoritativem Vorgehen berechtigte; und thatsächlich war gerade
diese in den Augen der Idealpolitiker schlechte Eigenschaft der Kon=
stitution ihr Bestes, indem der so geschaffene Spielraum als
Puffer dienen konnte, an dem sich die Idealität der Parteian=
schauungen mit der Realität der Erfordernisse stieß. Eine starre,
subtil ausgearbeitete, kasuistisch angeordnete Verfassung wäre
beim ersten Ansturm der Begierden in Trümmer gegangen,
während die dehnbaren Maschen der zu Philadelphia entworfenen
Konstitution jedem Anprall willig nachgaben und so sich aufs
beste konservierten. Dazu kam jene eigentümliche Erscheinung
im amerikanischen Parteileben, welche man sehr richtig die „Kanoni=
sierung der Verfassung" bezeichnet hat. Indem jede Partei von
sich behauptete, bei ihrem Thun und Treiben einzig und allein
die Bestimmungen der Konstitution vor Augen zu haben, wurde
es zu einer sich von selbst ergebenden Notwendigkeit, bei jeder
Streitfrage auf die Verfassung selber zurückzugehen, aus ihr
heraus zu interpretieren, was immer nur möglich war, und so
den einzelnen Artikeln der Verfassung eine autoritative Bedeu=
tung beizulegen, die zuletzt der Bevölkerung in Fleisch und Blut
überging und als erstes politisches Dogma die „Mustergültigkeit"
der Verfassung proklamierte. Diese Sucht der beiden sich gegen=
überstehenden Parteien, der Föderalisten und der Republikaner,
die Konstitution zu ihren Zwecken auszunutzen, erhielt jedoch
erst ihre volle Bedeutung, als die Republikaner bei jeder ihnen
ungelegenen Frage die Staatensouveränetät ins Feld führten,
und aus den in der Verfassung anerkannten Staatenrechten die
Berechtigung herauslasen, zur Nullifikation der Beschlüsse oder
zur Sezession zu schreiten. Die Absicht der Sezession ist oft
bezweifelt worden, zumal von den Geschichtsschreibern, die die
ganze Entwickelung der Konstitution vom idealen Standpunkte aus
betrachteten; es kann jedoch gar kein Zweifel darüber bestehen,
daß hinter den häufig zu Tage tretenden Drohungen der Süd=
staaten ein zur Sezession entschlossener Wille stand, wodurch denn

auch die Kompromisse des Nordens eine mildere Beurteilung er=
fahren. —

Von den Verhandlungen des alten Kongresses aus den
letzten Jahren seines Bestehens ragt ein Gegenstand durch die
folgenreiche Bedeutung der auf ihn bezüglichen Beschlüsse be=
sonders hervor Es ist dies die in der Ordonnanz vom 13. Juli
1787 niedergelegte Grundlage der späteren Landgesetzgebung der
Vereinigten Staaten, zugleich der Freibrief von fünf freien
Staaten. Aus dem alten Abhängigkeitsverhältnisse war noch
die Bestimmung über die sich bis zum Mississippi hinziehenden
westlichen Territorien überkommen, durch welche zwischen den
Staaten, denen die frühere englische Regierung Landschenkungen
gemacht hatte und denjenigen, die leer ausgegangen waren, eine
Verschiedenheit in bezug auf politische Machtfülle und finan=
zielle Leistungsfähigkeit bestand, die mit den republikanischen
Grundsätzen unvereinbar erschien. Die Erinnerung an die ge=
meinsam dargebrachten Blutopfer bewirkte, daß der Antrag der
landarmen Staaten, daß „alles im Westen belegene Land dem
Kongresse abgetreten werde, damit dieser darüber verfüge, und
namentlich aus dem Erlöse die Bundesschuld bezahlen könne",
angenommen wurde und die Staaten sich freiwillig, wenn auch
nach einigem Zögern und mit Sicherung gewisser Vorrechte für
Dotierung von neuzugründenden Schulen ihres Besitzes ent=
äußerten. New York ging am 19. Februar 1780 mit gutem
Beispiel voran, worauf Virginia (1784), Massachusetts, die beiden
Karolinas. u. s. w. folgten. Der Kongreß setzte im April 1784
zur Ausarbeitung eines Organisationsgesetzes einen Ausschuß
ein, dem Th. Jefferson präsidierte. In dem von ihm aus=
gearbeiteten Berichte heißt es, daß das ganze abzutretende Gebiet
in siebzehn Staaten zu teilen sei, von denen acht südlich und
neun nördlich der Ohiofälle bei Louisville liegen sollten. Nach
dem Jahre 1800 dürfe in den so gebildeten Staaten keine Sklaverei
stattfinden außer im Falle der Verurteilung zur unfreiwilligen
Dienstbarkeit wegen eines begangenen Verbrechens. Bei der Ab=

ſtimmung am 19. April 1784 erlangte der Geſetzentwurf nicht das für die Annahme eines Geſetzes nach den alten Bundes= artikeln notwendige Votum von neun Staaten, was zur Folge hatte, daß die auf die Sklaverei bezügliche Abmachung geſtrichen werden mußte, worauf der Entwurf am 23. April Geſetzeskraft erhielt. Das Beſtreben Jeffersons, die Sklaverei aus dem neuen Gebiete auszuſchließen, wurde nach der Abreiſe Jeffersons als Geſandten nach Frankreich von Rufus King wiederaufgenommen, jedoch gleichfalls ohne Reſultat.

Inzwiſchen hatte ſich die Einwanderung derart den neuen Län= dereien zugewandt, daß es geboten erſchien, ein den thatſächlichen Bedürfniſſen mehr Rechnung tragendes Geſetz zu erlaſſen, welches in der von Nathan Dane ausgearbeiteten Ordonnanz vom 13. Juli 1787 zuſtande kam. Dieſelbe beſtimmt, daß die Einwohner des in Rede ſtehenden Gebietes dieſelben Rechte und Freiheiten der übrigen amerikaniſchen Bürger genießen ſollten, und erörtert in eingehender Weiſe, unter welchen Bedingungen ein derart heran= wachſender Staat in die Union als gleichberechtigtes Mitglied aufgenommen werden könne. Bei einer Bevölkerung von unter 5000 freien, mündigen Männern wird die adminiſtrative und richterliche Gewalt einem Statthalter und drei Richtern über= tragen, die befugt ſind, von den alten Staaten die ihnen paſſend erſcheinenden Geſetze zu entlehnen. Hat die Volkszahl 5000 über= ſchritten, ſo wird eine allgemeine Verſammlung eingerichtet, be= ſtehend aus dem Statthalter, aus dem geſetzgebenden Rate und dem Repräſentantenhauſe. Eine Bevölkerung von 60 000 freien Einwohnern berechtigt den Staat, in den Verband der Union zu treten und ſich eine auf republikaniſcher Grundlage baſierende Verfaſſung zu geben. Der Schlußartikel enthält die Beſtimmung über die Sklaverei und erklärt dieſelbe als nicht zuläſſig, außer als Strafe für Verbrechen, ordnet jedoch die Auslieferung des nach dort geflüchteten Sklaven an ſeinen Herrn an. Letzterer Punkt war die Bedingung, unter der die Sklavenſtaaten zuſtimm= ten, ſo daß die Genehmigung der Ordonnanz einſtimmig erfolgte.

Eine spätere Ergänzung vom 7. Juli 1789 übertrug alle in der Ordonnanz dem Kongresse zugesicherten Rechte auf den Präsidenten, desgleichen wurden die Bestimmungen der Ordonnanz mit Ausnahme des Artikels in betreff der Sklaverei über alle Länder südlich und südwestlich des Ohio ausgedehnt.

George Washingtons Präsidentschaften.

Als durch die Annahme der Konstitution von seiten des neunten Staates New Hampshire die Auflösung des alten Bundes eine beschlossene Thatsache geworden war, ergriff der Kongreß die zur Vornahme der Präsidentenwahl notwendigen Maßregeln. Die Wahlmänner wurden auf den ersten Mittwoch im Januar 1789 zusammenberufen, und ihnen ward aufgegeben, am ersten Mittwoch des Februars die Stimmzettel für den Präsidenten und dessen Stellvertreter einzureichen, worauf wiederum vier Wochen später die neue Regierung ihre Verhandlungen beginnen sollte, und zwar zunächst in New York, bis die Frage nach einem Platze für die nationale Hauptstadt entschieden wäre. Da dieser so bestimmte Tag auf den vierten März fiel, so ist derselbe als der Eröffnungstag jeder neuen Präsidentschaft beibehalten worden. Was den ersten unter den neuen Bestimmungen gewählten Kongreß betrifft, so dauerte es über einen Monat, bis zum 6. April 1789, ehe eine genügende Majorität von Mitgliedern vorhanden war.

Über die Person des neuen Präsidenten konnte kein Zweifel sein. Freund und Feind der neuen Regierungsform stimmten darin überein, daß Washington allein der Mann sei, dem ein so bedeutsames Amt, dessen Wirkungskreis bisher noch gar nicht bekannt war, ohne Gefahr für das Heil des Staates anvertraut werden konnte. So geschah es, daß die Wahllisten die einstimmige Ernennung Washingtons zum Präsidenten aufwiesen. Als Vizepräsident wurde John Adams, der bekannte Führer der Freiheitsbewegung in Massachusetts, gewählt. Die Reise Washingtons von seinem Landgute Mount Vernon nach New York

Fig. 1.

George Washington.
(Nach Harper.)

gestaltete sich zu einem wahren Triumphzuge; überall wurde der tapfere Feldherr und geniale Staatsmann feierlich empfangen und mit Adressen und Blumengaben überhäuft, welche ihm die große, begeisterte Verehrung, die er im ganzen Lande genoß, bewiesen. Am 30. April 1789 leistete Washington den vorgeschriebenen Präsidenteneid und hielt eine Eröffnungsrede, in welcher er die Achtung vor den ewigen Normen der Ordnung und des Rechtes besonders betonte. Mit derselben Uneigennützigkeit, die ihn schon während des Krieges ausgezeichnet hatte, lehnte er auch diesmal eine Besoldung für sich ab.

Die Situation, welche Washington vorfand, war trotz der anscheinend ruhigen und friedlichen Entwickelung im Innern des Landes bedrohlich genug. Noch immer harrten die finanziellen Verhältnisse ihrer Ordnung, die durch die Einbuße, welche der amerikanische Handel durch die europäischen Schiffahrtsgesetze erlitt, immer schwieriger zu werden begannen; desgleichen übten die zahlreichen Einfälle der Indianer einen lähmenden Einfluß auf den Verkehr der ihren Angriffen ausgesetzten Staaten. Durch den Entwickelungsgang der französischen Revolution drohte ebenfalls ein neues Element der Gefahr hinzuzukommen, da die Amerikaner durch die alte Bundesgenossenschaft mit den Franzosen leicht zu deren Anhängern gestempelt und den Verdächtigungen und Beleidigungen der großen Staaten Europas ausgesetzt werden konnten. Glücklicherweise ging die erste Zeit der Präsidentschaft ohne Störung vorüber, so daß das Vertrauen des Volkes sich zu beleben anfing und die notwendigsten Reformen durchgeführt werden konnten.

In politischer Beziehung beschloß Washington keinen ausgesprochenen Parteistandpunkt einzunehmen, sondern durch eine vermittelnde Stellung, welche seinem ganzen Naturell zusagte, die politischen Gegensätze abzuschleifen und in dem Bestreben, nur das Beste des Landes zu wollen, zu vereinigen. Wie weit dieser Gesichtspunkt ihn bei der Wahl seiner Minister lenkte, ist nicht mit Gewißheit zu konstatieren; jedenfalls legte ihm der von

ihm selber herbeigeführte Zwiespalt im Schoße seines Kabinetts
eine Reihe von Sorgen auf, die nicht alle gerade leichter Natur
waren, sondern die ganze Willenskraft und den Mut eines
Washington erforderten. Der Kriegsminister des alten Kongresses,
General Knox, ein Waffengefährte Washingtons, wurde beibe-
halten, während Hamilton das Sekretariat der Finanzen erhielt
und Jefferson, der als amerikanischer Vertreter in Paris lebte,
heimgerufen wurde, um den bisherigen Minister der auswärtigen
Angelegenheiten Jay zu ersetzen. Letzterer wurde Oberrichter
am obersten Gerichtshof der Vereinigten Staaten. Von den
Ministern stand Hamilton auf seiten der Föderalisten, während
Jefferson, der mit französisch-republikanischen Ideeen genährt
Paris verlassen hatte, bald das Oberhaupt der antiföderalistischen
Partei wurde. Dem Rechte der Ernennung der Beamten durch
den Präsidenten entsprach in gleicher Weise die Entlassungs-
berechtigung, welche nur hinsichtlich der Richter eine Ausnahme
machte. Als der Senat einst die Berechtigung in Anspruch nahm,
gleichwie bei der Ernennung der Angestellten auch bei deren Entfernung mitzureden, wurde der Streit zu Gunsten des Präsidenten
entschieden, welche Bestimmung noch heutigentages gilt.

Nach Erledigung einiger Wünsche der Einzelstaaten beriet
der Kongreß über einen von Madison eingebrachten Antrag, daß
von der Einfuhr und dem Tonnengehalt der Schiffe Zölle erhoben werden sollten. Ein von der früheren Regierung in dieser
Richtung gestelltes Verlangen war seiner Zeit von den Einzelstaaten abgelehnt worden, wodurch namentlich die Unmöglichkeit
herbeigeführt worden war, den Aufgaben des Bundes nachzukommen. Eingedenk dieser Thatsache votierte der Kongreß die Vorschläge Madisons, welche dahin gingen, sowol zu gleicher Zeit
Einkommen zu beschaffen, als auch die einheimische Industrie zu
heben, wenngleich dieser letztere Zweck noch nicht so scharf aus-
geprägt sich vorfindet, wie in der späteren amerikanischen Gesetzgebung. Die Abgaben wurden mit Absicht mäßig gehalten,
namentlich was den Tonnenzoll der Schiffe solcher Nationen

betraf, die mit den Vereinigten Staaten Verträge abgeschlossen hatten, um eben die übrigen Länder zu gleichem, für beide Teile günstigen Vorgehen zu ermuntern.

Besondere Berücksichtigung verdienen die Maßnahmen des Finanzministers, welche die Vermehrung des Staatseinkommens, sowie Tilgung der Schulden und damit Befestigung des Staats= kredits bezweckten. Das würdelose Vorgehen einzelner Staaten in bezug auf die Einlösung der Schuldverschreibungen hatte am meisten dazu beigetragen, das Ansehen der Union zu verringern, weshalb Hamilton mit staatsmännischer Einsicht in seinem, dem Hause am 15. Januar 1790 vorgelegten Finanzplane die Über= nahme der Staatsschulden durch die Union mit vorgeschlagen hatte. Nach der Schätzung des Ministers betrug die öffentliche Schuld der Union ca. 54 Millionen Dollars, die der Einzel= staaten ca. 25 Millionen. Erstere bestand aus der auswärtigen Schuld im Betrage von über 13 Millionen und der einheimischen, welche samt Zinsen gegen 40 Millionen ausmachte. Die poli= tische Bedeutung der sogen. Funding Art und Assumption Bill, mit deren Annahme ein festes Band und engste Interessen= gemeinschaft zwischen der Bundesregierung und den Staatsgläubi= gern hergestellt wurde, teilte das ganze Land wieder in zwei feindliche Hälften, die mit derselben Heftigkeit wie nur jemals zuvor ihre Prinzipien verteidigten. Die Fundierung der aus= wärtigen Schuld erhielt zwar allgemeinen Beifall, dagegen steisten sich die Anhänger des Staatenpartikularismus mit größter Hartnäckigkeit gegen die Annahme der beiden übrigen Programmpunkte, die ihnen einzig und allein zum Vorteile der jetzigen Bonsinhaber, der Kapitalisten und Kaufleute des Nor= dens, zu gereichen schienen. Sie verlangten eine Unterscheidung zwischen den ursprünglichen Eigentümern und den gegenwärtigen Besitzern der Schuldscheine, welche Maßregel der Finanzminister mit Unrecht als unbillig und wenig staatsmännisch bezeichnete. Dennoch hätte die Opposition gesiegt, wenn es nicht Hamilton gelungen wäre, in Jefferson, der damals gerade aus Frankreich

zurückgekehrt war, einen Bundesgenossen zu finden, der gegen
das Versprechen, daß die neue Hauptstadt am Potomac und
nicht am Susquehanah erbaut werde, zwei seiner südlichen
Parteigenossen zu einer Änderung ihres Votums bewog. So
entpuppte sich auch dieser Vorgang wieder als ein Kompromiß
zwischen Norden und Süden, bei welchem anscheinend der erstere
diesmal gewonnen hatte, wie es auch durch Jefferson, der über
diesen Schacher in späteren Jahren sehr ergrimmt war, bestätigt

Fig. 2.

Münzen in den Vereinigten Staaten 1793—1805.
(Nach Cassel, History of the United States.)

wird. In Wahrheit hatte jedoch der Süden durch die Ver=
legung des Platzes für die Hauptstadt einen Vorteil davon ge=
tragen, dessen Folgen sich allerdings erst in der Zukunft geltend
machen konnten.

In den Legislaturen der Einzelstaaten war die Frage der
Übernahme der Staatsschulden durch den Bund ebenfalls Gegen=
stand heftiger Debatten. So besonders in Maryland und in
Virginia. In letzterem Staate wurde eine Denkschrift an den

Kongreß beschlossen, welche die Hoffnung aussprach, daß der
Fundierungsakt revidiert und die Übergabe der Staatsschulden
rückgängig gemacht werden würde, und die genannte Maßregel un=
verblümt als „der Verfassung der Vereinigten Staaten zuwider"
erklärte. Als Hamilton diesen Entschluß der virginischen Legis=
latur erfuhr, soll er ausgerufen haben: „das ist das erste Symp=
tom eines Geistes, der getötet werden muß, oder der die Kon=
stitution töten wird!"

Am schärfsten trat dieser Geist bei Besprechung einer von
den Quäkern New Yorks und Philadelphias im Februar 1790
an den Kongreß gerichteten Petition, betreffend die Abschaffung
des afrikanischen Sklavenhandels, der sich ein Gesuch der penn=
sylvanischen Antisklavereigesellschaft anschloß, zu tage. Da dem
Kongresse durch die Beschlüsse der Philadelphia=Konvention in
dieser Hinsicht die Hände gebunden waren, so konnte es sich nur
darum handeln, ob die Petitionen einem Ausschusse zur Bericht=
erstattung überwiesen werden sollten oder nicht? Aber schon
dieser geringfügige Umstand brachte die Sklavenhalter derart in
Harnisch, daß sie sich zu den ausschweifendsten Drohungen
verstiegen und mehr oder weniger direkt zu verstehen gaben, daß
das Sklaveneigentum anzutasten gleichbedeutend mit Krieg und
Rebellion wäre. Statt lediglich die Frage wegen Überweisung der
Petition an den Ausschuß zu erörtern, stellte man die Sache so
dar, als ob es sich um einen Antrag, betreffend die Genehmigung
der in den Bittschriften ausgesprochenen Ideeen handle und be=
zeichnete die Überweisung allein als das „Alarmsignal", dem
der Aufstand in den südlichen Staaten folgen werde. Dennoch
gelang es den Freunden der Petition ihre Überweisung, an den
Ausschuß durchzusetzen und den Bericht desselben, der freilich
nur die geltenden Bestimmungen hervorhob, zu genehmigen.

Die durch diese Debatte hervorgerufene Verstimmung wurde
durch die von Hamilton zur Erörterung gebrachten Accise=Bill
in hohem Maße verschärft. Von jeher war in dem englisch=
amerikanischen Volke ein heftiger Widerwille gegen jedwede

Accisenauflage lebendig gewesen, ja man war soweit gegangen, die Begriffe Accise und Willkürherrschaft miteinander zu identifizieren, so daß es nicht wunder nehmen kann, in den Bedingungen, welche die Staaten an die Annahme der Konstitution knüpften, das Verbot einer Accisenbesteuerung mit aufgenommen zu sehen.

Dieses Verbot war zwar abgelehnt worden, in den Anschauungen des Volkes jedoch keine Änderung eingetreten, wie sich bei der Ablehnung der ersten dem Kongresse vorgelegten Accise-Bill am 21. Juni 1790 zeigte. Hamilton ließ sich aber dadurch nicht von seinem Vorhaben abschrecken; er brachte einen neuen Entwurf betreffend Besteuerung der in den Vereinigten Staaten destillierten geistigen Getränke ein und erzielte auch die Annahme des Aktes am 3. März 1791. In Pennsylvania kam es darauf zu erheblichen Ruhestörungen, indem „Indignationsversammlungen" abgehalten und alle diejenigen als Feinde der Interessen des Landes erklärt wurden, welche es wagen sollten, als Beamte an der Ausführung des Gesetzes mitzuwirken. Der Pöbel erging sich zudem in Ausschreitungen gegen die Steuereinnehmer, welche geteert und gefedert wurden. Zur Unterdrückung dieser Unruhen erließ der Kongreß am 2. Mai 1792 den „Akt für Einberufung der Miliz zur Vollstreckung der Bundesgesetze, zur Unterdrückung von Aufständen und Invasionen", welcher der Regierung die Mittel an die Hand gab, den Aufrührern energisch entgegenzutreten, während ein anderes Gesetz vom 8. Mai 1792, welches die Steuer erheblich verringerte, zur Abhilfe der berechtigten Klagen dienen sollte. Durch das Schwanken der Regierung, welche die Anwendung der Gewalt gerne vermeiden wollte, ermutigt, griff die Rebellion immer weiter um sich, bis im Jahre 1794 Washington auf Hamiltons Rat eine Truppenzahl von 13 000 Mann Milizen aufbot, welche mit leichter Mühe die Ordnung wiederherstellten.

Wie alle bisher aufgeführten Maßnahmen Hamiltons, entsprang auch sein weiterer Vorschlag, eine Nationalbank zu er-

richten, dem Wunsche nach Verwirklichung einer nationalge=
sinnten, den Interessen der Gesamtheit dienenden Regierung.
Die Debatte über den im Februar 1791 zur Beratung kommen=
den Gesetzentwurf weist daher wieder dieselbe Argumentation der
Freunde und Gegner der „konsolidierten Regierung" auf, welche
wir aus den früheren Kongreßberatungen kennen. Die Anti=

Fig. 3.

Alexander Hamilton.
(Nach Ridpath.)

föderalisten bekämpften die Maßregel als unkonstitutionell,
da nur die Einzelstaaten berechtigt seien, Banken zu errichten,
und diese nicht imstande wären, sich gegen eine von der Union
protegierte Nationalbank zu halten, welchem Argument sie noch
als besonderen Trumpf die Behauptung hinzufügten, daß der
Ort, an dem die Bank errichtet werde, eine von der Konstitution

verbotene Bevorzugung erlangen würde. Nach sechstägiger Rede=
schlacht ergab die Abstimmung eine Majorität von 19 Mit=
gliedern zu Gunsten der Bank und somit einen Sieg der Föde=
ralisten, der diesmal durch keine Kompromißverhandlungen ver=
kürzt war. Im Kabinett, welches Washington zur Beratung
herbeizog, waren Jefferson und Randolph gegen, Hamil=
ton und Knox für Errichtung der Bank, deren Gesetzmäßigkeit
schließlich auch noch vom obersten Gerichtshof anerkannt wurde,
so daß Washington die Bill, welche einen Freibrief auf 20 Jahre
gewährte, genehmigte.

Die Sklavenfrage ruhte seit den Beschlüssen über die
Petitionen bis zum Februar des Jahres 1793, zu welcher Zeit
der Artikel des Konstitutionsentwurfes betreffend die Aus=
lieferung der flüchtigen Sklaven neu debattiert wurde. Die
frühere Bestimmung wurde dahin erweitert, daß es in Zukunft
genügen solle, wenn der Sklaveneigentümer oder sein Anwalt
den Schuldigen ergreife und seine Berechtigung statt vor einer
Jury, blos vor einem Vereinigten = Staaten = Richter beweise,
worauf dieser Beamte verpflichtet wäre, das Auslieferungsdekret
auszufertigen. Wer einer solchen Besitzergreifung hindernd in den
Weg trete, solle mit 500 Dollars Strafe belegt werden. Mit
diesem Gesetze waren vorläufig die Wünsche der Sklavenhalter
befriedigt, und die leidige Frage ruhte für einige Zeit, zumal
da die auswärtigen Beziehungen mehr in den Vordergrund
traten. Eine Ausdehnung der Sklavenwirtschaft wurde jedoch
bei der Aufnahme der neuen Staaten Vermont, Tennessee und
Kentucky sanktioniert, da in den beiden letzteren Staaten durch
die Einverleibungsurkunde die Sklaverei für zulässig erklärt ward.

Mittlerweile war das Ende der Präsidentschaft Washing=
tons herangekommen. Den vereinigten Bitten aller Patrioten
gelang es, den General zum Verbleiben auf seinem schweren
Posten zu bewegen, und das Volk ehrte den Helden des Unab=
hängigkeitskrieges durch eine zweite einstimmige Wahl. John
Adams wurde ebenfalls wieder zum Vizepräsidenten gewählt,

wenn auch nicht mit Einstimmigkeit, da New York und drei der südlichen Staaten sich für George Clinton, den Gouverneur des ersteren Staates, entschieden.

Die Wirrnisse in der alten Welt drohten den jungen Bundesstaat in Mitleidenschaft zu ziehen. Frankreich, das gegen die kontinentalen Großmächte und gegen England kämpfte, suchte in den Vereinigten Staaten einen Bundesgenossen, den es gegen das seemächtige England verwenden konnte. Washington war sich dieser Gefahren wohl bewußt und betonte daher in seiner Präsidentenrede die Neutralität der Vereinigten Staaten, nachdem er schon im April 1793 die berühmte Neutralitätsproklamation erlassen hatte. Diese Zurückhaltung behagte jedoch der republikanischen Partei nicht, welche mit Frankreich stark sympathisierte und sich an den völkerverbrüdernden Verheißungen der französischen Machthaber berauschte. Der bei der Union beglaubigte französische Gesandte Genet benutzte diese günstige Gelegenheit, um durch die kriegerische, auf Unterstützung Frankreichs hinzielende Volksstimmung einen Druck auf das Kabinett auszuüben, welches Treiben Jefferson in seiner Verblendung eine Zeitlang mit seinem Namen unterstützte. Washington setzte es jedoch durch, daß Genet von seiner Regierung abberufen wurde, nachdem derselbe in seiner Unverschämtheit so weit gegangen war, das Volk direkt zum Ungehorsam gegen die Staatsgesetze aufzufordern. Der neue Gesandte Fauchet bemühte sich, den bösen Eindruck zu verwischen, den das Benehmen seines Vorgängers gemacht hatte, wobei ihm die englischerseits am 6. November 1793 erlassenen und den amerikanischen Handel mit den französischen Kolonieen vernichtenden geheimen Ratsbefehle hilfreiche Hand leisteten. Der Kongreß beantwortete letztere mit einem vom 26. März 1794 datierten Embargo von 30 Tagen, das später um weitere 30 Tage verlängert wurde. Die englischen Bestimmungen waren zwar am 8. Januar 1794 etwas gemildert worden, was jedoch die Erregung in den Vereinigten Staaten wenig dämpfte. Am 7. April 1794 wurde

im Kongresse der Antrag gestellt, das Kaufen von englischen
Waren ganz zu verbieten, bis eine Sühne für die erlittene
Unbill erfolgt wäre. Durch die Annahme desselben am 21.
April schien der Krieg unvermeidlich zu sein, weshalb Washing=
ton den Oberrichter Jay, einen umsichtigen und erfahrenen
Mann absandte, um einen Ausgleich mit England anzubahnen.
Das Ergebnis dieser Mission war die am 19. November 1794
erfolgende Unterzeichnung eines Vertrages, welcher bestimmte,
daß die englischen Truppen alle Plätze verlassen sollten, welche
vermöge des Friedensvertrages innerhalb der Vereinigten Staaten
lägen, daß eine Grenzregulierung stattfinden solle, daß ferner die
Verluste, welche die Amerikaner durch ungesetzliche Handlungen
brittischer Schiffe erlitten hatten, sowie diejenigen der Engländer,
welche aus den Schuldverpflichtungen der Staaten hervorgingen,
ersetzt werden sollten, und daß bei einem Kriege zwischen den
beiden Nationen weder die privaten noch die öffentlichen Schulden
sequestriert und eingezogen werden dürften. Schließlich enthielt
der Vertrag noch Bestimmungen über den Handel der Vereinigten
Staaten mit den brittischen Kolonieen in Ost= und Westindien;
der erstere wurde allgemein gestattet, letzterer nur Schiffen von
nicht über 70 Tonnen freigegeben. Die Ausfuhr von Kaffee,
Kakao und Baumwolle nach dorthin wurde den Amerikanern
ganz verboten.

Als dieser von Jay geschlossene Vertrag dem Senate vor=
gelegt wurde, erregte er die heftigste Opposition der Südstaaten,
welche sich mit dem Pöbel der großen Städte in Verbindung
setzten, um den Vertrag zu Fall zu bringen. Wie hoch die
Wogen der Leidenschaften damals gegangen sind, ist daraus zu
ersehen, daß Jefferson sich nicht entblödete, den verdienstvollen
Jay einen „Spitzbuben" zu schelten. Dennoch blieben die Föde=
ralisten wiederum Sieger; mit 20 Stimmen gegen 10, genau
der konstitutionellen Majorität von zwei Dritteln, wurde der
Vertrag mit Ausnahme des Artikels 12 (über den westindischen
Handel) rektifiziert, und derselbe am 14. August 1795 von Washing=

ton, welcher diese Periode als die schwierigste seiner ganzen
Regierung bezeichnete, genehmigt.

Nachdem so der Vertrag ins Leben getreten war, handelte
es sich darum, von dem Kongresse die Bewilligung für die er=

Fig. 4.

John Jay.
(Nach Cassel, History.)

forderlichen Gelder zu erhalten, was wiederum zu höchst uner=
quicklichen Debatten führte, da das Haus die Berechtigung des
Präsidenten, nur mit Genehmigung des Senats mit fremden
Mächten Verträge zu schließen, nicht anerkennen wollte und auf

Vorlage der auf die Unterhandlungen Jays bezüglichen Doku=
mente bestand, wogegen Washington sich energisch sträubte.
Schließlich votierte der Kongreß den Vertrag mit der knappen
Majorität von 51 gegen 48 Stimmen. — Einen ähnlichen Ver=
gleich schloß die Union etwas später mit Spanien, das den
Amerikanern die gewünschte Grenzbestimmung zwischen Florida
und den Vereinigten Staaten, die freie Schiffahrt auf dem
Mississippi und das Recht einer Warenniederlage zu New=
Orleans zugestand. — Mit Algier und den anderen Raubstaaten
an der Nordküste Afrikas wurde schließlich ein Abkommen
getroffen, welches der Union die Zahlung eines jährlichen
Tributs auflegte, ihren Schiffen aber dadurch den Frieden sicherte.

Während so die auswärtigen Beziehungen ein ruhigeres
Aussehen gewannen, spitzte sich der Konflikt mit Frankreich
immer mehr zu und verschärfte sich der Parteigegensatz im Lande
selbst um ein Bedeutendes. Washington hatte, da der amerikanische
Gesandte Morris dem Wohlfahrtsausschuß nicht genehm war,
denselben abberufen und James Monroe zu seinem Nachfolger
ernannt, um durch die Absendung dieses Mannes, der mit Frank=
reich sympathisierte, der Republik einen Beweis zu liefern, daß
die der Union in ihrem Unabhängigkeitskampfe geleisteten Dienste
noch unvergessen seien. Beim Empfange Monroes durch den
Konvent bewillkommnete der Präsident Merlin de Donai ihn in
ostentativ freundschaftlicher Weise, was Monroe durch gleich=
falls übertriebene Phrasen über den Freundschafts= und Freiheits=
bund der beiden Nationen beantwortete. In gleicher taktloser
Manier fuhr der Gesandte fort, das rügende Schreiben der
amerikanischen Regierung unbeachtet lassend, um die Freundschaft
des republikanischen Frankreichs zu buhlen, so daß sich Washing=
ton genötigt sah, ihn im September 1796 abzurufen. Der
neue Gesandte Ch. C. Pinkney wurde jedoch vom Direktorium
nicht empfangen, ihm vielmehr eine Beschwerde überreicht, in
welcher der Jay=Vertrag eine Hauptrolle spielte.

Diese neueste Anmaßung Frankreichs traf jedoch das ameri=

kanische Volk in einer anderen Stimmung vor, als sie zu jener
Zeit gewesen war, da Genets Auftreten die Krankheit des Fran=
zosendusels bewirkte. Jefferson hatte inzwischen seine Stellung
als Minister der auswärtigen Angelegenheiten niedergelegt und
war durch Randolph ersetzt worden. Dieser hatte sich im Jahre
1794, bei Gelegenheit des Aufstandes in Pennsylvania wegen der
Accisensteuer mit dem französischen Gesandten Jauchet in geheime
Verhandlungen eingelassen, welche eine Unterstützung der Aufstän=
dischen bezweckten. Durch einen Zufall wurde dieses Vergehen des
Ministers ans Tageslicht gezogen, was einen Sturm des Un=
willens nicht nur gegen Randolph, sondern auch gegen das ver=
räterische Frankreich verursachte und die ganze Bevölkerung zur
Abwehr der Forderungen der Schwesterrepublik vereinte. Durch
die Unbesonnenheit des neuen französischen Abgesandten Adet,
der ganz ebenso wie früher Genet das amerikanische Volk gegen
die Administration ausspielen wollte, wurde der Bruch mit Frank=
reich ein noch schärferer. Adet hatte zweifellos die bevorstehende
Neuwahl des Präsidenten im Auge, als er sich den Republikanern
zu nähern suchte, indem ein Triumpf dieser Frankreich stets
günstig gesinnten Partei auch auf die Beziehungen beider Na=
tionen Einfluß gehabt haben würde. Washington hatte in seiner
Abschiedsadresse vom 17. September 1797 jede Wiederwahl ent=
schieden abgelehnt, so daß das Resultat der Abstimmung sehr
zweifelhaft war, da zwei gleich angesehene Männer, John Adams
und Jefferson, sich gegenüberstanden und jeder von ihnen eine
starke Partei hinter sich hatte. Das Gefühl, daß der Vize=
präsident der zur Präsidentschaft am meisten Berechtigte wäre,
war noch so groß, daß es John Adams zum Siege ver=
half, während Jefferson sich mit der zweiten Stelle begnügen
mußte. Dennoch ließen schon damals manche Einzelheiten
der Wahl durchblicken, daß die Tage der unumstrittenen
Herrschaft der Föderalisten sich ihrem Ende zuneigten, ja die
Wahl selbst wäre wahrscheinlich anders ausgefallen, wenn nicht
die französenfreundlichen Anschauungen der Republikaner einen

Teil der Bevölkerung mit Mißtrauen erfüllt hätten. Jedenfalls flößte der Umstand, daß Präsident und Vizepräsident von nun an in „entgegengesetzten Logen" sitzen würden, vielen eine gewisse Unruhe ein, deren Berechtigung sich freilich erst in der Zukunft erweisen konnte, welche aber als Symptom für den Ernst der Situation nicht unbeachtet blieb.

John Adams.

Die Inauguration John Adams fand am 4. März 1797 im Beisein Washingtons statt. Die drohenden Beziehungen zu Frankreich veranlaßten den Präsidenten, dessen Eröffnungsrede zwar ein rhetorisches Meisterstück, aber nichtssagenden Inhalts war, bald darauf den Kongreß zu einer außerordentlichen Sitzung zusammenzuberufen. Der amerikanische Gesandte Pinkney war inzwischen aus Frankreich ausgewiesen worden und nach Holland gegangen, so daß der diplomatische Verkehr zwischen der Union und Frankreich vollständig abgebrochen war. Außerdem hatten die Franzosen scharfe Maßnahmen zur Beschränkung des Handels unter neutraler Flagge getroffen, welche sich sehr empfindlich in Amerika fühlbar machten. Adams wies in seiner Begrüßungs= rede an den Kongreß auf diese jeglichem Völkerrechte hohnspre= chenden Zustände hin und bezweifelte, daß der Zwist noch fried= lich beigelegt werden könnte. Trotzdem schlug er vor, nochmals eine Kommission nach Paris zu senden, um das äußerste, wenn irgendmöglich, zu vermeiden. Im Senat fand sein Plan völlige Zustimmung, während die Gegner der föderalistischen Regierung im Kongresse die Gelegenheit benutzten, um von neuem gegen die verderbliche Politik der Föderalisten zu protestieren. Nach längeren Debatten, welche stellenweise einen sehr gereizten und persönlichen Charakter annahmen, wurde die Absendung einer Kommission, welche aus Pinkney, John Marshall aus Virginia und Elbridge Gerry aus Massachusetts bestehen sollte, genehmigt,

zu gleicher Zeit aber auch bestimmt, daß zum Schutze des amerikanischen Handels und zur Verteidigung der amerikanischen Ehre
energische Rüstungen unternommen werden sollten. Mehrere
Schiffe wurden infolgedessen kriegsfertig gemacht, sowie die

Fig. 5.

John Adams.
(Nach Cassel, History.)

Aushebung von 80 000 Mann Miliztruppen in Aussicht genommen.

Als die Gesandten in Frankreich anlangten, bekleidete gerade
Talleyrand die Stellung des Ministers des Äußeren. Er em-

pfing die Kommission ziemlich wohlwollend, erklärte jedoch, vorläufig noch keine Entscheidung treffen zu können, da er augenblicklich mit der Abfassung einer auf die französisch-amerikanischen Verhandlungen bezughabenden Denkschrift beschäftigt sei, welche er erst dem Direktorium unterbreiten müsse. Im geheimen knüpfte er jedoch mit Gerry, der ihm als Antiföderalist am sympathischsten war, Unterhandlungen an, die jedoch keinen Erfolg hatten, da Gerry, trotz seiner Eitelkeit, sich nicht für berechtigt hielt, allein irgend welches Abkommen zu treffen. Als schließlich die Vermittler Talleyrands erklärten, daß nur durch beträchtliche Geldzahlungen der Zwist aus der Welt geschafft werden könnte, verließen die empörten Gesandten Paris. In den für den Kongreß bestimmten Abschriften der über diese Gesandtschaft gepflogenen Depeschen waren die Namen der französischen Agenten mit X, Y und Z wiedergegeben, woher die Bezeichnung der „XYZ-Depeschen" stammt. Ihre Vorlage im Kongresse erregte allgemeines Aufsehen und heftigen Widerwillen gegen Frankreich. Umsonst versuchten die franzosenfreundlichen Republikaner die Depeschen und die Geldforderungen als Fälschungen zu bezeichnen, welche ohne Vorwissen Talleyrands von gewissenlosen Agenten unternommen seien, sie hatten in dieser den Unwillen des Volkes herausfordernden Angelegenheit das Odium auf sich geladen, mit den Beleidigern des Vaterlandes zu sympathisieren, und ihr Ansehen sank in eben demselben Maße, wie das Vertrauen des Volkes zum Präsidenten wuchs.

Leider schadete der Letztere sich selber und seiner Partei bald darauf durch die Vorlage der sogen. Fremden- und Aufruhrgesetze, gegen welche die Antiföderalisten leichtes Spiel hatten, und die die Hauptursache zum baldigen Bankrott der föderalistischen Partei gewesen sind. Der den Gesetzen zugrunde liegende Plan war der, eine Handhabe zu schaffen, mittelst welcher die im Lande umherreisenden und wühlenden Fremden und die allzu kecken Demokraten unschädlich gemacht werden könnten. Es waren Kriegsgesetze, die aber, wie jetzt allgemein anerkannt wird, unkonstitutionell waren und deshalb das Ansehen der Regierung, statt es zu befestigen, in schlimmster Weise diskreditierten. Die Föderalisten der damaligen Periode, Hamilton mit eingeschlossen, hielten sie dagegen für gesetzmäßig, wenngleich auch sie ihre Wirkung bezweifelten und von einer strengen Durchführung sich wenig Gutes versprachen. Das Fremdengesetz bestimmte, daß der Präsident ermächtigt sei, gegen die der Aufreizung des Volkes für verdächtig geltenden Ausländer einzuschreiten und dieselben einsperren oder ausweisen zu lassen. Außerdem wurde die Erlangung des Bürgerrechtes erschwert. Das Aufruhrgesetz wandte sich mit aller Schärfe gegen etwaige Ausschreitungen und Maßnahmen, welche darauf zielten, die Ausführung der Regierungsbeschlüsse zu verhindern. Die Strafe wurde bis auf 2000 Dollars und zwei Jahre Gefängnis festgesetzt. Was die Dauer der Wirksamkeit beider Gesetze betrifft, so sollten dieselben bis zum Ablauf der gegenwärtigen Präsidentschaft Gültigkeit haben.

Die Annahme der Gesetze rief die „Virginia- und Kentucky-beschlüsse" hervor, welche dadurch, daß sie die Nullifikationstheorie offen proklamierten, für die Geschichte der Vereinigten Staaten von großer Bedeutung geworden sind. Als den eigentlichen Urheber und Vater der Beschlüsse muß man Jefferson ansehen, der im Verein mit Madison und anderen hervorragenden Politikern des Südens die Verlegenheit der Regierung benutzte, um einen prinzipiellen Protest gegen die Bundesregierung zu erlassen, dessen thatsächliche Ausführung und Umsetzung in praktische Thaten jederzeit erfolgen konnte. Ob und wann die letzten Konsequenzen aus dem Nullifikationsprinzip gezogen werden sollten, war von nun an nur eine Frage der Zweckmäßigkeit, die ungescheut erörtert werden konnte. Das Prinzip der Staatensouveränität war wieder benutzt worden, um die Drohung mit der Sezession zu einem ständigen Schreckbild zu gestalten und die Konstitution auf einen Pakt zwischen den einzelnen Staaten zurückzuführen, von denen jeder einzelne berechtigt war, einem Gesetze seine Zustimmung zu geben oder nicht. Nicht in dem

thatsächlichen sofortigen Erfolge dieser war vielmehr gleich
Null — liegt die Bedeutung der „Virginia= und Kentuckybeschlüsse",
sondern in dem Umstande, daß mit ihnen die Basis gegeben war,
welche jeder auf Trennung der Union hinzielenden Bewegung
zur Stütze dienen konnte. Aus dem Wortlaute der Resolutionen
kann man ersehen, wie sich Jefferson und Madison die Prin=
zipien dachten, welche die etwas vage Bezeichnung des Begriffes
„Staatensouveränität" zu ersetzen bestimmt waren. Die Vir=
giniaresolution lautet in ihrem entscheidenden Punkte, wie folgt:
„Beschlossen, daß diese Versammlung ausdrücklich und peremp=
torisch erklärt, daß sie die Beschlüsse der Bundesregierung als
aus dem Vertrage hervorgehend ansieht, dessen Parten die
Staaten sind, als beschränkt durch den offenbaren Sinn und
die Absicht der diesen Vertrag bestimmenden Urkunde, und daß
im Falle einer wohlüberlegten handgreiflichen und gefährlichen
Ausübung von Gewalten, die nicht durch den besagten Vertrag
gewährt sind, die Staaten, welche die Parten desselben bilden,
das Recht haben und in Pflicht gehalten sind, sich ins Mittel
zu legen, um dem Fortschritt des Übels Einhalt zu thun und
innerhalb ihrer resp. Grenzen, die Befugnisse, Rechte und Frei=
heiten aufrecht zu erhalten, welche ihnen zustehen." Noch prä=
ziser drückte sich die Legislatur von Kentucky aus, welche am
10. November 1798 bestimmte: „Beschlossen . . . . ., daß wenn
immer die Bundesregierung sich Gewalten annaßt, ihre Hand=
lungen nicht bindend, ungiltig und ohne Kraft sind . . . .,
und daß, wie in allen anderen Fällen eines Vertrages zwischen
Gewalten, die keinen gemeinschaftlichen Richter haben, jeder Parte
ein gleiches Recht hat, für sich selbst zu richten, sowohl was die
Vertragsverletzungen, als was die Weise und das Maß der
Abhilfe anlangt." Ihren Abschluß fanden diese Resolutionen
durch den am 14. November 1799 von der Legislatur von Ken=
tucky angenommenen, den Begriff der Nullifikation definierenden
Akt: „Beschlossen, daß . . . . . die verschiedenen Staaten . . . . .
da sie souverän und unabhängig sind, das unbestreitbare Recht

3*

haben, über Verfassungsverletzungen zu richten und daß eine Nullifikation der angeblich in Gemäßheit der Konstitution voll- zogenen unautorisierten Akte durch die souveränen Staaten das rechtmäßige Abhilfsmittel ist."

Während auf diese Weise im Innern des Landes Ansichten in ein System gebracht wurden, die im entscheidenden Augen- blicke den Verband der Union zu sprengen bereit waren, be- schäftigte der Kongreß sich mit der Frage der Einführung der Sklaverei in den neuen Territorien, welche durch das Verlangen des Gebietes Mississippi, in den Bund aufgenommen zu werden, wieder praktisch geworden war. Eine Anzahl von Abgeordneten stellte den Antrag, die Ordonnanz über die nordwestlichen Terri- torien auch auf Mississippi anzuwenden, was jedoch abgelehnt wurde, da die vom Süden dagegen angeführten Zweckmäßigkeits- und Billigkeitsgründe der Majorität der Vertreter des Nordens einleuchteten. Überhaupt war in der Sklavenfrage eine Art Waffenstillstand zwischen den beiden großen, einander bekämpfen- den Parteien eingetreten. Der Norden fühlte sein Gewissen durch die Schmach des Sklavenhandels, dem viele seiner Bürger oblagen, beladen und vermied es, um sich nicht den höhnischen Beschuldigungen der Sklavenbesitzer auszusetzen, über die heikle Frage zu debattieren. Die meist von den Quäkern begründeten Gesellschaften zur Abschaffung des Sklavenhandels stellten eine nach der andern ihre Thätigkeit ein, und unter den nördlichen Abgeordneten gab es schon mehr als einen, der sich nicht ent- blödete, der Sklaverei aus Gründen des allgemeinen Wohl- standes und der Erträglichkeit der Staatsfinanzen das Wort zu reden.

Die Sklaven waren bisher fast ausschließlich zur Landwirt- schaft verwandt worden. Industrie und Handwerk fehlten, und daraus erklärt sich der Mangel an einem tüchtigen arbeitsamen Mittelstande, der den großen Sklavenbaronen das Gleichgewicht hätte halten können. Die Sklavenwirtschaft drängt unwillkürlich zum Plantagensystem und Latifundienbesitz, zum Raubbau, wel-

cher immer neue Gebiete verschlingt und infolge der mangel=
haften Verkehrsmittel die Produktionskosten steigert, ohne das
Einkommen zu erhöhen. Aus diesem Grunde konnte der kleine
Landwirt, der intensiv zu wirtschaften fähig war, nicht bestehen;
er wurde durch die Übermacht der mit großem Kapital arbeiten=
den Plantagenbesitzer erdrückt, oder bemühte sich, durch Ankauf
neuer Sklaven ihnen gleichzukommen. Die Expansion der Sklaven=
wirtschaft verhinderte eine ruhige Entwickelung des nationalen
Wohlstandes, es lag in ihren Resultaten mehr Schein als Wahr=
heit, wenngleich die Plantagenbesitzer dies nicht zugestehen wollten
und sich in der Rolle der materiell unabhängigen und deshalb
die wahren republikanischen Grundsätze vertretenden Politiker
gefielen. Dem Übelstande der zu stark expansiven wirtschaftlichen
Arbeit half die Erfindung der Baumwollen=Maschine durch Whitney
im Jahre 1793 ab. Mit ihr tritt ein neuer Faktor in der
politischen Geschichte des amerikanischen Volkes auf: die Baum=
wolle, deren Einfluß von Jahr zu Jahr stärker in dem poli=
tischen und sozialen Leben der Nation zu spüren ist.

Das erste Auftreten der Baumwolle als Exportartikel der
Vereinigten Staaten fällt in das Jahr 1791. Als Jay bald
darauf seinen Vertrag mit England schloß, war ihm die That=
sache der Baumwollenausfuhr so unbekannt, daß erst die Re=
monstrationen der Südstaaten den Anlaß abgaben, den Artikel 12
des Vertrages, welcher von dem Verbote der Ausfuhr mehrerer
Artikel, darunter auch Baumwolle, nach den englischen Besitzungen
handelt, zu annullieren. Durch die Whitney'sche Erfindung
nahm der Baumwollenbau einen riesigen Aufschwung, da in Zu=
kunft ein Arbeiter mit der Maschine täglich 350 Pfund, statt
wie bisher mit den Händen 1 Pfund reinigen und marktfertig
machen konnte.

Die Ausfuhr an Baumwolle wuchs in gigantischen Pro=
portionen, 1800 betrug sie bereits 19 000 000 Pfd. im Werte von
5 726 000 Doll., 1824 dagegen 142 369 663 Pfd. im Werte von
21 947 401 Doll. Natürlich vermehrte sich die Nachfrage nach

Arbeitskräften, d. i. Sklaven, und erhöhte sich der für letztere
gezahlte Preis. Die Sklavenzucht entstand jetzt in den nörd=
lichen Sklavenstaaten, wie Virginia und Maryland, welche keinen
Baumwollenbau treiben konnten. So sahen sich alle Teile mehr
oder weniger befriedigt, und der Süden konnte triumphierend
die Hände nach den Zügeln der Herrschaft ausstrecken. Die Be=
deutung der politischen Rolle der Baumwolle ist aber am
treffendsten durch das allbekannte Schlagwort: „Cotton is king“
illustriert worden!

Inzwischen waren die Kriegsvorbereitungen eifrig betrieben
worden. Washington hatte wieder den Oberbefehl übernommen,
ihm zur Seite stand Hamilton, dessen Genie sich auch diesmal
von neuem glänzend bethätigte. Von seiten der Föderalisten
waren weitgehende Ziele ins Auge gefaßt worden, die namentlich
das Verdrängen der spanischen Macht aus Amerika bezweckten,
zu welchem Ende sogar Verhandlungen mit den unzufriedenen
Elementen in den spanischen Kolonieen angeknüpft waren. Er=
freulicherweise trat ein friedlicher Umschwung ein, indem Talley=
rand im Juli 1798 erklärte, daß Frankreich gern bereit sei, von
neuem zu unterhandeln, damit die „Mißverständnisse“ aus=
geglichen werden könnten. John Adams nahm, im Widerspruch
mit Hamilton und den sonstigen föderalistischen Führern, dies
Anerbieten günstig auf und entsandte im Herbste eine neue Bot=
schaft, bestehend aus dem Oberrichter Ellsworth, Richardson,
Davie und dem Gesandten am Haag, Vans Murray, nach Frank=
reich, wo die Revolution des Brumaire die Verhältnisse gänzlich
umgestaltet hatte, indem Bonaparte mit den Vorbereitungen zu
einem entscheidenden Schlage gegen England beschäftigt war,
und es gern gesehen hätte, an den Amerikanern eine thatkräftige
Unterstützung zu finden. Nichtsdestoweniger zogen sich die Unter=
handlungen derart in die Länge, daß der Vertrag erst am
30. Sept. 1800 unterzeichnet wurde, womit aber die Angelegen=
heit noch nicht erledigt war, da weitere Veränderungen es erst
am 21. Dezember 1801, unter der Präsidentschaft Jeffersons,

ermöglichten, der Konvention Gesetzeskraft zu geben. Blieben auch noch manche Hoffnungen unerfüllt, so war doch in den Handelsbeziehungen eine erfreuliche Änderung eingetreten, indem beide Länder sich die Rechte der meist begünstigten Nationen zugestanden. Die Erhaltung des Friedens ist Adams hoch anzuschlagen, umsomehr, als er sich hierbei allein von den Interessen des Volkes leiten und gleicherweise die Bitten, wie die Drohungen seiner Parteigenossen unbeachtet ließ. Infolge der so geänderten Politik schieden die Minister Pickering, Henry und Wolcott aus dem Kabinett aus, was für die Bestrebungen der Republikaner wiederum von bedeutendem Vorteil war. In anderer Beziehung hat der Präsident es allerdings nicht verstanden, sich den Ruhm und die Achtung zu erwerben, welche einen Washington beim Austritt aus dem politischen Leben begleiteten. Die Hast, mit der Adams noch am Vorabend der Wahl die Ämter mit seinen Anhängern besetzte, seine Abreise kurz vor dem Amtsantritt seines Nachfolgers, alles dies verringerte die Wärme der Empfindung für ihn, der in der Revolutionszeit einen so glänzenden Namen sich gemacht hatte. Sein eigener Enkel und Biograph giebt zu, daß er vom Schauplatze der Politik abtrat „tief gesunken in der öffentlichen Meinung und ein Gegenstand des Hasses auf viele Jahre."

Washington hatte dieses Ende seines Nachfolgers nicht mehr mit erlebt; er war am 14. Dezember 1799 im 68. Jahre seines Lebens gestorben, tief betrauert von dem amerikanischen Volke und der ganzen übrigen Welt. Ihrer Dankbarkeit hatten die Amerikaner schon früher dadurch Ausdruck gegeben, daß sie der neuen Bundesstadt, welche von nun an Sitz der Regierung war, den Namen „Washington" beilegten.

Thomas Jefferson.

Die Kandidaten der republikanischen Partei bei der Präsidentenwahl von 1801 waren Thomas Jefferson und Aaron Burr. Ersterer war der anerkannte Führer der Partei; zudem genoß er

Das Kapitol in Washington.
(Nach Mitpath.)

als Urheber der Unabhängigkeitserklärung eines Rufes, den der Parteihader nicht zu Schanden machen konnte. Durch seinen Aufenthalt als Gesandter in Paris, durch seine Stellung als Vicepräsident unter John Adams hatte er hinreichend Gelegen=

Fig. 7.

Thomas Jefferson. (Nach Cassel, History.)

heit gehabt, die Einsicht und den staatsmännischen Verstand zu bethätigen, den auch die Feinde ihm gerne zuerkannten. Seine Parteinahme für Frankreich war vergessen, seitdem zwischen bei= den wieder der Friede herrschte; seine Urheberschaft in betreff der Nullifikationsbeschlüsse stempelte ihn in den Augen jedes

Südstaatlers zum wahren Verteidiger republikanischer Freiheiten; kurz, er war der Mann der Situation, dem kein ebenbürtiger Gegner erwachsen konnte. Und dennoch geschah es, daß der gewissenlose, verwegene, anrüchige Aaron Burr, ein bankrotter, von maßlosem Ehrgeiz beseelter Politiker des Südens, die gleiche Stimmenzahl — 73 Stimmen — erhielt, wodurch die ganze Wahl gefährdet schien, da Burr kein Mittel unversucht ließ, um sich zum Präsidenten zu machen. Das Volk hatte Jefferson mit der ersten Würde des Staates betrauen wollen und war bereit, im Fall des Sieges der Burriten, seinen Willen nötigenfalls mit Gewalt durchzusetzen. Die ganze Angelegenheit wurde durch den Umstand verschlimmert, daß die Föderalisten Jefferson haßten und alles aufboten, um seine Wahl zu hintertreiben.

Die Entscheidung lag in den Händen des Repräsentantenhauses, welches jedoch nicht nach der Kopfzahl, sondern nach Staaten entschied, wodurch die Majorität der Föderalisten auf eine Kontrolle der Hälfte aller Stimmen zusammenschrumpfte. Dies hätte aber immerhin genügt, um Jeffersons Wahl unmöglich zu machen, wenn nicht Hamilton in diesem kritischen Augenblicke seine ganze Autorität dazu verwandt hätte, um Jeffersons Wahl zu sichern, trotz der erbitterten Feindschaft, welche zwischen diesen beiden Männern herrschte. Er beschwor seine Parteigenossen, nicht so verblendet zu sein, um Burr, diesen Catilina Amerikas, der ihre Hilfe doch niemals lohnen würde, zu unterstützen, was auch schließlich so viel Eindruck machte, daß Jefferson nach einem heftigen, vom 11. bis zum 17. Februar dauernden Wahlkampf die zur Präsidentschaft nötige Majorität über Burr davontrug. Jefferson wurde Präsident, Burr Vizepräsident.

Die Inauguration fand, wie üblich am 4. März statt. Jefferson hütete sich wohl, seine Regierung mit einem dem Gegner zugeschleuderten „vae victis!“ zu beginnen, wie es die Fanatischesten unter seinen Anhängern hofften; er gab sogar in seiner Präsidentenrede der Hoffnung auf Versöhnung besonderen Ausdruck, indem er sagte: „Wir haben Brüder derselben Grundsätze mit verschiedenen Namen bezeichnet; wir sind alle Republikaner, wir sind alle Föderalisten." Mit diesen Worten, deren Schiefheit Jefferson selber nichtsdestoweniger nur zu klar erkannte, suchte er seine Regierungsakte soviel als möglich in Einklang zu bringen; er lehnte es z. B. prinzipiell ab, Beamte, deren politische Ansichten den seinen entgegengesetzt waren, aus diesem Grunde allein zu entlassen; führte sich der Beamte gut, so blieb er unbehelligt. Der Satz, welcher das spätere politische Leben der Amerikaner so charakteristisch beleuchtet: „Dem Sieger gehört die Beute", war damals noch nicht praktisch geworden. . . . .

Auch die Wahl seiner Kabinetsmitglieder beweist, daß er nicht gesonnen war, den extremen Republikanern die Herrschaft auszuliefern. Madison, sein lang erprobter Freund, wurde Staatsminister, Gallatin, ein geborener Genfer, Vorsitzender im Schatzamte und General Dearborn aus Massachusetts Kriegsminister. Diese Mäßigkeit gewann der republikanischen Partei zahlreiche Freunde auch im Norden, so daß durch die Wahlen zum siebenten Kongreß die Republikaner in demselben die Mehrheit erlangten. Gleich nach Einberufung des Hauses, welche am 7. Dezember 1801 stattfand, richtete der Präsident ein Schreiben an dasselbe, in welchem er mitteilte, daß er in Zukunft die Vorlagen nicht mehr durch persönliche Reden, sondern durch schriftliche Botschaften der Versammlung mitteilen werde, da hierdurch nicht nur Zeitersparnis, sondern auch eine bessere Bekanntschaft der Mitglieder mit den Arbeiten erzielt werde. Der wahre Grund bestand jedoch darin, daß die bisher übliche Geschäftsform dem demokratischen Jefferson zu monarchisch erschien. Die Versammlung nahm den Vorschlag beifällig auf, und derselbe ist seit jener Zeit von allen Präsidenten durchgeführt worden. In seiner Botschaft wies Jefferson darauf hin, wie blühend augenblicklich die materielle Lage des Landes sei, welche Höhe die Einnahmen bereits erreicht, und wie vorteilhaft die Einwanderung und Zunahme der freien Bevölkerung für die Zukunft des Landes wäre. Er kündigte an, daß er, um die

Ausgaben zu entlasten, entschlossen sei, wo es nur anginge, Er=
sparnisse zu machen, so namentlich durch Einziehung unnützer
Besoldungen, durch Verminderung der Militär= und Marine=
streitkräfte. Der Kongreß bewilligte desgleichen die Aufhebung
der direkten Steuern und der neuen, unter dem vorigen Präsi=
denten geschaffenen Gerichtshöfe, wodurch gleichfalls bedeutende
Ersparnisse erzielt wurden. Die Thatsache der Aufhebung der
Gerichtsstellen, welche Adams noch kurz vor seinem Abgang
entgegen dem Schicklichkeitsgefühle der Bevölkerung mit seinen
Anhängern besetzt hatte, spricht am besten für die von den
Föderalisten so arg verleumdete Redlichkeit des Präsidenten, der
nur das Wohl des Staates im Auge hatte und es verschmähte,
seinen Anhang auf Kosten der Gesamtheit zu verstärken. Die
Fremden= und Aufruhrgesetze wurden selbstverständlich wieder
aufgehoben, die Erlangung des Bürgerrechts leichter gemacht,
sowie Bestimmungen darüber getroffen, daß die Staatsschuld
allmählich getilgt werde, um den gefährlichen Einfluß der Regierung
auf die Staatsgläubiger zu beseitigen. Die Beurteilung dieser
Maßregeln seitens der föderalistischen Partei trug den Stempel
des Hasses und der ohnmächtigen Wut, und selbst Hamilton
nahm keinen Anstand, in seiner Kritik der Botschaft Jeffersons
einen scharfen und ironischen Ton anzuschlagen. Er war damals
ein ziemlich isoliert stehender Mann, dessen geistige Überlegenheit
freilich für die geschmolzene Schar der Föderalisten noch von
einigem Gewichte war. Dennoch konnte er es nicht durch=
setzen, daß seine Partei sich mit der wichtigsten Maßregel der
ersten Regierungsperiode Jeffersons, dem Ankauf Louisianas be=
freundete, welchen Hamilton in seiner echt staatsmännischen, von
den Fesseln der Parteipolitik befreiten Anschauungsweise als
notwendig und segensreich befürwortete.

Die Mississippi=Frage war schon zu wiederholtenmalen
Gegenstand längerer Erörterungen gewesen. Je mehr sich die
Vereinigten Staaten im Westen bevölkerten, je größeren Auf=
schwung Handel und Wandel daselbst nahmen, desto fühlbarer

wurde der Zwang empfunden, dem der ganze Verkehr durch die spanische Willkürherrschaft am Mississippi unterworfen war. Als nun gar Spanien am 1. Oktober 1800 Louisiana an Frankreich abgetreten hatte, hielt Jefferson es für notwendig dem drohenden Einfluß der französischen Macht zu begegnen, und instruierte demgemäß seinen Botschafter Livingston in Paris, daß er sich mit der französischen Regierung über Abtretung von Louisiana ins Einvernehmen setzen solle. Die Unterhandlungen zogen sich, da Bonaparte wenig geneigt war, seine auf Kolonialbesitz gerichteten Pläne aufzugeben, sehr in die Länge, bis der Negeraufstand in Domingo und die kriegerischen Verwickelungen in der alten Welt der Angelegenheit eine für die Amerikaner günstigere Wendung gaben. Der ursprünglich von Bonaparte geforderte Preis von 100 Millionen Franken wurde auf 60 Millionen ermäßigt, zugleich der Unionsregierung die Verpflichtung auferlegt, die 20 Millionen betragende Entschädigungssumme für die von Frankreich den Amerikanern zugefügten Verluste zu übernehmen. Unter diesen Bedingungen kam der Vertrag am 30. April 1803 zustande, welcher das Gebiet der Union beinahe verdoppelte, da das Territorium, welches damals Louisiana hieß, mehrere der jetzigen westlichen Staaten mit umfaßte.

Die Opposition der Föderalisten war hauptsächlich deswegen eine so erbitterte, weil sie fürchteten, daß durch den Zuwachs eines so bedeutenden Gebietes die politische Machtstellung noch mehr dem Süden und Südwesten zufallen würde. Unrichtig ist, daß es der Widerwille gegen die Sklaverei war, welcher sie in ihrem beschränkten Widerstande aufrecht erhielt, wie dies auch aus der Thatsache hervorgeht, daß sie besonders gegen die ihren Handel beeinträchtigenden westlichen Gebiete eiferten. Die Annahme des Vertrages erfolgte endlich am 31. Oktober 1803 im Senate und am 10. November desselben Jahres im Kongresse. Das Gebiet wurde demnächst in zwei Teile zerlegt: New Orleans und Louisiana, von denen das letztere in kurzer Zeit in den Verband der Union als souveräner Staat aufgenommen wurde.

Das Bestreben Jeffersons, die Entwickelung der Union nach
Kräften zu fördern, führte ihn auch zur Unterstützung von
Forschungsreisen im Westen Amerikas, welcher für den Verkehr
mit Asien in Zukunft wichtig zu werden versprach. Er ver=
langte die Zustimmung des Hauses zur Ausrüstung einer wissen=
schaftlichen Expedition, welche den Herren Lewis und Clarke
übertragen wurde und die Erforschung des Gebiets zwischen
dem Missouri= und Kolumbiastrom bezweckte.

Die weiteren Maßnahmen aus der ersten Präsidentschaft
Jeffersons bestehen in der Aufhebung des unter der vorigen
Administration erlassenen Bankerottgesetzes, das dem zahlungs=
unfähigen Kaufmann gewisse Vorteile einräumte, worüber die
Südstaaten sich beklagten, der Beschränkung der Macht der
Nationalbank sowie der Genehmigung des Baues wichtiger öffent=
licher Straßen aus nationalen Mitteln.

Weniger glücklich für das Ansehen des Präsidenten ist ein
Prozeß abgelaufen, den die republikanische Majorität im Reprä=
sentantenhause gegen den Richter Chase wegen angeblicher Will=
türlichkeiten im Dienste zu führen für gut befunden hat. Trotz
der Einwirkung des Präsidenten wurde Chase freigesprochen.
Immerhin aber konnte Jefferson am Ende seiner ersten Präsident=
schaft zufrieden auf dieselbe zurückblicken, er hatte die Furcht, daß
Amerika infolge des Sieges der Republikaner in Kriege ver=
wickelt und ruiniert werden würde, gründlich widerlegt und das
Vertrauen des Volkes sich dermaßen erworben, daß seine Wieder=
wahl außer Frage stand.

Die Eröffnung der Stimmzettel bei der Präsidentenwahl,
welche im März 1804 stattfand, ergab das Resultat, daß Jeffer=
son und George Clinton aus New York je 162 Stimmen er=
halten hatten, die Kandidaten der Föderalisten Pinkney und
R. King dagegen je 14 Stimmen. Die Stimmengleichheit beider
republikanischer Kandidaten erregte diesmal jedoch keine weiteren
Streitigkeiten, da durch Zusatz der Verfassung vorher bestimmt
worden war, daß jeder Wähler von vornherein angeben solle,

wen er zum Präsidenten und wen er zum Vizepräsidenten wünsche,
so daß der bisherige Vizepräsident nach Beendigung der Cere=
monie gleich das Ergebnis verkünden konnte. Aaron Burr selbst
hatte keine einzige Stimme erhalten; von jeher von beiden Seiten
mit Mißtrauen betrachtet, hatten Republikaner und Föderalisten
es abgelehnt, ihn zur Wiederwahl vorzuschlagen — ein vernich=
tender Schlag für die Eitelkeit und den Ehrgeiz des leidenschaft=
lichen Mannes. Er sah sich deshalb nach neuen Bundesgenossen
um und fand diese in den Föderalisten der New=Englandstaaten,
welche voll Trotz gegen die Politik Jeffersons und die anscheinend
begünstigten Südstaaten sich mit dem Gedanken einer Trennung
schon seit längerer Zeit vertraut gemacht hatten. Die Bedingung,
unter der Burriten und Föderalisten, deren Schwäche sich bei
der Präsidentenwahl so klar herausgestellt hatte, bereit waren,
sich in ihren Bestrebungen gegenseitig zu unterstützen, war die
Wahl Burrs zum Gouverneur von New York, welche wichtige
Stellung ihm sicher die Macht in die Hände gegeben hätte, um
die Präsidentenwürde des neuen nördlichen Bundes an sich zu
reißen. Hamilton, der dieses Projekt am 10. Februar 1804 in
einer privaten Versammlung der Föderalisten, die zur Besprechung
der bevorstehenden Gouverneurswahl in New York in Albany
zusammengetroffen waren, ans Tageslicht zog, erklärte sich mit
ganzer Energie gegen die verderbliche Verblendung der Födera=
listen, die als einzigen Beweggrund zu diesem thörichten Schritte
den blinden Haß gegen die republikanische Partei anzugeben ver=
mochten. Durch diesen unliebsamen Widerstand gereizt, ließ Burr
seinen Gegner auf Pistolen fordern, worauf Hamilton einging.
Das Duell fand zu Weehawken am 11. Juli 1804 statt. Hamil=
ton wurde gleich beim ersten Schusse tödlich verwundet und starb
am folgenden Tage. Sein Tod wurde von allen rechtschaffenen
Menschen schmerzlich empfunden, da die hohen Geistesgaben,
über die er verfügte, die Schärfe und Besonnenheit seines Ur=
teils und die politische Uneigennützigkeit, welche ihn auszeichnete,
allgemein anerkannt waren.

Burrs Absichten wurden freilich durch diese Katastrophe vereitelt. Mit dem Haß des ganzen Volkes beladen, zog sich der Abenteurer nach Ablauf seiner Vizepräsidentschaft in die schweigsamen Wälder des Westens zurück, wo er allerhand Pläne entwarf, um seine Rache zu kühlen und zur Herrschaft zu gelangen. Bald sprach er von kühnen Zügen gegen Mexiko, um dort die spanische Macht zu vernichten, bald forderte er den Westen zum Abfall von der Union auf, deren baldigen Untergang er nicht müde wurde zu prophezeien. Er hatte schließlich sein Hauptquartier auf einer herrlichen Insel des Ohioflusses, in der Nähe von Mariette, aufgeschlagen, welche ein Ehepaar namens Blennerhasset bewohnte, das sich für die waghalsigen Pläne Burrs begeistert hatte und ihn in allem aufs bereitwilligste unterstützte. Die bisher nur dem Vergnügen geweihte Insel wurde der Sammelplatz von Abenteurern aller Art, mit denen Burr schließlich abmarschierte, um bald darauf von seinen Anhängern verlassen zu werden. Die Regierung hatte ihre Maßnahmen mit größter Eile getroffen, so daß zu Beginn des Jahres 1807 der Urheber der ganzen Ruhestörung verhaftet und zu Richmond vor das Gericht gestellt werden konnte, das ihn jedoch zum großen Verdruß der republikanischen Führer deshalb freisprach, weil die Vergehen außerhalb des Gerichtssprengels vorgekommen seien. Die Regierung verzichtete aus Rücksicht auf die damalige Lage der auswärtigen Politik darauf, den Prozeß, auf dessen Entscheidung der Oberrichter John Marshall, ein ausgesprochener Föderalist, mehr als billig eingewirkt hatte, bei dem zuständigen Gerichte zu erneuern, so daß Burr unbehindert in das Privatleben zurücktreten konnte. Eine öffentliche Rolle hat er jedoch seitdem nicht mehr gespielt.

Das Hauptereignis der zweiten Präsidentschaft Jeffersons bildet die Frage des „Embargo", das gegen England gerichtet war, in seinen Folgen jedoch die Vereinigten Staaten selber am schärfsten traf. Das durch den Jay-Vertrag mit England hergestellte gute Einvernehmen hatte allmählich wieder heftigen

Klagen Platz gemacht, die sich verstärkten, als England am
16. Mai 1806 die Blockade verhängte. Frankreich folgte dem
von England gegebenen Beispiele bald darauf, — so daß die
amerikanischen Kaufleute und Seefahrer sich aufs schwerste ge=
schädigt sahen. Die Föderalisten schwärmten, wie immer, so auch
diesmal für Krieg gegen Frankreich, während die Republikaner
weder England noch Frankreich anzugreifen wagten, aber trotz=
dem entschlossen waren, den der amerikanischen Flagge zugefügten
Schimpf zu rächen. Man hatte demgemäß schon 1806 die Ein=
fuhr brittischer Waren beschränkt, dadurch aber keinen nennens=
werten Erfolg erzielt, so daß Jefferson sich entschloß, am 18. De=
zember 1807 dem Kongresse ein Embargo vorzuschlagen, welches
ohne große Debatten, unter Ausschluß der Öffentlichkeit sowohl
im Repräsentantenhause als im Senate, am 21. Dezember
Gesetzeskraft erlangte.

Das Embargo war gewissermaßen ein durch die Tradition
geheiligtes Mittel. Man war von seiner Vortrefflichkeit von
vornherein überzeugt und gab sich nicht die Mühe, nachzuforschen,
ob die Verhältnisse, unter denen es früher von Nutzen gewesen
war, sich verändert hatten oder nicht. Als man nun gar bald
die schädlichen Wirkungen desselben erkannte und das Volk zu
murren begann, spielte man den Trumpf der nationalen Ehre
aus, die es erheischte, daß man, da ein Krieg gegen England
und Frankreich unmöglich wäre, das Opfer bringe. Immerhin
ist dies Embargo ein Beweis für die bodenlose Leichtfertigkeit,
mit der die damalige Majorität die wirtschaftlichen Interessen
des Volkes behandelte. Die Gegner des Embargo, die Födera=
listen und einige Republikaner, unter ihnen John Randolph,
griffen wieder auf die Verfassungsbestimmungen zurück, um zu
eigen, daß das Embargo von 1801 ungiltig sei, da wohl die
Regierung berechtigt sei, ein Embargo auf bestimmte Zeit, da
dies einer Regelung des Handels gleichkomme, aber kein unlimi=
tiertes zu erlassen, was vielmehr eine Vernichtung des Verkehrs
bedeute. Die Legislaturen der Einzelstaaten hatten zwar fast

durchweg dem Embargo zugestimmt, was aber nicht hindern konnte, daß die Bewegung gegen dasselbe täglich wuchs und die Zahl der ablehnenden Resolutionen die der Zustimmungsadressen an den Präsidenten erreichte. Die Bestimmungen des letzteren zur schärferen Durchführung der Handelssperre stießen auf passiven Widerstand, der durch die drohende Haltung der Oppositions= presse an Gefährlichkeit zunahm.

Das praktische, fühlbare Interesse des Bürgers begann schließ= lich doch den Sieg über die Prinzipien der Politiker davonzu= tragen. Die Freunde des Präsidenten konnten sich am Ende der Einsicht nicht verschließen, daß es unmöglich sei, das Embargo noch weiter aufrecht zu erhalten, zumal man ihnen mit vollstem Recht die Nichtbefolgung des von ihnen aufgestellten und jeder= zeit verfochtenen Grundsatzes: „Es ist der Geist und die Pflicht republikanischer Regierung, Gesetze zu machen, die dem Volk ge= nehm sind, und nicht zu versuchen, das Volk den Gesetzen an= zupassen", vorwerfen konnte. Am 25. Januar 1809 brachte Nicholas von Virginia einen, die Bestimmungen über das Embargo ab= ändernden Antrag ein, der nach längeren Debatten und mit verschiedenen Streichungen und Amendements versehen die Be= willigung des Hauses fand. Es ist dies das sogen. Gesetz über die Verkehrsunterbrechung (Non intercourse Law), welches die Bestimmungen des Embargo in Zukunft nur für England und Frankreich gelten läßt, den Verkehr mit anderen Staaten dagegen freigiebt.

Das Gesetz kam gerade zu rechter Zeit, um den illoyalen Bestrebungen der Föderalisten ein Ende zu machen. Die Oppo= sition war von den zwei Staaten, auf welche sie sich nach der Wiederwahl Jeffersons nur noch allein stützen konnte, wieder auf fünf gewachsen, die noch immer nicht die Trennungsgedanken aufgegeben hatten und hierin von umherziehenden Agenten der englischen Regierung unterstützt sein sollen. John Quincy Adams, der sich von der föderalistischen Partei losgesagt hatte, über= mittelte diese letztere Thatsache dem Präsidenten und ist so die

eigentliche Ursache zu der schnellen Abänderung des Embargo=
gesetzes gewesen. Die Föderalisten haben später diese Erzählung
von brittischen Sendlingen als eine Fabel erklärt, die ersonnen
sei, um ihren Patriotismus zu verdächtigen; sicher ist, daß Sir
James Craig, der Generalgouverneur von Canada, einen ge=
heimen Agenten namens Henry im Februar 1809 nach Boston
zur Beurteilung der politischen Lage und der Wahrscheinlichkeit
eines föderalistischen Sieges abgesandt hat, der jedoch in seinem
Berichte nur die Resultatlosigkeit der föderalistischen Bestrebungen
konstatieren konnte. Der spätere Präsident Madison hat die
Papiere Henrys für 50 000 Dollars käuflich erworben, womit
dieselben jedoch viel zu teuer bezahlt worden sind, da sie wenig
Neues und Brauchbares enthielten.

Das Fallenlassen des Embargo traf Jefferson immerhin
recht hart. Er hatte im übrigen in der Politik fast stets den
Sieg errungen und mußte nun kurz vor Ablauf seines Amtes
selber zugestehen, eine Maßregel empfohlen und aufrechterhalten
zu haben, die dem Wohlstande der Nation empfindlichen Schaden
zugefügt hatte. — Eine dritte Wahl lehnte Jefferson trotz der
Bitten seiner Freunde getreu seinen demokratischen Anschauungen
ab. Er zog sich der Regierungssorgen ledig auf sein Landgut
Monticello in Virginia zurück, von wo aus er durch seinen Ver=
kehr mit den bedeutendsten Politikern seiner Zeit die öffentlichen
Angelegenheiten aufmerksam verfolgte und oft genug seinen Rat
erteilte. Er starb am 4. Juli 1826 in dem hohen Alter von
83 Jahren.

James Madison.

Madison war mit bedeutender Majorität — 122 von 175
Stimmen — zum Nachfolger Jeffersons gewählt worden. Für ihn
stimmten fast alle Wahlmänner aus Vermont, New Jersey,
Pennsylvania, Virginia, Süd=Karolina, Georgia, Kentucky, Ten=
nessee, Ohio, New York, Maryland und Nord=Karolina, gegen

4*

ihn die aus Delaware und den vier Neuengland-Staaten. Den
Posten des Vizepräsidenten hatte George Clinton zu behaupten
gewußt; auf ihn waren 113 Stimmen gefallen. Die Lage,
welche der neue Präsident vorfand, war eine sehr schwierige und

Fig. 8.

Präsident Madison.
(Nach Cassel, History.)

gefährliche, da von allen Seiten Fragen auftauchten, die eine
baldige Lösung erforderten. Namentlich waren es die Beziehungen
zu England, welche sich immer mehr verschärften und kriegerisch
zu werden drohten.

Anfänglich schien es, als ob eine gütliche Schlichtung des Streites, der sich hauptsächlich um die die Rechte der Neutralen verletzenden Geheimratsbefehle und die Anmaßung Englands, auf amerikanischen Schiffen nach englischen Unterthanen zu suchen, drehte, zustande kommen sollte. Der englische Gesandte zu Washington, Erskine, war von seiner Regierung mit umfassenden, aber sehr bestimmten Instruktionen versehen worden, welche zur Basis der Verhandlung dienen sollten; seine Eitelkeit und Beschränktheit verleiteten ihn jedoch, im guten Glauben, Sr. Majestät am besten zu dienen, von den Vorschriften abzuweichen und einen Vertrag mit dem damaligen Staatsminister Robert Smith, dem Marineminister Jeffersons, zu schließen, der für Amerika äußerst vorteilhaft war und den Termin der Wiederaufnahme des Verkehrs zwischen England und der Union auf den 10. Juni 1809 festsetzte. Der Präsident berief infolgedessen den Kongreß sofort zu einer außerordentlichen Session — 22. Mai bis 18. Juni 1809, — welche insofern überaus glücklich verlief, als alle Parteien mit dem Vertragsabschlusse zufrieden waren, wenngleich das Parteigezänk über die Einzelheiten des nun beendeten Streites auch nicht aufhörten. Leider dauerte diese Freude nicht allzulange, da die englische Regierung sich weigerte, die von Erskine geschlossene Übereinkunft zu respektieren und denselben von seinem Posten abrief. Durch diesen unangenehmen Zwischenfall wurden die auswärtigen Beziehungen wieder gespannter denn je, was sich auch in den Noten, die der Nachfolger von Erskine, Francis James Jackson, und Smith wechselten, abspiegelt. Das Gesetz, welches jede Handelsverbindung mit England untersagt, wurde am 6. August 1809 erneuert, der diplomatische Verkehr fast ganz eingestellt, so daß es nur eines ganz kleinen Anstoßes bedurfte, um den Krieg zum Ausbruch zu bringen. Das Vorgehen der Regierung wurde im Kongresse nach seinem am 27. November stattfindenden Zusammentritt einer langen Beratung unterstellt, in der schließlich die Anhänger der Regierung mit 72 gegen 41 Stimmen den Sieg davontrugen. Das Resultat verdankt die

Regierung hauptsächlich dem energischen Eintreten einiger jugend
lich feurigen Südstaatler, unter denen Henry Clay am meisten
hervorragte. Sein Plan, mit dem Schwerte in der Hand die
Freiheit des amerikanischen Volkes zu beschützen, fand eine Er=
gänzung in der von ihm zuerst näher präzisierten Idee, das
Vaterland von Europa in wirtschaftlicher Beziehung unabhängig
zu machen. „Unsere Einfuhr" so drückte er sich einst aus —
„muß abnehmen, wir dürfen für unsere Kleidung nicht von
fremden, vielleicht feindlichen Ländern abhängen. Eine Nation,
welche von Fremden gekleidet wird, ermangelt nicht weniger der
Selbständigkeit als die, welche ihre Nahrungsmittel einführt."

Als Clay bald darauf zum Sprecher des Hauses, der als
solcher eine sehr wichtige Stellung einnahm, ernannt und Calhoun
zum erstenmale in den Kongreß gewählt worden war, gingen
die Dinge noch schneller ihrer Entscheidung entgegen. Frankreich
hatte freilich inzwischen seine Befehle zurückgenommen, da Napoleon noch immer die Hoffnung nicht aufgegeben hatte, daß die
Vereinigten Staaten ihm im Seekampfe gegen England beistehen
würden, und erklärte von nun an jeden Übergriff der französischen
Seefahrer und Beamten für ein Mißverständnis, an dem die
Regierung unschuldig sei. Die Hoffnung, daß England dem von
Frankreich gegebenen Beispiele folgen werde, hatte bisher noch
immer den Erlaß der Verkehrsuntersagung verzögert, welche jetzt
schleunigst proklamiert und in ihrer Wirkung durch einige Reso=
lutionen verstärkt wurde, die eine Vermehrung der Armee forderten
und mit bedeutender Mehrheit angenommen wurden. Den im
Kabinett eingetretenen Zwiespalt zwischen Smith und Gallatin
beseitigte Madison dadurch, daß er Smith entließ und ihn durch
Monroe ersetzte, der durch seine früheren Missionen mit den aus=
wärtigen Verhältnissen aufs beste vertraut war. Um dieselbe
Zeit 1810—11 benutzten die Vereinigten Staaten die Zwistig=
keiten in den spanischen Besitzungen, um Florida zu besetzen, worauf sie infolge des Ankaufs von Louisiana Anspruch erhoben.

Die Gefahren eines englisch=amerikanischen Krieges wurden noch

Fig. 9.

Ein Raubzug der Indianer.　(Nach Loſſing).

verstärkt durch das kriegerische Benehmen der Indianer, welche von Zeit zu Zeit sich gegen die Weißen auflehnten, von der Besorgnis getrieben, daß dieselben durch ihre immer rascher fortschreitende Civilisation und wirtschaftliche Thätigkeit die Jagdgründe der Indianer mit Beschlag belegen und so die Existenzbedingungen der Rothäute vernichten würden. In dem den Unabhängigkeitskrieg beendenden Frieden von Paris war der Indianer keine Erwähnung gethan; die Engländer überließen die ehemaligen Bundesgenossen ihrem Schicksale. Die sich bald einstellenden Feindseligkeiten wurden, nach dem Siege des Generals Wayne über die westlichen Indianer (20. August 1794) durch den Friedensvertrag von Greenville beseitigt, der für beide Teile ein befriedigendes Resultat ergab und in der Geschichte als der Markstein für eine bessere Behandlung der unterworfenen Indianer seitens der Union von großer Bedeutung geworden ist. Die Kriegsaxt war auf längere Zeit begraben, bis durch den Jay-Vertrag die Engländer genötigt wurden, ihre bisher inne gehabten Posten zu verlassen, wodurch auch die Indianer wieder in Bewegung gerieten. Dazu kam, daß sie jetzt in dem Shawnee-Häuptling Tecumseh einen Führer hatten, der Tapferkeit und Klugheit in hohem Maße vereinigte. Dieser berühmte „König der Wälder" war zu Ohio 1768 geboren; hatte später an den Kämpfen seines Stammes zur Verteidigung der Jagdgründe teilgenommen und war einer von denen gewesen, welche dem Vertrage mit Wayne zu Greenville nicht beigetreten sind. Da er aber einsah, daß für die Gegenwart nichts mehr zu erhoffen sei, richtete er sein Augenmerk auf die Herstellung eines allgemeinen Indianerbundes, was ihm auch teilweise gelang. Sein Bruder, welcher sich als einer vom großen Geist gesandten Propheten ausgab, war ihm hierbei von bedeutendem Nutzen. Nach vergeblichen Unterhandlungen, welche die Brüder mit dem amerikanischen General Harrison, damals Statthalter des Territoriums Indiana, angeknüpft hatten, griff der letztere ihr Lager zu Tippecanoe am Wabash an und schlug die durch die Anwesenheit

der Führer begeisterten und wütend kämpfenden Indianerhaufen
in die Flucht. Tecumseh und sein Bruder ließen sich jedoch dadurch von ihrem Vorhaben, einen großen Indianeraufstand zu
organisieren, nicht abbringen, sondern wandten sich dem Süden
zu, wo sie später bei Gelegenheit des englisch = amerikanischen
Krieges an demselben thätigen Anteil nahmen.

Die Bemühungen der republikanischen Partei, den Engländern den Krieg zu erklären, sollten endlich mit Erfolg gekrönt
werden. Madison war durch die Alternative, dem Kriege beizu-
stimmen oder nicht wiedergewählt zu werden, für ein energisches
Vorgehen gewonnen worden, das sich zunächst in einer am
1. April 1812 erlassenen vertraulichen Botschaft zeigte, die ein
neues Embargo auf 60 Tage in Vorschlag brachte. Damit nicht
zufrieden, veranlaßte ihn die Kriegspartei, eine zweite Botschaft
dem Kongresse mitzuteilen, in der die feindseligen Maßnahmen
Englands erörtert und dem Kongresse die Entscheidung darüber
anheim gestellt wurde, ob dieselben mit Gewaltmaßregeln erwidert
werden sollten. Am 3. Juni berichtete Calhoun als Vorsitzender des
Ausschusses für auswärtige Angelegenheiten hierüber dem Hause
und brachte eine Empfehlung bei für „sofortige Appellation an
die Waffen.“ Die förmliche Kriegserklärung wurde am folgenden Tage mit 79 gegen 49 Stimmen beschlossen. Im Senat
schwankte die Entscheidung einige Zeitlang hin und her, bis am
17. Juni die Annahme der Kriegserklärung mit 19 gegen
13 Stimmen erfolgte. Die Unterzeichnung der Bill durch den
Präsidenten fand am 18. Juni statt. Die Überraschung im
Volke war groß, da die letzten entscheidenden Beratungen bei
verschlossenen Thüren vorgenommen worden waren. Von den
Abgeordneten der Minorität unterzeichneten vierunddreißig einen
Protest gegen die Kriegserklärung und die Art, wie dieselbe zustande gekommen wäre; sie bemerkten den Wählern gegenüber,
daß sie „unschuldig seien an dem Unheile, das daraus erwachsen
würde“ und daß sie sich schließlich der Diskussion enthalten hätten,
um nicht „einem so flagranten Mißbrauche der Gewalt zu einer

zu folgernden Giltigkeit zu verhelfen." Die englische Regierung, welche im allgemeinen durch ihre Agenten und den obengenannten Henry gut unterrichtet war, wurde gleichfalls durch die Kriegs- erklärung, welche gegen Ende Juli in England eintraf, über- rascht, da man es für unmöglich gehalten hatte, daß die Union es wagen würde, mit dem mächtigsten Seestaate der Welt an- zubinden.

Bei Ausbruch des Krieges wurde General Dearborn aus Massachusetts zum Oberbefehlshaber der amerikanischen Armee ernannt. Seine Streitmacht bestand vornehmlich aus den New Yorker Milizen, die bei Plattsburg und an der Niagaragrenze standen. Eine andere Schar von 1200 Ohio=Freiwilligen und 300 Mann der regulären Truppen bestehend, war dem General Hull unterstellt, dessen Verdienste während des Revolutionskrieges noch unvergessen waren. Von Dayton in Ohio führte er seine Truppen auf beschwerlichem Wege nach Detroit, um von dort einen Einfall in Kanada zu unternehmen. Er brach am 12. Juli mit seiner geringen Mannschaft auf und besetzte Sandwich, ver- säumte jedoch die Posten der Feinde anzugreifen, ehe dieselben von der kanadischen Miliz verstärkt werden konnten. Als er vor Malden, dem ersten brittischen Fort, anlangte, war dasselbe bereits von einer starken Garnison angefüllt, so daß er es nicht anzugreifen wagte. Dazu kam, daß die Indianer von allen Seiten herbeieilten und die amerikanischen Plätze selber bedrohten, wodurch die Rückkehr des Heeres von selbst geboten war. Der amerikanische Oberbefehlshaber hatte mittlerweile mit dem eng- lischen General Brock einen Waffenstillstand abgeschlossen, in den jedoch die in der Umgegend von Detroit kämpfenden Heere sonder- barerweise nicht mit aufgenommen wurden, so daß Brock mit seiner Armee nach Malden eilen konnte, um die Offensive gegen Hull zu ergreifen.

Von der Kopflosigkeit der amerikanischen Heerführung giebt die Einnahme des Forts Mackinaw auf der Insel gleichen Namens, welche innerhalb der Wasserverbindung der Huron= und Michi-

ganseeen gelegen ist, den sprechendsten Beweis. Trotz der Wich=
tigkeit des Postens, der auch in Friedenszeiten seines lebhaften
Pelzhandels halber bedeutend war, hatte man es vergessen, den
dort stationierten Befehlshaber von dem Ausbruch der Feind=
seligkeiten zu unterrichten, so daß auch nicht die geringste Vor=
kehrung zur Verteidigung getroffen war, als die Engländer und
Indianer anrückten. Ohne Schwertstreich fiel der wichtige Posten
den Feinden in die Hände.

Inzwischen hatte General Brock sich mit seiner Armee in
Bewegung gesetzt, um die Amerikaner aus Detroit zu vertreiben.
Er überschritt den Detroitfluß und legte einige Batterieen an,
ohne irgend welchen Widerstand zu finden, trotzdem daß die
Stellung der amerikanischen Armee eine sehr günstige und zudem
durch eine Anzahl Schiffe gedeckt war. Bei dem ersten Angriffe,
der erfolgte, zog General Hull die weiße Fahne auf und über=
gab die Stadt und die ganze Armee den Engländern. Er wurde
später gegen 30 englische Soldaten ausgewechselt und wegen
Feigheit und Verrat vor ein Kriegsgericht gestellt, das ihn zum
Tode verurteilte. Seiner früheren Dienste halber wurde jedoch
der altersschwache, stumpfsinnige General, dessen Fehler kleiner war
als der jener Männer, die ihm das Kommando anvertraut hatten,
vom Präsidenten begnadigt. Mit dem Fall von Detroit war
gleichfalls ganz Michigan in die Macht der Engländer gegeben.

Die Hauptarmee unter Dearborn war in zwei Abteilungen
aufgestellt, die eine unter dem persönlichen Befehle des Ober=
feldherrn zu Plattsburg und Greenbush, die andere, von Van
Rensselaer befehligt, zu Lewiston. Die Milizen zeigten sich
jedoch so widerwillig, daß auch nach Ablauf des Waffenstill=
standes wenig geleistet werden konnte. Ein Teil der Truppen
Rensselaers setzte zwar über den Niagarafluß, wurde jedoch bald
eine Beute des Feindes, da die zurückgebliebenen Milizen zu
folgen sich weigerten, unter dem Vorwande, daß es gegen ihr
Gewissen sei, in ein friedliches Land einzufallen, und der General
kein Recht habe, sie außerhalb des Staates zu verwenden. Rensse=

laer, durch dieses unbotmäßige Benehmen der Soldaten aufs
höchste empört, kam um seine Entlassung ein und wurde durch
den General Smythe ersetzt, welcher sich bald als der Feigste
und Unfähigste der sämtlichen Führer entpuppte. Er gab jede
weitere Unternehmung auf und bezog ebenso wie Dearborn, der
sich zu einem kurzen Einfall in Kanada aufgerafft hatte, seine
Winterquartiere.

Glücklicher, als auf dem Lande, waren die Amerikaner auf
dem Meere, obgleich ihre Marine keinen Vergleich mit der des
stolzen Englands aushalten konnte. Sie ersetzten jedoch den
Mangel an Material und Kriegsstärke durch geschicktes Manö=
vrieren, wie das Beispiel der Fregatte „Konstitution" zeigt, welche
im Juli 1812 von zwei großen englischen Linienschiffen mehr
denn 60 Stunden verfolgt wurde und dennoch schließlich un=
beschädigt den Hafen von Boston erreichte. Wenige Wochen später
am 19. August zwang dieselbe Fregatte die englische „Guerrière"
nach einem Gefecht von nur 45 Minuten zur Übergabe. Diesem
ersten Siege erfolgten bald weitere Erfolge. Kapitän Porter von
„Essex" griff eine englische Brigg auf, an deren Bord er 14 000
Dollars und 150 Soldaten fand; die Fregatte „Präsident" er=
beutete ein englisches Packetboot mit 200 000 Dollars und der
„Argus" schleppte einige gleichfalls wertvolle Prisen in den
New Yorker Hafen. Auf dem Eriesee eroberte Leutnant Elliot
das im Schutze der englischen Kanonen liegende Schiff „Kale=
donien," während Commodore Chauncey auf demselben See mit
einigen kleinen Schiffen von zusammen 32 Kanonen das sechs=
mal größere englische Geschwader in Schach hielt. Die Kriegs=
schaluppe „Wespe" nahm nach heftigem Kampfe die brittische
Schaluppe „Frolic", konnte ihre Beute jedoch nicht rechtzeitig
bergen und fiel schließlich selber den Engländern in die Hände.

Die Fregatte „United States" wurde von Kapitän Decatur
kommandiert, der sich schon bei gelegentlichen Kämpfen mit den
tunesischen Piraten ausgezeichnet hatte. Am 25. Oktober stieß
er auf die brittische Fregatte „Macedonia", welche sich nach

anderthalbstündigem Kampfe ergeben mußte und nach New York gebracht wurde, wo ihr Erscheinen mit großer Freude begrüßt wurde. Am 29. Dezember endlich erfocht die „Konstitution" nochmals einen glänzenden Sieg, indem sie das englische Schiff „Java" fortnahm, welches neben der üblichen Mannschaft noch 100 Soldaten, die für Ostindien bestimmt waren, an Bord hatte. Alle diese Heldenthaten wurden vom Kongresse gebührend belohnt. Er votierte für die Mannschaften der siegreichen Schiffe bedeutende Summen, so je 100 000 Dollars für die der „Konstitution" und der „United States," und 25 000 für die siegreichen Besiegten der „Wespe." Ferner erhielt Decatur vom Kongresse eine goldene Denkmünze, sowie von den Staaten Virginia und Pennsylvania einen Ehrendegen.

Im Herbste des Jahres 1812 beschäftigte die Präsidenten= wahl das ganze Volk, welches gleichfalls, wie im Hause, in Gegner und Anhänger des Krieges geteilt war. Das Übergewicht der Kriegs= partei stellte sich jedoch glänzend heraus, als Madison, dem die Re= publikaner bekanntlich die Wiederwahl erst dann versprochen hatten, als er ihrem stürmischen Verlangen nach Krieg nachgegeben, mit 128 gegen 89 Stimmen über seinen Gegner de Witt Clinton triumphierte. Zum Vizepräsidenten wurde Elbridge Gerry er= nannt, der schon früher bei Gelegenheit seiner Unterhandlungen mit Talleyrand sich als eifriger Antiföderalist gezeigt hatte.

Die Kongreßdebatten während der Session vom 2. November 1812 bis 3. März 1813 sind voll von Streitigkeiten zwischen den Anhängern der Administration und der Opposition, welche die Unfälle der Kriegsführung als bequeme Handhabe benutzte, um ihrem Grolle gegen den Präsidenten und die Regierung Luft zu machen. Letztere legte einen genauen Rechenschaftsbericht vor, nach welchem die Einnahmen während des letzten Rechnungs= jahres über 16½ Millionen, davon beinahe 6 Millionen aus Anlehen, betragen hatte, welche Summe zur Bestreitung der laufenden Unkosten gerade genügt hatte. Um die weiteren An= sprüche jedoch zu befriedigen, wurde eine neue Anleihe von 16

Millionen und Ausgabe von Schatzanweisungen im Betrage von
5 Millionen beantragt, was auch bewilligt wurde. Die Regelung
der sonstigen durch den Krieg bedingten Bedürfnisse wurde der
nächsten außerordentlichen Session des dreizehnten Kongresses
vorbehalten, der am vierten Montag des Monats Mai 1813
zusammentreten solle. Die Kriegspartei setzte schließlich noch
die Vermehrung der Marine um vier Linienschiffe, sechs Fregatten
und sechs Kriegsschaluppen durch und ermächtigte den Präsidenten,
für den Schutz der Nordgrenze die erforderlichen Maßregeln zu
treffen. Gleichzeitig fand eine Änderung im Kabinett statt, in=
dem Madison den Pennsylvanier William Jones zum Marine=
und General Armstrong zum Kriegsminister ernannte.

In dem neuen Hause hatten die Föderalisten einige Plätze
wiedergewonnen, so daß das Verhältnis derselben zu den Re=
publikanern wie 68 zu 112 Stimmen betrug, während es im
Senat wie 9 zu 27 war. Die Parteigegensätze waren jetzt jedoch
nicht mehr so scharf gezogen wie früher, da viele Föderalisten,
wenn sie auch den Krieg selber verdammt hatten, nun doch für
energische Durchführung desselben plaidierten. So z. B. Rufus
King, der mit Timothy Pitkin und Daniel Webster zu den
Führern der Partei zählte. Unter den Republikanern ragten
Calhoun, Clay, John Forsyth, Taylor und John McLean be=
sonders hervor, den Sprechersitz nahm Clay wiederum ein. Die
Hauptfrage war und blieb die Beschaffung von Geld, da die
Kriegsführung im Norden der schlechten Beschaffenheit der Wege
halber enorme Summen verschlang. Der Präsident wies auf
die Notwendigkeit direkter Einnahmen hin, da durch die be=
deutende Steigerung der Anleihen der Kredit erschüttert würde
und jetzt schon das Geld nur noch mit einem Verluste von $7^1/_2 \%$
beschafft werden könnte. Der Kongreß bewilligte daher eine direkte
Steuer und einige innere Abgaben, die auf Fuhrwerke, geistige
Getränke, Versteigerungen, Geldscheine u. s. w. gelegt wurden, und
bestimmte, daß die neuen Anleihen, von denen eine im Betrage
von $7^1/_2$ Millionen demnächst zur Zeichnung gestellt werden sollte,

nicht unter dem früheren Emissionspreise weggegeben werden
dürften.

Der Beginn der Feindseligkeiten im Frühjahr 1813 fand
die Engländer in der denkbar günstigsten Lage vor. Der glück=
liche Ausgang und das bevorstehende Ende der Feindseligkeiten
gegen Napoleon in Europa ließ ihnen Muße, sich ganz auf
Amerika zu werfen, und dort die erhaltenen Scharten wieder
auszuwetzen. Sie blockierten die ganze Ostküste an den äußersten
Grenzen Massachusetts bis hinab nach Louisiana, sperrten die
Häfen, plünderten die Städte und überfielen die Behausungen
der Einwohner. Es begann hier zum ersten male jene erbitterte
und brutale Kriegführung, welche dieser zweiten Hälfte des
Krieges den Stempel indianischer Grausamkeit aufgedrängt hat.
Die Ortschaften Frenchtown, Havre de Grace, Georgetown und
Frederiktown wurden völlig zerstört und an den Bewohnern
Scheußlichkeiten verübt, welche auf lange Zeit hinaus der ameri=
kanischen Presse Stoff zu leidenschaftlichen Erörterungen gaben.
Die Admirale Cockburn und Cochrane waren bei der amerika=
nischen Bevölkerung so verhaßt, daß ein Bürger auf den Kopf
Cockburns einen Preis von 1000 Dollars setzte. In diese Zeit
fällt auch die Erfindung der Torpedos, welche zuerst von ameri=
kanischer Seite gebraucht wurden und lebhaften Protest seitens
der Engländer hervorriefen, die darin eine Verletzung der be=
stehenden, die Kriegsführung betreffenden völkerrechtlichen Be=
stimmungen erblickten. Gegenwärtig bilden die Torpedos, wie
allgemein bekannt, eines der Hauptmittel bei der Verteidigung
des Landes gegen die Angriffe der Schiffe. An der Erfindung
der Torpedos hat Fulton, der Erbauer des ersten Dampf=
schiffes, ebenfalls bedeutenden Anteil gehabt. Seine Dampfboote
hatten sich damals schon einzubürgern gewußt — so besaß z. B.
New York deren neun — fanden jedoch noch keine Verwendung
in dem Seekriege. In letzterem waren diesmal die Amerikaner
nicht so siegreich wie zu Beginn der Feindseligkeiten. Am
1. Juni 1813 hatte die Fregatte „Chesapeake" unter Kapitän

Lawrence ein Gefecht mit dem brittischen Schiffe „Shannon" zu bestehen gehabt, in dem nicht nur der Kapitän den Tod fand, sondern auch das Schiff von den Engländern erobert wurde. Die letzten Worte des gleich im Anfang verwundeten Kapitäns: „Übergebet das Schiff nicht!" sind seit jener Zeit das Stichwort für die amerikanische Marine geworden. Wenige Wochen später wurde die amerikanische Schaluppe „Argus", welche den amerikanischen Gesandten nach Frankreich überführt hatte, nach einer erfolgreichen Jagd auf brittische Schiffe von einem englischen Kreuzer im Kanal weggenommen.

Einige im Verlauf des Jahres 1813 im Norden von den Amerikanern erfochtene Siege boten nur einen kleinen Ersatz für die zahlreichen Unfälle und Verluste, welche längst der Küste passiert waren. Man fühlte daher die Notwendigkeit, im Norden die gesamte Kraft einzusetzen, um den Feind aus seinen Stellungen zu verdrängen. Glücklicherweise war gerade die Flotte auf dem Eriesee fertiggestellt und dem Kommodore Perry übergeben worden, welcher voll jugendlicher Thatkraft die Engländer schleunigst anzugreifen beschloß. Nachdem er längere Zeit vergeblich darauf gewartet hatte, daß die brittischen Schiffe, welche unter dem Schutze der Kanonen des Fort Malden vor Anker lagen, die Schlacht annehmen sollten, gelang es ihm endlich am 10. September die Engländer, welche mit sechs größeren und kleineren Schiffen erschienen waren, zu besiegen und damit den Eriesee ganz von den Truppen des Feindes freizumachen. Dieser Erfolg war insofern von größter Bedeutung, als er gestattete, Detroit wiederzuerobern und einen neuen Versuch zu machen, in Kanada einzufallen. Der amerikanische General Harrison, unterstützt durch 4000 Kentucky-Milizen unter Führung des Gouverneurs Shelby, landete seine Truppen bei Maldon und nahm den Platz ein, nachdem das Fort von dem abziehenden englischen General Proctor zerstört worden war. Am 5. Oktober holte Harrison die Engländer am Thamesflusse ein, wo es zur Entscheidungsschlacht kam, die zu Gunsten der Amerikaner ausfiel.

Besonders wichtig war der Umstand, daß Tecumseh in diesem Kampfe fiel und damit einer der gefährlichsten Feinde der Amerikaner hinweggerafft wurde. Wie gefährlich der Einfluß des Indianerhäuptlings auf seine Stammesgenossen war, zeigten die Kämpfe, die gerade zu dieser Zeit in dem Süden ausgebrochen waren und unter dem Namen des Feldzuges gegen die Creeks in der amerikanischen Geschichte bekannt sind. Wie oben gezeigt, hatte sich Tecumseh nach seiner Niederlage am Wabash nach dem Süden begeben, um dort die Indianer zu einem allgemeinen Aufstande zu organisieren. Die Bewohner der Gegend, welche die jetzigen Staaten Georgia, Alabama, Mississippi und Florida umfaßt, waren die zahlreichen Stämme der Creeks, Choctaws, Chickasaws und Seminolen, welche zusammen wohl eine Macht von ca. 5000 streitbaren Kriegern aufbringen konnten, die dank der englischen und spanischen Eifersucht und Habgier durchweg mit guten Waffen versehen waren. Die Streitigkeiten begannen mit zahlreichen vereinzelten Überfällen und Raubzügen, welche die Ansiedler zur Flucht in die Forts und festen Plätze nötigten. Einige Hundert dieser Flüchtlinge waren in dem Fort Mims versammelt, als eine Schar Indianer dasselbe überfiel (30. August 1813), die Besatzung niedermetzelte und die Gefangenen unter gräßlichen Martern hinschlachtete.

Die Gouverneure von Georgia, Tennessee, Mississippi und den beiden Karolinas ergriffen, durch diese Blutthat aufgeschreckt, schleunigst Maßregeln, um dem weiteren Vordringen der rachsüchtigen Indianer ein Halt zu gebieten. Man kam überein, drei Heerscharen in der Gesamtstärke von 7000 Mann auszurüsten, die sich im Herzen des feindlichen Gebiets treffen sollten. Die Tennessee=Milizen waren die ersten auf dem Kampfplatze. Sie standen unter der Führung des Generals Andrew Jackson, der sich trotz seiner Jugend schon im öffentlichen Leben hervorgethan und namentlich, wo es auch immer war, die Rechte der Sklavenstaaten in energischer Weise verteidigt hatte. Er war eine, wenn auch nicht gerade rohe, so doch rauhe Natur, die

mehr auf den Kriegsschauplatz, als in das Beratungszimmer
paßte. Seine Energie, sein Scharfblick und geschickte Ausnutzung
aller Chancen ließen ihn jedoch oft den Sieg über mehr gebil=
dete, aber weniger schlaue Feinde davontragen. Im Felde war
er, dessen Natur alle Strapazen ertrug, der Liebling der Truppen,
denen er wohl etwas mehr Freiheit als nötig war, gestattete,
wenngleich Nachlässigkeiten und Zügellosigkeiten scharfe Ahndung
fanden.

Jackson erfocht schnell hintereinander über die Indianer einige

Fig. 10.

Schauplatz des Krieges mit ten Creek=
Indianern, 1812—1813.
(Nach Kitpath).

Siege, von denen die Gefechte bei
Tallashatchee und Talladega her=
vorzuheben sind. Die Schwierig=
keiten, mit welchen seine Armee zu
kämpfen hatte, waren das Haupt=
hindernis für eine gründliche Aus=
nutzung des Erfolges, da Mangel
an Lebensmitteln, unzureichende
Kommunikationen und schlechtes
Klima nicht immer eine energische
Verfolgung der leichtfüßigen, mit
den Schlupfwinkeln des Landes ver=
trauten Indianer gestatteten. End=
lich gelang es ihm im Frühjahr
des Jahres 1814 die Creeks bei
dem Flusse Tallapoosa derart aufs Haupt zu schlagen, daß
sie zu Friedensunterhandlungen sich geneigt zeigten. Dieselben
wurden im Laufe des Sommers zu Ende geführt und am
9. August 1814 der Friede zu Fort Jackson geschlossen, in
welchem die Creeks große Landgebiete abtreten mußten, welche
von der Regierung in Beschlag genommen und durch einzelne
befestigte Orte gegen weitere Angriffe geschützt wurden. Die
Niederwerfung der Creeks hatte Jackson zu einem allgemein be=
liebten Volkshelden gemacht; man freute sich über den Sieg und
die Vergrößerung des Gebietes, das die Verbindung zwischen

dem Mississippi und Georgia herstellte und dem Einflusse frem=
der Mächte entzogen war. Die wahre Bedeutung des errunge=
nen Vorteils trat aber erst im weiteren Verlaufe des englisch=
amerikanischen Krieges hervor, als es sich um den Besitz von
Louisiana handelte.

Im Norden waren inzwischen, nach dem Siege am Thames=
flusse, die Vorbereitungen zum Winterfeldzuge nach Kanada ge=
troffen worden. General Wilkinson, welcher Dearborn im Ober=
kommando abgelöst hatte, unternahm eine Expedition nach
Montreal, während General Hampton den Befehl hatte, mit
seiner Armee von Plattsburg aus nördlich zu marschieren.
Gegenseitige Eifersüchteleien, die Schwierigkeiten des Fortkom=
mens und die späte Jahreszeit vereitelten jedoch den Plan,
dessen abermaliges Scheitern die ungeduldigen Truppen mit Wut
erfüllte. Die Soldaten brannten ganze Dörfer und Städte
nieder, so namentlich Newark, was zur Folge hatte, daß die
Engländer gleiches mit gleichem vergalten und die Ortschaften
Joungstown, Lewiston und Buffalo in Asche legten. Im März
1814 versuchte Wilkinson mit 4000 Mann nochmals einen Ein=
fall in Kanada, wurde jedoch bei dem ersten Zusammenstoß ge=
schlagen und zum Rückzug gezwungen. Trotzdem das Kriegs=
gericht ihn freisprach, mußte er seinen Abschied nehmen und wurde
durch den General Izard ersetzt.

Den verheerenden Streifzügen der Engländer, die sich zu
einer dauernden Besitznahme des amerikanischen Gebietes zu
schwach fühlten, dafür aber um so schlimmer hausten, wurde erst
im Sommer des folgenden Jahres ein Ende gesetzt. Die Ameri=
kaner sahen ein, daß die bisherige Art der Kriegführung nie=
mals zu einem entscheidenden Siege führen könne, und beschlossen,
da die bisher durch Vermittelung Rußlands geführten Friedens=
verhandlungen kein Resultat erzielt hatten, sich mit ganzer Kraft
auf die Nordgrenze zu werfen und mit der Eroberung von
Kanada Ernst zu machen. Der Anfang schien auch glück=
lich; am 4. Juli 1814 erstürmten die Generale Brown und

5*

Scott das Fort Erie, von wo aus sie nach Chippewa zogen und die Engländer ebenfalls schlugen. Leider fehlte die thatkräftige Unterstützung seitens der Flotte, welche angeblich wegen Krankheit des Kommodore unthätig blieb und es verhinderte, daß das ganze Gebiet um den Ontario-See herum freigemacht wurde. Am 25. Juli fand ein zweites, sehr hartnäckiges und blutiges Treffen zwischen General Brown und den Engländern statt, welches bald nach dem Niagara, bald nach Lundys Lane genannt wird und ohne rechte Entscheidung, trotz großer und auf beiden Seiten vorgefallener Verluste, geblieben ist. Jedenfalls war dem weiteren Vordringen der Amerikaner ein Ziel gesetzt, sie zogen sich noch Fort Erie zurück, welches die Engländer, die durch neue Unterstützungen aus Europa sich gekräftigt fühlten, am 13. August zu belagern anfingen. Die Besatzung schlug einige Stürme zurück und verjagte schließlich durch einen kühnen von General Brown angeführten Ausfall aus dem Fort die brittischen Truppen, welche nach Chippewa flüchteten. Später jedoch zerstörte General Brown das Fort und begab sich mit seinen Truppen zu Buffalo in die Winterquartiere.

Mit dem gleichen Erfolge kämpften die Amerikaner im Osten, wo sich General Izard und der Statthalter Kanadas, Sir George Provost, gegenüberstanden. Die immer zahlreicher eintreffenden Hilfstruppen setzten den Statthalter in den Stand, mit seiner Armee in das amerikanische Gebiet einzufallen, wobei er nicht unterließ, eine Proklamation an das Volk zu richten, in welcher betonte, daß die Engländer nicht als Feinde des amerikanischen Volkes kämen, sondern nur mit der Regierung zu Washington Krieg führten. Einen Erfolg hat diese den Stempel der Lächerlichkeit an der Spitze tragende Proklamation selbst bei den die Maßnahmen der Regierung scharf kritisierenden Bewohnern der Neu-Englandstaaten nicht gehabt.

Die Engländer hatten sich den Augenblick ausgewählt, da General Izard mit seiner Armee eine Expedition nach Sackett's Harbour unternommen und nur eine geringe Mannschaft unter

General Macomb zu Plattsburg hinterlassen hatte. Derselbe eilte mit allen verfügbaren Kräften dem Feinde entgegen, konnte jedoch dessen Übergang über den Saranac und die Einnahme von Plattsburg nicht hindern. In letzterer Stadt, welche am Champlain=See gelegen, erwartete Provost die den Sorel=Fluß hinunterfahrende Flotte, welche unter dem Kommando des Kommodore Downie stand und 17 Schiffe mit zusammen 95 Kanonen zählte. Infolge dieses Zeitverlustes gelang es dem auf dem Champlain=See stationierten amerikanischen Kapitän Mc Donough, in aller Eile gleichfalls ein Geschwader zusammen= zubringen, das aus 14 Schiffen mit 86 Kanonen bestand. Am 12. September erfolgte der Seekampf, welcher mit einem Siege für die sich mit wahrer Todesverachtung schlagenden Amerikaner endigte. Mehrere der feindlichen Schiffe wurden erobert, etliche gingen unter, die übrigen ergriffen die Flucht. Es war dies ein heftiger Schlag für Provost, der jetzt nicht weiter vorzu= rücken wagte, und mit großer Geschwindigkeit den Rückzug an= trat, die Kriegsvorräte und die Gefangenen und Verwundeten den Amerikanern überlassend. Der Gesamtverlust der Engländer bei dieser anscheinend so sicheren und gefahrlosen Expedition wird auf 3000 Mann geschätzt.

Die auf beiden Seiten vorgefallenen Grausamkeiten erhielten einen die Erbitterung der Parteien illustrierenden Abschluß in der Einnahme und Zerstörung der Bundeshauptstadt Washing= ton durch die Engländer. Im August 1814 erschien der brittische Admiral Cochrane mit einer Flotte von 21 Schiffen und 4000 altgedienten Soldaten unter General Roß an Bord an der Küste Virginias, die kleine amerikanische Flotille unter Kommodore Barney vor sich hertreibend. Letztere rettete sich schließlich in den Patuxent Fluß, wurde jedoch auch dort von den Engländern bedroht, so daß dem amerikanischen Kommodore nichts anderes übrig blieb, als die Schiffe zu zerstören und mit seiner kleinen Schar nach Washington zu ziehen, wo General Winder sich zur Verteidigung vorbereitete. Die Engländer landeten bei

Benedikt und marschierten ohne Widerstand zu finden über Marlborough nach dem nur noch wenige Meilen von Washington entfernte Bladensburg. Die dort aufgestellten Milizen wurden mit leichter Mühe in die Flucht geschlagen, so daß dem am 24. August erfolgenden Einzug der Engländer in die Hauptstadt der Union kein Hindernis mehr im Wege stand. Die meisten Bewohner, der Präsident und sein Kabinett, hatten die Stadt bald nach dem Bekanntwerden des Herannahens der Feinde verlassen. Die Engländer beschlossen aus Rache für die in Kanada erlittene Unbill die Stadt zu züchtigen und setzten deshalb die öffentlichen Gebäude, das Kapitol mit den beiden Häusern für den Senat und die Repräsentanten, das Zeughaus und die Schiffswerfte, das Finanz- und Kriegsministerium, den Palast des Präsidenten und die große Brücke über den Potomac in Brand, wodurch natürlich die Privathäuser gleichfalls beträchtlichen Schaden erlitten, so daß man füglich von einer Zerstörung Washingtons sprechen kann.

Der Unglücksfall übte auf die besonnenen Elemente der Oppositionspartei eine versöhnende Wirkung aus, man fühlte sich durch die Schmach des Landes selber beleidigt und kämpfte nicht mehr gegen die Maßregeln an, welche die Regierung für notwendig erklärte. Die Engländer, welche zu gleicher Zeit mit Washington auch Alexandria am Potomac von der Seeseite aus eingenommen und mit einer schweren Kontribution belegt hatten, fanden späterhin bei ihren Streifzügen heftigen Widerstand seitens der voll Eifer für die Sicherheit ihrer Wohnstätten kämpfenden Bewohner und mußten u. a. von Baltimore sich nach einem heftigen Treffen unverrichteter Sache zurückziehen, was unter den Amerikanern großen Jubel erregte. Seit jener Zeit hörten die Streifzüge fast gänzlich auf, so daß der Norden sich von dem Drucke erlöst sah, welcher mehrere Jahre lang in so unheilvoller Weise auf ihm gelastet hatte.

In den Verhandlungen des dreizehnten Kongresses, der seit der bald nach der Präsidentenwahl stattgehabten außerordent-

lichen Session noch zweimal versammelt wurde, 16. Dezember
1813 — 18. April 1814 und 19. September 1814 — 4. März
1815, spielten natürlich die Beschaffung und Verwendung der
Kriegskosten die Hauptrolle. Glücklicherweise hatte Madison in
Monroe einen tüchtigen, umsichtigen und arbeitsamen Minister
gefunden, der die zwei wichtigen Ressorts des Auswärtigen und
des Krieges aufs beste verwaltete und den Feinden der Admini=
stration stets siegreichen Widerstand leistete. Ihm zur Seite
stand der Finanzminister Dallas, der das System direkter und
indirekter Abgaben anregte, das die Kriegskosten ohne Ver=
schlechterung des Staatskredits aufbrachte und späterhin reiche
Gelegenheit zur Abzahlung der Staatsschulden und Einlösung
aller eingegangenen Verpflichtungen bot. Um nicht ewig zu
neuen Anleihen greifen zu müssen, wodurch der Kredit em=
pfindlich geschädigt werden würde, schlug der Finanzminister
die Einrichtung einer Nationalbank mit einem Kapital von 50
Millionen vor, wovon sie der Regierung 30 Millionen zu 6%
leihen sollte. Dieser Plan erhielt jedoch nicht die Bewilligung
des Präsidenten, welcher das von beiden Häusern nach langer
Beratung angenommene Gesetz mit seinem Veto versehen zurück=
schickte, nicht etwa weil er die Befugnis, eine Bank zu errichten,
ableugnete, sondern einfach deshalb, weil er dieselbe nicht für
geeignet hielt, eine Stabilität in den Finanzverhältnissen herbei=
zuführen.

Die Übertreibungen der Fehler der Regierung schadeten den
Föderalisten um so mehr, als die Friedensverhandlungen sich
einem günstigen Ende zu nähern schienen. Der berüchtigte, viel=
besprochene Konvent zu Hartford (15. Dezember 1814 — 5.
Januar 1815) schlug endlich dem Fasse vollends den Boden aus
und bewirkte die gänzliche Vernichtung der föderalistischen Partei
als einer politischen Macht. Über die wahre Bedeutung der zu
Hartford vorgeschlagenen Resolutionen ist soviel geschrieben und
geredet worden, daß es fast unmöglich erscheint, sich in dem
Chaos der Meinungen zurechtzufinden. Die einen stoßen den

Angstschrei aus, daß jene „Bande katilinarischer Existenzen" auf
den Sturz der Union und Bündnis der Neu-Englandstaaten mit
England ziele, während die anderen die Berechtigung der nur
auf Abwehr ungerechter Gesetze bestimmten Sentenzen dar-
zuthun suchen und auf die Nullifikationsbeschlüsse Madisons und
Jeffersons als bequeme Analogie hinweisen. Da die Debatten
des am 15. Dezember eröffneten und von 26 Mitglieder der
föderalistischen Partei beschickten Konvents nicht veröffentlicht
worden sind und die Verhandlungen bei verschlossenen Thüren
geführt wurden, so ist es schwer die volle Wahrheit zu ergründen
und die Frage nach der revolutionären Tendenz der Versammlung
zu beantworten. Soviel dürfte aber feststehen, daß die Deputierten
mit Absicht eine unverfängliche, elastische Sprache führten, daß
ferner das Ziel der Trennung ins Auge gefaßt und die eingehende Erörterung der Frage nur angesichts der augenblicklichen Lage verschoben wurde. Madison und sein alter Freund
Jefferson haben diese Gefahr auch wohl erkannt, wie aus der
Absendung des Obersten Jessup zur Überwachung und Bericht-
erstattung hervorgeht. Der Bericht des Konvents war an die
von den Mitgliedern repräsentierten Staaten gerichtet und begann
mit der Aufzählung der bringlichsten Beschwerden, um dann
eine Reihe von Amendements zur Bundesverfassung vorzuschlagen
und für gewisse Eventualitäten die Berufung einer neuen Versammlung resp. den Wiederzusammentritt des Konvents zu stipulieren.

Die Republikaner waren, als die erste Furcht vorüber war,
sehr enttäuscht, daß die Resolutionen der Konvention keinen
Anlaß zur Züchtigung der aufständischen Neu-Englandstaaten
boten, und begnügten sich deshalb, die „hochverräterischen" Pläne
der Vaterlandsfeinde mit dem Pathos sittlicher Entrüstung zu
verdammen. Die Bezeichnung „Hartford Konventler" wurde
ein Spitzname für die Föderalisten, welche im großen und
ganzen aus dieser Affäre reichlich mit Spott und Schande her-
vorgegangen sind. Einen weiteren positiven Erfolg als den,
daß die föderalistische Partei ihren Halt im Volke vollends

verlor, hat die Hartford=Konvention nicht gehabt, was eben=
falls ein Analogon zu der oben in Vergleich gestellten Nulli=
fikationslehre ist.

In der zweiten Hälfte des Jahres 1814 hatte der Kampf
zwischen der Union und England, welcher im Norden allmählich
zum Stillstand gekommen war, im Süden ein blutiges Nachspiel
bekommen, in dem aber die Amerikaner die größten Ehren erwarben.
Jackson, welcher mit dem Kommando in jenen Gegenden be=
traut war, erfuhr zu Ausgang des Sommers, daß eine
englische Flotte in Pensacola gelandet sei und Truppen aus=
geschifft habe, die mit der Erlaubnis der spanischen Regierung
und auf die Unterstützung seitens der Indianer rechnend sich
gegen Louisiana in Bewegung setzen sollten. Am 15. September
erfolgte der erste Zusammenstoß bei dem Fort Bowyer, welches
den Eingang zum Golf von Mobile beherrschte. Mit einem
Verluste von nur acht Mann warf der Kommandant Major
Lawrence den Feind zurück, welcher ein Schiff und 234 Mann
einbüßte. Jackson hielt sich jetzt zur Offensive berechtigt und
eilte, unterstützt durch die Milizen aus Tennessee, von Mobile
nach Florida, wo er Pensacola eroberte und die Engländer zur
Wiedereinschiffung nötigte. Da dieselben sich nun aber gegen
New Orleans wandten, begab er sich am 2. Dezember nach der
Hauptstadt, welche er in großer Bestürzung und zur Übergabe
an die Engländer bereit fand. Mit der ihm innewohnenden
Energie traf Jackson in aller Eile seine Dispositionen, stellte die
Stadt unter das Kriegsgesetz, um dem etwaigen Widerstande der
aus allen möglichen Völkerstämmen bestehenden Einwohnerschaft
zu begegnen, und sperrte den Richter Hall, welcher auf Grund
der Habeaskorpusakte dagegen remonstrierte, ohne weiteres ein.
Am 14. Dezember erschienen die Engländer mit einer Flottille
von mehr denn 50 Schiffen und 12000 Mann an Bord an
der Mündung des Mississippi, wo die Armee ans Land gesetzt
wurde, die in kurzer Zeit vor New Orleans stand und die Stadt
regelrecht zu belagern begann. Glücklicherweise schützten die un=

wegsamen Moraste und Wälder das nur halb so starke ameri=
kanische Heer, welches gleichfalls Verschanzungen aufgeworfen
und alle Zugänge zur Stadt besetzt hatte. Eine Reihe von
Gefechten entspann sich, in denen die Engländer trotz ihrer Über=
macht nur wenige Erfolge aufzuweisen hatten, bis schließlich am
8. Januar 1815 eine Entscheidungsschlacht stattfand, in der die
Truppen Jacksons das Übergewicht behielten. Mit diesem Siege
und dem bald darauf erfolgenden Rückzuge schloß dieses Nach=
spiel des Krieges, der durch die am 24. Dezember 1814 statt=
gehabte Unterzeichnung des Genter Friedensvertrages bereits
beendet worden war. Die Friedensverhandlungen hatten fast
ein Jahr gedauert. Als die englische Regierung im Dezember
1813 sich nach Ablehnung des von Rußland angebotenen Ver=
mittelungsvertrages zur Erörterung der Friedensbedingungen
in direkter Weise geneigt zeigte, beorderte der Präsident eine
Gesandtschaft, bestehend aus John Quincy Adams, Bayard,
Gallatin, Clay und Russel, nach Europa, wo dieselbe zuerst in
Gothenburg in Schweden, dann zu Gent mit den Abgesandten
Englands unterhandelte. Letztere verlangten zuerst die Schaffung
eines unabhängigen, neutralen Indianerreiches im Norden und
Nordwesten der Union, um die Streitigkeiten zwischen den Ver=
einigten Staaten und Kanada in Zukunft zu verhüten, wogegen
die Amerikaner jedoch energisch protestierten, da hierdurch das
weitere Vordringen nach dem Nordwesten hin ganz unmöglich
gemacht und die aussichtsreiche Zukunft des Landes arg geschädigt
worden wäre. Die in Europa auf dem Wiener Kongresse aus=
brechenden Reibereien zwischen den einzelnen europäischen Staaten
und die in Amerika erlittenen Niederlagen stimmten jedoch die
Forderungen Englands allmählich herab, so daß sie auf irgend
welche Änderungen des bisherigen Zustandes verzichteten und
nur die gegenseitige Herausgabe der eroberten Besitzungen aus=
bedangen. Von der Hauptstreitfrage, welche am meisten dazu
beigetragen hatte, den Krieg hervorzurufen, die Wegnahme der
naturalisierten Bürger englischer Abstammung aus amerikanischen

Schiffen betreffend, ist in dem Friedensdokumente gar nicht gesprochen worden; England gab jedoch thatsächlich seine Ansprüche
auf, so daß für die Vereinigten Staaten fürder kein Grund zur
Beschwerde war. Detailbestimmungen über die Entschädigung
wegen der fortgeführten Sklaven, über den Handelsverkehr zwischen
beiden Nationen, den Fischfang und die Anzahl der Schiffe,
welche beide Staaten auf den nördlichen Seen halten dürfen,
sind später durch besondere Konventionen erledigt worden. Die
Bedingungen waren für beide Parteien gleich annehmbar, und
der Kongreß beeilte sich, wenige Tage später, nachdem die Friedens-
botschaft nach Amerika gedrungen war, den Vertrag zu ratifi-
zieren (18. Februar 1815). Die Stimmung des Volkes war
eine sehr gehobene, da jedermann sich freute, auf so wohlfeile Art
einen Krieg beendigt zu wissen, dessen Verlauf an mehr als einer
Stelle die Schwäche der Union offenbart und die Hoffnungen
auf Demütigung des Feindes stark herabgestimmt hatte.

Das Jahr 1815 brachte freilich auch noch nicht die ersehnte
Ruhe, da in dasselbe die Züchtigung der nordafrikanischen Raubstaaten fällt, welche seit langem jeder Gesetzlichkeit Hohn gesprochen und den Mittelmeerhandel aufs empfindlichste beeinträchtigt
hatten. In der letzten Sitzung des dreizehnten Kongresses vom
3. März 1815 wurde der Krieg gegen Algier erklärt und Kommodore Decatur mit dem Oberbefehle des Geschwaders betraut.
Derselbe segelte im April von New York fort, eroberte am
17. Juni das Hauptschiff der algerischen Flotte, die Fregatte
„Massuda", deren Befehlshaber, der Admiral Rais Hamida, im
Kampfe blieb, und erließ ein Ultimatum an den Bey von Algier,
das am 30. Juni von letzterem angenommen und an Bord der
„Guerrière" unterzeichnet wurde. Die Piraten mußten sämtliche Gefangene herausgeben, für die Verluste der amerikanischen
Schiffe Ersatz leisten und in Zukunft auf jeden Tribut verzichten.
Ähnliche Verträge wurden auch mit Tripolis und Tunis geschlossen. Dieselben sind von seiten der Barbaresken im großen
und ganzen gewissenhaft gehalten worden, so daß der amerika-

nische Handel von einer großen Gefahr befreit war und der
Grundsatz „Frei Schiff, frei Gut" immer mehr zu Geltung kam.

Im weiteren Verlaufe der Präsidentschaft Madisons trat
auch die Sklavenfrage wieder auf und zwar diesmal in einem
ganz neuen Lichte. Im Genter Vertrage nämlich war ein
Passus aufgenommen worden, der England und die Vereinigten
Staaten zu den „besten Anstrengungen verpflichtete, die voll-
ständige Abschaffung des Sklavenhandels zu fördern, weil er
unvereinbar mit den Prinzipien der Menschlichkeit und Gerechtigkeit sei." Eine Folge hiervon war, daß der Kongreß sich genötigt sah, eine Reihe scharfer Bestimmungen gegen den Sklavenhandel zu erlassen, welcher schließlich als Piraterie erklärt und demgemäß bestraft wurde. Eine Verhinderung neuer Sklaveneinfuhr wurde besonders von den nördlichen Sklavenstaaten gern
gesehen, da sie, welche keinen Baumwollbau treiben konnten, das
Material für die südlichen Baumwollstaaten lieferten und natürlich wünschen mußten, daß die Preise der Sklaven in die Höhe
gingen. Sie meinten es daher wenigstens redlich mit den Straf-
bestimmungen, während die anderen Staaten, sowohl des Nordens
als des Südens, den Sklavenhandel begünstigten und die Bundesregierung der offenbaren Gesetzesverletzung ruhig zusah. Die
Zahl der jährlich eingeschmuggelten Sklaven wird auf 13 000
bis 15 000 angegeben, während der Konfiskationen und Strafen
nur sehr wenige sind. Diese Umstände muß man bei der Beurteilung des Plans und der Thätigkeit der „Kolonisations-
gesellschaft" im Auge behalten, welche am 28. Dezember 1816
in Washington begründet wurde und eine Ansiedelung freier
Neger in Afrika bezweckte. Nicht die Gebote der Humanität
waren es, sondern die Stimme des Egoismus und die Furcht
vor Negeraufständen, welche diesen anscheinend so herrlichen
Plan diktierten, der gleich die Billigung des ganzen sklavenhaltenden Südens erlangte, weil dieser von jeher die freien Neger
mit mißtrauischen Blicken betrachtet hatte und in ihnen die
etwaigen Urheber eines Sklavenaufstandes sah. Randolph legte

im Januar 1817 dem Kongreſſe die Petition der Geſellſchaft
vor und befürwortete ſie aufs wärmſte. Ein zu ihrer Be=
urteilung eingeſetzter Ausſchuß erſtattete am 11. Februar 1817
den Bericht, in welchem empfohlen wurde „den Präſidenten zu
autoriſieren, mit allen fremden Mächten über die vollſtändige und
ſofortige Unterdrückung des Sklavenhandels in Unterhandlung
zu treten und mit England eine Konvention bezüglich der An=
ſiedelung freier Neger aus den Vereinigten Staaten in Sierra
Leone abzuſchließen.“ Ein hierauf bezügliches Geſetz wurde
jedoch erſt am 3. März 1819 ſanktioniert. Das Abſurde des
ganzen Unternehmens wird am beſten durch die Thatſache illu=
ſtriert, daß die Geſellſchaft bis zu dem 18. Jahre ihres Beſtehens
(1835) 809 Freigelaſſene nach Afrika befördert hatte, was den
natürlichen, durch den Überſchuß der Geburten über die Todes=
fälle hervorgerufenen Zuwachs der Sklavenbevölkerung während
5⅓ Tagen entſprach. Der Sklavenhandel im Innern des Landes
blühte luſtig weiter, und die Bundeshauptſtadt ſelbſt war einer
der größten Menſchenmärkte, ſo daß man von den Fenſtern des
Kapitols, hinter denen die Weiſen der Republik über Menſchen=
rechte und Freiheit orakelten, lange Züge gefeſſelter Sklaven auf
dem Transport nach den Zuckerpflanzungen und Baumwoll=
plantagen des Südens ſehen konnte.

Abgeſehen von dieſen das ganze öffentliche Leben der Ver=
einigten Staaten in Mitleidenſchaft ziehenden Krebsſchäden waren
die letzten Jahre der Madiſonſchen Präſidentſchaft ruhige und
glückliche zu nennen. Der am 4. Dezember 1815 zuſammen=
berufene vierzehnte Kongreß erledigte in ſeinen beiden Seſſionen
eine Reihe von bedeutſamen Vorlagen, welche für die Ordnung
der ſtaatlichen, finanziellen und militäriſchen Verhältniſſe wichtig
geworden ſind. Die vom Kongreſſe genehmigte Bankvorlage
war bekanntlich vom Präſidenten nicht ſanktioniert worden, wobei
er jedoch ausdrücklich erklärt hatte, daß er die Verfaſſungsfrage
„beiſeite liegen laſſe.“ Obgleich nun mit dem Ende des Krieges
die Bedürfniſſe geringer geworden waren, ſah ſich die Regierung

dennoch genötigt, die Errichtung einer Bank selber vorzuschlagen, was Madison in seiner Botschaft vom 5. Dezember that. Infolge dessen brachte Calhoun am 8. Januar 1816 eine hierauf bezügliche Bill ein, welche vom Kongresse angenommen und am 10. April vom Präsidenten unterzeichnet wurde. Die Macht der Thatsachen hatte wiederum den Republikanern, welche früher gegen jede centralistische Regung zeterten, ein Zugeständnis an den föderalistischen Staatsgedanken abgerungen!

Die Frage nach der Berechtigung des Kongresses, Bundesgelder für den Bau von Kommunikationsmitteln zu bewilligen, war ebenfalls schon früher aufgetaucht. Die immer größere Dimensionen annehmende Ausdehnung der Union nach dem Westen gab der Angelegenheit besondere Wichtigkeit, da die neuen Staaten in ihrer Entwickelung zurückbleiben mußten, falls sie keine genügende Verbindung mit dem Osten erzielen konnten. Ein ebenfalls von Calhoun am 23. Dezember 1816 eingebrachter Antrag, betreffend die Einsetzung eines Ausschusses zur Prüfung der Zweckmäßigkeit der Bewilligung von Staatseinnahmen wurde mit 86 gegen 84 Stimmen angenommen. Die Frage ist später noch zu wiederholtenmalen im Kongresse verhandelt worden und hat immer mehr Verfechter gefunden, wozu besonders die glückliche Vollendung des Eriekanals durch de Witt Clinton viel beigetragen hat.

Am heftigsten platzten jedoch die Geister aufeinander bei der Beratung des Zolltarifes. „Freihandel oder Schutzzoll!" war auch zu jener Zeit die Parole der Parteien, wie sie es bis auf die Gegenwart geblieben ist, nur daß hier in den Vereinigten Staaten die Rollen derart verteilt waren, daß die mächtigen Sklaven= und Plantagenbesitzer, die bevorrechteten Klassen, denen bekanntlich heutigentages in Europa die Neigung zur Schutzzollpolitik innewohnt, für den Freihandel schwärmten, und die arbeitsame, gewerbthätige Bevölkerung des Nordens die Schutzzölle herbeiwünschte — ein Beweis, wie verkehrt es ist, diese wichtigste handelspolitische Frage mit einem Allerweltsrezepte

löſen zu wollen! Wie ſchon erwähnt, waren die handels- und
verkehrspolitiſchen Mißſtände es geweſen, welche dem alten Staats-
bunde den Garaus gemacht hatten. Mit der neuen Central-
regierung war auch ein einheitliches handelspolitiſches Syſtem
aufgekommen, welches Zölle eingeführt hatte, die zur Deckung
der Staatskoſten und gleichzeitig zur Hebung und zum Schutze
der heimiſchen Induſtrie dienen ſollten. Mit letzterem Punkte
war keineswegs eine Prämie für die inländiſchen Fabrikanten
beabſichtigt worden, ſondern der Sinn des Paſſus war der,
daß die Zölle ſo aufgelegt werden ſollten, daß ſie „thatſächlich
zur Förderung der amerikaniſchen Induſtrie dienten.“ Mit dem
Kriege von 1812—14 trat jedoch eine Änderung dieſer Verhältniſſe ein. Die Rhederei erlitt zwar ſchweren Schaden durch
das Embargo, dagegen entwickelte ſich die Induſtrie in un-
geahnter Größe. Man rechnet, daß das in den Jahren 1808—1816
in Manufakturen inveſtierte Kapital 100 Millionen Dollars ausmacht — eine für die damaligen Verhältniſſe ungeheure Summe.
Dieſe treibhausartige Förderung der Gewerbthätigkeit mußte
auch als Lockmittel für die Neu-Englandſtaaten dienen, welche
über .das Embargo und die während des Krieges vorgenom-
menen Zollerhöhungen murrten. Als jedoch der Krieg beendet war,
brach das Gebäude zuſammen, und Rheder ſowohl wie Kaufleute und Induſtrielle beklagten den Ruin ihres Gewerbes. Die
Stimmen, welche eine energiſche Schutzzollpolitik wünſchten,
wurden immer lauter und fanden endlich ein Echo in dem
Berichte des Finanzſekretärs Dallas, der 1816 den Schutz der
Induſtrie durch hohe Zölle vorſchlug, damit jedoch nicht durchdrang, da noch immer das finanzielle Moment bei Aufſtellung
des Tarifs überwog. Die von Lowndes aus Südkarolina eingebrachte Bill befriedigte niemand, da ſie eben ein Kompromiß
zwiſchen zwei ſich widerſprechenden Elementen: hohe Zolleinkünfte
und Schutz der Induſtrie herſtellen wollte. Die Frage des
Zolltarifs blieb daher nach wie vor auf der Tagesordnung
ſtehen.

James Monroe.

Der Nachfolger Madisons war James Monroe, welcher mit 183 gegen 34 Stimmen gewählt worden war. Der Kandidat der Föderalisten, von denen viele mit den Republikanern

Fig. 11.

Präsident Monroe. (Nach Cassel, History.)

gestimmt hatten, war Rufus King gewesen, welcher sich gleichfalls seit langem im Dienst des Staates hervorgethan und, obgleich Gegner der Administration und des Krieges, sich stets von allen unbesonnenen Handlungen fern gehalten hatte. Daß er unter-

lag war nicht seine Schuld, sondern lag in den Verhältnissen
begründet, welche sich seit dem glücklichen Abschluß des Krieges
völlig zu gunsten der Republikaner geändert hatten. Mit der
gleichen Stimmenzahl von 183 wurde der bisherige Gouverneur
von New York, Daniel D. Tompkins, zum Vizepräsidenten ernannt. Die von Monroe unter Madison eingenommene Stelle
eines Staatssekretärs erhielt der seit dem Genter Frieden am
englischen Hofe beglaubigte amerikanische Gesandte John Quincy
Adams. Das Finanzministerium wurde William H. Crawford
aus Georgia und das Kriegsministerium John C. Calhoun aus
Südkarolina übertragen.

Die Regierungszeit Monroes war eine der glücklichsten in
der ganzen amerikanischen Geschichte. Dauerten zwar auch noch
die Streitigkeiten zwischen Norden und Süden fort, so bildete
sich doch gerade unter seiner Regierung, namentlich während der
zweiten Präsidentschaft eine „Ära des guten Einvernehmens"
heraus, welche für die Entwickelung des großen, extensiv und
intensiv wachsenden Gemeinwesens von bedeutendem Vorteile war.
Während im alten Europa nach dem Auflodern der allgemeinen
Begeisterung, welche der Kampf gegen Napoleon erzeugt hatte, ein
Stillstand des öffentlichen Lebens, eine Unterdrückung jedes freien
Gedankens und Gefühls der Selbständigkeit eintrat, vermochten
die Amerikaner im Vollgefühle ihrer Kraft jene unter dem Namen
Monroe-Doktrin bekannte Lehre zu proklamieren, welche Amerika für die Amerikaner in Anspruch nahm und jeden Eingriff
einer europäischen Macht in die Staatenverhältnisse sowohl Nord-
als Südamerikas zurückwies, eine Lehre, die der Eitelkeit der Bürger
der Vereinigten Staaten schmeichelte und in ihren Augen der sicht-
bare Ausdruck einer glorreichen Gegenwart und die sichere Bürgschaft für die Fortdauer ihrer Hegemonie in der Zukunft war.

Bald nach seinem Regierungsantritte unternahm Monroe
eine Rundreise durch verschiedene Teile der Vereinigten Staaten,
wobei er namentlich längere Zeit in den Gegenden verweilte, wo
der Föderalismus noch immer seine Anhänger hatte Die Feier

des vierten Juli — schon damals ein von Jung und Alt fröhlich
begangener Festtag — verlebte er in Boston, der föderalistischen
Hochburg, wo er durch sein verständiges, jeglicher Schroffheit
und politischen Unduldsamkeit fremdes Wesen dazu beigetragen
hat, die Opposition zu beschwichtigen und unschädlich zu machen.
Sein ausgesprochenster Gegner in früheren Tagen, der ehemalige
Präsident John Adams, veranstaltete sogar ihm zu Ehren eine
große Festlichkeit, welche in der Presse beifällige Kommentare
fand. Die alten Vorurteile, die gegenseitigen Denunziationen als
Reichsfeind, die Scheidung in Franzosenfreunde und Partisane
der Engländer verschwanden aus der politischen Diskussion, welche
sich jetzt mehr um praktische Fragen als phantastische Ideeen drehte.
Dieser glücklichen Änderung gab auch die zu Beginn der ersten
Session des fünfzehnten Kongresses (1. Dezember 1817 bis
20. April 1818) erlassene Botschaft des Präsidenten Ausdruck.
Des weiteren konnte der Präsident auf die Verbesserung der
Finanzen hinweisen, welche gestattete, daß die Rückzahlung der
Schulden einen ungestörten Fortgang nehmen konnte. Die einzige
Sorge verursachten die Indianerfrage und die Beziehungen zu
Spanien, dessen Rechte in Amerika überhaupt nach und nach
ins Schwanken kamen, was von der Regierung der Vereinigten
Staaten zur Vergrößerung ihres Gebietes und Erweiterung
ihres Einflusses in bequemer Weise ausgenutzt wurde. Ein Zufall eigener Art kam hierbei den Amerikanern noch besonders zu
statten. Die beginnenden Unruhen in Mittel- und Südamerika
hatten einige Freibeuter verlockt, sich zusammenzuthun und unter
der Flagge eines der im Aufstande begriffenen amerikanischen
Staaten Raubzüge zu organisieren, denen jedes politische Moment
fehlte. Eine solche Schar hatte sich nun auf der Insel Amalia
an der Küste von Florida niedergelassen und brandschatzte von
hier aus ungestraft sämtliche umliegenden Gebiete. Der spanische
Gesandte zu Washington, Louis de Onis, beschuldigte die Regierung der Vereinigten Staaten der heimlichen Unterstützung der-
artiger verbrecherischer Pläne, während diese wieder die ganze

Schuld auf Spanien schob und höhnisch hinzufügte, daß die Vereinigten Staaten bereit wären gegen das Treiben der Banditen einzuschreiten da es der spanischen Macht unmöglich sei, derselben Herr
zu werden. Ein gegen Amalia und Galveston gesandtes amerikanisches Heer überwältigte mit Leichtigkeit die Flibustierscharen,
worauf die Vereinigte Staatenregierung das Gebiet besetzt hielt,
bis „ein Verständnis über ganz Florida erzielt werden könne,"
was der diplomatische Ausdruck für die längst beabsichtigte Okku-
pierung der Halbinsel war. Ein hierauf bezügliches Verlangen
war schon seit Jahren von dem Sklavenstaate Georgia gestellt
worden, das die in Florida wohnenden Indianerstämme, unter
dem Gesamtnamen Seminolen bekannt, mit scheelen Augen betrachtete, weil dieselben den aus Georgia flüchtenden Sklaven be-
reitwilligst einen Zufluchtsort gewährten und jeden Versuch, die
Sklaven zurückzufordern, mit den Waffen in der Hand beant-
worteten. Gegenseitige kleine Kämpfe waren vorausgegangen
und hatten einen so bedrohlichen Zustand geschaffen, daß der
Kongreß endlich beschloß, die Indianer zu züchtigen, und mit
dieser Aufgabe den Sieger von New Orleans, General Jackson,
betraute. Derselbe eroberte 1816 ein von den Seminolen und
flüchtigen Sklaven besetztes, aus der Zeit des englisch-amerika-
nischen Krieges herstammendes Fort am Appalachicola und sprengte
dasselbe mit seiner Besatzung in die Luft. Die spanischen Behörden protestierten gegen einen derartigen Einfall in spanisches
Gebiet, vermochten jedoch dem Proteste keine Anerkennung mit
Waffengewalt zu verschaffen, was Jackson zu weiterem Vorgehen
aufmunterte. Trotz der verzweifelten Anstrengungen der Indianer,
welche aus Rache über die Zerstörung des „Negerforts" ein
amerikanisches Korps überfielen und niedermachten, siegte der
amerikanische Feldherr mit seiner überlegenen Streitmacht, entsetzte die spanischen Behörden und richtete auf eigene Faust eine
Regierung ein, die natürlich nach seinem Ermessen zu handeln
genötigt war. Sein despotisches Auftreten, die Willkür, mit
der er zwei englische Kaufleute Arbuthnott und Ambrister, welche

als Indianerhändler lange Zeit mit den Seminolen in Verbin=
dung gestanden hatten, hinrichten ließ, riefen zwar im eigenen
Lande vielfache Besorgnisse hervor, so daß der Kongreß sich zu
Beginn des Jahres 1819 mit der Affaire eingehend beschäftigte,
doch lehnte er schließlich alle gegen den siegreichen General einge=
brachten Anträge ab. Am schärfsten hatte Henry Clay das brutale
Benehmen Jacksons gegeißelt, den er in der beliebten, schwülstigen
parlamentarischen Redeweise mit Cäsar, Cromwell und Bona=
parte verglich. Die Folge davon war, daß Jackson und seine
Anhänger von Stunde an alles aufboten, um Clays Wahl zur
Präsidentschaft zu hintertreiben, was auch gelang, so daß der
treffliche, warmherzige Kentuckier, trotzdem er seiner unleug=
baren Verdienste halber am meisten zur Erlangung der höchsten
Würde berechtigt war, sich sein Lebenlang mit dem Deputierten=
sitze begnügen mußte.

Die Verhandlungen über die Abtretung Floridas zogen sich
vom Oktober 1818 bis zum 22. Februar 1819 hin, an welchem
Tage der spanische Bevollmächtigte einen Vertrag unterzeichnete,
kraft dessen Florida gegen eine Entschädigung von 5 Millionen
Dollars an die Vereinigten Staaten abgetreten wurde. Da je=
doch eine große Anzahl von Sklavenbesitzern ihre Ansprüche be=
hufs Entschädigung angemeldet hatte, so floß das Geld nicht in
die spanische Staatskasse, sondern wurde dazu verwandt, diese
vermeintlichen Ansprüche zu befriedigen. Die spanische Regierung
war hierüber mit Recht so aufgebracht, daß sie den Gesandten
abberief und den Vertrag nicht genehmigte. Eine an die eng=
lische und französische Regierung gerichtete Anfrage, ob diese
Länder bereit sein würden, Spanien in einem eventuellen Kriege
mit den Vereinigten Staaten zu unterstützen, wurde jedoch ab=
schlägig beschieden, worauf die inzwischen durch die Revolution
Riegos vom 1. Januar 1820 zur Herrschaft gelangte konstitu=
tionelle und liberale Regierung Spaniens den abgeschlossenen
Vertrag im Oktober 1820 ratifizierte. Die Indianerkriege waren
hiermit jedoch noch nicht zu Ende; volle vierzehn Jahre lang

dauerte das unwürdige Beispiel eines mit größter Erbitterung geführten Vernichtungskrieges, in dem die auf die Indianer und Sklaven losgelassenen Bluthunde eine nicht beneidenswerte Rolle spielten. Die Unkosten dieser Sklavenjagden bezifferten sich auf zwei bis dreihundert Millionen Dollars, was für die Unterhaltung jedes einzelnen Soldaten pro Jahr 25 000 Dollars ausmacht.

Während so im äußersten Süden die Ansprüche und Wünsche der Sklavenhalter mit Waffengewalt durchgesetzt wurden, entspann sich im Innern des Landes noch einmal ein hartnäckiger Kampf zwischen den freien und den Sklavenstaaten, welcher, mit einem in Gestalt eines Kompromisses erscheinenden Siege der letzteren endend, die Entwickelung der Vereinigten Staaten auf Jahrzehnte hinaus beeinflußt hat und deshalb wohl der Anstrengungen wert gewesen ist, die beide Parteien machten, um ihren Grundsätzen Geltung zu verschaffen. Es war gewissermaßen das letzte Aufflackern des puritanischen Geistes der Einfachheit und Menschlichkeit, welcher sich mit aller Kraft gegen die verlockenden Vorspiegelungen der Sklavokratie stemmte —; seit jener Zeit schwand das sittliche Gefühl, das bis jetzt den Norden ausgezeichnet hatte, immer mehr und ein erbärmliches Feilschen, eine egoistische Ausnutzung der Politik zu Sonderzwecken trat an die Stelle der kraftvollen Selbständigkeit, welche selbst in den schwersten Zeiten den Kopf hoch gehalten hatte.

Die Entwickelung der Union hatte — wie schon öfters hervorgehoben — in der Richtung nach Westen stattgefunden: neue Gebiete waren rasch bevölkert und in den Verband der Vereinigten Staaten aufgenommen worden, wobei die Bestimmungen über die Sklaverei so lange respektiert wurden, als der Süden keine Veranlassung hatte, für seine Suprematie besorgt zu sein. Die Praxis hatte ergeben, daß je einem neu hinzukommenden freien Staate ein Sklavenstaat gegenüberstand — so Vermont und Kentucky, Ohio und Tennessee, Indiana und Louisiana, Illinois und Mississippi — wodurch in dem politischen Machtverhältnisse der Parteien

keine Änderung eingetreten war. Als nun jedoch in den Sklaven=
staaten das Bedürnis nach neuem fruchtbaren Baumwollboden
auftrat und zugleich die politische Stellung der extremen Sklaven=
verteidiger ins Wanken geriet, zeigte sich ihr egoistisches Ge=
bahren bei jeder Erörterung über die Aufnahmebedingungen in
seiner ganzen Nacktheit.

Den Höhepunkt erreichte jedoch diese leidenschaftliche Sucht
nach Aufrechthaltung und Erweiterung ihrer Machtsphäre, als
das Territorium Missouri im Jahre 1818, 16. März, beim
Kongresse darum einkam, als Staat aufgenommen zu werden.
Sein Gebiet bildete einen Teil des von den Vereinigten Staaten
käuflich erworbenen Louisiana, in welchem sowohl unter spanischer
als französischer Herrschaft die Sklaverei geduldet worden war.
Der Artikel III des Abtretungsvertrages besagte nun wörtlich:
„die Bewohner des abgetretenen Gebietes sollen der Union der
Vereinigten Staaten einverleibt und sobald als möglich nach
den Grundsätzen der Bundesverfassung zu dem Genusse aller
Rechte und Vorteile, sowie Begünstigungen der Bürger der
Vereinigten Staaten zugelassen werden. Bis dahin sollen sie
aber im sicheren Genusse ihrer Freiheit, ihres Eigentums und
ihrer Religion verbleiben und geschützt werden." Er ist mit
Vorliebe von den Verfechtern des Südens citiert worden, um
die Berechtigung der Sklaverei in jenen Gebieten nachzuweisen.

Der südliche Teil des großen Gebietes hatte schon 1812
die Verbandsmitgliedschaft nachgesucht und erhalten, wobei die
in diesem neuen, ebenfalls Louisiana genannten Staate die Sklaverei
anerkannt worden war. Das übrige Territorium war nur lang=
sam von den Sklavenhaltern in Besitz genommen, was im Drange
der politischen und kriegerischen Ereignisse unbeachtet blieb. Ana=
log dem kurz vorher von Alabama geforderten und ihm gewährten
Rechte, seine Konstitution ohne irgend eine Beschränkung in der
Sklavenfrage zu entwerfen, beantragte Missouri, daß es ermäch=
tigt werde, sich eine Verfassung und eine Staatsregierung zu
geben. Der Kongreß trat im Februar 1819 im „Komitee des

Ganzen" dieser Frage näher, wobei Tallmadge von New York das Amendement beantragte, dem neuen Staate sei die Bedingung aufzuerlegen, daß die fernere Einführung der Sklaven verboten werde, und alle nach der Aufnahme geborenen Sklavenkinder vom fünfundzwanzigsten Jahre ab frei sein sollten. Neben dieser so den ganzen Prinzipienstreit anfachenden Frage lief die Aufgabe, den südlichen Teil des Territoriums Missouri von dem neuen Staate abzulösen und als Territorium Arkansas zu organisieren. Ein hierauf bezüglicher Antrag wurde am 16. Dezember 1818 von Robertson aus Kentucky eingebracht und durch Taylor in gleicher Weise wie oben der Missouriantrag mit einem die Sklaverei beschränkenden Amendement ergänzt. Beide Anträge erregten die öffentliche Meinung aufs leidenschaftlichste. In beiden Häusern wurde mit einer Vehemenz gestritten, als ob die ganze Zukunft der Vereinigten Staaten von der Annahme oder Verwerfung der Amendements abhänge, während das Geheimnis des Südens, der von jeher in seinen politischen Zielen klar sah und sich keiner Gefühlsduselei — außer in Fragen der auswärtigen Politik — schuldig machte, darin bestand, daß er um seine politische Existenz kämpfte, wie Hardin aus Kentucky und Tucker von Virginia dies offen erklärten. Die Debatten erreichten eine solche Schärfe und trugen so sehr die Spuren nie zu versöhnender Gegensätze, daß Cobb aus Georgia prophetisch ausrief: Ein Feuer ist entzündet, das alle Wasser des Ozeans nicht löschen können; Ströme von Blut sind dazu erforderlich!" Die Verteidiger der Sklaverei führten neben dem schon erwähnten Vertrage die Staatensouveränität und eine Anzahl von Billigkeitsgründen für sich an, von denen die Behauptung, daß durch die Zulassung der Sklaverei in Missouri keine Vergrößerung der Sklavenbevölkerung involviert werde und eine „Verdünnung" der letzteren für eine spätere Emanzipation von großer Wichtigkeit sei, jedenfalls der fadenscheinigste war. An Drohungen, die Union zu sprengen, fehlte es natürlich auch wieder nicht, ja das Territorium Missouri, der Zankapfel, um den der ganze Streit

entbrannt war, besaß die Unverschämtheit, durch seinen Terri-
torialdelegierten zu erklären, daß es auch ohne Autorisierung des
Kongresses eine Organisierung der Staatsregierung vornehmen
und — wie ein Abgeordneter von Georgia ergänzte — den Kongreß „zu Schanden lachen" werde. Selbst Jefferson hielt einen
Verlust Missouris durch Revolution für wahrscheinlich.

Im Repräsentantenhause erhielt das Amendement Tallmadge
die Majorität, während der Senat sich dagegen aussprach. Beide
Faktoren der Legislative behielten ihren Standpunkt bei, und
das Haus ging auseinander, ohne die Frage erledigt zu haben.
Bei dem Zusammentritt des sechzehnten Kongresses am 6. Dezember 1819 stand die Sache jedoch für die Anhänger der Sklaverei
günstiger, da durch das inzwischen von Maine geäußerte Verlangen, sich von Massachusetts, dessen einen Distrikt es bisher
ausgemacht hatte, zu trennen und sich als besonderen Staat zu
organisieren, die politische Lage verschoben worden war. Jetzt
galt es Handel gegen Handel; man vereinigte die Missouri-
und Maine-Bill und ging auf den Stimmenfang aus, um für
diesen Schacher die genügende Majorität zusammenzubringen.
Die Debatte dauerte vom 24. Januar bis 19. Februar 1820,
und mehr als fünf Abstimmungen waren nötig, um den endlichen Sieg der Sklavenpartei dadurch herbeizuführen, daß vier
nördliche Mitglieder gewonnen wurden und an der schließlichen
Abstimmung nicht teilnahmen. Unter Beihilfe des Sprechers
des Hauses, Henry Clay, der sich bei dieser Gelegenheit den
Namen des Friedensstifters erwarb, und des Senators Thomas
aus Illinois einigte man sich endlich in der Nacht vom 2. auf
den 3. März 1820 dahin, daß die Sklaverei in Missouri gestattet, dagegen nördlich vom 36° 30' verboten sein solle, worin
die Forderungen der Südstaaten im wesentlichen erfüllt waren
und der Norden mit einem Almosen abgespeist wurde, da das
von der Sklaverei freigehaltene Gebiet zu jener Zeit eine Wildnis und nur von „wilden Bestien und Indianern" bewohnt war.
Der Süden hatte durch die Festsetzung der Missourigrenze alles

südlich davon gelegene Gebiet für die Sklaverei gerettet und war
nun imstande, durch geschickte Ausnutzung des Gebietes, Zer=
legung desselben in fünf bis sechs Staaten auch das politische
Übergewicht im Senate zu bewahren. Der Präsident Monroe
berief, ehe er die Missouribill unterzeichnete, das Kabinet zu=
sammen, um es über die Verfassungsmäßigkeit des Gesetzes zu
befragen; sämtliche Mitglieder bejahten dieselbe. Auch in bezug
auf die Arkansasbill hatte es der Süden der geschickten Führung
Clays zu verdanken, daß seine Bestrebungen triumphierten. Das
Amendement Taylors wurde, nachdem seine Annahme bei der
ersten Abstimmung nur teilweise erfolgt war, bei einer zweiten
Beratung durch die entscheidende Stimme des Sprechers (Clays)
an den Ausschuß zurückverwiesen und schließlich auf dessen Be=
richt mit 89 gegen 87 Stimmen verworfen.

Der Süden jubelte mit Recht über diese schwer er=
kämpften Siege, wenngleich auch einige der Abgeordneten, wie
der alte unerschrockene und eigensinnige Randolph von Virginia
das Kompromiß einen „schmutzigen Handel" und die nördlichen
Helfershelfer „Teiggesichter" nannte und sie als seine weißen
Sklaven bezeichnete. Wie dem aber auch sei, jedenfalls beschloß
der Missourikompromiß für eine Reihe von Jahren die heftigen
Zwistigkeiten, welche seit der Bildung der Union das Land durch=
tobt und geschwächt hatten. Die wahre Ära des guten Ein=
vernehmens nahte heran.

Während so in der innern Politik der von jeher bestehende
Gegensatz zwischen Norden und Süden in der Missourilinie einen
gesetzlich fixierten Ausdruck erlangte, war es der äußeren Politik
Monroes vorbehalten, eine wahrhaft nationale Politik zu
inaugurieren, die von allen späteren Präsidenten zur Richtschnur
ihres Verhaltens in bezug auf die auswärtigen Beziehungen
der Vereinigten Staaten genommen worden ist. Daß dies ge=
schehen konnte angesichts der offenkundigen Thatsache, daß die
„Monroe=Doktrin", da sie nicht durch irgend eine Beschlußfassung
des allein zur Ergreifung aller gesetzlichen und politischen Maß=

nahmen berechtigten Kongresses ratifiziert wurde, lediglich die individuelle Meinungsäußerung eines Präsidenten darstellt, ist ein Beweis für die Treffsicherheit, mit welcher das Haupt der Exekutive die Stimmung des Volkes erkannte und zum Ausdruck brachte. Fehlte auch der individuellen Willensäußerung des Präsidenten, und um eine solche handelte es sich hierbei einfach, — was den Ansichten enthusiastischer, alle amerikanischen Dinge durch ein Vergrößerungsglas erblickender Geschichtsschreiber gegen= über nicht nachdrücklich genug hervorgehoben werden kann — die Weihe durch die nationale Volksvertretung, so bildet sie nichts= destoweniger eine nationale That und ist als solche auch jederzeit von dem amerikanischen Volke anerkannt worden.

Wie schon oben gezeigt, waren die spanisch=amerikanischen Verwickelungen und die durch die Revolutionen in Mittel= und Südamerika hervorgerufenen Verlegenheiten Spaniens von den Vereinigten Staaten dazu benutzt worden, in den Besitz von Florida zu gelangen. Neben dieser das eigene Interesse fördernden Politik hatte sich aber schon frühzeitig sowohl in den Führern, wie in den Massen der Gedanke festgesetzt, daß die Vereinigten Staaten nicht nur berechtigt, sondern kraft ihrer Eigenschaft als größter und ältester auf dem Prinzipe der Volkssouveränität aufgebauter Staat des amerikanischen Kontinents verpflichtet seien, den neu sich bildenden nationalen Gemeinwesen jegliche das Völkerrecht nicht verletzende moralische und materielle Un= terstützung zu gewähren. Namentlich waren es Clay und der ihm anhängende Teil der republikanischen Partei, der die Bezeich= nung der National=Republikaner oder Whigs annahm, welche für eine energische Politik in dieser Richtung eintraten, während die den extremen Sklavenhaltern folgenden „Demokraten" an der von den revolutionären Körperschaften Südamerikas ausge= sprochenen Forderung auf Abschaffung der Sklaverei Anstoß nahmen und jegliche Begünstigung dieses hochverräterischen Treibens zu vereiteln suchten. Sie sind es auch gewesen, welche später aus der Monroe=Doktrin einen Popanz machten, darauf

berechnet, ihren egoistischen Zwecken zu dienen und den Rest
civilisatorischer Thätigkeit in jenen seit Jahrhunderten unter der
despotischen spanischen Herrschaft schmachtenden Staaten zu er=
sticken. Henry Clay hatte bereits 1817, als die Spanier sich
über die Zuführung von Kriegsmaterial seitens der Amerikaner
an die Rebellen beklagten, zu gunsten der aufständischen Kolo=
nieen im Kongresse eine Lanze gebrochen, ohne jedoch einen posi=
tiven Erfolg verzeichnen zu können. Erst im März 1818, als der
Präsident die Absendung einer Kommission nach Südamerika vor=
schlug, um die dortigen Verhältnisse zu erkunden, beschäftigte sich
das Haus eingehend mit der Frage, lehnte jedoch den Antrag
Clays, die La Plata Staaten anzuerkennen und einen Gesandten
nach Buenos Ayres zu beordern ab, da ein gemeinschaftliches
Vorgehen mit England, welches damals der europäischen Ver=
hältnisse halber noch einige Rücksichten zu nehmen hatte, nicht
vereinbart werden konnte. Die heilige Allianz, sowie die wieder=
hergestellte legitime Herrschaft in Frankreich erblickten in den
Freiheitsbestrebungen der spanischen Kolonieen ein verderb=
liches Beispiel für die eigenen Völker und planten deshalb
ein gemeinsames Unternehmen zur Unterstützung der wankenden
Macht Spaniens. Dasselbe unterblieb freilich fürs erste, da
die kontinentalen Mächte in Europa selber genug mit der Unter=
werfung der insurgierten Länder zu thun hatten; immerhin ge=
nügte die Andeutung des Planes, um England, das von jeher
seine Handelsinteressen an erster Stelle zu berücksichtigen ge=
wohnt war und eine bedeutende Summe Geldes in industriellen
Unternehmungen in Südamerika investiert hatte, zu veranlassen,
dem Bunde nicht beizutreten. Es bestritt keineswegs, daß die
kontinentalen Mächte berechtigt seien, gegen die Unruhestifter in
den benachbarten und befreundeten Ländern einzuschreiten, be=
dauerte jedoch, seine Mithilfe bei dieser Büttelarbeit verweigern
zu müssen. Dieser Erklärung des hochtoristischen Ministers
Castlereagh folgte jedoch nach dessen Entleibung ein energischer
Protest seitens des neuen Ministers Canning, als die verbünde=

ten Mächte Miene machten, nun in Spanien, das ebenfalls im
Revolutionszustande war, zu intervenieren. Wellington gab auf
dem Kongreß zu Verona eine diesbezügliche Erklärung ab, die
jedoch von den Mächten nicht beachtet wurde, da man wußte,
daß Canning mit seiner Ansicht im englischen Ministerium ziemlich allein stände und eine Kriegserklärung seitens Englands
nicht zu befürchten wäre. Die Franzosen rückten ruhig in
Spanien ein, um den Befehl der heiligen Allianz zur Ausführung
zu bringen. Canning begnügte sich mit einem Protest, behielt jedoch
ein wachsames Auge auf die Absichten der verbündeten Mächte
und sah sich nach einem Bundesgenossen um, der mit England
zusammen imstande sein würde, den Gelüsten der heiligen
Allianz auf Wiederherstellung der spanischen Macht in Amerika
ein Paroli zu bieten. Sein Blick fiel naturgemäß auf die Vereinigten Staaten, welche durch die unermüdlichen Anregungen
Clays sich mit dem Gedanken einer Intervention zu gunsten der
Kolonien vertraut gemacht hatten. Der damalige amerikanische
Gesandte in London, Richard Rush, trat mit Canning in Unterhandlungen, welche bald einen befriedigenden Abschluß erreichten. Die Grundlage derselben bildete ein bereits im Herbst
1822 geschlossenes Übereinkommen betreffs der Insel Cuba,
welche von allen Mächten mehr oder weniger als ein bequem
zu hebender Schatz angesehen worden war, bis die Regierungen
Englands und der Union diesem Spiele ein Ende machten und
eine Erklärung dahin abgaben, daß Cuba im Besitze Spaniens
verbleiben und keine andere Macht sich in die inneren Angelegenheiten der Insel mischen solle. Die neue von Rush und Canning
vereinbarte Abmachung erweiterte nun gewissermaßen diese erste
Erklärung, indem sie bestimmte, daß beide Länder eine Kundgebung erlassen sollten, welche gegen eine von Frankreich oder
der heiligen Allianz beabsichtigte Ausdehnung der Pazifikation
auf die amerikanischen Kolonieen in unzweideutiger Weise pro-
testiere. Die Befugnisse des Gesandten reichten natürlich nicht
hin, um eine derartige, die ganze Politik der Vereinigten Staaten

beeinflussende und die Beziehungen derselben zu den europäischen Mächten alterierende Vereinbarung aus freien Stücken zu treffen, sondern Rush erklärte, daß er den Vorschlag dem Präsidenten unterbreiten und befürworten würde, bis auf weiteres jedoch sich passiv verhalten müsse.

In Amerika waren die Dinge inzwischen langsam aber stetig ihrer Vollendung entgegengereift. Präsident Monroe, der ebenso wie sein Kollege Tompkins mit überwältigender Mehrheit wieder= gewählt worden war, gab im Frühjahr 1822 dem Drängen der Volksstimme nach und genehmigte am 4. Mai den Akt, durch welchen die Unabhängigkeit sämtlicher ehemaligen spanisch= amerikanischen Kolonieen anerkannt wurde. Als ihm nun im Herbste 1823 die Rush'sche Depesche vorlag, wandte er sich zu= nächst an Jefferson, den „Weisen von Monticello", der ihm in einem Briefe unterm 24. Oktober ermutigend antwortete.

Hierdurch in seinem Vorhaben bestärkt, unterbreitete Monroe die Frage den einzelnen Kabinettsmitgliedern, mit denen er die später „Monroedoktrin" genannte Erklärung beriet, welche sich in seiner Jahresbotschaft vom 2. Dezember 1823 befindet.

Außer der allgemeinen Erklärung findet sich in dem ge= nannten Dokumente noch eine speziell gegen Rußland gerichtete. Hervorgerufen war sie durch die zwischen der Union, England und Rußland schwebenden Streitigkeiten behufs Okkupation der nordwestlichen Küste des amerikanischen Kontinents. England hatte dasselbe Interesse, wie die Vereinigten Staaten, Rußland so fern als möglich zu halten, und deshalb das Washingtoner Kabinett aufgefordert, eine spezielle Erklärung gegen die russischen Gelüste abzugeben.

Später verständigte sich die Union mit Rußland durch einen Vertrag vom 5.—17. April 1824, welcher den 54°40′ n. Br. als Grenze festsetzte.

Die heilige Allianz, gegen welche die eigentliche Spitze der Erklärungen sich kehrte, war dem Vorgehen der Union und Englands, welches im Februar 1825 die Unabhängigkeit der

spanisch=amerikanischen Republiken anerkannt, gegenüber machtlos,
da ihr eine Flotte fehlte, um irgend welche Beschlüsse durchsetzen
zu können. Die so pomphaft verkündete Intervention verlief
allmählich im Sande. In Amerika erregte dagegen die „Monroe=
doktrin" allgemeinen Jubel und fand überall beifällige Aufnahme.
Was Canning nur im Interesse der brittischen Kaufleute und
Fabrikanten geplant hatte, war unter der umsichtigen Hand
Monroes zum Grundsatze der amerikanischen Politik geworden:
durch die „Monroedoktrin" trat die Union in die Reihe der
Großmächte und warf ihre Stimme mit in die Wagschale.

In die letzte Zeit der Präsidentschaft Monroes fällt noch
ein anderes Ereignis, das Zeugnis ablegt von der veränderten
Gesinnung, welche die Führer des Volkes inbezug auf europäische
Verhältnisse beseelte. War früher allenthalben strengste Enthaltung
von allen Maßnahmen, die internationale Weiterungen hervor=
rufen konnten, gepredigt worden, so fühlte man sich stark genug,
die Sache der Freiheit allenthalben zu der seinigen zu machen
und den kämpfenden Nationen eine moralische Unterstützung an=
gedeihen zu lassen. So erregten besonders die zu Beginn der
zwanziger Jahre stattfindenden Griechenkämpfe das lebhafteste
Interesse, welches sich auch in einzelnen, zumeist von Clay und
Webster eingebrachten und verteidigten Anträgen, betreffend die
Absendung eines diplomatischen Agenten nach Griechenland, aus=
sprach. Die durch die Präsidentenwahl hervorgerufene Erregung
und Unruhe ließen jedoch den Kongreß zu keiner endgültigen
Beschlußfassung kommen, da viele befürchteten, daß durch ein
entschiedenes Vorgehen zu den inneren Streitigkeiten noch äußere
Verwickelungen hinzugefügt werden könnten.

Die Wahlbewegung hatte diesmal ungemein frühzeitig be=
gonnen und durch das Auftreten zahlreicher Kandidaten eine be=
sondere Intensivität gewonnen. Der hauptsächlichste Grund
hiervon war der, daß die Männer der ersten Generation, welche
alle mehr oder weniger an den Ereignissen von 1776 bis 1789
mit teilgenommen hatten, zu fehlen begannen und viele jüngere

Kräfte ins Feld traten, die alle eine besondere Partei hinter sich hatten, auf einen einmütigen Ausspruch des Volkes zu ihren Gunsten jedoch nicht rechnen konnten.

Der eine Teil der demokratischen Partei stellte William H. Crawford, Schatzsekretär unter Monroe auf, ein anderer Henry Clay, ein dritter Calhoun, ein vierter Lowndes und so fort, bis ein solcher Reichtum an Kandidaten vorhanden war, daß es dem Volke schwer werden mußte, den richtigen Mann zu treffen. Henry Clay wäre wohl jedenfalls der würdigste gewesen, da seinem unermüdlichen Eifer das Zustandekommen fast aller Gesetze und Maßnahmen, die Monroes Regierung aufweist, zu verdanken ist, ihm stand jedoch das Mißtrauen der extremen Sklavenhalter hindernd in den Weg. Ein nicht unbeträchtlicher Teil der Politiker war ferner der Meinung, daß noch einmal die „Dynastie der Staatssekretäre" ans Ruder kommen und demgemäß der jüngere Adams gewählt werden würde. Alle diese verschiedenen Kombinationen erlitten plötzlich einen gewaltigen Stoß, als unvermutet ein neuer Kämpe auf dem Kampfplatz erschien und sofort von einem großen Bruchteil der Bevölkerung mit lautem Jubel begrüßt wurde. Es war dies Jackson, der Sieger von New Orleans, der Liebling der Armee und der großen Masse, welche in ihm die Verkörperung des demokratischen Prinzips sahen. Die im Bewußtsein ihrer Würde als erbliche Pächter der Leitung der öffentlichen Angelegenheiten stolz einherschreitenden Politiker der alten Staaten lächelten über den über Nacht entstandenen Konkurrenten, bis der Erfolg lehrte, daß sie sich verrechnet hatten, und ihr Frohlocken ein zu frühzeitiges gewesen war. Jackson erhielt 99, Adams 84 und Crawford 41 Stimmen, während die verfassungsmäßige Majorität 131 Stimmen betrug. Im Hause, dem nach der Konstitution die Entscheidung anheimstand, stimmten die Anhänger Clays für Adams gegen Jackson, so daß ersterer zum Präsidenten gewählt wurde. Für die Vizepräsidentschaft hatte Calhoun gleich beim ersten Wahlgange eine imposante Mehrheit, 182 von 261 Stimmen erhalten. Die Verletzung des Billigkeitsprinzips durch die Wahl Adams', rief natürlich eine Reaktion seitens der Jacksonianer hervor, die der Ersprießlichkeit der Regierung des neuen Präsidenten Abbruch zu thun geeignet war.

John Quincy Adams.

Der neue Präsident trat am 4. März 1825 sein Amt mit einer phrasenhaften und geschraubten Botschaft an, die nichts weniger als geeignet war, seine Stellung zu befestigen. Hatten die früheren Präsidenten in einfachen Worten ihre leitenden Grundsätze dargelegt, so ließ sich Adams, durch seinen Hang zur Schönrednerei verleiten, alltägliche Gedanken durch allerlei verwunderliche Redensarten auszudrücken. „Der Mann da — schrieb der besonnene Clay — mit seinen ausgesuchten Phrasen, wie „Leuchttürme des Himmels" für astronomische Observationen, mit seinen Citaten aus Voltaire und Jean Jacques Rousseau, wird am Ende sich selbst und alle seine Anhänger zu Grunde richten. Wir werden lächerlich, das Schlimmste, was Leuten widerfahren kann, welche die Landesgeschäfte oder andere ernste Dinge zu besorgen haben."

In der Wahl seiner Kabinettsmitglieder bezeugte Adams dagegen ein verständiges Urteil. Samuel Southard von New-Jersey wurde Marine- und James Barbour aus Virginia Kriegsminister, während Richard Rush, der bisherige Gesandte in London, dessen Tätigkeit in den dem Erlasse der Monroe-Doktrin vorangehenden Verhandlungen zwischen England und der Union oben hervorgehoben worden ist, das Finanzministerium und Henry Clay die Stelle des Staatsministers erhielt. Aus dieser letzten Ernennung schmiedeten die Anhänger Jacksons die Waffe, mit der sie der Regierung Adams' zu Leibe gingen. Einige Zeit vor der Wahl im Repräsentantenhause hatte nämlich eine in Philadelphia erscheinende Zeitung, der „Columbian Observer", eine

anonyme Zuschrift aufgenommen, in welcher Clay beschuldigt
wurde, die Stimmen seiner Anhänger an Adams um den Preis
des Staatssekretariats verkauft zu haben. Als nun Clay den
Posten wirklich einnahm, wurde dies als vollgültiger Beweis

Fig. 12.

John Quincy Adams.
(Nach Cassel, History.)

für die Wahrheit der Anklage angesehen und letztere nach Kräften
kolportiert und politisch ausgenutzt. Der so arg verleumdete
Clay schrieb damals in gerechter Zornesaufwallung an einen
Freund: „Die Schurken können nicht verstehen, wie ein Mann

ehrlich sein kann." Er war trotz seiner Abneigung gegen Adams
für diesen und gegen Jackson eingetreten, weil er ihn für „das
kleinere Übel" ansah. Hätte er übrigens nach vollzogener Ernennung
und nach dem Inslebentreten des perfiden Gerüchtes die ange=

Fig. 13.

Henry Clay.
(Nach Cassel, History.)

botene Stellung ausgeschlagen, so würden seine Feinde auch
diesen Schritt zu ihren politischen Zwecken ausgebeutet und mit
sittlicher Befriedigung darauf hingewiesen haben, wie durch die
in dem Briefe, als dessen Autor sich später ein ungebildeter
Repräsentant von Pennsylvanien, Kremer, bekannte, gegebene Ent=

hüllung der „skandalöse" Plan vereitelt worden sei, kurz es gab
kein Mittel, das nicht in den Händen der fanatischen Partei=
gänger des Südens eine Handhabe zur Verleumbung geworden
wäre. Jedenfalls ist diese Affaire der beste Beweis für die be=
ginnende Roheit des politischen Lebens in der Union, die von
nun an alle vier Jahre in immer stärkerem Maße das wider=
wärtige Schauspiel eines Parteikampfes bot, in welchem gegen=
seitige Beschuldigungen und offenbare Lügen, zur Befriedigung
der Skandalsucht erfunden, eine Hauptrolle spielten.

Durch die enge Beziehung, in welcher Clay und Adams
jetzt standen, wurde es ersterem ermöglicht, seine weit ausholen=
den Ideeen behufs Begründung einer allgemeinen Allianz aller
freien amerikanischen Staaten der Verwirklichung entgegenzuführen.
Schon 1820 hatte er als seinen Lieblingsplan den Wunsch aus=
gesprochen, daß ein „menschlicher Freiheitsbund, der alle Völker
von der Hudsonsbai bis zum Kap Horn vereinige", gegründet
werde, um ein Gegengewicht gegen die freiheitsmörderische heilige
Allianz Europas zu bieten. „Durch die Macht des Beispiels,
durch seinen moralischen Einfluß — so deduzierte der kühne Staats=
mann — wird sich dieses amerikanische System immer weiter
und weiter ausbreiten. Auf unserm mit dem Blute der Vor=
fahren getränkten Boden soll ein Vereinigungspunkt, eine Schutz=
stätte für die Freiheit und für die Freigesinnten geschaffen werden."
Der Plan hatte etwas zu Verführerisches, um nicht in weiteren
Kreisen lebhaften Beifall zu finden, trug jedoch den Keim der
Hinfälligkeit von Anfang an in sich. Die Vereinigten Staaten,
in politischer wie religiöser Hinsicht auf dem Boden des Indi=
vidualismus erwachsen, durch eine Reihe harter Erfahrungen
gekräftigt und mit denjenigen Institutionen versehen, welche eine
hinreichende Bürgschaft für die Freiheit des Einzelnen, wie der
Gesamtheit boten, überragten in jeder Hinsicht die neu ent=
standenen Republiken, bei denen oft nichts weiter republikanisch
war als der Name und unter dem Deckmantel der Freiheit und
Gleichheit ein Despotismus und eine Intoleranz ohne Gleichen

7*

sich breit machten. Nicht allein dem Widerstande der nordamerika=
nischen Sklavenhalter, welche das von den Freistaaten gegebene
Beispiel der Sklavenemanzipation verabscheuten, ist es zuzuschreiben,
daß der geniale Plan Clay's scheiterte — die Thatsachen standen
zu sehr mit den Voraussetzungen in Widerspruch, als daß sie nicht
von vorne herein den Erfolg der Bemühungen Clay's unwahr=
scheinlich gemacht hätten.

Die Ausführung des Planes war einem allgemeinen Kon=
gresse zu Panama vorbehalten worden, dem auch Adams in
seiner Präsidentenbotschaft das Wort redete. Die Opposition
bemächtigte sich sofort der Idee, um mit aller Kraft der Über=
redung die Gefahren darzustellen, welche die Beschickung eines
derartigen Kongresses für die Vereinigten Staaten nach sich
ziehen müßte. Jedes einzelne Wort der betreffenden Stelle in
der Botschaft, welche namentlich die Vorteile des Abschlusses
von Freundschafts= und Handelsverträgen, die Abschaffung des
privaten Krieges auf dem Meere und die den neutralen Handel
begünstigenden Beschränkungen des Kriegsgebrauches in bezug
auf Kriegskontrebande und Blokaden behandelte, wurde zum
Angriffspunkte der stürmischen Anklagen, welche die Sklavenhalter
gegen das Projekt zu richten für gut befanden. Man gefiel sich
in der Rolle der einsichtigen Vaterlandsfreunde, welche die
Union vor neuem Blutvergießen bewahren wollten, und hob im
Gegensatz zum Präsidenten, der den Panama=Kongreß nur als
eine rein „konsultative" Versammlung bezeichnete, mit Nachdruck
hervor, daß die Beschlüsse desselben einen bindenden Charakter
haben würden und auf die Beziehungen der Vereinigten Staaten
zu den europäischen Mächten einen unheilvollen Einfluß ausüben
könnten. Was man dagegen nicht gern eingestand, war das
Sklavenhalterinteresse, das sich durch die Verhandlungen mit
anderen Mächten, die soeben völlige Emanzipation proklamiert
hatten, in seinen heiligsten Rechten verletzt fühlen konnte. Da
dem Kongreß nach der Verfassung bei etwa abzusendenden diplo=
matischen Missionen nur die Geldbewilligung resp. Verweigerung

zuſtand, ſo entſpann ſich diesmal der heftigſte Kampf im Senate,
wo auch die egoiſtiſchen Intereſſen von jeher eine beſonders
günſtige Brutſtätte gefunden hatten. Man ſcheute ſich zuletzt
nicht, die Gefährdung der eigentümlichen Inſtitution der Sklaverei
durch Beſchickung des Panama-Kongreſſes auszuſprechen, und
ſtreifte ſo zum erſten Male die Hülle weg, welche bisher der
Sklaverei einen munizipalen Charakter gegeben hatte. Beſonders
deutlich trat dies zu Tage, ſobald man auf Hayti zu ſprechen
kam, das in dem Einladungsſchreiben zum Kongreſſe gleichfalls erwähnt war. In Hayti hatte bekanntlich mittlerweile
die erfolgreiche Revolution der Neger ſtattgefunden, welche der
Sklavokratie ein Dorn im Auge war. Bisher hatte man ſich
mit dem Auswege begnügt, die ſtaatliche Stellung Haytis als
unabhängiges Land zu ignorieren, trotz der regen Handelsverbindung zwiſchen der Inſel und den Häfen der Union. Unter
dieſen Umſtänden rief der Paſſus in dem Schreiben der Delegaten
der ſüdamerikaniſchen Staaten, daß „Hayti als gleichberechtigtes
Mitglied der amerikaniſchen Völkerfamilie anerkannt werden
möge," einen Sturm der Entrüſtung unter den Abgeordneten
des Südens hervor.

Das Reſultat des mit ſteigender Erbitterung geführten
Wortkampfes war, daß die Regierung zwar formell ſiegte und
die Abſendung einer Miſſion zum Panama-Kongreß durchſetzte,
in Wirklichkeit aber geſchlagen war, da durch die langen Debatten
eine ſolche Verzögerung ſtattgefunden hatte, daß der Kongreß
ſich bereits reſultatlos aufgelöſt hatte, als die Geſandten der
Union eintrafen. Eine projektierte Minderverſammlung in
Takubaya fand nicht ſtatt. Die ſtolzen Pläne Clay's verliefen
ſomit dürftig im Sande und hatten nur den Egoismus der
Sklavenhalter beſtärkt, welche zum erſten Male ihr Intereſſe
zum Angelpunkte der nationalen Politik gemacht hatten.

Einen gleich verhängnisvollen Verlauf nahm eine andere,
rein nationale Angelegenheit, welche zu Beginn der Präſidentſchaft von Adams ſich entſpann. Der Staat Georgia war nicht

nur in die früher geschilderten Seminolenkämpfe in Florida ver-
wickelt, sondern hatte auch seit geraumer Zeit mit den in seinem
Gebiete ansässig gewordenen Indianern heftigen Streit zu bestehen,
welcher sich um die bei Gelegenheit der Abtretung der westlichen
Ländereien seitens Georgias im Vertrage vom 24. April 1802
stipulierte Verpflichtung der Union drehte, dem Staate die innerhalb seiner Grenze liegenden Besitzungen der Creeks und Cherokees zu erwerben, „sobald es auf friedlichem Wege und unter
vernünftigen Bedingungen geschehen könne.“ Dies war auch
einigemale mit ansehnlichen Ländereien geschehen, wurde jedoch
in dem Maße schwieriger, als die Indianer selber das Land
bebauten und sich vermehrten. In einer Zusammenkunft bei
Tuckebachue am 25. Mai 1824 erklärten die Creek-Häuptlinge,
daß das Gebiet nur gerade die Bedürfnisse des Stammes decke,
es somit unmöglich sei, neue Abtretungen zu bewilligen. Georgia
verstand es jedoch mit einigen Häuptlingen einen Sondervertrag
zu Indian-Springs abzuschließen, der auch die Genehmigung
des Senats und des Präsidenten erhielt. Die durch den Verrat
ihrer Landsleute erbitterten Häuptlinge ließen an den vier
Hauptverkäufern des Stammesgebietes das für den Fall der
Abtretung festgesetzte Urteil der Todesstrafe vollstrecken und
beeilten sich, dem Vorgehen Georgias mit Gewalt zu begegnen.
Auf die dringenden Vorstellungen des Indianeragenten sandte
Adams den Obersten Andrew und den General Gaines nach
Georgia, um die Klagen der Indianer zu untersuchen und Ord-
nung eventuell unter Anwendung von Waffengewalt zu schaffen.
Der Gouverneur des Staates, Tronp, wollte jedoch von einem
derartigen Eingriffe in die Staatensouveränetät nichts wissen
und protestierte in einer Reihe von geharnischten, jede
Rücksichten des Anstandes, die man dem Oberhaupte des
Staates und seinen Vertretern gegenüber zu bewahren hat, außer
Acht lassenden Schreiben gegen die „völlig ungerechtfertigten“
Schritte der Bundesregierung, die er nicht als Autorität betrachte,
sondern als eine dem Kreise seiner Anschauungen völlig entrückte

fremde Macht, mit der er in „diplomatischen Verkehr" zu
treten sich herablassen wolle. Dieser Frechheit gegenüber behielt
die Bundesregierung ruhig ihren Entschluß bei, keine Ver=
messung der neu „erworbenen" Ländereien zuzulassen, und teilte
unterm 18. Mai 1825 diesen Beschluß dem Gouverneur mit,
welcher am 3. Juni hierauf antwortete und erklärte die Ver=
messungen trotz des Verbotes vornehmen zu wollen. Gleichzeitig
hielt er es aber für geraten, sich der weiteren Verantwortlichkeit zu
entledigen, und berief deshalb die nationale Legislatur, welche
zwar gleichfalls in heftigstem Tone gegen die Bundesregierung
deklamierte, jedoch keinen näheren Beschluß faßte und einem
Ausschusse die Sache übertrug. Der Gouverneur fuhr in seinen
Insulten und wütenden Beschwerden fort, zog jedoch auf noch=
malige Weisung des Präsidenten den Befehl zur Landesver=
messung zurück, da er — wie seine Botschaft am 8. November
an die Legislatur lautete — bereit sei, dem Senate die Regelung
der Streitfrage anheimzugeben, wodurch die unerquickliche Situa=
tion vorläufig einen Abschluß erhielt. In der Presse wurde
der skandalöse Vorfall natürlich von Freund und Feind breitge=
treten, wobei die Anhänger der Regierung die unerschütterliche
Haltung des Präsidenten priesen, die südstaatlichen Zeitungen
dagegen das Verhalten des starrköpfigen Gouverneurs beifällig
kommentierten. In Georgia selber stand das Volk — wie die
im Herbste stattfindende Gouverneurswahl bewies — in seiner
Mehrheit zu Troup; derselbe wurde mit 20545 gegen 19857
Stimmen wiedergewählt und behauptete in seiner Botschaft vom
8. November die Rechtmäßigkeit seines Vorgehens in vollem
Umfange. Der Senat hatte inzwischen mit den Indianerhäupt=
lingen einen neuen Vertrag zu Washington vereinbart, der in
betreff der Landabtretung für die Creeks sich bedeutend günstiger
gestaltete, aus diesem Grunde aber die Billigung der habsüchtigen
Legislatur von Georgia nicht erlangte. Troup wies ihn kurzer
Hand zurück und erklärte, daß einzig und allein der Vertrag zu
Indian=Springs für ihn bindend sei — da Bundesregierung

und Gouverneur beide auf ihrem Standpunkte zu verharren
erklärten, schien der Appell an die Waffen das letzte Auskunfts=
mittel zu sein.

Der Gedanke an offene Rebellion und Bürgerkrieg schreckte
jedoch vorläufig noch beide Teile vom Äußersten zurück. Adams
richtete an den Kongreß eine die Creek=Angelegenheit speziell be=
handelnde Botschaft und stellte es der Weisheit des Kongresses
anheim, zu entscheiden, ob ein weiterer legislativer Akt notwendig
oder zweckmäßig sei," während der Gouverneur in einem Schrei=
ber an die Legislatur die neue staatsrechtliche Theorie aufstellte,
daß Souveränitätsfragen zwischen den Staaten und den Ver=
einigten Staaten nicht von dem Oberbundesgerichte entschieden
werden dürften, sondern auf dem Wege der Unterhandlung zu
erledigen seien, bis in der Konstitution ein anderer Weg werde
vorgesehen sein."

Im Kongresse fand zwar das unverschämte Begehren
Georgias lauten Tadel, aber man wollte sich nicht für einen
Beschluß engagieren, der möglicherweise Aufruhr und Blutver=
gießen zur Folge haben konnte. Der Senat genehmigte zwar
eine Resolution, welche den Präsidenten aufforderte, „seine Be=
mühungen zur Löschung des Besitztitels der Indianer fortzu=
setzen", das Repräsentantenhaus blieb dagegen unschlüssig und
so blieb die Sache in der Schwebe, woraus Georgia selbstredend
den größten Nutzen zog.

Kühn gemacht durch diesen „Erfolg", ergriff der Staat
weitere Maßnahmen, um den Stämmen der Cherokees gleichfalls
ihr Land zu entreißen. Dieselben lebten als ruhige Ackerbauer
in dem fruchtbarsten Teile Georgias und trugen gar kein Ver=
langen danach, ihr bequemes Heim mit der Wildnis des Westens
zu vertauschen. Da offene Gewalt nicht angebracht war, ver=
suchte die Legislatur es mit Hilfe der kleinen gehässigen Maß=
regeln, wie sie einem mächtigen Staate einigen wenigen Stämmen
gegenüber zu Gebote stehen dahin zu bringen, daß die Cherokees sich
zur Übersiedelung bereit erklärten. Man sprach allen Indianern,

die nicht der englischen Sprache mächtig waren, die Berechtigung
ab, als Zeuge aufzutreten, man zerstückelte in politischer und
juristischer Beziehung die einzelnen Gebiete und vereinigte sie
mit den anliegenden Counties, kurz man chikanierte die Indianer
soviel man konnte, ohne irgend welche Strafe für diese „gesetz=
lichen" Maßnahmen befürchten zu müssen. Als Adams den
Präsidentenstuhl verließ, verloren die unglücklichen Indianer
ihren letzten Beschützer, da der neue Präsident Jackson selber ein
Anfänger der Staatensouveränitätstheorie war und die Bundes=
regierung nicht für berechtigt hielt, Georgia die Ausübung seiner
Rechte als souveräner Staat zu versagen. Das Oberbundes=
gericht, zu dem schließlich die Cherokees ihre Zuflucht nahmen,
als Georgia vermittelst Gesetz vom 19. Dezember 1829 alle ihre
Gesetze annulliert und ihr Land gänzlich zerstückelt und verteilt
hatte, erklärte zwar ihre Klage zurückweisen zu müssen, da in
der Klageschrift die Cherokees als ein „fremder Staat" bezeichnet
worden waren, sprach sich jedoch in seinem Beschlusse dahin aus,
daß Georgia sich einer flagranten Rechtsverletzung schuldig ge=
macht hätte. Die Legislatur und der jetzige Gouverneur Gilmer
nahmen natürlich auf diese „Ansicht" des Bundesgerichts keine
Rücksicht und lehnten jede Einmischung desselben als ungebührlich
ab. Der Streit zwischen beiden Faktoren nahm durch einen
weitern Zwischenfall noch an Heftigkeit zu. Ein wegen Tot=
schlages im Cherokeegebiete zum Tode verurteilter Mann, namens
Tassels, sollte hingerichtet werden, als der Oberrichter Marshall
den Staat aufforderte, nachzuweisen, „warum das Urteil nicht
berichtigt werden solle." In diesem dem üblichen Verfahren
entsprechenden Vorgehen des Oberrichters der Vereinigten
Staaten sah die Legislatur von Georgia einen neuen Eingriff
in ihre Rechte und nahm einige energische Resolutionen an, auf
Grund deren Tassels am 28. Dezember 1830 hingerichtet wurde.
Mit dieser Thatsache war der Sieg Georgias über die Bundes=
regierung vollständig, die Konsequenz der Virginia= und Kentucky=
Beschlüsse zum erstenmale in vollstem Umfange durchgeführt und

der Union ein Beispiel gegeben, wie ein einzelner kleiner Staat
es anzufangen habe, um der Bundesgewalt mit Erfolg zu
trotzen.

Daß Georgia nach diesen Siegen in der Erledigung der
Cherokeeangelegenheit ungestört fortfuhr, ist selbstverständlich;
nicht mit offener Feindseligkeit, sondern allmählich, durch die
brutale Politik der Rechtsverletzung, der Aufhebung jeglicher
Sicherheit und jeden Rechtsschutzes in Ansehung der Indianer gelang es trotz nochmaliger Intervention des Oberbundesgerichts
die Indianer zum Aufgeben ihrer Ländereien zu bringen.
Präsident Jackson selber sah dem infamen Treiben in Georgia
unthätig zu, da er seinem persönlichen Gegner, dem Oberrichter
Marshall, die durch Nichtbeobachtung der Befehle des Oberbundesgerichts zugefügte Schlappe von Herzen gönnte.

Ein anderer ebenfalls unter Adams beginnender und unter
der Präsidentschaft von Jackson zum Austrag kommender Streit,
bei dem die Staatssouveränität wiederum eine bedeutende Rolle
spielte, knüpft sich an die Tarifreform, welche den gesteigerten
Wünschen der Nordstaaten Rechnung tragen sollte. Nachdem im
Jahre 1824 das „amerikanische System" Clay's in der Tariffrage den Sieg davongetragen hatte, waren Norden und Süden
gleich thätig gewesen, um es zum Ausgangspunkt ihrer Operationen zu machen. Der Norden beantragte 1828 eine Erhöhung
der Eingangszölle für mehrere Gegenstände wie Eisen, Wolle,
Wollenwaren, Hanf, Flachs und Zucker, während der Süden
sich nicht nur einer Erhöhung widersetzte, sondern seine Frei-
handelsideen mehr berücksichtigt wissen wollte. Mit Ausnahme
von Louisiana, dessen Zuckerproduktion durch die hohen Eingangszölle geschützt war, klagten die zumeist Baumwollenbau
treibenden südlichen Staaten über die ungerechte Besteuerung, die
ihnen durch die Schutzzölle auferlegt worden wäre, und die Bevorzugung des Nordens, der sich den Süden tributpflichtig zu
machen bestrebe. Südkarolina und Georgia schrieen wie immer
am lautesten gegen diese Vergewaltigung der Sklavenstaaten und

planten die Bildung eines gemeinsamen Interessen unterliegenden Südstaatenbundes, der sich mit Gewalt dem Vollzuge der verderblichen und ungerechten Gesetze widersetzen solle. Die Presse und die Legislaturen thaten das Ihrige, um die gereizte Stimmung des Volkes zu schüren, allenthalben in den Versammlungen der einzelnen Bezirke, auf Banketten u. s. w. hörte man eine Sprache, die nahezu an Hochverrat gränzte. Man bildete Vereine, die die Parole ausgaben: „Kauft nichts vom Norden", ja man versuchte selber einzelne Industriezweige des Nordens zu kultivieren, was freilich nur in sehr geringem Maße gelang. Trotz des wütenden Geschreies des Südens setzten die Anhänger des Schutzzolles im Mai 1828 eine weitere Erhöhung der Tarifsätze durch, was dem bisher mehr akademisch geführten Streite einen praktischen Charakter gab. Die Legislaturen von Südkarolina und Georgia erließen bereits im Dezember 1828 Proteste, in denen die Notwendigkeit der Berufung einer Staatskonvention ausgesprochen war, um die betreffenden Gesetze zu nullifizieren. Durch das leidenschaftliche Auftreten Calhouns nahm bald darauf der Streit eine so heftige Wendung, daß selbst Jackson, der wenig skrupulöse und energische Maßregeln liebende Präsident, den Geist der Empörung nicht zu bannen vermochte. Die Trennung der Union stand unmittelbar bevor, wenn nicht Clay es wiederum verstanden hätte, durch einen sorgsam ausgeklügelten Kompromiß die schroffen Gegensätze und sich widerstreitenden Interessen zu versöhnen.

Aus der ersten Zeit der Präsidentschaft John Quincy Adams' ist noch die Schilderung des festlichen Empfanges Lafayette's in der Union nachzutragen. Schon während Monroes Präsidentschaft hatte der Held des Unabhängigkeitskrieges das Verlangen geäußert, das Land wiederzusehen, welchem er mit dem Eifer der enthusiastischen Jugend seine Dienste gewidmet hatte. Im Dezember 1824 traf er endlich, von einer amerikanischen Fregatte hinübergeleitet, in Washington ein, wo er im Senate und Repräsentantenhause begeisterte Aufnahme fand. Um ihm

aber zugleich einen greifbaren Ausdruck des Dankes, den Amerika
ihm schuldete, zu geben, beschloß das Haus, dem ehemaligen
amerikanischen General die Summe von 200 000 Dollars in
Obligationen und einen Bezirk im Umfange von 23 000 Morgen
Landes, in Florida gelegen, zu schenken, um Lafayette — wie

Fig. 14.

Lafayette.
(Nach Ridpath.)

der alte Jefferson sich ausdrückte — angesichts der neuen Verwickelungen in Europa nicht nur seine eigene Unabhängigkeit zu
bewahren, sondern auch die Mittel an die Hand zu geben, die
Freiheitsbestrebungen seines Volkes zu fördern. — So lobens-
wert dieser edle Eifer amerikanischer Freiheitsfreunde ist, berührt
er den Deutschen doch etwas eigentümlich angesichts der Er-

wägung, daß viele Jahrzehnte verstreichen mußten, ehe die Union ihre Schuld an Steuben durch die Errichtung eines Denkmals abtrug, und die weitere Thatsache, daß noch heutigen Tages kein Ehrenzeichen den Manen des wackeren Kalb geweiht ist.

Gegen eine Wiederwahl des Präsidenten agitierten am meisten die Anhänger Jackson's, welche die Niederlage vor vier Jahren nicht vergessen hatten und nun alles aufboten, um das Volk für die Wahl des Siegers von New=Orleans zu begeistern. Man nahm keinen Anstand, seine Wahl mit dem „Siege des demokratischen Prinzipes über die Theorie der Konstitution", der er das vorige Mal zum Opfer gefallen, zu identifizieren, und verstieg sich sogar zu der Behauptung, daß im Falle der Wiederwahl von Adams der nächste Kongreß zugleich der letzte der Vereinigten Staaten sein würde. Die öffentliche Admini= stration — so lautete die beliebteste Wahlrede — ist gegen die Stimme der Nation zur Macht gelangt und will sich mittelst dieser rechtlosen Macht im Amte behaupten. Die Frage ist jetzt ganz einfach: „Soll die Regierung herrschen oder das Volk?"

Während so die Jacksonianer das Volk gegen die be= stehende Regierung hetzten, entblödeten sich die Freunde und Parteigänger Adams' nicht, den Charakter des feindlichen Kan= didaten aufs schlimmste zu verdächtigen, seine Privatver= hältnisse zu entstellen und mit gemeinem Klatsch versehen der schadenfrohen Beurteilung der urteilslosen Menge zu unter= breiten. Henry Clay freilich hielt sich von solchem unwürdigen Treiben fern und bekämpfte Jackson nur als den Vertreter des brutalen Militarismus, der mit ihm ans Ruder gelangen würde, wobei er auf die bedenkliche Tatsache aufmerksam machte, daß zur Zeit in nicht weniger denn acht amerikanischen Republiken militärische Gewalthaber an der Spitze der Regierung ständen. Ihm war jene blinde gedankenlose Begeisterung für militärischen Ruhm, wie sie dem großen Haufen eigentümlich, ist ein Greuel, und deshalb hielt er es für seine Pflicht, für die Wiederwahl

von Adams, da er selber als Kandidat nicht aufgetreten war,
mit aller Kraft einzutreten.

Das Ende des mit größter Leidenschaft geführten Wahl=
feldzuges war, daß Jackson von 261 Stimmen 178 und Adams
nur 83 Stimmen erhielt, ersterer somit gewählt war. Calhoun
wurde mit 171 Stimmen zum Vizepräsidenten ernannt. Das
Volk hatte seinen Willen durchgesetzt und die Nichtachtung des
demokratischen Prinzips glänzend gerächt; einsichtsvolle Männer
glaubten jedoch schon damals sich die Frage vorlegen zu müssen,
„wie weit die nationale Geschichte eine Rechtfertigung des Prin=
zipes der Volksherrschaft sei."

Andrew Jackson.

Zu der am 4. März 1829 in Washington stattfindenden
Inauguration Jackson's hatte sich eine große Volksmenge einge=
funden, welche gekommen war, um den Mann zu begrüßen, der
allein noch fähig sei, die Republik aus der Zerrüttung, in welche
sie die bösen Maßnahmen des verabschiedeten Präsidenten gestürzt
hatten, zu erretten. Aber neben diesen ehrlichen Enthusiasten sah
man in den Straßen der Bundeshauptstadt die habgierigen
Gesichter der Stellenjäger, die von der Gnade des demokratischen
Machthabers, der ihrem Eingreifen seine Wahl hauptsächlich
verdankte, eine Anstellung erwarteten. Man wußte, daß die
demokratischen Grundsätze, zu denen sich Jackson in seinen
während des Wahlfeldzuges von 1824 veröffentlichten, aus dem
Jahre 1816 stammenden Briefen an Monroe bekannte, und die
ihn veranlaßten, 1825 sein Mandat als Bundessenator niederzu=
legen, um den Anschein zu vermeiden, als ob er diese Stellung
zur Betreibung seiner von der Legislatur von Tennessee vorge=
schlagenen Kandidatur benutzen könnte, in der praktischen Anwen=
dung erheblichen Modifikationen unterworfen seien, und sich
als eine offene Proklamierung des Grundsatzes: „To the victor

belong the spoils" (Dem Sieger gehört die Beute) heraus=
stellen würden. Nicht etwa, daß es in Jacksons Natur gelegen
hätte, einen derartigen Nepotismus einzuführen, um seine eigene
Stellung zu befestigen, nein, er war in dieser Beziehung nur

Fig. 15.

Präsident Jackson.
(Nach Cassel, History).

das Werkzeug der Partei, welche hinter ihm stand und deren
Grundsätze, die von Deklarationen der Volksrechte wimmelten,
ihm von jeher als das Wesen echten Republikanismus erschienen
waren. Mit Jackson's Regierungsantritt wurde vielmehr nur
die Bahn frei gemacht, auf der sich die gewerbsmäßigen Politiker

tummeln konnten, nachdem durch die bisherige Entwickelung des
öffentlichen Lebens die Hindernisse fortgeräumt worden waren,
die dem wahren Ausdruck des Volkslebens im Wege standen.
War doch Jackson's Wahl selber eine Demonstration des souveränen Volkes gewesen, das nun, wie es in der Inaugurations-
adresse heißt, „auf die Liste der exekutiven Pflichten die Aufgabe
der Reform gesetzt hatte." Aber es genügt nicht, mit pathetischen
Worten zu deklamieren, daß „die Beeinflussung von Wahlen
durch Regierungspatronage aufhören und den Ursachen entgegen-
gewirkt werden solle, welche den richtigen Gang der Ämterver-
leihung gestört und die Macht in untreue oder inkompetente Hände
gelegt oder in ihnen belassen haben", sondern es galt das sar-
kastische Wort Quincy's von der „Ferkelheerde, die sich mit
greulichem Lärmen um einen zu engen Futtertrog drängt", zu
schanden zu machen. Die Forderungen der praktischen Politik
verstrickten aber den sonst eigenmächtigen Präsidenten immer
mehr in ihre unzerreißbaren Netze, sodaß er gezwungen war, das
Gegenteil von dem auszuführen, was er in seinem Programm
als empfehlenswert hingestellt hatte. Durch die Neuverteilung
einer stattlichen Reihe von Stellen — einige geben die Zahl der
Entlassungen während des ersten Jahres der Präsidentschaft
Jackson's auf 690, andere auf 990 an — erhielt die so arg
geschwächte Regierungspatronage einen verstärkten Einfluß, der
sich unter den Händen des die Vorteile dieser Politik klar er-
kennenden Präsidenten mit Leichtigkeit zu einer Macht steigern
ließ, wenn er es für geboten hielt, seine demokratischen Anschauungen gegenüber den konstitutionellen Befugnissen des Senats
und des Repräsentantenhauses durch das Volk zur Geltung zu
bringen.

Bei der Zusammensetzung des Kabinetts bevorzugte Jackson
mehr die Gegner Clay's, als die Anhänger seines Vizepräsidenten
Calhoun, der in der demokratischen Partei wohlbegründeten Ruf
genoß. Van Buren, ein vertrauter Freund Jackson's, wurde
Staatsminister, Ingham aus Pennsylvania Schatzminister, Eaton

aus Tennessee Kriegs= und Branch aus Nord-Carolina Marine=
minister. Zum Generalpostmeister wurde William T. Barry aus
Kentucky ernannt, der früher ein guter Freund Clay's, jetzt
dessen erbittertster Feind geworden war. Die Stelle des General=
anwalts erhielt John M. Barrien aus Georgia, neben Van
Buren der fähigste Kopf im ganzen Kabinett. Besondere Unge=
legenheiten verursachte der neue Kriegsminister, weniger durch
seine Person, als durch seine Frau, welche schon bei Lebzeiten
ihres ersten Gatten, der eine Zahlmeisterstelle in der Marine inne=
gehabt hatte, mit dem unternehmenden Major Eaton in unerlaubten
Verhältnissen gelebt hatte und auch sonst übelberüchtigt war.
Jackson beschloß in seiner ritterlichen Weise für die seiner Mei=
nung nach arg verleumdete Frau einzutreten und ihr zu Washing=
ton diejenige gesellschaftliche Stellung zu erringen, welche ihr als
Gemahlin eines seiner Minister zukam, ihr aber erklärlicherweise von
der vornehmen Gesellschaft nicht zuerkannt wurde. An dem passi=
ven Widerstande der Frauen der anderen Minister scheiterte je=
doch das Bemühen Jacksons, es kam zu höchst erbitterten
und andererseits tragikomischen Szenen, welche auf Jackson, der
jeglichen Widerstand als persönliche Kränkung auslegte, derart
einwirkten, daß sie mit den Hauptgrund für die im April 1831
vorgenommene Reorganisation des Kabinetts abgaben. Allerdings
spielten hierbei auch die Vorbereitungen zur Wiederwahl Jackson's
und die zwischen ihm und Calhoun eingetretene Verstimmung eine
bedeutende Rolle, so daß die Kabinettsentlassung nicht ausschließlich
einen burlesken Charakter trägt. Das demokratische Prinzip,
welches eigentlich eine Wiederwahl perhorresziert, hinderte natürlich
den Präsidenten und seine Anhänger nicht, schon sehr frühzeitig
die Volksstimmung zu bearbeiten, um so auf dem demokratischen
Wege einer spontanen Willensäußerung des souveränen Volkes
das zu erreichen, was man thörichterweise durch offene Pro=
klamation, — die Inaugurationsbotschaft hatte ein Amendement
vorgeschlagen, welches die Wiederwahl des Präsidenten verbieten
sollte — beiseite geschoben hatte. Dazu kam, daß der Präsi=

dent zu jener Zeit von den Anträgen erfuhr, welche Calhoun
einst behufs Bestrafung Jackson's gestellt hatte, als derselbe im
Indianerkriege die beiden englischen Händler Arbuthnot und
Ambrister hingerichtet hatte. Die Erklärungsgründe Calhoun's
zurückweisend, behandelte Jackson seinen Vertreter als unver-
söhnlichsten Feind, dessen Sieg bei der Präsidentenwahl auf
jeden Fall verhindert werden mußte. Die Bemühungen waren
auch vom günstigsten Erfolge gekrönt, da Jackson mit 219 von
286 Stimmen wiedergewählt wurde und sein Gegenkandidat Clay
— Calhoun hatte seinen Posten als Vizepräsident niedergelegt
und war als Abgeordneter von Südkarolina in den Senat getreten — nur 49 Stimmen erhielt. — Zum Vizepräsidenten
wurde Van Buren, dessen Ernennung zum Gesandten in London
der Senat nicht bestätigt hatte, mit 189 Stimmen gewählt.
Die Wahlkampagne hatte durch das Hineinzerren der Bankfrage
in dieselbe, wovon weiter unten gesprochen werden wird, einen
derart stürmischen Charakter angenommen, daß das ganze Land
in zwei scharf getrennten Parteien einander gegenüberstand, und
selbst die im Sommer 1832 die Union durchziehende Cholera
kein Hindernis für die energische Betreibung der Agitation bilden
konnte. Das neue Ministerium bestand aus folgenden Personen,
deren Ernennung durchwegs die Billigung des Senats erlangte:
„Eduard Livingstone, Staatsminister, Mr. Lane, Finanzminister,
Lewis Caß, Kriegsminister, Levi Woodbury, Marineminister,
Amos Kendall, Oberpostmeister und Roger Brooke Tanny,
Generalanwalt.

Mit diesen Ereignissen in Verbindung steht der langwierige
und gefahrdrohende Streit, den Calhoun im Namen von Südkarolina im Senat gegen die Bestimmungen des Zolltarifes
führte. Als die den Freihandel huldigenden Demokraten im
Jahre 1829 mit der Wahl von Jackson und Calhoun einen so
vollkommenen Sieg erfochten hatte, hofften sie selbstredend auf
eine Abänderung des schutzzöllnerischen Tarifes zu ihren Gunsten.
Die Erklärung des Präsidenten berührte jedoch diesen Punkt

nur in sehr oberflächlicher Weise und hinterließ einen beide
Parteien gleich wenig befriedigenden Eindruck. In der zu Beginn
der Kongreß-Session erlassenen Botschaft betonte nun Jackson
zwar die Notwendigkeit der Reduktion einiger Zollsätze, ließ
jedoch das dem Süden so verhaßte System vollkommen intakt.
Die Presse der Südstaaten fuhr daher in der nach Annahme
des Tarifes von 1828 beliebten Weise fort, mit dem Austritt
der Sklavenstaaten zu drohen, während Calhoun, der von Anfang an der heftigste Feind der Schutzzöllner gewesen war, zur
Mäßigung riet und die Stunde noch nicht für gekommen hielt, um
den Maßnahmen des Kongresses gegenüber den Widerstand bis
aufs Messer zu organisieren. Er schlug zunächst die Abfassung einer Denkschrift vor, welche in Form einer Adresse an
das Volk von Südkarolina im Sommer 1831 erlassen wurde
und die Streitfrage in wirtschaftlicher und staatsrechtlicher Beziehung eingehend erörtert. Der Zwist mit Jackson und die
Einsicht, daß es unmöglich sei, durch die vorgeschlagenen Zoll-
ermäßigungen die berechtigten Forderungen der Südstaaten zu
befriedigen, trieben ihn jedoch bald zu einem energischeren Vorgehen, in welchem er ebenso viel Kühnheit, wie Scharfsinn auf-
wandte und zuletzt trotz scheinbarer Nachgiebigkeit einen Erfolg
errang, der wieder von der Autorität der Bundesregierung
einen Fetzen abriß. Man thäte ihm aber Unrecht, wollte man
behaupten, wie dies häufig geschehen, daß es nur die persönlichen
Motive gewesen sind, welche Calhoun zur Opposition geführt
haben. Seine Stellungnahme war vielmehr von Anfang an
vorgezeichnet durch die Proklamierung der Staatensouveränität
als der höchsten Autorität im Lande. Seine Rebellion war daher
nichts Gemachtes, sondern lag in den Verhältnissen der Union
selber begründet, sie wurzelte in den „Virginia und Kentucky
Resolutionen" und erhielt neue Kraft mit jedem glücklich durch-
geführten Kampfe der Staatensouveränität gegen die Bundesgewalt. Ein echtes Kind seines Landes, scheute er vor keinem
Beginnen zurück, wo es galt, die Rechte seines Volkes zu ver-

8*

treten, aber er war sich wohl bewußt, daß es selbst in der so
wenig zentralistisch organisierten Union unmöglich sei, durch
einfache Redensarten eine Revolution herbeizuführen, und blieb
deshalb auf dem Boden der Thatsachen stehen, es verschmähend,
durch eitle Sophistik das Volk, welches ihm sein Vertrauen geschenkt

Fig. 16.

John C. Calhoun.
(Nach Ridpath.)

hatte, irre zu führen. Er war sich wohl bewußt, daß der von ihm
betretene Weg möglicherweise zum Blutvergießen führen konnte,
schreckte aber dennoch nicht zurück, weil er das Volk hinter sich
hatte und im Grunde nichts anderes lehrte, als was bis jetzt
Hunderttausende ungestraft gepredigt hatten, nur daß er mit

der ganzen Energie seines Charakters den Faden verfolgte, der
ihm zum Ausweg zu führen schien, und die einzelnen Lehrsätze
in ein System brachte, das nachher in kleine Münze umzu-
prägen er seinen Epigonen überließ. Sein Ehrgeiz strebte zu
verschiedenen Malen nach der höchsten Würde im Lande und
ein grausames Geschick zerstörte jedesmal seine Hoffnungen . . . .
Von der Partei, der er die größten Dienste geleistet, nicht ge-
nügend unterstützt, mußte er zusehen, wie der Präsidentenstuhl
von Leuten okkupiert wurde, denen er in intellektueller und
moralischer Hinsicht weit überlegen war; dennoch verzagte er
nicht, sondern kämpfte ruhig weiter, ja wuchs mit den Gefahren,
die der von ihm als richtig erkannten Sache drohten, während
die übrigen im Pfuhle ihres Egoismus stecken blieben. Seine
Gestalt ist eine der anziehendsten der ganzen politischen Geschichte
der Union, scharf hebt sie sich ab von dem dicken Haufen
jener Alltagspolitiker, die mit mehr oder weniger Geschick und
Unverschämtheit ihr Handwerk trieben und noch heutzutage treiben.

Die Tariffrage war mittlerweile im Kongresse erledigt
worden. Die Schutzzöllner hatten selber zugegeben, daß eine
Herabminderung der Tarifsätze wünschenswert sei, und durch
Clay eine dahingehende Bill formulieren lassen. Die Pflanzer-
staaten hielten jedoch diese Reduktion für eine selbstgefällige
Posse, um das Wesen des Schutzzollsystems immer mehr zu befestigen, und erhoben den Einwand, daß durch die in Zukunft
festgesetzte Zahlung in Münze die Herabsetzung völlig illusorisch
geworden sei. Die Bill wurde aber trotz dieser Opposition
vom Hause genehmigt und dem Präsidenten vorgelegt, welcher
sie am 14. Juli 1832 unterzeichnete. Wenige Wochen darauf,
am 28. August schickte Calhoun an Hamilton, den damaligen
Gouverneur von Südkarolina, einen Brief, in dem er mit größter
Ausführlichkeit die Argumente für die Doktrin der Staatenrechtler zusammenstellte und die letzten Konsequenzen zog. „Es
existiert — so lauten die wichtigsten Stellen dieses Dokumentes —
zwischen den einzelnen Bürgern eines Staates und der Bundes-

regierung keine direkte und unmittelbare Verbindung. Die Be=
ziehungen zwischen ihnen werden durch den Staat hergestellt ...
Es steht dem Staate zu, in seiner souveränen Eigenschaft in
einer Konvention definitiv die Ausdehnung der von ihm ein=
gegangenen Verpflichtung festzustellen; und wenn ein Akt nach
seiner Ansicht verfassungswidrig ist, ihn für null und nichtig zu
erklären, welche Erklärung für seine Bürger bindend sein würde...
Dieses Recht fließt direkt aus dem Verhältnis des Staates
einerseits zur Bundesregierung und andererseits zu seinen Bürgern.
Seine Ausübung ist nicht die Abrogation eines Aktes der
Bundesregierung durch den Staat, sondern durch die Konstitution:
Nullifikation ist das große konservative Prinzip der Union."

Der hierin ausgesprochene Gedanke, daß nicht die Staats=
legislatur, sondern nur eine allgemeine Staatskonvention die
Befugnis habe, einen Akt zu nullifizieren, wurde in Südkarolina
sofort zur That, indem am 24. Oktober der Senat mit 30 gegen
13 Stimmen und das Haus mit 99 gegen 25 Stimmen die
Berufung einer Konvention auf den 19. November nach Columbia
genehmigte. Vorsitzender derselben wurde der Gouverneur Ha=
milton, welcher einen Ausschuß mit der Ausarbeitung einer
Nullifikationsordonnanz betraute. General Hayne als Vorsitzen=
der dieses Ausschusses stattete am 24. November Bericht ab,
worauf die Nullifikation ausgesprochen wurde. Die einige Tage
später zusammentretende Legislatur erklärte sich bereit, der Auf=
forderung des Gouverneurs, dieser Ordonnanz Geltung zu ver=
schaffen, nachzukommen, und erließ eine Reihe von Einzelbestim=
mungen, welche das Verfahren der Nullifikation in speziellem
regelten und den Widerstand gegen die Bundesregierung zu
organisieren bestimmt waren.

Diese Beschlüsse Südkarolinas erregten überall das größte
Aufsehen. Die Feinde der Bundesgewalt frohlockten, daß der
Staat zum letzten und schwerwiegendsten Mittel gegriffen hatte,
während die Anhänger der Regierung mit Besorgnis auf Jack=
son blickten, und sich fragten, ob er seinem oft zitierten Worte

„The Union shall and must be preserved" (die Union soll
und muß erhalten bleiben) nun auch gesetzliche Anerkennung er=
kämpfen würde. Die berühmte Proklamation vom 11. Dezember
1832 machte diese Zweifel zu Schanden; in ihr widerlegte Jackson
mit zwingender Gewalt die Nullifikationstheorie und erklärte
mit warmen, vom Herzen kommenden und zu Herzen gehenden
Worten seinen festen Entschluß, „seinem Amtseide gemäß mit
allen ihm von der Verfassung verliehenen Mitteln über die
Vollstreckung der Gesetze zu wachen." Die Situation hatte so=
mit den Höhepunkt der Gefahr erreicht; jetzt galt es zu zeigen,
wer zuerst zum Schwerte zu greifen oder nachzugeben gewillt
sei. Und wie so oft in der Geschichte der Vereinigten Staaten
— auch diesmal trat wieder eine Periode des Zögerns ein,
welche bewies, daß jeder den entscheidenden Schritt zu thun sich
scheute und den gemeinsamen Verband doch noch höher stellte
als die vermeintlichen Gefahren, welche aus ihm erwuchsen.
Das Nationalgefühl war trotz allem, was seit Jahren zu seiner
Untergrabung geschehen war, noch mächtig genug, um die Leiden=
schaften zurückzudrängen und eine Frage, an deren Lösung das
Wohl und Wehe von Hunderttausenden hing, zur eingehendsten
Erörterung gelangen zu lassen. Calhoun ging noch Washington,
um seinen Senatssitz einzunehmen, bereit, die Rechte seiner
Mandatare in vollstem Umfange zu verteidigen, zugleich aber
mit der Adresse der Landeskonvention „an das Volk der Ver=
einigten Staaten" in der Tasche, in der Südkarolina feierlich
erklärt hatte, daß es, „soweit es in seiner Hand läge, nicht zum
Blutvergießen kommen würde." Ein von ihm aufgestellter
Tarifplan erwies sich zwar als unmöglich, gab jedoch den
sprechenden Beweis dafür, daß der Staat zum Unterhandeln
und zur Abschließung eines Kompromisses bereit sei. Jackson
kam ebenfalls auf halbem Wege entgegen, indem er in seiner
Jahresbotschaft vom 4. Dezember eine weitere Reduction empfahl,
worüber eine besondere Kommission berichtete, welche am 27. De=
zember die sogenannte Verplanck=Bill einbrachte, durch deren

niedrige Zollsätze eine Verminderung der Staatseinkünfte um ca. 13 Dollars gegenüber den Zolleinnahmen von 1828 bewirkt worden wäre. Nichtsdestoweniger zeigte sich der Präsident da, wo seine und die nationale Ehre engagiert war, unerschütterlich fest; in einer besonderen Botschaft bat er um die Erteilung außerordentlicher Befugnisse behufs Durchführung der Tarifbill in Südkarolina, welche Calhoun dadurch zu parieren suchte, daß er am 22. Januar 1835 eine Reihe der Resolutionen über die Befugnisse der Bundesregierung vorlegte, welche jedoch von dem Senate, der inzwischen dem Verlangen Jacksons nach= gekommen war, und eine Zwangsbill (Forcebill) zur Debatte gestellt hatte, abgewiesen wurden. Dem vermittelnden Auftreten Clay's gelang es wieder, die tiefe Kluft zu überbrücken. Nach einer bereits 14 Tage dauernden Redeschlacht brachte er den Antrag zu einer Modifikation der Tarifgesetze ein, welcher Cal= houn im großen und ganzen seine Zustimmung geben zu können glaubte, während Webster und der äußerste Flügel der Schutz= zollpartei sich ablehnend verhielt. Man hat oft versucht, diesen Umschwung in der Meinung Calhouns durch die Furcht zu er= klären, welche er einem Einschreiten des Präsidenten gegenüber gehegt hätte; nicht die Vaterlandsliebe und Staatsklugheit, sondern gemeine Angst, ins Gefängnis gebracht oder gar gehängt zu werden, sei es gewesen, welche ihn zur Annahme dieses Kompromisses bewogen haben soll — eine Klatscherzählung, die durch die Be= harrlichkeit, mit der sie weiter verbreitet worden ist, allmählich das Ansehen eines geschichtlichen Faktums erlangt hat, jedoch in Wahrheit vollkommen erfunden ist. Calhoun hegte die geringste Besorgnis für sein Leben, und Jackson war gar nicht in der Lage, ihm den Prozeß machen zu können.

Das Hauptinteresse der ganzen Debatte konzentrierte sich auf den 15. und 16. Februar, an welchen Tagen Calhoun und Webster zwei hochbedeutsame Reden hielten, welche, jede in ihrer Art, für das Verständnis der Streitfrage zwischen Bundes= autorität und Staatensouveränität von größter Wichtigkeit sind.

Der Senat beschloß am 18. Februar mit 32 gegen 1 Stimme die dritte Lesung der Forcebill, desgleichen war die Genehmigung der Tarifbill sicher, als plötzlich ein weiterer Antrag Clay's, wonach nicht die Wertangabe der Güter am Ausfuhrorte, sondern

Fig. 17.

Webster.
(Nach Cassel, History.)

eine Abschätzung derselben bei der Einfuhr den Zöllen zu Grunde gelegt werden sollte, den ganzen Kompromiß zu vernichten drohte. Da die Schutzzöllner von diesem Verlangen nicht abwichen, mußte Calhoun schließlich schweren Herzens seine Zustimmung hierzu erteilen, wobei er durch einige nebensächliche Bedingungen die Niederlage zu verdecken suchte. Mit dem Hinwegräumen dieses letzten Hindernisses war der Kompromiß gesichert, man ersetzte die Verplanckbill durch die von Clay im Senate eingebrachte Bill, welche schließlich im Hause mit 119 gegen 85 Stimmen und im Senat mit 29 gegen 16 Stimmen genehmigt und am 2. März zugleich mit der jetzt ohne Bedeutung gewordenen Forcebill von Jackson unterzeichnet wurde. Vierzehn Tage später, am 12. März, hob die Konvention von Südkarolina die Nullifikationsordonnanz auf, womit der Streit, der die Union zu sprengen gedroht hatte, sein friedliches Ende fand. Hatte auch keine der beiden Gewalten einen unbestrittenen Sieg davongetragen, so war doch der Hauptvorteil bei dem abgeschlossenen Kompromisse auf Seiten Südkarolinas, das sich als mächtig genug erwiesen hatte, der Gesamtheit zu trotzen und die Souveränität und Einheit der Gesetzgebung zu durchlöchern.

Die zweite große wirtschaftliche Streitfrage, welche während der Regierungszeit Jackson's das Land durchtobte und kurz als die Bankfrage bezeichnet werden kann, nahm einen nicht minder stürmischen Verlauf als die Debatten über die Tarifbill. Jackson war nicht, wie man so oft behauptet hat, mit der feststehenden Absicht nach Washington gekommen, der Bank den Garaus zu machen; wohl aber teilte er die Befürchtungen eines großen Teils der Bevölkerung, namentlich im Süden und Westen, daß die riesige Kapitalmacht dem Lande schädlich werden und einen illegitimen und „undemokratischen" Einfluß auf die politischen Geschicke der Union ausüben könne. So kam es, daß einige an sich unbedeutende Momente seine Aufmerksamkeit auf das Treiben der Bank lenkten und ihm eine Abänderung des bisherigen Zustandes nahelegten. Das Publikum war freilich sehr überrascht, als er in der ersten Jahresbotschaft (Dezember 1829) den Wunsch aussprach, daß der Kongreß recht sorgfältig und frühzeitig das zu erwartende Gesuch um Erneuerung des Freibriefes der Bank in Erwägung ziehen möge. Die Worte der Botschaft:

„Sowohl die Konstitutionalität als die Zweckmäßigkeit des Ge=
setzes, welches die Bank schuf, werden von einem großen Teile
unserer Mitbürger entschieden bestritten, und alle müssen zu=
geben, daß es den großen Zweck nicht erfüllt hat, ein gleich=
förmiges und gesundes Papiergeld zu beschaffen" waren bezeich=
nend genug und wurden durch die Wiederkehr der Empfehlung
in den zwei folgenden Botschaften immer deutlicher. Immerhin
ging dieser Angriff nur auf die eine bestimmte Bank, nicht auf
die Bank im allgemeinen, ja es findet sich sogar in der ersten
Botschaft der Vorschlag, „eine nationale, auf den Kredit der
Regierung und deren Einkünfte gegründete Bank an ihre Stelle
zu setzen", die natürlich unter der Herrschaft der Demokratie ein
willfähriges Instrument in der Hand des gerade Allmächtigen
geworden wäre. Die Bankfrage zog sich jedoch vorläufig noch
hin und wäre unzweifelhaft bis zur Stunde der Erneuerung
des Privilegiums ohne Entscheidung geblieben, wenn nicht das
Auftreten der Bank als Verbündete der Nationalrepublikaner
(Whigs) im Wahlfeldzuge von 1832 den Zorn des Präsidenten
hervorgerufen hätte.

Bei den Vorbereitungen zu den Präsidentenwahlen hatte
bisher das Kaukussystem geherrscht, d. h. eine Anzahl von
Parteiführern, meist Mitgliedern des Kongresses, that sich zu=
sammen, um den Kandidaten der Partei zu nominieren. Die
Furcht des Volkes vor solchen undemokratischen Institutionen
hatte dazu geführt, daß seit jener Zeit statt des „König Kaukus"
Nationalkonvente an der Tagesordnung waren, große allgemeine
Versammlungen von Parteidelegaten, deren Mandat niemand so
gewissenhaft prüfte. Wie bereits bemerkt, hatte der Wahlfeld=
zug für die zweite Wahl Jackson's schon frühzeitig begonnen,
was die Nationalrepublikaner ebenfalls zu energischen Maßregeln
veranlaßte. Schon im Dezember 1831, ein Jahr vor der wirklichen
Wahl, bildeten die Nationalrepublikaner zu Baltimore eine Kon=
vention, welche Clay zum Kandidaten nominierte. Gleichzeitig
wurde eine Adresse an das Volk erlassen, in der die Regierung

Jackson's kritisiert, und namentlich die Bank bis zum Himmel erhoben wurde. Seit jener Zeit gaben die Nationalrepublikaner die Parole „Bank oder Jackson" aus, die, wie wir wissen, nicht kräftig genug wirkte, um die Wiederwahl Jacksons hindern zu können. Die Whigs waren thöricht genug, die Bank zu bewegen, jetzt schon um die Erneuerung ihres Freibriefes einzukommen, wodurch sie hofften, den Präsidenten in eine verzwickte und verantwortliche Lage zu bringen. Jackson nahm den hingeworfenen Handschuh auf, und wies somit die am 3. Juli im Kongreß mit 107 gegen 85 Stimmen angenommene Bankbill am 10. Juli unter Protest zurück, mit dieser Antwort zugleich auch seinerseits die Stellung zur Bankfrage als eine Parteifrage anerkennend. In der Vetobotschaft bezeichnete Jackson viele der Bestimmungen des bestehenden Bankgesetzes für verfassungswidrig und erklärte, daß die neue Bankbill deshalb für ihn unannehmbar sei, weil sie die meisten alten und etliche neue Bestimmungen aufgenommen habe, die nicht, wie die Verfassung es fordert, „notwendig und geeignet zur Erreichung der beabsichtigten Zwecke" seien. Mit diesem präsidentschaftlichen Urteile über die Verfassungsmäßigkeit der Bestimmungen überschritt jedoch Jackson die ihm zustehenden Rechte, da durch die Verfassung die legislative Macht ausschließlich dem Kongresse übertragen worden war und dem Präsidenten nur das Veto, also die Verhinderung der Rechtskräftigkeit anheimgegeben war. Das Volk aber schlug sich auf seine Seite und stellte ihm durch die Wiederwahl ein vollwichtiges Vertrauensvotum aus. In der Jahresbotschaft vom Dezember 1832 trat daher Jackson schon energischer auf, indem er dem Kongreß den Vorschlag machte alle in der Bank niedergelegten Kapitalien der Regierung flüssig zu machen und eine Untersuchung über die allgemeine Lage der Bank anzustellen. Das Haus weigerte sich jedoch, diesem Wunsche nachzukommen, nahm vielmehr am 2. März 1833 mit 109 gegen 46 Stimmen eine Resolution an, daß die Depositen „sicher in der Bank der Vereinigten Staaten verbleiben können",

was den Präsidenten dermaßen irritierte, daß er den derselben
Ansicht huldigenden Finanzminister M. Lane am 1. Juni durch
Duane ersetzte, in welchem er ein gefügigeres Werkzeug zur
Ausführung seines Planes auch gegen den Willen des Kongresses
gewonnen zu haben glaubte. Ein von dem Präsidenten ge=
stellter Antrag, ob es sich nicht empfehle, die Bundesdepositen
bei anderen Banken zu deponieren, stieß jedoch der ihm inne=
wohnenden Widersinnigkeit halber auf den heftigsten Widerstand
des neuen Ministers, der am 21. September nach einem leb=
haften Briefwechsel mit dem Präsidenten, in dem er seine Wei=
gerung, den betreffenden Befehl auszuführen, eingehend motivierte,
seine Entlassung erhielt. Der bisherige Generalanwalt Taney
wurde zum Finanzminister ernannt und unterzeichnete sofort
den gewünschten Erlaß des Präsidenten, den er am 4. De=
zember im Kongreß mit Berufung auf den Artikel 16 des Bank=
gesetzes verteidigte, in welchem dem Finanzsekretär die Befugnis
zugesprochen war, die Depositen zu entfernen, wenn das öffent=
liche Interesse oder die öffentliche Bequemlichkeit durch die Ent=
fernung befördert werde. Der Senat beantwortete diesen Schritt
der Exekutive mit einer am 28. März 1834 nach dreimonatlicher
Debatte mit 26 gegen 20 Stimmen angenommenen Resolution:
„Beschlossen, daß der Präsident in der letzten exekutiven Maß=
nahme in Bezug auf die öffentlichen Einkünfte sich eine Autorität
und Gewalt angemaßt hat, die ihm nicht durch die Konstitution
und Gesetze verliehen worden ist, sondern im Widerspruche mit
beiden steht.“ Ein von Jackson am 15. April eingesandter
Protest, dessen Eintragung in das Journal des Senats er
energisch forderte, brachte eine neue Resolution des Senats vom
7. Mai hervor, welche diesen Protest als einen Bruch der Privi=
legien des Senats bezeichnete und deshalb seine Eintragung ab=
lehnte. Hiermit gaben sich jedoch die Jacksonianer nicht zufrieden;
unter der Führerschaft Benton's setzten sie es endlich drei Jahre
später, am 16. Januar 1837 durch, daß die Resolution vom
28. März 1834 gelöscht wurde, was denn auch mit großer

Feierlichkeit geschah. Die Bank selbst hörte mit dem Erlöschen ihres Freibriefes am 3. März 1836 zu funktionieren auf, führte jedoch ihre Geschäfte unter dem Namen „Pennsylvania=Bank der Vereinigten Staaten" weiter, bis der allgemeine Krach von 1837 und seine Fortsetzung 1839 auch sie in Mitleidenschaft zog und sie im letztgenannten Jahre ihre Zahlungen einstellte. Durch die Überweisung der Depositengelder der Bundesregierung an die kleinen Staatenbanken wurde jedoch das Übel, welchem Jackson hatte abhelfen wollen, erst recht hervorgerufen und eine sinnlose Spekulation erzeugt, auf die der Krach mit mathematischer Sicherheit folgen mußte.

In den beiden Hauptfragen der Jacksonschen Regierung, der Tarif= und Bankfrage, hatten die Sklavenhalterinteressen zwar stets ein gewichtiges Wort mitgesprochen, die Sklavenfrage selber war dagegen nicht erörtert worden. Dies geschah erst anläßlich der Abolitionistenbewegung, welche zu Beginn der dreißiger Jahre ihren Anfang nahm und trotz aller Anfeindungen des Südens, der sich in seiner „berechtigten Eigentümlichkeit" angegriffen sah, immer weitere Ausdehnung gewann. Bisher hatten die Quäker nur aus humanitären Rücksichten ihre Stimme gegen die Sklaverei erhoben; jetzt wurde plötzlich ein politisches Programm entwickelt, das kein faules Kompromiß mit dem Süden dulden konnte. Bereits im Jahre 1821 hatte ein gewisser Benjamin Lundy, ein aus New Jersey stammender Quäker, eine Zeitschrift unter dem Titel „Genius of Universal Emancipation" zu veröffentlichen begonnen, in der die Sklaverei aufs Entschiedenste bekämpft wurde. Als nun im Herbst 1829 William Lloyd Garrison, ein junger Litterat, der sich aus dem Handwerkerstande durch eigene Kraft emporgearbeitet hatte, sich mit Lundy verbindete und nach Baltimore, wo der „Genius" erschien, über= siedelte, gewann das Programm der beiden Männer einen ganz anderen, selbstbewußten Charakter, indem es statt der früher ins Auge gefaßten Kolonisation der Sklaven in Afrika, das Unnütze dieses Planes erkennend, „sofortige und bedingungslose Eman=

zipation" auf seine Fahne schrieb. Als Garrison durch sein
Auftreten gegen den Kapitän eines in Baltimore Sklaven ein-
ladenden Schiffes sich Unannehmlichkeiten zuzog, ging er 1831
nach Boston, wo er ein eigenes Blatt „The Liberator" und ein
Jahr darauf „New England Anti Slavery Society" begründete.
Schon 1833 konnte zu Philadelphia eine nationale Antisklaverei-
Konvention stattfinden, welche die „American Anti Slavery Society" begründete. Die Bestrebungen der Gesellschaft fielen insofern auf einen günstigen Boden, als der religiöse Sinn des
Volkes zu Ende der zwanziger Jahre einen bedeutenden Aufschwung erfahren hatte, Massenerweckungen (Revivals) häufig
vorkamen und viele Stimmen das Herannahen des Reiches des
Herrn verkündeten. Andererseits waren die Sklavenhalter gewarnt und standen schlagfertig da, eine im August 1837 statt-
gehabte Sklavenrebellion unter Führung von Nat Turner zu
Southampton County in Virginia hatte das Opfer von 61
Weißen, zumeist Frauen und Kinder, gefordert, was den Süden
in größte Aufregung versetzte.

War aber auch der Süden in der Wahrung seiner Rechte
unerschütterlich und zum Äußersten bereit, so fanden doch die
Abolitionisten im Norden noch einen größeren Haß und bittere
Verachtung vor. Man beschuldigte sie, das egoistische Interesse
des Augenblickes allein wahrnehmend, den Streit zwischen Norden
und Süden zu provozieren und das mühsam hergestellte Einvernehmen zwischen den Parteien von neuem zu vernichten. Und
man blieb bei diesen Anklagen allein nicht stehen. Überall wo
im Norden humane und aufgeklärte Männer sich zusammenthaten,
um für das leibliche und geistige Wohl der Neger zu sorgen,
trieb der Pöbel — und nicht er allein — sie auseinander, zerstörte er die Schulen und warf Anhängern und Führern der
Bewegung die Fenster ein. In New York, Newark, Canaan,
Norwich, Boston, Utica u. s. w. erfolgten in den Jahren 1833
und 1834 eine Reihe von Tumultszenen, denen der Süden vollen
Beifall zollte, so daß auf diese Weise die strengsten Maßregeln der

Lokalbehörden und die Ermahnungen der Presse machtlos blieben. Mit dieser Abwehr begnügten sie sich jedoch nicht, sondern ergriffen zu gleicher Zeit drakonische Maßregeln gegen die verbrecherischen Subjekte, welche es wagen sollten, im Bereiche ihrer Macht die Sklaven zu belehren oder religiöse Vorträge zu halten, hinter denen besonders der Unrat abolitionischer Tendenzen gewittert wurde. In Nord= und Südkarolina vornehmlich feierte dieses Bestreben, die Sklaven völlig zu vertieren, die größten Orgien; hohe Geldbuße, Peitschenhiebe und Tod waren die Strafen, welche auf jeden Versuch, die geistige Finsternis in den Negerköpfen zu lichten, gesetzt waren. Besondere Wut empfand der Süden natürlich gegen die Urheber der Abolitionistenbewegung; Gouverneur Lumpkin von Georgia ging sogar soweit, einen Akt zu unterzeichnen, der dem Häscher Garrisons die Belohnung von 5000 Dollars versprach. Die Verbreitung von Druckschriften der Abolitionisten im Süden war den Sklavenhaltern gleichfalls besonders verhaßt, und sie wandten ihre ganze Kraft an, um den Norden zur Heeresfolge bei der Unterdrückung der Antisklavereischriften zu zwingen. Sie selbst hatten sich schon seit langem durch eine Reihe von Gesetzen zu schützen gesucht, welche die Verbreitung der aufreizenden Preßprodukte aufs strengste verboten und bestraften. Nichtsdestoweniger beförderte die Post tagtäglich von Norden her große Mengen dieser Hetzlitteratur, deren Austeilung zu verhindern die Macht der Staaten zu schwach war. Im Sommer 1835 brach daher zu Charleston in Südkarolina der erste Postkrawall aus; man stürmte das Postgebäude und konfiszierte die verdächtigen Schriften. Ein Sicherheitsausschuß trat zusammen und unterhandelte mit dem Postmeister, welcher sich bereit erklärte, die Hetzlitteratur in Zukunft nicht mehr zur Bestellung zu bringen, und gleichzeitig die Bitte nach New York sandte, dort die Versendung der Brandschriften zu inhibieren. Auf die Bitte der Postbeamten um weitere Verhaltungsmaßregeln antwortete der Generalpostmeister Amos Kendall am 22. August, daß „der Generalpostmeister keine gesetzliche

Befugnis hat, irgend eine Art von Zeitungen, Magazinen oder
Pamphleten von der Post auszuschließen," fügte jedoch hinzu,
daß er an ihrer Stelle ebenso gehandelt haben würde, und gab
so das Beispiel, daß ein hoher Beamter des Staates seine Unter=
gebenen auffordert, die Verfassung und die Grundrechte des
Staates, welche die Preßfreiheit garantierten, aufs schamloseste zu
verletzen. Freilich lag hier eine Kollision der Pflichten vor,
welche gewiß nicht leicht genommen werden durfte, aber jeden=
falls das Vergehen des Postmeisters nicht entschuldigen kann.
Die Staatengesetze, welche die Verbreitung von Antisklaverei=
schriften verboten, bestanden in der Union vollkommen zu Recht,
die Preßfreiheit gleichfalls — zu bestimmen, wem nun der Vorzug
zu geben sei, lag nicht in der individuellen Meinung des Gene=
ralpostmeisters, sondern konnte nur durch Gesetz oder Gerichts=
beschluß entschieden werden. Diesen Standpunkt nahm auch der
Präsident ein, dessen Botschaft vom 2. Dezember 1835 die Frage
erörterte, und ein Gesetz vorschlug derart, daß·"unter schweren
Strafen verboten sei, in den südlichen Staaten durch die Post
Brandschriften zu verbreiten, welche den Zweck haben, die Sklaven
zur Empörung aufzureizen." Die Bill wurde einem Ausschusse
zur Beratung übergeben, der sich jedoch nicht einigen konnte,
weshalb Calhoun, der ein Mitglied dieses Ausschusses war, einen
anderen Antrag zur Diskussion stellte, der nicht, wie die Bill
des Präsidenten gewisse Schriften auf den Index setzte, sondern
die Verordnung an die Posthalter enthielt, sich den Gesetzen der
einzelnen Staaten zu fügen und danach die konkreten Fragen zu
erledigen. Im Grunde genommen hatten beide Entwürfe das=
selbe Ziel, Knebelung der Antisklaverei=Presse und Umwandlung
jedes Postbureaus in ein cabinet noir, dessen Willkür das Wohl
und Wehe aller Bürger rettungslos anheimgegeben war. Der
gesunde Menschenverstand, der mit Recht diese Bestimmungen
beleidigend und ungesetzlich fand, siegte, — wenn auch nur mit
25 gegen 19 Stimmen; beide Anträge wurden verworfen und
schließlich ein Bill angenommen, die den Posthaltern bei Strafe

verbot, irgendwelche Postsachen ohne Autorisation zurückzu=
behalten.

Der Süden war somit unterlegen, hatte aber wieder einen
bedeutenden Schritt in der Staatenrechtstheorie gethan, indem
er durch Calhoun erklärte, daß Bundesregierung und Staaten,
gewalt nicht einmal mehr gleichberechtigte Parteien, wie früher
noch bei der Tarifbill zugestanden, seien, sondern daß die Bundes=
regierung verpflichtet sei, die Befehle der Staaten entgegenzu=
nehmen und zur Ausführung zu bringen. Gleichzeitig hatte der
Süden mehr als einmal Gelegenheit genommen, mit Emphase
zu erklären, daß er auch für die Zukunft die Aufhebung der
Sklaverei für unmöglich und für eine Verletzung seiner Rechte halte
der er nötigenfalls mit Waffengewalt entgegentreten werden würde.

Die von der Sklavenhalterpartei erlangte Machtstellung
zeigte sich dagegen in vollem Glanze bei der Aufnahme der
Territorien Michigan und Arkansas als selbständiger Staaten
in den Verband der Union. Das schon früher gestellte Ver=
langen von Michigan war immer zurückgewiesen worden, da
man sich scheute, die alte Tradition zu durchbrechen, daß immer
zwei Staaten, ein freier und ein Sklavenstaat, aufgenommen
werden müßten wodurch das Gleichgewicht zwischen Süden und
Norden erhalten blieb. Jetzt trat jedoch Arkansas, auf das der
Missouriausgleich Anwendung fand, ebenfalls mit seinem An=
liegen vor, so daß kein Grund vorlag, die Aufnahme der Terri=
torien zu verweigern. Der Senat erledigte am 2. April 1836
die Michiganbill mit 24 gegen 18 und am 4. April die Arkansas=
bill mit 31 gegen 6 Stimmen, während im Repräsentantenhause
zuerst ein Streit darüber entstand, welcher Bill der Vorrang
eingeräumt werden solle, was übrigens auf die Annahme der
Anträge keinen Einfluß ausübte.

Noch größer war der Triumph der Sklavenhalter bei der
Regulierung der Nordwestgrenze von Missouri, da durch die=
selbe ein bedeutendes Stück Land nördlich der Missourilinie mit
dem Sklavenstaate verbunden, also selber der Sklaverei zugäng=

lich gemacht wurde. Auf dem Gebiete selbst wohnten die In=
dianerstämme der Sacks und Foxes, mit denen jedoch am 27. Sep=
tember 1836 ein neuer Vertrag abgeschlossen wurde, demzufolge
sie eine andere Reservation abgetreten erhielten. Die Verletzung
des Missourikompromisses geschah durch einen von den Sena=
toren Benton und Linn aus Missouri ausgeklügelten Beschluß,
der, die Sklavenfrage vollständig ignorierend, einfach bestimmte:
„Wenn der indianische Besitztitel auf das Land zwischen dem
Staate Missouri und dem Missourifluß getilgt ist, so soll die
Jurisdiktion über dieses Land dem Staate Missouri abgetreten
werden." Im Kongresse erhob sich keine Stimme gegen diesen
Vertragsbruch, der am 15. Februar 1837 durch die Proklamie=
rung des Gesetzes eine Thatsache wurde, die man vor dem Publi=
kum durch die unschuldig aussehende Gesetzeshülle zu verbergen
eifrig bemüht gewesen war.

Von den weiteren Ereignissen der Jacksonschen Präsident=
schaft ist noch der Abschluß von Freundschafts= und Handels=
verträgen mit Siam, Maskat in Arabien, Marokko und anderen
halbzivilisirten Staaten, sowie die Erledigung der seit langem
schwebenden Streitfrage der Zahlung von Entschädigungsgeldern
im Betrage von 25 Millionen Francs seitens Frankreich zu
zu nennen. Auch die Indianerfrage tauchte in den dreißiger
Jahren wieder auf und erforderte bedeutende Sorgfalt und
Wachsamkeit in der Ausführung des Planes der Regierung, die
im Süden noch ansässigen Rothäute in das Gebiet westlich vom
Mississippi zu verpflanzen. Am 9. Mai 1832 unterzeichneten
die Seminolenhäuptlinge zu Payne's Landing einen Vertrag,
in welchem sie sich verpflichteten, binnen drei Jahren Florida
zu verlassen und in den Westen überzusiedeln. Die bei den
Indianern lebenden Sklaven suchten jedoch die Stämme von
der Auswanderung zurückzuhalten, um nicht von neuem in
die Gewalt der Sklavenhalter zu geraten, welche schon wieder
Miene machten, neue Hetzen zu veranstalten, um die Entflohenen
einzufangen. Der Indianer=Agent General Thompson ließ diesen

9*

Bestrebungen willig seinen Schutz und schlug sogar die Ab=
sendung einer Schaar Unionstruppen vor, „um Neger zu fangen,
unter denen man viele flüchtige Sklaven vermutet." Thompson

Fig. 18.

Osceola.
(Nach Cassel, History.)

war es auch, der durch sein gewaltthätiges Benehmen den Aus=
bruch des zweiten Seminolenkrieges verursachte. Er ließ das
Weib des Seminolenhäuptlinges Osceola, eines Halbblutindianers,
bei ihrer Anwesenheit in Fort King unter dem Vorwande, daß

sie die Tochter einer Sklavin sei, verhaften und dem Eigentümer der Mutter übergeben. Osceola selbst wurde in's Gefängnis geworfen, später jedoch frei gegeben, da er seine Wut zu verbergen und den General zu täuschen wußte. Im Winter des Jahres 1835 führte er jedoch seinen Racheplan aus, indem er Thompson und seinen Begleitern auflauerte und sie in einem Hause in der Umgebung des Forts tötete. Der nun ausbrechende Krieg forderte ungeheure Opfer, da die Terrainschwierigkeiten und das ungesunde Klima das Vordringen großer Heeresmassen unmöglich machten, und die kleinern Schaaren von den mit aller Kriegslisten bekannten, in den Sümpfen und Wäldern heimischen Indianern völlig aufgerieben wurden. Am 6. März 1837 schloß der kommandierende General Jessup endlich eine Convention zu Camp Dade ab, welche den Indianern das Territorium zwischen dem St. John und dem Golfe von Mexiko südlich von Fort Drane einräumte. Ein unterm 5. April erlassener Armeebefehl verbot jedem Weißen mit Ausnahme der im Dienste der Union stehenden Beamten, das Gebiet zu betreten. Die Gier der Sklavenbesitzer, sich ihrer Neger und auch der freien Schwarzen zu bemächtigen, brachte bald neue Vertragsverletzungen hervor, die Jessup auf die Seminolen schob und zum Vorwande energischeren Auftretens benutzte; er schlug sich auf die Seite der Sklavenhalter und forderte am 28. Mai 1837 die Auslieferung aller Neger, die Weißen gehörten, während er früher nur die während des Krieges zu den Indianern geflüchteten ausgeliefert haben wollte. Von neuem entbrannte der Streit, der insofern für die Amerikaner glücklich war, als Osceola am 21. Oktober 1837 in ihre Hände geriet und im Fort Moultrie im Hafen von Charleston am 26. Januar 1838 an der Bräune starb. Seine Gefangennahme erfolgte jedoch nicht in ehrlichem Kampfe, sondern während einer Unterhandlung, welche zwischen ihm und General Hernandez in der Nähe des Forts Payton unter dem Schutze der Neutralität stattfand. General Jessup suchte später dieses hinterlistige Verfahren dadurch zu rechtfertigen, daß er nur Gleiches mit Gleichem vergolten, da Osceola ebenfalls sich eines Treubruches schuldig gemacht hätte — eine Moral, die im Munde eines amerikanischen Generals sich sehr sonderbar ausnimmt. Im Verlaufe des weiteren Krieges, der sich bis in die vierziger Jahre hineinzog, erklärten sich einige Stämme zur Übersiedelung endlich bereit, während die meisten von den durch die Aussicht auf Beute an Negern, welche die Unionsregierung den Soldaten abzukaufen sich nicht schämte, fanatisierten Truppen niedergemacht und ihre Wohnungen geplündert und zerstört wurden.

Politisch wichtiger und in seinen Folgen für die Staatengeschichte der Union bedeutsamer als diese Indianerkriege ist der gleichfalls in Jacksons Zeit fallende Aufstand in Texas, das schließlich von Mexiko sich losriß und in die Union einverleibt wurde. Wie schon öfter hervorgehoben, setzte die Kultur in den Südstaaten einen Raubbau voraus, der immer neues Land beanspruchte und deshalb die Blicke der Sklavenhalter stets weiter nach Süden und Südwesten lenkte, welche beiden Gebiete ihnen durch die Missouriakte freigegeben worden waren. In dem bekannten Streite zwischen den Vereinigten Staaten und Spanien hatten erstere als der stärkere Teil den Sieg davongetragen, jedoch nicht, wie es von mehreren Seiten verlangt worden durchzusetzen vermocht, daß der Rio Grande del Norte der Grenzfluß im Südwesten sei. Die nach jungfräulichem Boden begierigen Sklavenhalter umgingen jedoch die so geschaffene Schwierigkeit, indem sie als Kolonisten in Texas einzogen und ihre Sklaven mitnahmen. Mexiko, welches inzwischen seine Unabhängigkeit erlangt hatte, ermunterte diese Kolonisation, welche namentlich durch Moses Austin und seinen Sohn Stephan F. Austin in Gang gebracht wurde, und schien durch die wohlwollende Haltung der Unionsregierung während seines Aufstandes über die Entwickelung der Ereignisse völlig ruhig zu sein, zumal die meisten der Einwanderer aus Tennessee, Mississippi und Louisiana stammten und von dort den Katholizismus

ebenfalls mitbrachten. Eine für jeden Sklaven gezahlte Prämie
von 80 Acres lockte natürlich die Plantagenbesitzer zur An=
siedelung, welche auch nach dem Verbote der Sklaveneinfuhr durch
das Dekret des mexikanischen Kongresses vom 13. Juli 1824
und durch die im selben Jahre angenommene Konstitution, welche
die Emanzipation aller in Mexiko in Zukunft geborenen Sklaven=
kinder anordnete, immer weitere Ausdehnung gewann, da es in
dem entfernten Texas ein Leichtes war, diese die Sklaverei in
ihren Grundvesten erschütternden Gesetze zu ignorieren. Einige
von Adams an Mexiko gerichtete Kaufanträge mit mehr oder
minder deutlicher moralischer Pression wurden abgelehnt, kleinere
Versuche zur Losreißung mittelst Einfalls mit bewaffneten Ban=
den, die von etlichen kühnen Abenteurern unternommen wurden,
scheiterten gleichfalls.

Das Fortschreiten des Emanzipationswerkes in Mexiko, das
mit dem Dekret vom 15. September 1829, welches allen Sklaven
die Freiheit gab, seinen Abschluß fand, erbitterte die Südstaaten
und ihre in Texas wohnenden Anhänger derart, daß die mexi=
kanische Regierung die Erklärung abgeben mußte, es würde
Texas eine Ausnahmestellung bewilligt werden. Der Norden
erkannte zu gleicher Zeit die aus der Vergrößerung des Gebietes
des Südens in politischer Beziehung hervorgehenden Gefahren
und riet deshalb, als Jackson das Kaufgebot erneuerte, von
einer Erwerbung dringend ab. Die Begeisterung, welche der
Süden für das Texasprojekt empfand, und die ehrlich aus dem
Herzen kam, wurde noch geschürt, als 1830 in New=York drei
große Landgesellschaften: Galveston Bay und Texas Land
Company; Arkansas and Texas Land Company und Rio Grande
Company gegründet wurden, die, von der mexikanischen Regierung
mit Land reichlich beschenkt, für die Besiedelung des Gebietes
lebhafte Propaganda machten. Die Sucht nach Reichtum, das
fieberhafte Streben, schnell und mühelos reich zu werden, halfen
dem neuen Schwindel auf die Beine und verführten eine Menge
von Leuten, sich dort große Ländereien zu kaufen, deren Wert

ohne die Vereinigung und Zusammengehörigkeit von Texas mit
der Union ein ziemlich problematischer war, mit der Aufnahme
des Staates jedoch bedeutend sein mußte. Aktueller wurde diese
Frage, als ein kühner Abenteurer, zugleich ein guter Freund von
Jackson, Samuel Houston, dem Präsidenten die Mitteilung
machen ließ, daß binnen wenigen Wochen ein Aufstand in
Texas erfolgen würde, zu welchem Unternehmen er in der ganzen
Union Freiwillige sammle. Der Plan ging jedoch nicht ganz
so schnell, als erwartet wurde, in Erfüllung, da augenblicklich
in Texas Ruhe war und erst eine Revolution abgewartet werden
mußte, um in das Land mit einem Schein von Berechtigung
einfallen zu können. Man begnügte sich deßhalb zunächst mit
dem Bestreben, Texas von Cohahuila, mit dem es in einer Legislatur vereinigt war, zu trennen, was jedoch weder durch die
Konventionen zu San Felipe vom 8. Oktober 1832 und April
1833 noch durch die Reise Austins nach Mexiko gelang. Die
Revolution von Santa Anna in Mexiko brachte endlich den
ersehnten Moment herbei; nationale Sicherheitsausschüsse wurden
in Texas errichtet und am 12. November 1835 eine provisorische
Regierung zu San Felipe eingesetzt, deren Bemühungen es gelang, soviel Truppen aufzubringen, als nötig waren, um die
mexikanischen Soldaten aus dem Lande zu jagen. Am 2. März
1836 wurde die Unabhängigkeitserklärung von Texas verkündet;
am 17. März eine Konstitution erlassen, die die Annahme des
Common Law ausweist, im übrigen sich die Verfassungen der extremen Sklavenstaaten zum Muster genommen hat. Einige Greuelthaten der mexikanischen Truppen erzeugten in ganz Nord-Amerika
große Entrüstung, die in der Unterstützung der Rebellen in Texas
ihren Widerhall fand. Houston, welcher den Oberbefehl erhalten
hatte, glückte es endlich, am 21. April 1836 den Präsidenten Santa
Anna bei San Jacinto völlig zu schlagen, letzteren selber gefangen zu nehmen und ihm die Bedingungen zu oktroyieren, unter
denen Texas seine Unabhängigkeit anerkannt wissen wollte. Der
mexikanische Kongreß weigerte sich indessen, den Vertrag des

Präsidenten, der auf Grund seiner Nachgiebigkeit aus der Ge=
fangenschaft entlassen wurde, anzuerkennen, so daß von neuem
das Kriegsglück entscheiden mußte. Texas war jedoch durch die
bisherigen Ereignisse Mexiko gegenüber zu einer festen Position
gelangt, in welcher zu beharren ihm nicht schwer fallen konnte,
da es an der Bevölkerung der ihm benachbarten Südstaaten der
Union einen Rückhalt fand, dessen Bedeutung von Tag zu
Tag sich klarer herausstellte.

Van Buren.

Mit Jackson, dem „alten Hickory", wie Anhänger ihn nannten,
war der letzte Staatsmann vom Präsidentenstuhle herunterge=
stiegen — ein neues Geschlecht trat auf, das der Politiker,
welche aus der Teilnahme am öffentlichen Leben ein Gewerbe
machten und ihre Überzeugungen je nach dem herrschenden Winde
einrichteten, um immer am Plaße zu sein, wo es lohnende Stellen
zu vergeben galt. Jacksons Regierung hatte dieser Entwickelung,
welche für die Vereinigten Staaten bis auf den heutigen Tag
von schwerem Schaden gewesen ist, einen starken Impuls ge=
geben, wie er auch derjenige war, welcher seinen ganzen Einfluß
darauf verwandte, die Wahl Van Burens zu sichern, so daß
seine Gegner ihm vorwerfen konnten, er habe seinen Nachfolger
ernannt. Die große Masse kannte den neuen Präsidenten nicht,
sein Name hatte nicht den Klang wie der all jener Männer,
welche den Unabhängigkeitskrieg mit erlebt und durchgekämpft
hatten. Van Buren war vielmehr das Prototyp jener geschäf=
tigen Politiker, welche das Kleinste für ihre Zwecke nußbar zu
machen verstanden und deren Geschmeidigkeit mit der Zähigkeit
wetteiferte, welche sie bei Erstrebung ihres Zieles an den Tag
legten. Die großen Ideen treten zurück, das kleine Intriguen=
spiel macht sich breit, die Stimmen werden zu kaufen gesucht
oder gefälscht — kurz es entsteht jener Wirrwar von politischen

Anschauungen, welcher das politische Leben der Union in den
Augen der an ruhige Verhältnisse gewöhnten europäischen Be-
obachter in so hohem Grade diskreditiert hat.

Van Buren, am 5. Dezember 1782 geboren, war der Sohn

Fig. 19.

Präsident Van Buren.
(Nach Cassel, History.)

eines kleinen Farmers im Staate New-York, der zugleich eine
Schänke besaß, in der der junge Knabe durch das Gespräch der
Bauern seine ersten Ideeen über Politik gewonnen hat. Im
zehnten Jahre kam er bei dem Sachwalter des Dorfes „in die

Lehre", ging dann nach New-York in das Bureau eines Advo=
katen, um schließlich selber in der Countyhauptstadt sich in der
gleichen Eigenschaft niederzulassen, wobei ihm noch reichlich Ge=
legenheit blieb, an den politischen Kämpfen seines Distrikts teil
zu nehmen. Zunächst mit einem County-Amt betraut, wurde er
1812 in den Staatssenat gewählt und erhielt das Amt eines
Generalanwalts in New-York, das ihm 1815 allerdings wieder
abgenommen wurde. Er hatte jedoch mittlerweile seinen Ein=
fluß benutzt, um sich eine Partei zu gründen, die ihm zum Siege
bei der Wahl als Gouverneur von New-York verhalf, welches
Amt er aber nur kurze Zeit inne hatte, um als Staatssekretär
an die Spitze von Jacksons Kabinett zu treten. Die Weigerung
des Senats, ihn als Gesandten nach England zu senden, trug
ihm die Sympathie aller Anhänger Jacksons ein, welche in
diesem Verhalten des Senats den Ausdruck der Feindschaft gegen
den Präsidenten sahen. Der Süden trug freilich Vorsorge, sich
erst zu vergewissern, welche Rolle Van Buren ihm und seiner
„berechtigten Eigentümlichkeit" gegenüber einzunehmen gedenke;
seine Befürchtungen wurden jedoch gehoben, als der Präsident=
schaftskandidat im September 1835 einen Brief veröffentlichen
ließ, in welchem er die Bestrebungen der Abolitionisten in
scharfen Worten mißbilligte. Eine direkte Anfrage von Nord=
Karolina hinsichtlich seiner Stellung zu der Frage, ob der Kon=
greß befugt sei, die Sklaverei im Distrikte Kolumbia aufzuheben,
beantwortete er durch die feierliche Beteuerung, daß er sich
einem solchen Versuche des Kongresses aufs energischste wider=
setzen werde. Sein Triumph bei der Wahl war daher auch
vollständig; für ihn stimmten sämtliche Demokraten im Süden
und Norden der Union, während die Stimmen der Whigs sich
zumeist auf General Harrison aus Ohio vereinigten. Da kein
Vicepräsident gewählt worden war, ernannte der Senat Richard
M. Johnson aus Kentucky, einen der Helden von Tippecanoe, für
dieses Amt.

Die Situation, welche Van Buren bei seinem Regierungs=
antritte vorfand, war äußerst schwierig; die Handelskrise, welche
so lange gedroht hatte, brach endlich herein und riß eine große
Zahl von Banken und Geschäftshäusern in das Verderben. Seit
dem Erlöschen der Nationalschuld hatten die Einnahmen einen
bedeutenden Überschuß ergeben, welcher auf Beschluß des Kon=
gresses derart an die Staaten verteilt werden sollte, daß er den
Staatsbanken zur freien Benutzung übergeben würde — eine
Maßregel, der Jackson nur sehr ungern zugestimmt hatte. Um
der Spekulation wenigstens in etwas entgegenzutreten, bestimmte
er deshalb durch das „specie circular“, daß die Zahlungen an
die Regierung in Zukunft nur in Gold oder Silber geleistet
werden dürften, was ihm natürlich von seiten der Kaufleute den
Vorwurf eintrug, das Edelmetall zum Schaden des Landes und
des Nationalwohlstandes aus dem Verkehr zu ziehen. In einer
Van Buren bald nach seinem Regierungsantritt überreichten
Eingabe der New Yorker Kaufmannschaft wurde dies offen
ausgesprochen und die ganze Krise der Regierung in die Schuhe
geschoben. Am Tage darauf gab Van Buren seine Antwort,
in der er die Vorwürfe der Kaufleute zurückwies und seine
Ansichten verteidigte. Das in der Adresse geäußerte Verlangen
nach Einberufung des Kongresses zu einer außerordentlichen
Session lehnte er ab, da dazu keine Veranlassung vorliege. Bald
darauf mußte er jedoch erkennen, daß es dringend notwendig
sei, seine Zuflucht zum Kongresse zu nehmen. Die Barzahlungen
waren eingestellt worden, die Depositen alle festgelegt und nur
in Banknoten zu erheben, die Zölle warfen nur geringe Erträge
ab, der Stillstand der Administration schien bevorzustehen, wenn
nicht noch in der letzten Stunde ein Versuch zur Regelung des
Notstandes gemacht würde. Der Kongreß wurde daher zu einer
außerordentlichen Session einberufen, welche am 4. September
1837 begann und bis zum 16. Oktober währte. Zum Sprecher
wurde der Kandidat der Administrationspartei James K. Polk
mit 116 Stimmen — nur drei mehr als überhaupt zur Gültig=

keit der Wahl notwendig waren — ernannt. Die Botschaft Van Burens behandelte ausschließlich die Finanzlage und schloß mit dem Vorschlage, durch die Ausgabe von Schatzanweisungen eine neue Nationalschuld zu kreieren, was auch trotz der Spott= reden der Opposition als alleiniges Rettungsmittel angenommen wurde. Wichtig war ferner der Gedanke des Präsidenten, die Regierung und die Banken völlig zu scheiden und die öffent= lichen Gelder direkt von der Regierung verwalten zu lassen, welcher Einrichtung man den Namen des „unabhängigen Schatz= amts" beilegte. Unter den Demokraten fand dieser Vorschlag viele Gegner, da dieselben den Wegfall der Vorteile befürchteten, welche die innige Verbindung zwischen Regierungsgeld und Bank= geld bisher verschafft hatte. Calhouns Erklärung, für das „un= abhängige Schatzamt" zu stimmen, mußte daher überraschend wirken und wurde sofort zu der Anklage benutzt, daß der Führer der Staatenrechtler seinen Einfluß der Befriedigung seines Ehr= geizes halber an die Regierung verkauft habe. Die Wahrheit ist, daß Calhoun eine neue Positive zu erobern gedachte, um das Prinzip der Staatensouveränität zur größeren Geltung zu bringen.

Die Beurteilung Calhouns war ein Irrtum. Das unab= hängige Schatzamt trug dazu bei, den Charakter der Union als Einheitsstaat zu befestigen und erzielte somit einen Effekt, der dem Wunsche Calhouns gerade entgegengesetzt war.

Die Whigs, welche auf Errichtung einer neuen Nationalbank spekulierten, ergingen sich wieder, wie so häufig in den maßlosesten Anklagen gegen die Regierung und verpfuschten durch die Über= treibung, mit der sie den Despotismus der Administration aus= malten, ihre Sache. Das vorläufige Resultat war, daß der Senat die sogen. sub-treasury Bill mit 26 gegen 20 Stimmen annahm, während im Hause der Antrag Clarks von New York, die Bill auf den Tisch zu legen, mit 119 gegen 107 Stimmen genehmigt und dadurch die Entscheidung gegen den Präsidenten abgegeben wurde. Die Situation wurde noch unangenehmer,

als im Herbst 1837 die Kongreßwahlen stattfanden, in denen
die Folgen des wirtschaftlichen Kraches sich in dem Rückgang
der demokratischen Macht dokumentierten.

Dem neuen (25.) Kongresse, welcher am 4. Dezember seine
Sitzungen begann, wurde die Bill wieder vorgelegt; dieselbe erlitt
genau dasselbe Schicksal wie früher, der Senat nahm sie an, und
das Haus legte sie auf den Tisch. Beide Parteien hielten ihren
Standpunkt fest, dennoch war der Sieg der Regierung selbstverständlich, sobald nur die allgemeinen Verhältnisse sich ge-
bessert hatten und das Volk seine Stimmen zu ihren Gunsten
erhoben. Beides ließ nicht lange auf sich warten. Die wirtschaftlichen Zustände zeigten schon 1838 wieder einen solchen
Aufschwung, daß die Gefahr einer Überspekulation von neuem
drohte; sie trat auch richtig ein und machte, 1839 einer
zweiten Krise Platz die freilich lange nicht so heftige Er-
schütterungen wie die erste hervorbringen konnte. Im 26. Kongreß, der am 16. Dezember 1839 seine Session eröffnete, waren
die Whigs zwar noch immer zahlreich vertreten, so daß es ihnen
gelang, R. M. T. Hunter von Virginia, ein Mitglied der Opposition, aber zugleich Anhänger des unabhängigen Schatzamtes,
in der elften Abstimmung zum Sprecher zu ernennen; bei den
Wahlen hatte jedoch die Gesamtziffer für ihre Kandidaten eine
bedeutende Abnahme aufzuweisen, so daß schon damals einige
Blätter die Auflösung der Whigs prophezeiten, was allerdings
eine arge Aufschneiderei war. Die Frage des „unabhängigen
Schatzamtes" wurde endlich durch Annahme der Vorlage am
4. Juli 1840 erledigt, welches Resultat für die Whigs als auch
die extremen Staatenrechtler eine Schlappe bedeutete, deren Größe
durch die Thatsache, daß beide Parteien sich über die Tragweite
des Gesetzes täuschten, nicht vermindert werden konnte.

Das beständig wiederkehrende Kapitel von der Sklaverei erhielt während der Präsidentschaft Van Burens durch die Debatte
über die Sklaverei im Distrikte Kolumbia eine interessante Ab-
wechselung. Die Wut des Südens gegen die Abolitionisten hatte,

wie schon früher gezeigt, sich in Gewaltthaten Luft gemacht, die
auch unter dem neuen Präsidenten ungestört begangen werden
konnten. Am 7. November 1837 wurde das erste Bürgerblut
vergossen, in dem ein Drucker Elijah P. Lovejoy den Versuch,
trotz der Vernichtung seiner Presse die Propaganda für seine An=
sichten fortzusetzen, mit dem Leben bezahlen mußte. Am 17. Mai
1838 steckte der Pöbel die Versammlungshalle der verhaßten
Abolitionisten zu Philadelphia in Brand, um die Abhaltung
eines Meeting zu verhindern; desgleichen wurde ein Waisenhaus
für Negerkinder den Flammen überliefert, ohne daß jemals die
Thäter ergriffen und bestraft worden wären. Unter den Abo=
litionisten, welche angesichts dieser gefahrdrohenden Stimmung
des Volkes nur geringe Fortschritte machten, brach schließlich
eine Spaltung aus, die durch die verschiedenen Ansichten hervor=
ragender Mitglieder über die Frauenfrage, d. h. die Gleichberech=
tigung der weiblichen Antisklaverei=Gesellschaften mit den männ=
lichen, und über die Beteiligung der Partei an der Politik her=
vorgerufen worden war. Garrison und wenige extreme Radikale
traten aus und fochten auf eigene Hand weiter, durch ihre radi=
kalistisch angehauchten Tendenzen den Südstaatlern eine bequeme
Waffe in die Hand gebend, welche diese mit der ihnen eigentüm=
lichen Konsequenz gebrauchten. Hatten bisher viele Geistliche sich
den Bestrebungen der Abolitionisten sympathisch gezeigt, so ge=
nügte jetzt der Hinweis auf die grundstürzenden Pläne der
Abolitionisten, um den ehrsamen Predigerstand zu einer ener=
gischen Reaktion gegen diese Unruhestifter zu veranlassen, was
natürlich im Sinne und zum Vorteil des Südens war.

In der Kolumbiafrage platzten die Geister beider Parteien
aufs heftigste zusammen. Die Abolitionisten erkannten die Macht=
losigkeit der Bundesregierung den Staatenregierungen gegenüber
in Sachen der Sklaverei wohl an, verstärkten aber deshalb um
so mehr ihre Angriffe gegen die Sklaverei im Bundesdistrikt
Kolumbia, welcher den Beschlüssen des Kongresses unterworfen
war. Letzterer konnte mit einem Schlage durch ein Bundesgesetz die

Sklaverei in Kolumbia aufheben, ohne einer Verletzung seiner Befugnisse geziehen werden zu können. Verschiedene Anträge hatten darauf schon hingezielt, so auch der Antrag von Miner aus Pennsylvania vom 6. Januar 1829, die Einsetzung eines Ausschusses betreffend, der u. a. „die Zweckmäßigkeit der allmählichen Abschaffung der Sklaverei im Distrikt" in Erwägung ziehen sollte. Der Kongreß nahm denselben mit 114 gegen 66 Stimmen an, verwarf jedoch die eingehende und scharfe Motivierung des Antrages mit 141 gegen 37 Stimmen. Der Ausschuß gab sich keine besondere Mühe, dem Wunsche des Antragstellers nachzukommen, sondern begnügte sich mit der Erledigung von Petitionen, welche bei ihm einliefen, resp. wie die von J. G. Adams am 12. Dezember 1831 und von Heister am 4. Februar 1833 überreichten, vom Kongresse ihm überwiesen wurden. Eine Ausnahme von dieser Regel wurde 1835 gemacht, als das Haus mit 117 gegen 77 Stimmen beschloß, eine Petition von 800 Frauen von New York auf den Tisch zu legen, was soviel als eine Verschiebung der Beantwortung bedeutete. Dieses Symptom beunruhigte den Süden, zu dessen Sprachrohr sich wiederum Calhoun machte, der am 7. Januar 1836 beantragte, zwei Petitionen um Aufhebung der Sklaverei im Distrikte einfach nicht anzunehmen, mit dieser Forderung jedoch unterlag, da am 9. März nach langen Debatten die Entgegennahme der Petition endlich beschlossen wurde.

Diese Niederlage entmutigte jedoch den Süden nicht im geringsten. Am 26. Mai 1836 brachte Henry L. Pinckney aus Südkarolina den Antrag ein: „Beschlossen, daß alle Petitionen, Denkschriften, Resolutionen, Vorschläge oder Papiere, die in irgend einer Weise oder in irgendwelchem Maße sich auf die Sklaverei oder Abschaffung der Sklaverei beziehen, ohne gedruckt oder verwiesen zu werden, auf den Tisch gelegt werden und keinerlei weitere Aktion hinsichtlich derselben vorgenommen werden soll," welcher auch mit 117 gegen 86 Stimmen angenommen wurde, trotz des Protestes, den Adams einlegte, indem er, zur

Abstimmung aufgerufen, der Versammlung ins Gesicht sagte:
„Ich halte die Resolution für eine direkte Verletzung der Verfassung der Vereinigten Staaten, der Regeln des Hauses und
der Rechte meiner Konstituenten."

Und Adams hatte recht, wenn auch vielleicht nicht nach
dem strengen Wortlaut der Konstitution, so doch vor dem Volks-
bewußtsein, welches immerdar und zu allen Zeiten die Befugnis
des Volkes, sich mit einer Beschwerde an die höchste Gewalt
des Landes zu wenden, anerkannt und gefordert hat. Mit dieser
„Knebelresolution" hatte sich Amerika mit den ärgsten Despotien
auf eine Stufe gestellt — eine Prostitution des Wortes „Republik" vollzogen, wie sie ärger nicht gedacht werden kann.

Mit dem Ablauf der Session war auch die Rechtsgültigkeit
der Resolution zu Ende, weshalb der Süden durch Hawes am
18. Januar 1837 eine Resolution gleichen Inhalts einbringen
ließ, die mit Zweidrittel-Majorität genehmigt wurde. Der alte
Adams ließ sich jedoch in seinem Kampfe gegen diese freiheits-
mörderischen Beschlüsse nicht wankend machen. Am 6. Februar
fragte er an, ob eine Petition, welche er in der Hand hatte und
die angeblich von 12 Sklaven unterschrieben sein sollte, auch
unter den Beschluß vom 18. Januar 1837 falle, und erregte
mit dieser ironischen Frage derart die Südstaatler, daß sie ihn
mit Injurien überhäuften, mit dem Zuchthause bedrohten und
als einen kindisch gewordenen Alten hinzustellen suchten, während sie
doch selber die Schärfe seiner Worte und den unerbittlichen Witz
des trefflichen Redners fühlbar über sich ergehen lassen mußten.

In der von Van Buren berufenen außerordentlichen Session
des Kongresses kam die Sklavenfrage nicht zur Debatte, da die
wirtschaftlichen und finanziellen Erörterungen die ganze Zeit
ausfüllten. Wenige Tage nach der Eröffnung der ersten ordentlichen Session des 25. Kongresses rührte jedoch ein Antrag von
Slade aus Vermont, welcher die Verweisung einiger Abolitionistenpetitionen an einen Ausschuß mit der Instruktion bezweckte, eine
Bill zur Abschaffung der Sklaverei und des Sklavenhandels im

Distrikte von Kolumbia einzubringen, bezweckte, den ganzen Streit von neuem auf. Slade wurde bei der Begründung seines Antrages mitten im Satze unterbrochen, ein schrecklicher Lärm erfolgte, ein von Rencher von Nordkarolina eingebrachter Antrag auf Vertagung wurde angenommen, zugleich eine Sezession der Vertreter der Sklavenstaaten ins Werk gesetzt, um gegen das „schimpfliche" Verfahren eines Mitgliedes des Hauses zu protestieren. Am nächsten Tage brachte Patton aus Virginia eine neue Knebelresolution ein, die, nachdem der Protest Adams' mit 135 gegen 60 Stimmen beseitigt worden war, mit 122 Ja gegen 74 Nein angenommen wurde.

Calhoun begnügte sich mit dieser „Genugthuung" nicht, er wollte den Norden zur unbedingten Heeresfolge zwingen und schlug deshalb am 27. Dezember 1837 sechs Resolutionen vor, die alle in dem einen Glaubenssatz gipfeln: Das einzige Abhilfsmittel ist die Staatenrechtslehre.

Der Süden irrte sich jedoch, wenn er glaubte, mit diesen jede Maßnahme zu gunsten der Sklaverei verdammenden Beschlüssen die Abolitionisten zum Schweigen und zur Machtlosigkeit verurteilen zu können. Die Zahl der Unterschriften der Petitionen mehrte sich gewaltig, von 34000 im Jahre 1835 stieg sie auf 300000 im Jahre 1838. Desgleichen wandten sich einige Staatslegislaturen gegen die Knebelbeschlüsse und erklärten sie für Verfassungsverletzungen, so namentlich Massachusetts und Vermont. Diese Zeichen der Zeit trieben die sklavokratische Majorität des Kongresses zu immer schärferen Verdammungsurteilen; am 11. bis 12. Dezember 1838 wurde der Athertonsche Knebel= und schließlich am 28. Januar 1840 ein von Johnson aus Maryland gestellter Antrag angenommen, welcher letztere ganz den von Calhoun eingenommenen Standpunkt festhielt, daß nämlich Abolitionistenpetitionen überhaupt gar nicht mehr angenommen werden sollten. Die Gegner der Sklaverei ließen sich aber durch nichts abschrecken; jede neue Schwierigkeit stärkte ihren Mut, mit dem sie den ungleichen Kampf aufnahmen, auf die Gerechtigkeit ihrer Sache und den Beistand des Himmels vertrauend. Der von Garrison schon früher ausgesprochene Gedanke, daß seine Partei auch politisch auftreten solle, wurde endlich im Jahre 1840 verwirklicht. Auf einer Nationalkonvention zu Albany wurde von einem Häuflein Delegierten aus sieben Staaten die Gründung einer eigenen politischen Partei: Freiheitspartei — vollzogen. Das Ziel, das diese kühnen Männer sich gesetzt, lag vorläufig noch in weiter Ferne, aber jeder Tag machte es immer mehr zur Gewißheit, daß dereinst eine radikale Lösung erfolgen müsse, sei es im Schlimmen oder Guten!

Die Sklavenfrage war aber nicht nur im Innern des Landes das Streitobjekt, um das sich fast alle politischen Kämpfe mehr oder weniger drehten, sondern trat auch in den auswärtigen Beziehungen störend auf. Es war mehrmals vorgekommen, daß amerikanische Schiffe, welche Negersklaven an Bord hatten, durch Sturm oder sonstige Unfälle verschlagen, die englischen Häfen in Westindien aufsuchten, wo dann die englischen Behörden für die sofortige Freigabe der Sklaven energisch eintraten und dieselbe auch stets durchsetzten. Die geschädigten Eigentümer führten Beschwerde bei der Unionsregierung, welche sich ihrerseits um Entschädigung an England wandte, dort aber nur geringes Entgegenkommen fand, indem das von England mit anderen europäischen Mächten vereinbarte Völkerrecht die Freiheit eines jeden Menschen auf englischem Gebiete garantierte. Das Ergebnis der langwierigen Debatten war, daß England für mehrere Fälle der bezeichneten Art Schadenersatz sich zu leisten verpflichtete, in dem letzten Fall, der sich nach dem Erlaß der Sklavenemanzipation in seinen westindischen Besitzungen zugetragen hatte, jedoch jede Entschädigung verweigerte. Calhoun protestierte zwar im Kongresse in einigen Resolutionen gegen dieses Verfahren Englands, seine Worte blieben jedoch ohnmächtig, da der vorsichtige Clay die Sklavenhalter ermahnte, nicht zu laut das Wort Sklaverei in Gegenwart europäischer Zeugen auszusprechen und die Frivolität der Sklavokratie andererseits nicht so weit ging,

England wegen dieser Mißachtung ihrer Rechte den Krieg zu erklären.

Eine andere Affaire, bekannt unter dem Namen Amiftad=Fall, spielte sich im Jahre 1839 zwischen der Union und Spanien ab. Von dem bei Long Island stationierten amerikanischen Seeoffizier Gadney wurde ein verdächtiges Schiff L'Amiftad aufgefangen, dessen Besatzung aus lauter Negersklaven und zwei Europäern bestand, welche aus dem von den Schwarzen an Bord des Schiffes veranstalteten Aufstande unter der Bedingung, die Leitung desselben zu besorgen, mit dem Leben davongekommen waren. Das Schiff wurde als Prise ergriffen, die Neger wurden ans Land gebracht und dem Gerichte zur Aburteilung übergeben. Andererseits reklamierte der spanische Vertreter die Ladung des Schiffes als den Spaniern gehörig, welchem Verlangen die Bundesregierung nachzugeben geneigt schien und auch entsprochen hätte, wenn es nicht den Anstrengungen des unermüdlichen John Quincy Adams, welcher sich der Neger als Anwalt angenommen hatte, gelungen wäre, die Neger durch das Gericht als freie Menschen erklären zu lassen. Der Urteilsspruch erfolgte am 9. März 1841, wenige Tage nach dem Rücktritt des Präsidenten, der in diesem Amistadprozesse eine bittere Pille herunterschlucken mußte, welche seine sklaven=halter=freundlichen Anschauungen sehr zuwider war.

Aus der ersten Zeit der Präsidentschaft Van Burens sind noch die Teilung des Gebietes Wisconsin in zwei Territorien Wisconsin und Jowa und die Wegnahme des amerikanischen Schiffes „Karolina" durch die Engländer hervorzuheben. Letztere hatten nach dem Frieden von Paris die Unabhängigkeit Kanadas einzuschränken gesucht und das Land deshalb 1791 in zwei Gebiete geteilt, von denen das eine Oberkanada, mehr englische Ansiedler, das andere Unterkanada, eine größere Anzahl französischer und fremdartiger Bewohner aufwies. Durch die Maßnahmen der englischen Regierung, welche die Freiheiten des Landes auf alle mögliche Weise verkürzte, war allmählich eine Opposition emporgewachsen, deren Beschwerden jedoch ungehört

verhallten. Ein Teil der Kolonisten griff daher 1837 zu den
Waffen, um sich gegen die Bedrückung seitens England aufzulehnen,
wurde jedoch bei St. Denis von den Regierungstruppen zurück=
geschlagen. Die Hoffnung der Insurgenten war auf die Union
gerichtet, deren Oberhaupt Van Buren jedoch jede Einmischung
aufs strengste untersagte. Nichtsdestoweniger zogen viele Frei=
scharen nach Kanada, was zu heftigen Reklamationen seitens
Englands führte. Den Zuzug der neuen Hilfstruppen vermittelte
ein kleiner amerikanischer Dampfer, der schließlich von dem eng=
lischen Befehlshaber am 29. Dezember 1837 auf amerikanischem
Gebiet aufgegriffen und vernichtet wurde. Sofort klagte die
amerikanische Regierung über Neutralitätsverletzung, wurde jedoch
von dem englischen Ministerium abgewiesen, da dasselbe in der
Wegnahme des Schiffes nur eine Handlung der Selbstvertei=
digung erblickte. Die Gefangennahme eines brittischen Unter=
thans Mc. Leod, der sich der Wegnahme der Karolina gerühmt
hatte, gab sogar England Gelegenheit seinerseits als Kläger auf=
zutreten, so daß sich die Affaire immer mehr komplizierte. Glück=
licherweise stellte es sich heraus, daß Mc. Leod geprahlt hatte,
er konnte freigelassen werden, womit England sich auch beruhigte.
Den Streitigkeiten wurde schließlich durch den Ashburtonvertrag
vom 2. August 1842 ein Ende gemacht. Derselbe bestimmte
die genaue Festsetzung der Grenzlinie und enthielt des Ferneren
einen Passus, durch den sich beide Länder zur gegenseitigen
Auslieferung der Verbrecher verpflichteten, sofern der Angeschul=
digte nach den örtlichen Gesetzen des Gebietes, in welchen er
ergriffen, solcher Handlungen wegen ebenfalls verhaftet und
vor Gericht gestellt werden konnte.

Das Verhalten der Union in dem Streite zwischen den
Bewohnern von Texas und der mexikanischen Regierung gab
letzterer Veranlassung, sich in Washington über die Nichtachtung
der Neutralität seitens der Südstaaten zu beschweren. Sie erhielt
keine weitere Antwort als die höfliche Anzeige, daß die Union
Neutralitätsgesetze erlassen habe, es aber mit Bedauern ablehnen

müsse, gegen friedfertige Auswanderer einzuschreiten. Allerdings war es zu Washington ebenfalls gut bekannt, daß diese „Auswanderer" bewaffnete Freiwillige waren, die nach Texas zogen, um dort in das Heer einzutreten, aber man hatte ein Interesse daran, den Streit zwischen Texas und Mexiko zu verschärfen und wäre auch zum Kriege bereit gewesen, wenn eben nur ein plausibler Vorwand sich gefunden hätte. Man erkannte zwar den Rechtstitel Mexikos auf Texas noch an, sprach jedoch schon von einer „texanischen Regierung", die allerdings noch nirgends Anerkennung gefunden hatte, aber de facto vorhanden war. Die Bundesregierung autorisierte General Gaines, mit seinen Soldaten die texanische Grenze zu passieren, sobald er es für notwendig halte, um den Indianereinfällen vorzubeugen, und sie stützte sich dabei auf Artikel des Vertrages vom 5. April 1831 stützte, der die Staaten verpflichtete, mit Gewalt alle Feindseligkeiten und Einfälle seitens der innerhalb ihrer Grenzen lebenden Indianerstämme zu verhindern", was, wie die Amerikaner behaupteten, von dem ohnmächtigen Mexiko allein nicht durchgeführt werden konnte. Gaines rückte in der That im Juni 1836 in Texas ein und verblieb daselbst, trotz der energischen Proteste des mexikanischen Gesandten Gorostiga, welcher am 15. Oktober seine Pässe verlangte, nachdem es ihm nicht gelungen war, die Unionsregierung von der Grundlosigkeit der Befürchtungen bezüglich der Indianerunruhen zu überzeugen, daß das Gerücht von denselben lediglich seitens der Landspekulanten ausgesprengt wurde, um durch den Schutz der Unionstruppen den Wert ihrer Ländereien zu heben. Die Mehrzahl der Soldaten trat sogar in die Armee Houstons ein und diente unter Beibehaltung ihrer Uniform für die Insurgenten, welche diesen Zuwachs mit Freuden aufnahmen.

Im Mai 1836 hatte die texanische Regierung bereits Kommissäre nach Washington geschickt, welche um Anerkennung von Texas und eventuelle Einverleibung in die Union petitionieren sollten. Erstere erfolgte auch in der That, der Senat beschloß am 1. Juli die Anerkennung der Unabhängigkeit, für den Fall, daß man

sich überzeugt haben würde, daß Texas auch wirklich in der
Lage sei, diese Unabhängigkeit zu behaupten, und das Haus
folgte am 4. Juli mit einem gleichen Beschluß. Jackson erklärte
zwar am 21. Dezember 1836, daß es wohl besser sei, noch ein
wenig abzuwarten, was aber den Senat nicht abhielt, am 1. März
1837 die formelle Anerkennung zu votieren. Die Behauptung
der Unabhängigkeit — dies wurde allgemein zugestanden —
konnte nur mit Hilfe der Union geschehen, weshalb von allen
beteiligten Seiten verzweifelte Anstrengungen gemacht wurden
das Sündenregister Mexikos vollzumachen, um der Regierung
zu Washington eine bequeme Handhabe zu weiterem Vorgehen
zu bieten. Am 20. Juli 1836 erhielt der amerikanische Geschäftsträger in Mexiko, Powhattan Ellis, eine Liste von 15 Beschwerden
amerikanischer Bürger zugestellt, für die er Genugthuung von
der mexikanischen Regierung fordern sollte. Trotzdem daß dieselbe sich beeilte, das Verlangen von Ellis soweit als irgend
möglich zu erfüllen, reiste der Geschäftsträger nach wenigen
Wochen ab, womit eigentlich der lange gesuchte Casus belli
gefunden war. Dieser Ansicht gab auch Jackson in seiner Botschaft an den Kongreß Raum, begnügte sich jedoch vorläufig mit
einem letzten Versuch, Genugthuung zu erhalten, da sein Vorschlag, ihm die Autorisation zu Repressalien zu bewilligen, nicht
angenommen wurde. Die Klagen waren mittlerweile auf 46
angewachsen, von denen allerdings die meisten völlig unbegründet
waren, sie boten jedoch, da kein anderes Streitobjekt vorlag, den
einzigen Vorwand, nun Mexiko vollends demütigen zu können.
Powhattan Ellis wurde wieder zum Geschäftsträger ernannt,
statt seiner jedoch nur ein Kourier abgesandt, dem Van Buren,
der inzwischen den Präsidentenstuhl eingenommen hatte, möglichst schroffes Auftreten zur Pflicht machte. Da Mexiko sich
eine längere Zeit behufs Prüfung der einzelnen Forderungen
ausgebeten hatte, überwies van Buren die ganze Angelegenheit
dem Kongreß, nachdem er einen von General Hunt, dem texanischen Gesandten in Washington gemachten Vorschlag zur An-

nexion von Texas abschlägig beantwortet hatte. Am 22. Dezember 1837 ersuchte Mexiko die Vereinigten Staaten, einen
schiedsrichterlichen Ausspruch herbeizuführen, welches Verlangen am 24. April 1838 endlich die Billigung des Präsidenten
erhielt.

Die Staatslegislaturen hatten sich inzwischen der Frage
der Annexion bemächtigt und je nach ihrer Parteistellung zur
Sklaverei beantwortet. Den Gelüsten des Südens stand die
Unlust von acht nördlichen Staaten gegenüber, so daß hier vorläufig noch keine Entscheidung herbeigeführt werden konnte.
Am 14. Juni 1838 stellte Thompson von Südkarolina schließlich einen förmlichen Antrag auf Annexion, der jedoch nicht
durchdrang.

Am 10. September 1838 hatten sich endlich Mexiko und
die Union über das Schiedsgericht geeinigt, welches jedoch infolge von allerhand Formalitäten erst zwei Jahre später, am
17. August 1840 zu Washington in Thätigkeit trat. Es bestand
aus je einem Vertreter der beteiligten Mächte und dem preußischen Gesandten zu Washington, Herrn von Rönne. Von
den Forderungen im Gesamtbetrage von 11 850 578 Dollars
gelangte die größere Mehrzahl im Betrage von 7 595 114 zur
Aburteilung. Vom Schiedsrichter als berechtigt anerkannt wurden
jedoch nur 2 026 236 Dollars, so daß man sich hieraus leicht
ein Bild machen kann, mit welcher Frivolität die Anklagen gegen
Mexiko erhoben worden waren. Die Kommission tagte noch bis
in die Präsidentschaft Tylers hinein, unter dessen Regierung
die Texasfrage wieder ein bedeutendes Stück gefördert und durch
die Annexion von Texas der Krieg mit Mexiko hervorgerufen
wurde.

Die Präsidentenwahl im Jahre 1840 trug wiederum einen
sehr erregten Charakter, da die Whigs diesmal die größten Anstrengungen machten, zum Siege zu gelangen.

Ihre Kandidaten waren Clay, Webster und General Harrison, derjenige der Demokraten van Buren, dessen Wiederwahl

jedoch von vornherein aussichtslos erschien. Interessant ist, daß neben diesen alten Parteien sich neue aufthaten; welche freilich keinen Einfluß auf die Wahl gewinnen konnten, aber als Zeichen der Zeit Beachtung verdienen, so die auf den Trümmern einer „Arbeiterpartei" aufgebaute „Partei der gleichen Rechte", welche die Rückkehr zu den wahren Ideeen der Demokratie, wie sie Jackson verstanden hatte, auf ihre Fahne geschrieben hatte, und die „Freiheitspartei", welche gegen 7000 Stimmen auf ihre Kandidaten zu vereinigen wußte.

Clay hatte trotz seiner vielfachen Verdienste um die Union nie das Vertrauen der Massen in dem Grade besessen, daß sein Name an sich eine Macht gewesen wäre, um die Widerstrebenden fortriß. Eine am 7. Februar 1839 mit Rücksicht auf den beginnenden Wahlfeldzug gegen die Abolitionisten gerichtete Rede vermehrte weder seine Anhänger im Süden, noch im Norden. Durch persönliche Motive bestimmt, agitierte ferner ein Teil der Parteiführer der Whigs gegen Clay, wie dies namentlich in der sogenannten „dreiwinkligen Korrespondenz" im Staate New York, mittelst welcher die Parteichefs in heuchlerischer Weise sich gegenseitig von der Unmöglichkeit Clay durchzubringen zu überzeugen suchten, offen zutage trat. Das Resultat war, daß auf der Nationalkonvention der Whigs, welche am 4. Dezember 1839 zu Harrisburg zusammentrat, für Harrison durch allerlei Rechenkünste 148 Stimmen herausgezählt wurden, während Clay nur 90 und ein dritter Kandidat Scott nur 16 Stimmen erhalten hatte. Zum Vizepräsidentschaftskandidaten wurde Tyler ernannt.

Harrison hatte sich bisher wenig im politischen Leben ausgezeichnet, dagegen im Indianerkriege reiche Lorbeeren davon getragen. Durch und durch ein Ehrenmann, nahm er es mit allen Dingen ernst und hegte namentlich die Zuversicht, daß es ihm im Falle seiner Wahl zum Präsidenten gelingen werde, die herrschende Korruption auszurotten.

Der andere nominierte Kandidat der Whigs, Tyler, hatte dagegen schon eine Reihe politischer Erfahrungen hinter sich,

welche ihn gelehrt hatten, daß es in dem Kampfe um das poli=
tische Dasein nichts Bleibendes geben könnte. Aus einem Freunde
Adams' war er ein Anhänger Jacksons geworden, um bald darauf
gegen dessen Neuerungen ebenso energisch loszuziehen, wie früher
gegen den Föderalismus des ersteren. Daß er zu Harrisburg
von den Whigs aufgestellt und acceptiert werden konnte, wird
häufig auf einen Kompromiß zwischen den Anhängern Clays
und der demokratischen Opposition in Virginia, welchem Staate
Tyler angehörte, zurückgeführt; jedenfalls war, wenn in der
Konvention zu Harrisburg mehr nach den Prinzipien als nach
persönlichen Intrigen und sonstigen Opportunitätsgründen ge=
fragt worden wäre, Tyler schwerlich der Mann dazu, das whig=
gistische Programm in seiner ursprünglichen Reinheit auszu=
führen.

Das Ergebnis der Präsidentenwahl übertraf die kühnsten
Hoffnungen der Whigs. Van Buren erhielt nur 60 Stimmen
von den abgegebenen 294 Elektoralstimmen; die Majorität für
Harrison war daher geradezu eine kolossale zu nennen. Zum
Vizepräsidenten wurde, wie vereinbart, Tyler ohne Schwierig=
keiten ernannt. Das Geschick wollte, daß nicht Harrison, sondern
ihm die Aufgabe zufiel, das Steuer der Administration während
des weitaus größten Teils der nächsten vier Jahre zu führen,
und somit für ihn die Notwendigkeit eintrat, politisch Farbe zu
bekennen, wobei sein wahrer Charakter zutage trat.

—

Wm. Harrison und John Tyler.

Harrison trat am 4. März 1841 sein Amt an. Die Whigs,
welche so lange auf der politischen Bühne im Hintergrunde ge=
standen hatten, beschlossen mit großen Festlichkeiten den Freuden=
taumel, welcher sich ihrer seit der Harrisburger Konvention be=
mächtigt hatte. Von allen Seiten strömten sie herbei, um den
Lohn für ihre Bemühungen zu erhalten, so daß das Gedränge

der Stellenjäger nicht minder dicht war als zu Zeiten der demo=
kratischen Machthaber. Die bedeutendste Person in dem von
Harrison gebildeten Kabinet war unstreitig Webster, welcher das
Staatssekretariat übernommen hatte. Clay, der seine Niederlage
nicht so leicht verschmerzte, wies das Ansinnen, in das Ministe=
rium einzutreten, unbedingt zurück, ja es trat zwischen ihm und
dem Präsidenten bald eine so große Spannung ein, daß sie nicht
mehr miteinander verkehrten und sich gegenseitig mit Mißtrauen
beobachteten.

Kurze Zeit nach seinem Amtsantritt berief Harrison den
Kongreß zu einer außerordentlichen Session zusammen, deren
Eröffnung er jedoch nicht mehr erleben sollte. Er starb plötz=
lich am 4. April 1841, so daß der bisher noch nicht dagewesene
Fall eintrat, daß der Vicepräsident zum wirklichen Präsidenten
avancierte. Der Tod Harrisons war jedoch vor allem ein
politisches Ereignis von größter Bedeutung, da mit ihm die Hoff=
nungen der Whigs schmählich gescheitert waren und das demokra=
tische Element wieder die Oberhand bekam. Jetzt rächte sich das
Trugspiel der Whigs, welche Clay zurückgestoßen und statt seiner
einen unbedeutenden Politiker zum Präsidenten gewählt hatten,
der nach ihrer Erwartung sich ganz von ihnen hätte leiten lassen.
Denn schon in der Proklamation, welche Tyler am 9. April erließ,
witterten die feinen Spürnasen der erfahrenen Politiker die An=
zeichen eines Konfliktes zwischen der Exekution und der Whiggisti=
schen Partei im Kongresse. In der Botschaft an das Haus,
welches am 31. Mai zu der außerordentlichen Session zusammen=
trat, drückte sich der neue Präsident ebenso unbestimmt aus, in=
dem er den Whigs in ihrem Bestreben, eine Nationalbank wieder
zu errichten, entgegenkam, seine Meinung über dieselbe jedoch so
verklausulierte, daß jede Partei das ihnen Passende herauslesen
konnte. Ohne viel Zeitverlust und ohne die früher hinreichend
diskutierten verfassungsrechtlichen Streitfragen von neuem auf=
zurühren votierte das Haus die Bill über eine neue National=
bank, welche jedoch am 16. August vom Präsidenten mit einem

motivierten Veto an den Senat zurückgeschickt wurde. Sofort
wurde eine neue Bill vorbereitet und eine Deputation beauftragt,

Fig. 20.

Präsident Tyler.
(Nach Cassel, History.)

sich mit dem Präsidenten in Verbindung zu setzen, um die Bedingungen zu erfahren, unter denen er eine Nationalbank zu

genehmigen geneigt sei. Nichtsdestoweniger sandte Tyler auch
diese neue Bill am 9. September mit seinem Veto zurück, wor=
auf vier Mitglieder seines Kabinetts, Ewing, Bell, Badger und
Crittendon, ihre Demission einreichten, welche vom Präsidenten
auch angenommen wurde. Die von ihm neu ernannten Mitglieder
waren Walt Forward für die Finanzen, John C. Spencer
für das Kriegs= und Abel P. Upshur für das Marinedeparte=
ment. Webster blieb dem Ministerium erhalten, da seine Mit=
wirkung bei den Verhandlungen mit England, welche mit dem
schon früher erwähnten Ashburtonvertrag ihr Ende erreichten,
allgemein gewünscht wurde. Hierdurch sah sich ein Teil der
Whigs genötigt, in ihrem Verhalten gegen den Präsidenten sich
Mäßigung aufzuerlegen, während die übrigen ein Manifest an
das Volk erließen, in welchem sie den wahren Charakter des
wortbrüchigen Präsidenten dem Volke zu enthüllen versuchten.
Die finanziellen Zustände ließen überall viel zu wünschen übrig;
am meisten bedrückt zeigten sich die Staatsregierungen, von denen
etliche wie die von Mississippi, Michigan, Louisiana, Pennsyl=
vania, Indiana und Illinois zum Hilfsmittel der Repudiation
griffen, d. h. einen Teil oder auch die ganze Schuld aus dem
Schuldbuche löschten, ohne die Gläubiger vorher zu befriedigen,
wodurch natürlich der amerikanische Kredit im Auslande völlig
vernichtet wurde. Aber auch in dem Schatze der Bundesregierung
sah es traurig aus. Die Versprechungen der Whigs, welche
vordem so laut über die Finanzwirtschaft Jacksons und Van
Burens gezetert hatten, waren nicht in Erfüllung gegangen.
Die Bundesschuld war vielmehr vom 1. Januar 1841 bis zum
1. Januar 1842 von 6 737 398 Dollars auf 15 028 486 Dollars
gestiegen, und die durch Gesetz vom 21. Juli 1841 bewilligte
Anleihe von 12 Millionen hatte bis zum Ende des Jahres
nicht einmal halb realisiert werden können. Trotzdem votierte
der Kongreß noch am 4. September 1841 ein Gesetz, welches
die Verteilung des Reinertrages aus dem Erlöse für die ver=
kauften Ländereien unter die Staaten anordnete. Außer dieser

Maßregel gelang es noch den Whigs, in der außerordentlichen
Session die Bankerottbill durchzubringen, welche den 100 000
bankerotten Geschäftsleuten, die die Union damals nach dem Ur=
teile von Benton aufwies, die Möglichkeit verschaffen sollte, sich
von ihrer Schuldenlast frei zu machen und in das Erwerbsleben
neu einzutreten.

Die ordentliche Session, welche am 6. Dezember 1841 be=
gann und bis zum 31. August 1842 dauerte, war von dem
Streite um die Tarifbill angefüllt, welche der Regierung die
Mittel in die Hand geben sollte, die Einnahmen zu vergrößern
und so ihren Verpflichtungen nachzukommen. Zweimal schickte
der Präsident den Gesetzentwurf, dem man die Verteilungsklausel
beigefügt hatte, mit seinem Veto zurück, bis schließlich der Kon=
greß nachgab und die Bill ohne die Klausel annahm, worauf
der Präsident sie am 30. August unterschrieb. Wie groß die
Erregung des Kongresses gewesen war, geht daraus hervor, daß
nach Bekanntwerden des zweiten Veto vom 9. August der über
dasselbe Bericht erstattende Ausschuß des Hauses die Möglichkeit
einer Versetzung des Präsidenten in Anklagezustand erwog und
von derselben nur ihrer Erfolglosigkeit halber abzusehen riet.
Der von Adams verfaßte Bericht tadelte dagegen das Verhalten
Tylers in so starkem Maße, daß derselbe einen Protest nach
dem Muster des Jacksonschen einschickte, welcher jedoch nicht ein=
getragen, sondern mit der Abschrift der Resolutionen des Senats
gegen Jackson, welchen damals Tyler zugestimmt hatte, in höh=
nischer Weise beantwortet wurde.

Die im Herbste 1842 stattfindenden Wahlen zum 28. Kon=
greß ergaben eine demokratische Majorität von zwei Dritteln,
wie dies aus der Zahl der bei der Wahl des Sprechers abge=
gebenen Stimmen hervorgeht. J. W. Jones aus Virginia, der
Kandidat der Demokraten, erhielt 128 gegen 59 Stimmen, die
der whiggistische Kandidat auf sich vereinigte. Von den Er=
gebnissen dieser Session (1842—43) sind nur die Aufhebung des
Bankrottgesetzes und das Scheitern der vom Präsidenten als

Ersatz für die Bank vorgeschlagene „Exchequerbill" hervorzuheben, da letztere Maßnahme für die Beurteilung der Situation insofern wichtig ist, als sie beweist, daß das Streben des Präsidenten, neben den beiden Parteien sich eine eigene, eine Tylerpartei zu schaffen, völlig ohne Erfolg geblieben war. In diese Zeit fällt auch der Rücktritt Websters (8. Mai 1843), der durch Upshur ersetzt wurde.

Die von Adams wiederholt angeregten Debatten über die Sklaverei gaben fast jedesmal Anlaß zu heftigen Anklagen auf beiden Seiten und führten Szenen herbei, die mit den parlamentarischen Sitten schwer zu vereinbaren waren. Nachdem Adams am 21. Januar 1842 durch Vorlesung einer angeblich aus Georgia stammenden Petition, die seine Entfernung als Vorsitzender des Ausschusses für auswärtige Angelegenheiten beantragte, schon die Sklavenhalter gereizt hatte, erregte er wenige Tage darauf durch die Vorlage einer weiteren Bittschrift von Bürgern aus Massachusetts, welche den Kongreß ersuchten, Schritte zur friedlichen Auflösung der Union vorzubereiten, dermaßen die Wut der Sklavenbarone, daß sie den alten Vorkämpfer der Freiheit für diese Frechheit aus dem Hause ausgestoßen wissen wollten. Nur die sichere Aussicht, daß Adams sofort wiedergewählt werden würde, brachte die erregten Geister so weit zur Besinnung, daß sie sich für eine von Marshall aus Kentucky eingebrachte Resolution entschieden, welche die strengste Rüge gegen Adams aussprach. Letzterer verteidigte sich jedoch mit Aufbietung aller Kräfte und war darin so glücklich, daß seine Feinde schließlich froh waren, am 5. Februar die ganze Angelegenheit dadurch aus der Welt zu schaffen, daß die Petition mit 106 gegen 93 Stimmen auf den Tisch gelegt wurde. Ein gleiches Schicksal wurde einer von Giddings zur Vorlesung gebrachten Petition aus Ohio, welche ebenfalls die Auflösung der Union vorschlug, zu teil.

Eine weniger glimpfliche Behandlung erfuhr der letztgenannte Abgeordnete aus Anlaß seiner Angriffe auf die Sklaverei

bei der Debatte über die Negermeuterei auf dem amerikanischen
Schiffe „Creole". Dasselbe war am 27. Oktober 1811 von
Hampton nach New Orleans gesegelt, unterwegs jedoch von den
an Bord befindlichen Sklaven in Besitz genommen, welche sich
mit dem Schiffe nach dem englischen Hafen Nassau flüchteten.
Der amerikanische Konsul verlangte die Herausgabe der Sklaven,
was England, seiner früheren Praxis gemäß, verweigerte. Giddings brachte nun im Kongresse eine Reihe von Resolutionen
ein, welche das Verhalten der Neger billigten und dieselben als
freie Menschen erklärten, da — wie er argumentierte — die
Sklaverei nur eine munizipale Angelegenheit sei, während auf
der hohen See nicht die Gesetze der einzelnen Staaten, sondern
die der Union, deren Verfassung keine Sklaven kenne, in Gültigkeit wären. Der Süden protestierte in der wütendsten Weise
gegen diese Resolutionen, welche „Aufruhr und Mord rechtfertigten
und billigten", und setzte es durch, daß gegen Giddings mit 125
gegen 69 Stimmen die Rüge ausgesprochen wurde. Der durch
das rechtlose Benehmen der Sklavokratie — selbst eine Ver-
teidigungsrede zu halten, war ihm nicht gestattet worden — erbitterte Abgeordnete gab seinen Sitz sofort auf, erhielt jedoch die
Genugthuung, von seinen Wählern mit überwiegender Majorität
wiedergewählt zu werden.

Von welchem Übermute die Sklavenhalterpartei beseelt war,
zeigt am deutlichsten ihr Verhalten zu dem von England, Frankreich, Rußland, Preußen und Österreich am 20. Dezember 1841
zu London abgeschlossenen Quintupelvertrag behufs Unterdrückung
des Sklavenhandels. Nicht zufrieden mit dem Erfolge eines
Pamphlets gegen die herrschsüchtigen Bestrebungen Englands
legte der amerikanische Gesandte am französischen Hofe, Lewis
Caß, gegen die Ratifikation des Vertrages seitens Frankreich
ohne weiteres Protest ein, der auch von der amerikanischen Regierung später bestätigt wurde. Beides hat wohl dazu beigetragen, den Namen des grimmigen Verfechters der Sklavokratie
bei den Demokraten populär zu machen, aber nicht vermocht,

den Gang der Zivilisation aufzuhalten, welche gebieterisch das
Ende eines Unwesens forderte, dessen Existenz eine Schmach für
sämtliche am überseeischen Verkehr beteiligten Mächte war. Auch
die Union konnte sich dieser Forderung der Humanität auf die
Dauer nicht entziehen, sondern traf mit England die Bestimmung,
daß jedes Land an der afrikanischen Küste ein Geschwader halten
solle, bestimmt mit vereinten Kräften den Sklavenhandel zu unter=
drücken. Daß mit dieser Strenge gegen die Sklavenhändler
die Verschärfung der Bestimmungen über die Behandlung der
unglücklichen Opfer im eigenen Lande in schreiendem Widerspruche
stand, focht weder die Politiker im Senat und Kongreß, noch
das Haupt der Exekutive an.

Die Texasfrage gewann unter Tyler insofern erhöhte Be=
deutung, als sie im Wahlkampfe von 1844 das entscheidende
Moment wurde. Texas war damals beim Bankrott angelangt,
das Land schien trotz der Schwäche Mexiko's verloren, wenn
nicht bald von den Vereinigten Staaten gegen das unter Arista
anrückende mexikanische Heer Hilfe kam. Ein Zwischenfall
ernster Art hätte den stets verschobenen offenen Streit schnell
herbeigeführt, wenn nicht die Bundesregierung es noch immer für
klüger gehalten hätte, durch freigebig verteilte Entschuldigungen
das wieder gut zu machen, was die indiskrete Hitze Einzelner
verschuldet hatte. Der amerikanische Kommodore Jones, welcher
im Stillen Ozean kommandierte, hatte nämlich auf das Gerücht
hin, daß die Union und Mexiko im Kampfe mit einander lägen,
seinen Posten an der Küste von Peru verlassen, und war nach
Mexiko und Kalifornia gesegelt, wo er ohne weiteres Monterey
besetzte, bis ihn neuere Nachrichten das Unsinnige seines Planes
einsehen ließen. Auf die Beschwerde Mexiko's antwortete das
Washingtoner Kabinet, daß Jones Mexiko nicht habe kränken
wollen, und das Haus stimmte dieser lahmen Ausrede zu, indem
es das Begehren Adams', durch eine Resolution das Vorgehen
des Kommodore zu tadeln, mit 83 gegen 74 Stimmen abschlug.

Die Rücksicht auf die Präsidentenwahl bestimmte die demokratische Partei, welche sich jetzt wieder als Herrscherin fühlte, sich des Einflusses des noch immer populären Jackson zu vergewissern, zu welchem Zweck Gilmore Anfang 1843 einen Brief veröffentlichen ließ, in welchem namentlich auf die Bestrebungen Englands, sich des fruchtbaren Landes zu bemächtigen, angespielt und die Annexion als zur Stärkung der Union unbedingt notwendig hingestellt wurde. Jackson ging auf das Spiel ein, und antwortete in einem Briefe vom 12. Februar 1843 an A. V. Brown, der denselben ein Jahr später mit dem Datum von 1844 veröffentlichen ließ. Durch diese und ähnliche künstlich herbeigeführte Kundgebungen wurde es bewirkt, daß die demokratische Partei in der Annexion von Texas für diesmal ihren Schlachtruf erblickte.

Die Festsetzungen der Schiedsgerichtskommission waren noch nicht alle erledigt, als die Bundesregierung mit Mexiko die Einberufung einer neuen Konvention bestimmte, in welcher nicht nur die amerikanischen, sondern auch die mexikanischen Forderungen ins Reine gebracht werden sollten. Drei Monate nach dieser Vereinbarung am 8. Mai 1843 legte Webster sein Amt nieder, welches Upshur übertragen wurde. Derselbe ging eifrig auf sein Ziel: die Annexion, los, trotzdem daß Mexiko erklären ließ, daß es die Annexion als Kriegserklärung betrachten werde. Sonderbarerweise zeigte sich Texas jetzt wenig geneigt, das Anerbieten der Union mit Freuden zu ergreifen, da zwischen ihm und Mexiko durch Vermittelung von England und Frankreich neue Verhandlungen schwebten. Die texanischen Abgesandten verlangten daher von der Bundesregierung eine klare Antwort auf die inhaltsschwere Frage, ob die Union bereit wäre, das Land mit Waffengewalt gegen Mexiko, das die Feindseligkeiten sofort wieder eröffnen würde, zu beschützen. Upshur vermied es, hierauf eine deutliche Erwiderung zu geben; dies that erst Calhoun, welcher nach dem durch das Springen einer Kanone auf dem amerikanischen Schiffe „Princeton" verursachten Tode Upshur's

das Staatssekretariat übernahm, indem er am 11. April 1844
an die Vertreter von Texas in Washington schrieb, daß „Befehl
erteilt worden sei, ein starkes Geschwader im Golf von Mexiko
zu konzentrieren und an der Südwestgrenze Truppen zusammen=
zuziehen, um jeder Eventualität zu begegnen." Am nächsten
Tage wurde der Annexionsvertrag unterzeichnet und vereinbart.
Den Rat Englands an Mexiko, Texas aufzugeben, aber gleich=
zeitig dafür Sorge zu tragen, daß die Sklaverei daselbst ver=
boten würde, benutzte Calhoun mit bewußter Verdrehung der
Thatsachen, um dem amerikanischen Volke und namentlich dem
Süden das Schreckbild der englischen Tyrannei vorzuhalten und
mit einem kühnen logischen Salto = Mortale zu folgern, daß
Amerika durch diese Politik Englands jetzt zur sofortigen Annexion
gezwungen sei. Wiederum war es das Sklavenhalterinteresse,
welches der Union die Politik vorschrieb und diesmal selbst auf
die Gefahr eines Krieges hin!

Der Senat verwarf jedoch am 8. Juni mit 35 gegen 16
Stimmen den Annexionsvertrag. Zwei Tage später sandte Tyler
eine Botschaft an das Haus, welchem er auch alle Aktenstücke
zur Verfügung stellte, um auf diese Weise eine Entscheidung
herbeizuführen. Benton kam ihm im Senat zu Hilfe, indem er
gleichzeitig eine Bill einbrachte, welche den Präsidenten er=
mächtigte, mit Mexiko und Texas in Unterhandlung über die
Annexion zu treten. Das Vorrücken des Generals der mexi=
kanischen Nordarmee bewog ferner Calhoun, seiner früheren
Zusage gemäß am 17. September den Einmarsch der Bundes=
truppen in Texas anzubefehlen. Den Haupttrumpf in der An=
gelegenheit lieferte jedoch das Ergebnis der Präsidentenwahl,
welche mit dem Siege Polks, des Kandidaten der Annexionisten=
partei geendigt hatte. Noch niemals waren so viele Kandidaten
aufgestellt gewesen, wie am Ende der Tylerschen Periode, in
der sämtliche Parteien mehr als einmal den Weg vom Gipfel
der Macht bis zur völligen Unthätigkeit hatten zurücklegen
müssen. Die Whigs hatten durchweg Clay aufgestellt, dem nur

seitens Webster eine ungefährliche Konkurrenz gemacht wurde. Tyler kämpfte mit Aufbietung aller Kräfte, aber mit wenig Aussicht auf Erfolg für seine Wiederwahl, bis er am 20. August 1845 seine Kandidatur zurückzog: die Demokraten wiesen die größte Zahl von Bewerbern auf, von denen jedoch Johnson, Caß, Buchanan und Calhoun nacheinander verzichteten, so daß schließlich nur Van Buren übrig zu bleiben schien. Dem war jedoch nicht so, da die strengen Annexionisten auf der demokratischen Konvention zu Baltimore die Wahl ihres Kandidaten Polk durchsetzten. Die Hauptpunkte des Programmes waren die Texasfrage, die Zollpolitik und die Nationalbank. In ersterer Hinsicht war sofortige Annexion die Parole, während bei der zweiten Frage diesmal keine Übereinstimmung zwischen den freihändlerischen Demokraten und Annexionisten des Südens und den schutzzöllnerischen Demokraten des Nordens herbeigeführt werden konnte, weshalb der betreffende Passus in einer Vagheit abgefaßt wurde, die jede Deutung zuließ. Eine Nationalbank wurde allgemein als verfassungswidrig und verderblich verworfen. Das Wahlergebnis war für Polk 170, für Clay 105 Stimmen, so daß ersterer mit bedeutender Majorität gewählt war. Als Vizepräsident wurde Dallas ernannt. Erwähnenswert ist noch, daß Birnay, der Kandidat der Freiheitspartei 64653 Stimmen erhalten hatte, die mit den Whigs vereinigt, leicht die demokratische Koalition hätten umstoßen können.

Tyler benutzte dieses imposante Votum für die Annexion als Mittel zum Zweck, indem er am 3. Dezember dem Hause vorschlug, daß eine gemeinsame Resolution beider Häuser der leichteste und einfachste Weg der Annexion sei. Trotz der hierin liegenden offenbaren Verletzung der Verfassung wurde die Resolution mit Aufnahme der Bestimmungen über die Missourilinie vom Kongreß am 25. Februar mit 120 gegen 98 Stimmen angenommen. Im Senat wogte der Kampf unentschieden hin und her, bis Walker von Mississippi einen Zusatz beantragte, nach dem der Präsident mit Texas auch einen Annexionsvertrag abschließen dürfe, falls ihm dies besser erscheine. Mit diesem Amendement erhielt die Resolution im Senate eine Majorität von 2 Stimmen (27 gegen 25) und im Kongreß eine solche von 56 Stimmen (132 gegen 76), nachdem noch die geheime Verabredung getroffen war, daß der Präsident sich für den Vertragsweg entscheiden und so seinem Nachfolger die eigentliche Arbeit überlassen solle: Am 1. März unterschrieb der Präsident die „gemeinsame Resolution", um kurz vor Thoresschluß, am Abend des 3. März, die Aufforderung an Texas ergehen zu lassen, daß es sich der Resolutionen behufs seines Eintrittes in die Union bedienen möge. Wenige Stunden nach dieser Verfassungsverletzung, welche Calhoun später dadurch entschuldigte, daß der Senat damals doch keinem Vertrage seine Zustimmung gegeben hätte, erlosch der Amtstermin Tyler's, welcher, von keiner Partei unterstützt und als Führer anerkannt, in das Privatleben zurücktrat.

James K. Polk.

Unter der Präsidentschaft Polk's gelangte die Texasfrage endlich zur Entscheidung. Lange genug war auf beiden Seiten mit Worten gestritten und das Recht mit Füßen getreten worden. Jetzt sollte das blutige Kriegsspiel entscheiden, wer der stärkere sei, die jugendfrische, aufstrebende Union oder das altersschwache, zerrüttete Mexiko, dessen Befreiung vom spanischen Joche einst die Vereinigten Staaten ebenso lebhaft begrüßt hatten, als sie jetzt seine baldige Niederlage ersehnten. Dennoch sollten die Kriegshoffnungen sich nicht sogleich verwirklichen; in seiner Antrittsrede begnügte sich der Präsident damit, die Angelegenheit mit Texas als eine interne Sache zu erklären und verweilte lieber längere Zeit bei der „Oregonfrage", die seit dem letzten Wahlzuge ebenfalls einen akuten Charakter angenommen hatte. Auch das Kabinet, welches Polk bildete, war kein solches, auf dessen Programm die blutige Lösung der Texasfrage mit fetten

Lettern geschrieben stand, sondern setzte sich aus Männern zu=
sammen, die einfach der demokratischen Partei angehörten, ohne
ihr die Richtung zu geben. Staatssekretär war James Buchanan,
der nachherige Präsident, geworden, Finanzminister Robert J.
Walker von Mississippi, Kriegssekretär der Ex=Gouverneur Wil=
liam L. Marcy von New York, während der Mangel jedweden
Verständnisses in Seeangelegenheiten den berühmten Geschichts=
schreiber der Vereinigten Staaten George Bancroft als besonders
qualifiziert zum Marineminister erscheinen ließ. Im ganzen ein
Kabinett von recht achtungswerten Kapazitäten, aber ohne be=
sonders hervorragende Ideeen, falls man nicht den von Marcy
zuerst offen proklamierten, aber bekanntlich schon längst befolgten
Grundsatz: „Dem Sieger gehört die Beute" als eine solche an=
sehen will.

In der Platform (Programm) der demokratischen Wahl=
konvention zu Baltimore hatte die Erwerbung von ganz Oregon
eine bedeutende Rolle gespielt. Unzweifelhaft hatten die Ver=
einigten Staaten ein Recht darauf, aber es galt dies Recht nun
auch gegen die Gelüste Englands zu behaupten, welches durch
den Verkauf der Ansiedelung Astoria seitens der amerikanischen
„Pacific Fur Company" an die englische „Nordwest Company"
gleichfalls einen Anspruch auf das Land erhob. Nach dem
Frieden von Gent war allerdings Astoria wieder zurückgegeben,
die prinzipielle Lösung des Streites jedoch verschoben worden,
indem man am 20. Oktober 1818 eine Konvention auf 10 Jahre
schloß, die das Land den Angehörigen beider Nationen offen
ließ. Als die Frist abgelaufen war, war der Kongreß noch
nicht über die zu ergreifenden Maßnahmen schlüssig ge=
worden und so wurde die Verlängerung der Konvention auf un=
bestimmte Zeit mit einem Kündigungsrecht von 12 Monaten
vereinbart. Bis jetzt hatten die Engländer das Hauptkontingent
zu den Ansiedlern gestellt, und die englische „Hudson's Bay
Company" war die wirkliche Beherrscherin des Gebietes. Diese
Verhältnisse änderten sich jedoch allmählich, immer neue Scharen

amerikanischer Farmer langten an, welche sich häuslich nieder=
ließen und bald das Verlangen an den Kongreß stellten, die

Fig. 21.

H. Fremont
(Nach Cassel, History.)

„förmliche und schleunige Besitzergreifung" des Territoriums
vorzunehmen, was jedoch an der Unschlüssigkeit des Hauses, das

zwar einen Ausschuß nach dem andern einsetzte, aber nichts
entschied, scheiterte. Erst der Zug über das Felsengebirge von
John C. Fremont und die Überführung einer großen Karawane
von 200 Wagen durch Whitman von Missouri nach Oregon
bewiesen die Wichtigkeit raschen Handelns, so daß schon am
8. Januar 1844, nachdem neue Verhandlungen mit England
kein Resultat ergeben hätten, Sample von Illinois den allerdings
vergeblichen Antrag stellte, den Präsidenten zur Kündigung der
Konvention 1817/28 aufzufordern.   Gleich fruchtlos war das
Anerbieten Englands, die Streitfrage der Beurteilung eines
Schiedsrichters zu unterbreiten, da die amerikanische Regierung
noch immer auf dem Wege langsamer Verhandlung — der Politik meisterhafter Unthätigkeit — in den Besitz von ganz Oregon
zu kommen und England von der Teilhaberschaft an der Schiff-
fahrt auf dem Columbia auszuschließen hoffte.   Der Kongreß
unterstützte die Regierung hierin ganz beträchtlich, indem er am
27. April 1846 den Präsidenten autorisierte, „nach seiner Diskretion" die Konvention zu kündigen, wobei jedoch von allen
Rednern die Eventualität einer kriegerischen Verwickelung mit
England von vornherein aufrichtig perhorreszicrt wurde. Dank
dem Entgegenkommen von England und der verständigen Politik
des Senats, welchem der Präsident die Entscheidung anheim gestellt hatte, um sich auf diese Weise aus der Schlinge heraus-
zuziehen, in welche er durch seine frühere emphatische Forderung
von ganz Oregon, d. h. bis zum 54⁰ 40', geraten war, wurde
es möglich am 15. Juni 1846 eine Konvention zu unterzeichnen,
die den Vereinigten Staaten das Gebiet bis zum 49. Grade zusprach.   Seitdem bald darauf durch den mexikanischen Krieg
Kalifornien in die Hände der Amerikaner geriet, war ihre Herrschaft am Gestade des Stillen Ozeans fest begründet und der
Zeitpunkt gekommen, wo sie ihre segensreiche und bedeutsame
Stellung in der Weltökonomie einnehmen konnten.

In der Texasfrage waren dem neuen Präsidenten durch die
letzte Maßnahme Tylers gleichsam der Weg vorgezeichnet. Er

Auswanderer auf dem Zuge gen Westen. (Nach Weſſing.)

wählte auch entgegen der allgemeinen Voraussetzung nicht einen
Annexionsvertrag, sondern die gemeinschaftliche Resolution beider
Häuser, um Texas in den Verband der Union aufzunehmen. Es
war leicht, jetzt Polk, der sich früher ebenfalls für den Vertrag
ausgesprochen hatte, als wortbrüchig hinzustellen, während doch
die hochweisen Senatoren sich nur selber anklagen konnten, daß
sie für die schönen Augen des Präsidenten ihre heilige Pflicht,
die Verfassung zu schützen, leichten Herzens geopfert hatten. Zudem
herrschte in Texas jetzt eine andere Stimmung wie früher, die
es zweifelhaft erscheinen ließ, ob das Resultat auch dem hohen
moralischen Einsatze, den die Union gemacht hatte, entsprechen würde.
Mexiko, welches jetzt unter der Herrschaft des Präsidenten
Herrera stand, war bereit, die Unabhängigkeit von Texas anzuer=
kennen, und in der That wurde am 29. März 1845 ein Präli=
minarfriede in dieser Hinsicht geschlossen, der aber nicht den Beifall
des Kongresses von Texas fand, dessen einstimmig bejahendes
Votum über die Annexion am 4. Juli von einer eigens vom
Volk gewählten Konvention bestätigt wurde.

Von diesem Augenblicke war es klar, daß der Streit auf
irgend eine Art einen ernsthaften Charakter annehmen würde,
und das Washingtoner Ministerium hielt es deshalb für geboten,
einen Teil der disponiblen Militärmacht unter General Zacharias
Taylor nach Texas zu schicken, wo derselbe sich zunächst bei
Corpus Christi festsetzte, später jedoch bis in die Umgegend von
Matamoros, an dem untern Lauf des Rio Grande, dessen linkes
Ufer bisher nie von Texanern bewohnt gewesen war, vorrückte,
um im Falle weiterer Verhandlungen als glücklicher Besitzer einen
neuen Druck auf das unglückliche Mexiko ausüben zu können.
Der amerikanischen Politik schwebte damals ferner die Eroberung
von Kalifornia und Neu=Mexiko als festes Ziel vor, und sie ließ
kein Mittel unbenutzt, um dasselbe zu erreichen. Während sie im
geheimen Depeschen an die amerikanischen Generäle und Kommo=
dore absandte und sie zum rücksichtslosen Vorgehen ermunterte,
hatte sie im offiziellen Verkehr mit Mexiko kaum Worte genug,

um in möglichst scheinheiliger Weise ihre friedlichen Absichten zu beteuern. Den Trumpf spielte jedoch Polk, der eine wahre Leidenschaft bei diesem Intriguenspiel offenbarte, mit seinem letzten Kaufvorschlage aus, den er der mexikanischen Regierung durch den außerordentlichen Gesandten Slidell unterbreiten ließ, und der folgendes Anerbieten enthielt: „Die Vereinigten Staaten bezahlen selbst die amerikanischen Gläubiger und zahlen Mexiko noch 5 Millionen Dollars für Neu-Mexiko, oder übernahme der Schulden und Zahlung von 25 Millionen Dollars für Neu-Mexiko und Kalifornia.

Slidells Mission hatte jedoch, wie dies bei dem Stolz der mexikanischen Regierung vorherzusehen war, nicht den gewünschten Erfolg. Als er in Mexiko angelangt war, fand er eine neue Revolution im Anzuge, die richtig bald ausbrach und den General Paredes an die Spitze der Staatsleitung stellte. Die neue Regierung weigerte sich aber ebenso beharrlich, wie die vorige, Slidell als Gesandten anzuerkennen, so daß ihm nichts anderes übrig blieb, als unverrichteter Sache nach Hause zurückzukehren. Polk hatte inzwischen, des langen Zauderns müde, auf eigene Verantwortung am 13. Januar 1846 Taylor den Befehl gegeben, soweit als irgend möglich vorzurücken, was notwendiger-weise zum Bruche führen mußte, da der in Matamoros komman-dierende mexikanische General Ampudia sich unbedingt einem feind-lichen Angriffe und Besitznahme der Rio Grande-Mündung nach Kräften widersetzen mußte. Ein Schreiben Ampudias, welches Taylor aufforderte, sich bis an den Nuencesstrom zurückzuziehen, beantwortete Taylor mit der Sperrung der Rio Grande-Mündung, mit welchem Ereignis der Krieg seinen Anfang nahm. Am 24. April kündigte Arista, der den Oberbefehl wieder über-nommen hatte, Taylor an, daß er die Feindseligkeiten als be-gonnen erachte, und den Tag darauf floß das erste Blut in einem Scharmützel zwischen einem Trupp amerikanischer Dragoner unter Kapitän Thornton und den Mexikanern, die den Sieg durch ihre überlegene Anzahl mit Leichtigkeit davontrugen.

Die Nachricht hiervon langte am 9. Mai in Washington an. Der Präsident richtete zwei Tage darauf — der nächste Tag war ein Sonntag — eine Botschaft an den Kongreß, die den Stand der Angelegenheit darlegte und die Kriegserklärung aussprach. Das Haus trat als „Ausschuß des Ganzen" sofort in die Beratung der Botschaft ein und genehmigte eine vom Ausschuß für militärische Angelegenheiten vorgelegte Bill, in deren Eingang die Behauptung des Präsidenten wiederholt war, daß „der Krieg durch die That Mexikos herbeigeführt sei", und welche den Präsidenten autorisierte, 50 000 Freiwillige anzuwerben und zehn Millionen Dollars für die Kosten des Feldzuges zu verwenden. Im Senat setzte es freilich erst einen langen und harten Kampf, ehe derselbe am 12. Mai die Bill genehmigte, da die Opposition, der auch diesmal Calhoun sich beigesellt hatte, dessen Billigkeits- und Ehrgefühl gegen eine derartige Verletzung der Konstitution sich aufbäumte, in nachdrücklicher Weise ihre Stellungnahme verteidigte.

Das Kriegsglück war den Amerikanern günstig; Taylor besetzte nach einigen siegreichen Gefechten bei Palo Alto und Resaca de la Palma am 18. Mai Matamoros, das für die weiteren Bewegungen eine wichtige Position war. Noch größer aber waren die Erfolge, welche Fremont und Kearney in Kalifornien und Neu-Mexiko davon getragen hatten. Letzterer war nach Santa-Fé aufgebrochen, das er mit größter Leichtigkeit einnahm, trotzdem, er unterwegs durch einen Paß zu ziehen hatte, der den mexikanischen Truppen einen prächtigen Verteidigungsposten dargeboten hätte. Nachdem Kearney die Bewohner als „Bürger der Vereinigten Staaten" in Anspruch genommen und eine provisorische Regierung eingesetzt hatte, zog er nach Kalifornia, wo er jedoch die ganze Kriegsarbeit schon erledigt fand. Im Mai 1845 hatte Kapitän John Fremont eine dritte Entdeckungsreise nach dem Westen angetreten und war bis nach Monterey am stillen Ozean gelangt, von wo er sich nach dem Thale des San Joaquin begeben wollte, um daselbst zu überwintern. Der mexikanische Befehlshaber Castro hegte jedoch gegen ihn den Verdacht, daß er die Bevölkerung aufreizen wolle und versuchte deshalb Fremont mit Gewalt aus dem Lande zu jagen. Dem Mute und der Umsicht Fremonts gelang es sich mit seiner kleinen Schar nach Oregon zu wenden, wo er den Besuch des Leutnant Gillespie erhielt, der geheime Instruktionen überbrachte, welche zu den damals noch üblichen Friedensbeteuerungen Polks in bedenklichem Gegensatze standen. Im Sommer 1846 gelang es Fremont, mit den amerikanischen Ansiedlern die spanische Herrschaft zu brechen, so daß schon am 4. Juli Kalifornia als unabhängige Republik ausgerufen werden konnte. Die amerikanische Flotte unterstützte diese Bestrebungen so viel als möglich; am 2. Juli langte der Kommodore Sloat, welcher nach dem Empfange der Nachricht von dem Scharmützel des 25. April sofort nach Kalifornia gefahren war, vor Monterey an, das sich ihm ohne erheblichen Widerstand am 6. Juli ergab. Als jedoch Sloat von Fremont hörte, daß dieser ohne spezielle Autorisation sich gegen Castro erhoben hätte, fürchtete er einen dummen Streich begangen zu haben und war froh, in seinem schlechten Gesundheitszustand einen Vorwand zur Abgabe des Kommandos an Kommodore Stockton zu finden, der nun mit Fremont zusammen die Eroberung und Befreiung des Landes vollendete und am 13. August in der Hauptstadt Los Angeles einzog, den Bewohnern die frohe Kunde meldend, daß jetzt überall die mexikanische Flagge durch die amerikanische verdrängt worden sei.

Um dieselbe Zeit war in der Regierungsgewalt Mexiko's wieder ein Wechsel eingetreten, der den früheren Präsidenten Santa Anna von neuem zum Machthaber erhob. Anfang August war Paredes gestürzt worden, am 15. August traf Santa Anna, von Havana kommend, in Mexiko ein, wo er sofort energische Maßregeln zur Verteidigung ergriff und damit die bisher gehegte Hoffnung der Union, durch Zahlung von einigen Millionen Dollars in den Besitz der gewünschten Gebiete zu gelangen,

völlig zu Schanden machte. Eine diesbezügliche Bill hatte Mac
Kay von Nordkarolina bereits am 8. August dem Kongreß vor=
gelegt, der dieselbe auch zu genehmigen bereit war, als ein Demo=
krat von Pennsylvania, Wilmot, aufstand und das Proviso be=
antragte, daß „in allen von Mexiko zu erwerbenden Gebieten
die Sklaverei für immer verboten sein solle." Der Antrag kam
so unerwartet, daß der Süden ihn nicht sofort abwehren konnte
und das Haus mit 83 gegen 64 Stimmen den Zusatz annahm.
Zum Glück für den Süden hielt eine Rede von John Davis,
der für das Proviso war, den Senat so lange hin, daß der
Schluß der Session erfolgen mußte, ohne daß die Abstimmung
hätte vorgenommen werden können, wodurch das Proviso jedoch
nur verschoben, nicht beseitigt worden war.

Die Nachrichten vom Kriegsschauplatze lauteten andauernd
günstig; am 24. September hatte sich Monterey, die Hauptstadt
von Nuevo Leon, ergeben, und bald darauf war von Taylor
ein Waffenstillstand geschlossen worden, da ihm die Gerüchte
von Friedensverhandlungen zu Ohren gekommen waren, die sich
jedoch keineswegs bestätigten. Im Gegenteil beschloß die Re=
gierung von Washington, den Krieg mit möglichster Energie
fortzuführen, und schickte zu diesem Zwecke im November den
alten verdienten General Scott mit einer starken Armee gegen
Vera-Cruz, um von dort aus direkt einen Vorstoß gegen die
Hauptstadt Mexiko zu führen. Im Kongreß wurden inzwischen
munter die Verhandlungen über das Wilmot=Proviso fortgesetzt,
das als Amendement zu einer von Preston King von New York
am 4. Januar 1817 eingebrachten Bill figurierte, welche dem
Präsidenten drei Millionen zum Kaufe von Texas zur Ver=
fügung stellen wollte. Calhoun legte bei dieser Gelegenheit in
der Hoffnung, die sämtlichen Abgeordneten aus den Südstaaten
zu einer kompakten Partei zu vereinigen, eine Reihe von Reso=
lutionen vor, deren Inhalt wie folgt lautet: „Die Territorien
sind das gemeinschaftliche Eigentum der verschiedenen die Union
bildenden Staaten, — der Kongreß darf kein Gesetz machen, das

direkt oder indirekt die volle Gleichberechtigung irgend welcher
Staaten hinsichtlich der Territorien verkümmert; — ein Gesetz,
das die Bürger gewisser Staaten verhindert, sich mit ihrem
Eigentum in den Territorien niederzulassen, würde das thun.
— Die Aufnahme eines Staates in die Union darf an keine
andere Bedingung geknüpft werden, als an die daß er eine republi=
kanische Verfassung habe." Calhoun täuschte sich in dem Erfolge
seiner Resolutionen, — nichts destoweniger gelang es den An=
strengungen der Sklavenhalter, die Bill allein, ohne das Pro=
viso, durchzubringen und somit dem nächsten Kongreß die Auf=
gabe zuzuschreiben, sich mit der Organisierung der von Mexiko
zu erwerbenden Territorien zu beschäftigen.

Im weiteren Verlauf des Krieges erfocht Taylor am 22.
und 23. Februar 1847 zu Buena Vista über das 20 000 Mann
starke Heer Santa Annas einen entscheidenden Sieg, dem bald
darauf eine Reihe von Heldenthaten der Scottschen Armee folgte,
so daß die Gewißheit einer glücklichen Beendigung des Krieges
für die Amerikaner täglich wuchs. Scott hatte am 29. März
Vera Cruz und San Juan d'Ulloa erobert und dann seinen
Marsch in das Innere des Landes angetreten, der ihn bis zur
Hauptstadt führen sollte. Am 18. und 19. April 1847 besiegte
er zu Cerro Gordo, am 19. August zu Contreras und am fol=
genden Tage zu Churubusco das von Santa Anna in aller
Eile zusammengeraffte Heer, welches sich nun auf die Stadt Mexico
zurückzog, aber wenig Gewähr für die Rettung der Stadt bieten
konnte. Nach dem Eintreffen eines neuen diplomatischen Ge=
sandten von Washington N. P. Trist, bei dem Heere Scott's
waren die Verhandlungen wieder aufgenommen, und am 23. August
war ein Waffenstillstand vereinbart worden, den Santa Anna
zur Verstärkung seiner Streitkräfte erfolgreich benützte. An der
Weigerung Mexikos, mehr als Oberkalifornia abzutreten, schei=
terten jedoch die Verhandlungen, und Scott kündigte sofort den
Waffenstillstand. Am 8. September schlug er die Mexikaner
von neuem bei Molino del Rey, am 13. wurde Chapultepec

erobert und schließlich am 14. die Hauptstadt selbst besetzt. Santa Anna hatte sich nach Guadalupe Hidalgo geflüchtet, von wo aus er im Oktober 1847 einen Versuch machte, Puebla zu er-

Fig. 23.

General Scott.
(Nach Cassel, History.)

obern, jedoch zurückgeschlagen wurde, und von einem Ort zum andern flüchten mußte. Niedergebeugt und ermüdet legte er sowohl die Präsidentschaft als den Generalsposten nieder und

Fig. 24.

Mexiko. (Nach Cassel, History.)

begab sich am 5. April 1848 nach Jamaika, eine günstige Ge=
legenheit zur Rückkehr in das öffentliche Leben Mexiko's erwartend.
Wenige Wochen vor seinem Abzuge war schon der Friede zu
Guadalupe Hidalgo unterzeichnet worden, trotzdem daß Trist
hierzu keine Vollmacht mehr besaß, da er am 16. November 1847
bereits einen Abberufungsbefehl von Minister Buchanan erhalten
hatte. Der Friede vom 2. Februar 1848 bestimmte, daß Mexiko
an die Vereinigten Staaten Neu=Mexiko und Ober=Kalifornia
gegen eine Zahlung von 15 MillionenDollars abtrat und den
Rio Grande als Grenzfluß von Texas anerkannte, sowie daß
die Union alle Schuldforderungen, welche amerikanische Bürger
gegen Mexiko erhoben hätten, bis zur Höhe von 3 1/2 Millionen
Dollars übernahm. Polk erklärte sich mit diesen Bedingungen
einverstanden und sandte den Vertrag dem Senate am 22. Februar
zur Ratifikation zu, welche am 16. März erfolgte. Am 30. Mai
wurden endlich zu Queretaro die Ratifikationen des Friedens
ausgetauscht, und damit ward eine Episode beendigt, die, so unrühm=
lich sie vom Standpunkte der Idealpolitik erscheinen mag, für
die Entwickelung der Union von weittragender Bedeutung ge=
wesen ist.

Die schwierigste Aufgabe stand jedoch noch bevor. Es galt,
den neuen Territorien Verfassungen zu geben, wobei natürlich
die Sklavenfrage der streitige Punkt war, der zu endlosen De=
batten und zahllosen Anträgen führte. Von seiten der
Sklavenhalter wurde jetzt mit Vorliebe die „Squattersouverä=
netät" hervorgehoben, welche Lehre darthun sollte, daß es „den
Prinzipien der Selbstregierung, dem Geiste der Verfassung und
den wahren Interessen der Union am besten entspräche, die
Regelung aller innern Angelegenheiten der Territorien, die
Sklavenfrage eingeschlossen, den Territoriallegislaturen zu über=
lassen." Eine von Clayton eingebrachte Bill variierte diesen
Gedanken, indem sie vorschlug, die Gebiete als Territorien zu
organisieren und die Frage der Sklaverei dann im Wege richter=
licher Urteile durch das Oberbundesgericht zum Austrag zu

bringen; sie gelangte jedoch im Hause nicht zur Annahme und wurde auf Antrag von Al. H. Stephens mit 112 gegen 97 Stimmen auf den Tisch gelegt. Hinsichtlich Oregons gelangte man schließlich nach heißen Kämpfen am Schlusse der ersten Session des dreißigsten Kongresses zu einem für die Gegner der Sklaverei günstigen Resultate; am 13. August 1848 nahm das Haus die Bill an, welche die Sklaverei von Oregon ausschloß und vom Präsidenten mit der Motivierung, daß sie nicht gegen den Missourikompromiß verstoße, genehmigt wurde. Im Jahre 1853 wurde Oregon geteilt und das nördliche Gebiet in ein neues Territorium, Washington genannt, verwandelt.

In Kalifornia trat die Notwendigkeit einer festen Regierung mit dem Augenblicke ein, da die reichen Goldschätze entdeckt waren und das Land der Sammelplatz eines Haufens von Abenteurern aller Art, Glücksrittern, verfehlten Existenzen und an harte Arbeit gewöhnten Bergleuten wurde. Das Vorkommen von Edelmetall in Kalifornia war schon längst bekannt und auch in einer Botschaft Polks bereits erwähnt worden, ohne besondere Beachtung zu finden; als nun aber James W. Marshall am 19. Januar 1848 bei dem Bau einer Sägemühle für einen ein= gewanderten Schweizer Sutter im Schwemmsande Gold entdeckt hatte und diese Funde sich immer häufiger wiederholten, brach allenthalben das Goldfieber aus, und zu hunderten kamen die beutegierigen Abenteurer herbeigeeilt; ein Leben sonderbarster Art begann, die Preise der Lebensmittel stiegen fabelhaft, die Zeitungen stellten ihr Erscheinen ein, da Redakteur und Setzer sich in die Goldgruben begeben hatten, die Matrosen der an= langenden Schiffe desertierten haufenweise, so daß eine Reihe verlassener Fahrzeuge in den Buchten lag, das ganze Land war von fieberhafter Unruhe erfüllt, und jede neue Mär von großen Goldfunden entflammte die Begierden der Zurückgebliebenen. San Francisco wuchs binnen zwei Jahren von einem elenden Fischerdorf zur Stadt von 15 000 Einwohnern empor, und ein reges Leben bemächtigte sich der sonst so stillen Städte, die in

der Gegend der Goldminen lagen. In die vom Golddurst herbei=
geführte Gesellschaft, welche zahlreiches Gesindel und zuchtlose
Gauner aller Art einschloß, Ordnung zu bringen, erkannte Polk
als eine dringende Aufgabe an, vermochte jedoch nicht Mittel
und Wege anzugeben, wie die Kluft zwischen den Forderungen
der Sklavenhalter und dem Verlangen der Republikaner und der
kalifornischen Bevölkerung selber, das Land von dem Fluche der
Sklaverei frei zu halten, zu überbrücken sei. Ein Antrag von
Douglas, dahin gehend, Minnesota, Nebraska und Neu-Mexiko als
Territorien zu organisieren und Kalifornia als Staat zuzulassen,
der sich kraft seiner Souveränität selber über die Sklaverei äußern
könne, wurde namentlich der Bedenken halber, welche die politische
Bedeutung einer Staatenvermehrung bei den Whigs erregte, ab=
gelehnt, dagegen am 13. Dezember 1848 auf Antrag von Root
aus Ohio der Territorialausschuß mit 106 gegen 80 Stimmen
beauftragt, eine Reihe von Gesetzentwürfen zur Organisierung
von Neu-Mexiko und Kalifornia als Territorien mit der Klausel,
daß die Sklaverei verboten sei, auszuarbeiten und dem Hause
vorzulegen. Gegen diesen entscheidenden Schlag glaubte der
Süden durch eine energische Demonstration protestieren zu müssen;
am 23. Dezember 1848 traten 18 Senatoren und 51 Repräsen=
tanten der Südstaaten auf Betreiben Calhouns zu einem Kon=
vent zusammen, dessen Adreßausschuß am 13. Januar 1849 den
Entwurf einer „Adresse der südlichen Delegaten an ihre Kon=
stituenten" genehmigte, jedoch damit bei der Versammlung,
die auch südliche Whigs zu ihren Mitgliedern zählte, nicht
durchdrang. Der leidenschaftliche Protest Calhouns mußte erst
in eine eindringliche Berufung an das ganze Volk verändert
werden, um schließlich die Unterschriften von 40 Abgeordneten
zu erhalten —; wiederum war es Calhoun nicht gelungen, den
Süden zu einer homogenen Partei zusammenzuschweißen, und
die pomphaft angekündigte und in Szene gesetzte Protestversamm=
lung hinterließ kein nennenswertes Resultat!

Aber auch der Kongreß konnte trotz aller seiner Bemühungen

zu einem Abschlusse der Territorienfrage nicht gelangen. Antrag
auf Antrag wurde verworfen, bis sich zuletzt die Debatte auf
ein von Walker aus Wisconsin eingebrachtes Amendement zur
Budgetbill (General Appropriation Bill) beschränkte, das den
Präsidenten ermächtigen sollte, die Verfassung der Vereinigten
Staaten auf die Territorien auszudehnen und alle geeigneten
und nützlichen Regeln und Regulationen vorzuschreiben und fest=
zusetzen", jedoch gleichfalls nach erbittertem Kampfe, der sich nicht
nur auf Redeschlachten beschränkte, sondern zu regelrechten Boxe=
reien im Hause führte, in der Nacht vom 3. auf den 4. März
1849 abgelehnt wurde. Die Entscheidung über das neu er=
worbene Gebiet war daher nochmals verschoben worden — wahr=
lich nicht zum Ansehen der legislativen Gewalt der Union,
welche, mit ihrem unfruchtbaren Streite beschäftigt, die notwendig=
sten Bedürfnisse der Bewohner jener Gebiete vernachlässigte. Von
sonstigen Ereignissen unter der Präsidentschaft Polks sind noch
die Aufnahme neuer Staaten in den Verband der Union, sowie
die Pläne betreffs Kuba und Yukatans zu erwähnen. Gemäß
dem bisher üblichen Gebrauch, je einen Sklaven= und einen freien
Staat aufzunehmen, verkuppelte man die beiden Bills über
Florida und Jowa zu einer einzigen, welche mit 145 gegen 34
Stimmen vom Repräsentantenhause angenommen wurde. Einige
Jahre später im Mai 1848 wurde auch das bisherige Terri=
torium Wisconsin zum Staate erhoben, im März 1849 schließ=
lich das Territorium Minnesota organisiert.

Über Yukatan, das als ein von der mexikanischen Regierung
ziemlich unabhängiger Staat dastand, berichtete der Präsident
am 29. April 1848, daß der dortige Gouverneur seine Bereit=
willigkeit ausgesprochen habe, „die Herrschaft und Souveränität der
Halbinsel auf die Union zu übertragen, deren Hilfe das Land sich
in seinen Kämpfen mit den Indianern erbitte." Einige Heißsporne
des Südens erblickten darin schon die günstige Gelegenheit, den
amerikanischen Einfluß in Mittelamerika zu verstärken und plai=
dierten für sofortige Annexion. Der Kongreß lehnte jedoch die

Verantwortung hierfür ab und war froh, die Angelegenheit auf die Nachricht hin, daß die streitenden Parteien in Yukatan sich vertragen hätten, ruhen lassen zu können.

Die reiche Insel Kuba war nicht minder ein Gegenstand der eifrigsten Fürsorge der Südstaatler. Ihrem Drängen ist es zuzuschreiben, daß die amerikanische Regierung in vertraulicher Weise bei Spanien anfragen ließ, ob letzteres gewillt sei, Kuba zu verkaufen, wobei ein Angebot bis zu 100 Millionen Dollars ins Auge gefaßt war. Spanien wies den Antrag kurzer Hand zurück, der trotz der Diskretion, mit welcher er behandelt worden war, ruchbar wurde und Anlaß zu heftigen Klagen gegen den beutegierigen Süden gab.

Bei der Präsidentenwahl maßen diesmal drei Parteien ihre Kräfte. In der demokratischen Nationalkonvention, welche am 22. Mai 1848 zu Baltimore zusammenkam, waren nämlich von New York aus zwei Delegationen angelangt, von denen die eine, die Partei der regulären Demokraten, Hunkers genannt, die andere die Gruppe der Reformdemokraten, Barnburners (Scheunenverbrenner) betitelt, vertrat. Letztere begnügten sich jedoch nicht mit den Beschlüssen der Baltimorekonvention, welche Lewis Caß und William O. Butler als Kandidaten nominiert hatte, sondern beriefen eine eigene Konvention nach Buffalo (9. August 1848), in der sie den Namen „Free soil Party" annahmen und Van Buren und Charles Francis Adams, Sohn des am 23. Februar 1848 verstorbenen John Quincy Adams, aufstellten. Die Whigs hatten sich in der Philadelphiakonvention (7. Juni 1848) auf den durch den mexikanischen Krieg berühmt gewordenen General Taylor als Präsidentschaftskandidaten geeinigt, während sie für seinen Stellvertreter den New Yorker Advokaten Millard Fillmore empfohlen. Clay, der sich noch immer schmeichelte, die höchste Würde der Union zu erlangen, war wiederum zu Gunsten eines „farblosen" Kandidaten beiseite geschoben worden. Das Resultat war, daß Caß nur 127, Taylor dagegen 163 Stimmen erhalten hatte, letzterer somit erwählter

Präsident der Union für die nächsten vier Jahre war. Mit der
gleichen Stimmenzahl erfolgte die Wahl Fillmore's. Wiederum
hatten die Whigs triumphiert, und es schien, als ob den Plänen
der Südstaatler in Zukunft ein Ende bereitet werden sollte, und
dennoch weist der nächste Zeitraum eine Reihe von Gesetzen auf,
welche die Sklavenjagd organisierten und den extremsten Sklaven=
haltern alle Ehre gemacht hätten!

Zacharias Taylor und Millard Fillmore.

Der neue Präsident konnte sein Amt erst am 5. März an=
treten, da der 4. auf einen Sonntag fiel. In seiner Eröffnungs=
adresse, welche sich durch Kürze vorteilhaft auszeichnete, bildete
die Versicherung, daß er jede Maßnahme mit Freuden begrüßen
werde, die dazu diene, das friedliche Einvernehmen zwischen
den Parteien zu fördern, das einzige Moment von Bedeutung;
im übrigen war sie frei von bestimmten Postulaten und sprach
nur die wohlmeinenden Absichten des Präsidenten aus. Das
von Taylor berufene Kabinett bestand aus John M. Clayton
als Staatssekretär, William M. Meredith als Schatzsekretär,
Preston als Marineminister, während Thomas Ewing von Ohio
die neu errichtete Stelle eines Sekretärs des Innern bekleidete.
Die Aufrichtigkeit seines Wunsches, den Frieden herzustellen und
Ordnung zu schaffen, bekundete der Präsident durch die Absen=
dung von Thomas Butler King nach Kalifornia, um die dortige
Bevölkerung zu bewegen, sich selber eine den Anforderungen der
republikanischen Staatsordnung entsprechende Konstitution zu
geben. Unter Mitwirkung des in Monterey residierenden ameri=
kanischen Generals und Gouverneurs von Kalifornia, Riley, kam
daselbst am 1. September 1849 eine Konvention zusammen, die
am 13. Oktober ihre Arbeiten beendigt und eine Konstitution
ausgearbeitet hatte, deren eine ohne Widerspruch angenommene
Bestimmung, lautete: „Sklaverei und unfreiwillige Knecht=

schaft sollen, ausgenommen als Strafe für Verbrechen, nie in diesem Staate geduldet werden." Die Bevölkerung Kali=

Fig. 25.

Präsident Taylor.
(Nach Cassel, History.)

fornia's nahm am 13. November mit 12066 gegen nur 811 Stimmen das Grundgesetz an, demzufolge am 15. Dezember die erste kalifornische Legislatur in San José zusammentrat.

In dem am 3. Dezember sich versammelnden Kongreß hatten die Demokraten sowohl im Senat wie im Repräsentantenhause die stärkste Partei, vermochten jedoch in letzterem nicht den Aus= schlag zu geben, da neben den Whigs noch die Freibodenleute vertreten waren, die in allen Sklavenfragen natürlich gegen die Demokraten stimmten. Dieser Umstand, daß eine über die ab= solute Majorität verfügende Partei nicht vorhanden war, führte bei der Wahl des Sprechers zu den heftigsten Kämpfen, in denen schließlich dennoch die Demokraten siegten und in der 62. Ab= stimmung ihren Kandidaten Cobb von Georgia durchbrachten. Infolge dieser Verzögerung sandte Taylor erst am 24. Dezember dem Kongreß die Jahresbotschaft zu, welche sich hauptsächlich mit der Organisation der westlichen Gebiete beschäftigte, wobei der Präsident die Gelegenheit wahrnahm, um den streitenden Parteien die Worte Washingtons: „man hüte sich, Parteien nach geographischen Unterscheidungen zu charakterisieren" ins Gedächtnis zurückzurufen, was jedoch nicht verhindern konnte, daß die Erbitterung auf beiden Seiten wuchs und sich in drohen= den Worten Luft machte. Zu den Streitfragen über die Terri= torien war noch der Antrag Masons aus Virginia gekommen, welcher eine Verschärfung des Gesetzes über die Auslieferung flüchtiger Sklaven bezweckte. Henry Clay, der Kompromißvater der Union, unternahm es noch einmal, die hochgehenden Wogen der Parteileidenschaften zu beschwichtigen, indem er am 29. Januar 1850 dem Senate 8 Resolutionen vorlegte, die folgende Punkte erörterten: „1) Kalifornia ist auf sein Ersuchen mit angemessenen Grenzen als Staat aufzunehmen und zwar ohne daß ihm etwas hinsichtlich der Sklaverei vorzuschreiben wäre; 2) da in den von Mexiko erworbenen Territorien die Sklaverei nicht gesetzlich besteht, und wahrscheinlich auch nicht in denselben eingeführt werden wird, so sollen Territorialregierungen errichtet werden, gleichfalls ohne daß man Verfügungen über die Einführung oder den Ausschluß der Sklaverei trifft; 3) Grenzbestimmungen von Mexiko; 4) Texas wird, wenn es seine Ansprüche auf Neu=Mexiko fallen läßt, eine noch

näher zu bestimmende Summe zur Tilgung der Schulden bewilligt, für die es als selbständige Republik seine Zölle verpfändet
hatte; 5) die Abschaffung der Sklaverei im Distrikt von Kolumbia
ist nicht angezeigt; 7) das Gesetz über die Auslieferung flüchtiger
Sklaven bedarf einer Verschärfung, um es wirksam zu machen;
8) der Kongreß hat kein Recht, den Sklavenhandel zwischen den
Staaten zu verbieten oder zu behindern."

Unter den Reden, welche im Laufe der nächsten Wochen über
die angeregten Themata gehalten wurden, ragen drei durch die
persönliche Bedeutung ihrer Urheber — Calhoun, Webster und
Seward — besonders hervor. Calhoun, der alte Nullifikator,
war schon mit siechem Leib nach Washington gekommen, so daß
er seine Rede nicht mehr selber halten konnte, sondern dieselbe
am 4. März 1850 von seinem Freunde Mason ablesen lassen
mußte. Seine Ansicht war, daß die von Clay beantragten Kompromisse nutzlos seien; sie würden den Kampf nicht aus der
Welt schaffen, und das Geschrei über die glorreiche Union sei
nichts anderes als ein Trugbild, das vor der Wucht der Thatsachen nicht standhalten könne. Und dennoch verzweifelte er nicht
an der Möglichkeit, die Union zu erhalten, indem er ein Amendement zur Verfassung hinzugefügt wissen wollte, das aus den
Bundesstaaten wieder einen Staatenbund machen sollte. In
seiner bekannten Schrift: „A Discourse on the Constitution and
Government of the United States" findet sich dieser Gedanke
ausführlicher dargelegt; als Endziel seiner Bestrebungen schwebte
Calhoun eine zweiköpfige Republik vor, deren einzelne Sektionen
das Recht hätten, gegen mißliebige Beschlüsse ein absolutes Veto
einzubringen. Zu solchen ungeheuerlichen Projekten mußte das
halsstarrige Verhalten auf dem einmal angenommenen Boden
einen Mann verleiten, dessen Herz für die Union so warm wie
je ein anderes schlug, und der in all seinen Handlungen nie um
die Gunst des Volkes buhlte! Wenige Wochen nach seinem letzten
öffentlichen Auftreten, am 31. März starb Calhoun. Mit ihm
schied unzweifelhaft der genialste und interessanteste Politiker der

Vereinigten Staaten aus dem öffentlichen Leben, das immer mehr die Beute der Ignoranten und Sophisten wurde.

Fig. 26.

Mr. Seward.
(Nach Cassel, History.)

Hatte Calhoun von seinem Standpunkte aus gegen die Resolutionen gesprochen, so hielt Webster am 7. März eine lob= preisende Rede auf dieselben, in der sich jedoch die Absicht, den

Süden für seine Wahl zum Präsidenten zu gewinnen, allzu
deutlich aussprach), um nicht auffällig zu werden und Anlaß zu
bösen Spottreden zu geben. Interessanter und gewichtiger war
die Rede Sewards, der ohne in die Phrasen der Abolitionisten
zu verfallen, sich gegen jeden Kompromiß mit dem Süden aus=
sprach und dadurch die Herzen der New Yorker Geldsäcke und
Handelsherren derart mit Furcht erfüllte, daß sie alles aufboten,
um Seward als Hochverräter hinzustellen, oder gar soweit gingen,
ihn für unzurechnungsfähig zu erklären.

Am 13. Februar 1850 hatte der Präsident bereits dem
Kongreß die Mitteilung von der Annahme der kalifornischen
Konstitution zugesandt. Da die Clayschen Kompromisse · in der
von ihrem Urheber beliebten Form niemanden befriedigten, so
wurde am 18. April die Einsetzung eines Dreizehner = Aus=
schusses beschlossen, in welchem die Südstaatler die Mehrheit
besaßen. Schon am 8. Mai stattete Clay im Namen des Aus=
schusses Bericht ab. Die ganze Angelegenheit war auf drei
Bills verteilt worden, von denen die erste die Aufnahme von
Kalifornia als Staat und die Organisierung von Utah und New
Mexiko als Territorien, die zweite die Texasfrage und die dritte
die Sklaverei im Distrikte von Kolumbia behandelte. Benton
taufte diesen Rattenkönig von Vorschlägen mit dem Namen
„Omnibusbill“, der auch in der amerikanischen Geschichte bei=
behalten worden ist. Der Süden war noch immer nicht zufrieden
gestellt, wie der Vorschlag beweist, im Juni 1850 eine allgemeine
Konvention zu Nashville abzuhalten, die sich mit der Frage, wie
die Übergriffe des Nordens am besten abgewehrt werden könnten,
beschäftigen sollte, aber resultatlos verlief. Der plötzliche Tod
des Präsidenten, welcher am 9. Juli an einem durch die Glut=
hitze des 4. Juli, der er sich während der Nationalfeier ausge=
setzt hatte, erzeugten Fieber starb, änderte die Situation, wenn
auch nicht beträchtlich, so doch immerhin so weit, um die Aus=
sichten für Annahme des Kompromisses zu steigern. Der zur
höchsten Würde berufene bisherige Vizepräsident Fillmore berief

nämlich Webster als Staatssekretär an die Spitze des Kabinetts und gab hierdurch in nicht mißzuverstehender Weise die Richtung

Fig. 27.

Präsident Fillmore.
(Nach Cassel, History.)

der Regierungspolitik an. Die Clayschen Anträge wurden getrennt, und zuerst ward die Texasbill beraten, deren Erledigung angesichts der Absicht Texas', sich eventuell mit Waffen in der Hand New Mexikos zu bemächtigen, am dringlichsten war. Am 9. August genehmigte der Senat die Texasbill mit 30 gegen 20 Stimmen, die an Texas zu zahlende Entschädigungssumme auf 10 Millionen Dollars festsetzend. Gleichzeitig wurde New Mexiko als Territorium organisiert, mit der Bestimmung, daß das Territorium seinerzeit „mit oder ohne Sklaverei, wie es seine Verfassung bestimmen werde, als Staat aufgenommen werde", und daß in allen Rechtsstreitigkeiten, „in denen es sich um Sklaveneigentum handelte, ohne Rücksicht auf den Wert des streitigen Objektes die Appellation an das Oberbundesgericht gestattet sein sollte."

Am 12. August wurde die Kaliforniabill vom Senat mit 34 gegen 18 Stimmen genehmigt. Ein von 10 südlichen Senatoren unterzeichneter Protest wurde unberücksichtigt gelassen. Mit der am 24. August angenommenen Bill über die Auslieferung flüchtiger Sklaven (das Sklavenjagdgesetz, Fugitive Slave Law), welche die Einsetzung eigener Beamten anordnete, um die Klagen gegen die entflohenen Sklaven summarisch zu erledigen, und das Verbergen der Neger mit Verhaftung bis zu 6 Monaten und hohen Geldbußen bestrafte, schloß vorläufig die Reihe der Gesetzentwürfe, deren Bestätigung seitens des Repräsentantenhauses noch bevorstand. Die Besitzer von Texasländereien und Inhaber von Texasbonds setzten alle Hebel in Bewegung, um ein ihrem Besitze günstiges Resultat zustande zu bringen, und lauter Jubel belohnte die Ankündigung, daß die Bill am 6. September mit 108 gegen 98 Stimmen in dritter Lesung votiert worden sei. Am nächsten Tage (7. September) wurde die Kaliforniabill, am 9. September die Utahbill, das einzige Überbleibsel der früheren langatmigen Anträge Clays, und schließlich am 12. September die Sklavenjagdbill mit 109 gegen 76 Stimmen erledigt. Vier Tage danach, am 16. September, nahm der Senat noch die Kolumbiadistriktbill an, welche den Sklavenhandel im genannten Distrikte verbot.

Das Sklavenjagdgesetz war die Bedingung gewesen, unter
der sich die Südstaatler dazu verstanden hatten, ihre Ansprüche
auf die neuen Territorien aufzugeben. Die Bestimmungen dieses
schmählichen Gesetzes preßten jeden Unionsbeamten zum Häscher
und stempelten ihn durch die Gewährung einer Prämie zum
Mitinhaber an dem fluchwürdigen Geschäft. Das Übermaß der
Forderungen der Sklavenhalter trug aber gerade am meisten
dazu bei, die Nordstaaten in ihrem Bestreben, den flüchtigen
Sklaven beizustehen, zu bestärken, so daß einzelne Staatsregierungen Befehle erließen, welche ihren Beamten verboten, die
Flüchtigen aufzufangen und auszuliefern. Die Pfeile, welche die
Sklavenbarone gegen die Freiheit des Individuums richteten,
prallten an den Geboten der Humanität machtlos ab und trafen
nur diejenigen, von denen sie ausgingen.

Ein Vergleich des Nordens mit dem Süden ergiebt die
immer stärker zu Tage tretende Schwäche des letzteren, welche
freilich durch die politische Gewandtheit und Unverschämtheit im
öffentlichen Leben verdeckt wurde. Die nördlichen Staaten wuchsen
in viel stärkerem Maße als die südlichen; die Bevölkerung der
ersteren betrug 13 442 325, die der letzteren 9 612 969, von denen
228 711 freie Farbige und 3 220 284 Sklaven waren, so daß
die Zahl der Weißen in den Sklavenstaaten nicht einmal die
Hälfte derjenigen im Norden betrug. Dazu kam, daß die Einwanderung aus Europa sich fast ausschließlich nach den freien
Staaten wandte, sowie daß aus den Südstaaten selber ein be-
trächtlicher Prozentsatz nach dem Norden pilgerte, um sich dort
eine bessere wirtschaftliche Existenz zu verschaffen. Der Traum
Calhouns, daß Norden und Süden gleichwertige Faktoren sein
sollten, wurde somit durch die einfache Thatsache des numerischen
Übergewichts des Nordens zu nichte gemacht. Der Reichtum, dessen sich die Sklavenstaaten durch den Baumwollbau erfreuten — der Export betrug jährlich an 60—70 Millionen
Dollars — verwandelte sich durch die früher schon geschilderten
ökonomischen Verhältnisse des Südens in den größten Fluch —

es erging den Sklavenhaltern ebenso wie einst den Spaniern
mit den Schätzen der Gold= und Silberminen von Mexiko und
Peru, das Land wurde relativ ärmer und ging in seinen Pro=
duktionsverhältnissen zurück, während der Norden mit seiner
freien Arbeit an Intensität gewann und der Volkswohlstand
wuchs. Man schätzte 1850 den Gesamtreichtum der Sklaven=
staaten auf 2 755 411 554 Dollars — den Wert der Sklaven
(400 Dollars pro Kopf) zu 1 280 164 800 mit einbegriffen —
während der der Nordstaaten, mit Ausschluß des Staates Kali=
fornia, auf 3 186 683 924 Dollars berechnet wurde. Dasselbe
Verhältnis zeigt sich in dem Werte des bebauten Landes: Die
57 705 504 bebauten Acker des Nordens repräsentierten 2 147 218 478
Dollars gegen 1 117 649 649 Dollars, auf welche Summe die
54 970 427 Acker des Südens geschätzt wurden. Der Durch=
schnittspreis eines Ackers betrug in den Sklavenstaaten nur 13
bis 15 Dollars, in den freien Staaten dagegen 20—50 Dollars.
In den zehn nördlichen atlantischen Staaten waren 1851: 6838
Meilen Eisenbahn, in den sechs südlichen atlantischen Staaten,
deren Bevölkerung jener der genannten freien Staaten gleich=
kam, dagegen nur 2309 Meilen in Betrieb. Auf geistigem Ge=
biete sehen wir dieselben Unterschiede. Der Norden hatte aller=
dings nur 114 Colleges mit 879 Lehrern, 15 094 Schülern
und 924 503 Dollars Einkommen. Den 120 Colleges des Südens
mit 772 Lehrern, 12 065 Schülern und 992 125 Dollars Ein=
kommen gegenüberzustellen, dafür betrug aber die Zahl der Volks=
schulen (Public Schools) im Norden 62 459 mit 70 647 Lehrern,
2 770 381 Schülern und 6 857 527 Dollars Einkommen, im
Süden nur 29 541 mit 21 353 Lehrern, 583 292 Schülern und
2 734 883 Dollars Einkommen. Noch krasser ist die Differenz
bei den Bibliotheken. Der Norden wies 14 893 mit 3 886 617
Bänden, der Süden nur 722 mit 749 798 Bänden auf. In
diesen wenigen Ziffern offenbart sich das Geheimnis jener fana=
tischen Wut des Südens, die Zügel der Herrschaft an sich
zu reißen; er fühlte den Boden unter sich wanken, sah sich zum

Stillstande in der Kultur verdammt und mit Schrecken jenen Tag herannahen, an dem der allmächtige Norden ihm durch Aufhebung der Sklaverei den Todesstoß versetzen würde. Die Einverleibung von Texas und Kalifornia war gewissermaßen der letzte Triumph der Sklavokratie; — seit jener Zeit kämpfte sie, die dem gesunden Sinn des Nordens jeden Fuß breit Landes streitig machte, ihren Todeskampf, dem sie sich durch die Rebellion zu entziehen gedachte, aber nur dabei vollends unterzugehen.

Calhoun erlebte, wie schon erwähnt, diese Periode des wütenden Kampfes ums Dasein nicht mehr; ihm folgten bald darauf zwei andere Männer ins Grab, deren Wirken ebenfalls aufs engste mit der Sklavenfrage verbunden ist: Henry Clay und Daniel Webster. Ersterer starb am 29. Juni 1852, letzterer am 24. Oktober desselben Jahres. Webster war der Typus der politisierenden Advokatenseelen gewesen. Dank seiner ungewöhnlichen Redegewandtheit beherrschte er den Stoff so völlig, daß es ihm ein Leichtes war, denselben nach allen Seiten zu drehen und wenden und mittels einer spitzfindigen Interpretation immer dasjenige aus ihm zu machen, was den größten Erfolg zu versprechen schien. So großen Beifall man seinen nicht gewöhnlichen Talenten auch zollen mag, das Gemüt des unparteiischen ehrlichen Beurteilers wird sich lieber der imposanten Gestalt des großen Nullifikators zuwenden, der rein durch das verzwickte, korrumpierte politische Leben der Union ging und das Recht nicht durch Sophistenkünste in Unrecht umzuwandeln versuchte.

Die europäische revolutionäre Bewegung des Jahres 1848 war in Amerika freudig begrüßt worden und hatte Hoffnungen erweckt, welche sich bald als verfehlt herausstellten. Im Jahre 1852 erregte der Besuch Kossuths von neuem die Gemüter, ohne jedoch das von dem ungarischen Revolutionär gewünschte Resultat zu bewirken. Der Empfang Kossuths seitens der Regierung und der Bevölkerung ließ nichts zu wünschen übrig, allerorts wurden ihm die Versicherungen aufrichtiger Zuneigung entgegengebracht, aber die Regierung lehnte jede andere als moralische

Unterstützung prinzipiell ab, getreu dem schon von Washington befolgten Grundsatze, jeder unnötigen Kollision mit den europäischen Mächten aus dem Wege zu gehen. Daß andererseits die Union bereit war, ihre Unterthanen gegen Vergewaltigungen seitens der europäischen Regierungen zu schützen, beweist der Fall Kosta, der sich zwischen Österreich und den Vereinigten Staaten abspielte. Kosta, ein ungarischer Insurgent, war, nachdem er das amerikanische Bürgerrecht erlangt, gewaltsam in Smyrna ergriffen und auf ein österreichisches Schiff geschleppt worden um seines früheren Hochverrats halber vor Gericht gestellt zu werden. Der sofortigen energischen Intervention des amerikanischen Kapitäns Ingraham, welcher gerade Smyrna besuchte, gelang es, die Freilassung des Kosta zu bewirken, welcher Akt später von der Washingtoner Regierung, als Österreich reklamierte, für völlig gesetzmäßig erklärt wurde. — Besonderen Einfluß hat die 48er Revolution auf die Stellung des deutschen Elements in der Union gehabt; teils durch die verhängten Strafen ins Exil getrieben, teils aus Verdruß über die wenig befriedigenden Zustände der fünfziger Jahre in Deutschland auswandernd, ist eine große Zahl intelligenter Deutscher nach Amerika gekommen, und diesen ist es zu verdanken, daß die soziale und politische Stellung der deutschen Bevölkerung eine so günstige und achtunggebietende wurde. Traurige Erfahrungen sind natürlich vielen Deutschen nicht erspart geblieben — so namentlich den gebildeten, aber wenig praktischen Männern unter ihnen, die als „lateinische Bauern" oft genug der Gegenstand des Spottes der thatkräftigen Yankees waren.

Wichtiger als die aus der Revolution von 1848 sich ergebenden internationalen Beziehungen waren die Bestrebungen nach dem Erwerbe von Kuba, welche in Amerika immer wieder auftauchten und zu ernsthaften Verhandlungen zwischen der Union und den europäischen Westmächten führten. Trotz der von Taylor am 12. August 1849 erlassenen Warnung vor Beteiligung an Streifzügen, die gegen die spanische Herrschaft ge-

richtet wären, organisierte General Lopez, ein Kreole aus Vene-
zuela, 1850 eine Schar streitlustiger Männer, mit denen er zu
Cardenas, östlich von Havannah, landete. Von den spanischen
Truppen zurückgedrängt, flüchtete er sich nach Florida, von wo
aus er im folgenden Jahre das Experiment wiederholte, ohne
besseren Erfolg zu haben. Von der kubanischen Armee verfolgt,
irrte er lange auf der Insel umher, bis er aufgefangen und am
1. September 1851 hingerichtet wurde. Die durch sein Unternehmen hervorgerufene Bewegung dauerte jedoch in den Vereinigten Staaten fort, so daß England und Frankreich voller
Besorgnis, daß Amerika die „Königin der Antillen“ demnächst
annektieren werde, zusammentraten und die Union zum Abschluß
einer Tripelallianz aufforderten, deren Zweck sein solle, Spanien
den Besitz von Kuba auf ewige Zeiten zu garantieren. Everett,
welcher seit dem Tode Websters das Staatssekretariat inne hatte,
beantwortete diesen Vorschlag mit einer längeren ausführlichen
Darlegung des Sachverhalts, indem er sich auf die Monroedoktrin
berief und die Freundschaft der Vereinigten Staaten mit Spanien
betonend, jeden Versuch der Einmischung fremder Staaten in rein
amerikanische Angelegenheiten — eine solche war seiner Ansicht
nach die Kubafrage — aufs schärfste zurückwies. Trotz der
hierbei zur Schau getragenen Uneigennützigkeit unterließ es die
amerikanische Regierung nicht von Zeit zu Zeit geheime Verhandlungen mit Spanien wegen Ankaufs von Kuba anzuknüpfen,
die jedoch nie zu einem Resultat führten. Ein von den amerikanischen Botschaftern zu Madrid, Paris und London verfaßtes
Schreiben, das sogenannte Manifest von Ostende, welches die
Annexion der Insel aus Gründen der amerikanischen Staats-
raison befürwortete, erregte jedoch durch seine zu offene Sprache
das allgemeine Mißfallen und gab namentlich dem Norden, der
die Erwerbung der Insel als eine Erweiterung der Sklaverei
ansah, berechtigten Grund zu heftigen Klagen gegen eine derartige Wegelagererpolitik. Die Insel befindet sich bekanntlich noch
heutigentags in den Händen der Spanier.

13*

Die Wahlbewegung für die nächste Präsidentenwahl begann wie üblich, ein Jahr vor Ablauf des Termins, im Sommer 1852. Die Konvention der Whigs nominierte den aus dem mexikanischen Kriege bekannten General Winfield Scott, konnte es jedoch nicht verhindern, daß von seiten wohlwollender Freunde sowohl Fillmore als Webster daneben aufgestellt wurden, wodurch sich die whiggistische Stimmenzahl unnötig zersplitterte. Die demokratische Partei, zu der auch die Anhänger Van Burens wieder zurückgekehrt waren, hielten am 1. Juni 1852 zu Baltimore den üblichen Konvent ab, in dem Franklin Pierce aus New Hampshire für die Präsidentschaft und William King aus Alabama für die Vizepräsidentschaft aufgestellt wurden. Von den am 5. November 1852 abgegebenen 296 Wahlstimmen fielen 254 auf Pierce und nur 42 auf Scott, so daß die Demokraten von neuem einen eklatanten Sieg davontrugen. Mit einer annähernd gleichgroßen Majorität wurde King zum Vizepräsidenten erwählt.

Es schien, als sollte die Ruhe, welche die letzten Jahre Fillmore's ausgezeichnet hatte, auch in Zukunft dem Lande erhalten bleiben — aber es war nur die Ruhe vor dem Gewitter gewesen, und schon nahten die Blitze, welche das dichte Gewölk durchbrachen und der Welt die wahre Gestalt des durch den Kompromiß von 1850 hergestellten „ewigen Friedens" zeigten..... kurze Zeit nach dem Regierungsantritt des neuen Präsidenten floß das erste Blut, freilich nur ein armseliges Rinnsal neben dem Ozean, den die mörderischen Schlachten des Rebellenkrieges ausgossen!

Franklin Pierce.

In seiner Antrittsrede schlug Präsident Pierce bereits einen den Sklavenhaltern angenehmen Ton an. Er wies auf die Berechtigung der Sklaverei in der Union hin und warnte davor, dieser eigentümlichen Institution des Landes entgegenzutreten.

Das von ihm gebildete Kabinett beweist gleichfalls seine voll=
ständige Abhängigkeit von den Demokraten: Jefferson Davis, der
spätere Rebellenpräsident, wurde Kriegssekretär, während William
L. Marcy für das auswärtige, James Guthrie für die Finanzen,

Fig. 28.

Präsident Pierce. (Nach Cassel, History.)

James C. Dobbin für die Marine und Robert M'Clellan für
das Innere ernannt wurden.

Der Kongreß trat am 5. Dezember 1853 zu seiner üblichen
Session zusammen, die diesmal bis zum 8. August 1854 sich
ausdehnte und durch die Annahme der Kansasbill in der Ge=

schichte der Vereinigten Staaten eine große, wenn auch unheil=
volle Bedeutung genommen hat. Zu Beginn der Session stellte
nämlich Augustus Dodge von Iowa den Antrag, daß das Terri=
torium Nebraska eingerichtet werden solle. An den Territorial=
ausschuß verwiesen, kam die Bill aus den Händen des Vorsitzen=
den, Senators Douglas aus Illinois in einer ganz anderen
Gestalt wieder zurück an das Haus, das von neuem der Schau=
platz der wütendsten Angriffe seitens der Sklavenhalter wurde.
Der von Douglas am 4. Januar 1854 erstattete Bericht spricht
sich dahin aus, daß das ganze Gebiet in zwei Teile geteilt
werde: Kansas westlich von Missouri, und Nebraska westlich von
Iowa. Da das Land nördlich 36° 30' lag, so wäre nach den
Bestimmungen des Missourikompromisses die Sklaverei ausge=
schlossen gewesen, welche Schwierigkeit Douglas dadurch beseitigte,
daß er den Missourikompromiß als durch die Gesetze vom Jahre
1850 aufgehoben erklärte, somit die Bewohner des Territoriums
gemäß dem „großen Prinzipe der Selbstregierung" berechtigt
wären, selber eine Entscheidung über die Sklavereifrage abzu=
geben. Die so veränderte Bill wurde trotz des lebhaften Wider=
standes des Nordens, dessen Hauptwortführer Senator Seward
von New York war, im Mai 1854 von beiden Häusern an=
genommen und erhielt am 30. Mai die Unterschrift des Präsi=
denten. Die Sklavenhalter beschlossen, das an dem Sklavenstaat
Missouri angrenzende Kansas auf alle Fälle zu gewinnen; sie
gingen in großen Scharen mit ihren Sklaven über die Grenze,
besetzten unrechtmäßigerweise große Landstrecken, auf denen sie
sich als die souveränen Herren benahmen und mit bewaffneter
Hand jeden Einwanderer aus den Nordstaaten verdrängten.
Durch ihre Stimmen, welche sie auf Grund der unrechtmäßig
erworbenen Besitztitel abgaben, erzielten sie bei den Wahlen
Majoritäten für die Sklaverei, welche Scheinerfolge sie als un=
trüglichen Beweis, daß das Volk von Kansas die Sklaverei
herbeiwünsche, ausgaben. Das wüste Gebahren dieser Grenz=
schufte oder Grenzstrolche, wie sie im Norden genannt wurden,

führte jedoch eine energische Reaktion bei den Freibodenleuten herbei, auch sie eilten zu Tausenden nach Kansas, wo ein förmlicher Bürgerkrieg ausbrach und unzählige Greuelthaten verübt wurden, die zu ahnden der Gouverneur Reeder, welcher selber ein Freibodenmann war, zu schwach war. Als er die erste Legislatur, in der die Sklavenhalter die Majorität hatten, nach Pawnee City am Kansasflusse einberief, zogen es die Missourileute vor, die Versammlung nach Shawnee Mission in der Nähe Missouris zu verlegen, 16. Juli 1855, dessen Gesetze sie im allgemeinen auf Kansas übertrugen. Die von der Legislatur ausgearbeiteten Beschlüsse dienten nur dazu, die Sklaverei noch fester zu begründen und die Strafen zu bestimmen, welche auf jeden Versuch, die Rechtmäßigkeit der „besonderen Institution" in Zweifel zu ziehen, gesetzt wurden. Das Veto des Statthalters half diesem Treiben gegenüber wenig, zumal die Südstaatler es bei dem Präsidenten durchsetzten, daß Reeder abgesetzt und statt seiner ein Anhänger des Südens Wilson Shennon aus Ohio nach Kansas geschickt wurde, welcher dem erbitterten Kriege der beiden Parteien unthätig zusah oder gar die Sklavenhalter offen unterstützte. Zum Glück ließen sich die Freibodenleute nicht einschüchtern, sie traten am 5. September 1855 zu Bigsprings zusammen, annullierten alle Beschlüsse der Shawnee Mission-Legislatur und beriefen schließlich auf den 19. Oktober einen Konvent nach Topeka, auf dem eine freiheitliche Konstitution vereinbart wurde, deren Durchführung gleichfalls mit Waffengewalt erzwungen werden sollte.

Eine vom 24. Januar 1856 erlassene Botschaft des Präsidenten beschäftigte sich ausschließlich mit den Wirrnissen in Kansas. Pierce verlangte, man sollte ihm die Mittel bewilligen, Kansas zu beruhigen, d. h. die Sklaverei im Territorium einzuführen, worüber sich eine heftige Debatte entspann, in deren Verlauf der Republikaner Sumner durch seine Reden vom 19. und 20. Mai den Süden derart gegen sich aufbrachte, daß ein Mitglied des Repräsentantenhauses Preston S. Brooks aus

Südkarolina ihn mit dem Stocke mißhandelte, ohne dafür vom
Hause bestraft zu werden. Eine Entscheidung über Kansas wurde
jedoch nicht herbeigeführt. Die unruhigen Verhältnisse und
Greuelthaten dauerten fort, bis endlich unter Buchanan Kansas
nach schweren Kämpfen als freier Staat aufgenommen wurde.

Anmutiger als dieser brutale Streit um Kansas ist der
Eindruck, welchen die auswärtigen Beziehungen der Präsident=
schaft von Pierce gewähren. Der Handelsgeist regte sich allent=
halben, die Schätze Kaliforniens dienten dazu, Industrie und
Handel zu beleben, und die Amerikaner gelangten allmählich zu
jener gewaltigen Stellung in der Weltökonomie, welche heutzu=
tage schon die ernsten Befürchtungen der europäischen Mächte,
von der amerikanischen Konkurrenz erdrückt zu werden, hervor=
gerufen hat. Besonders wichtig — und zwar nicht nur für die
Vereinigten Staaten, sondern für die ganze civilisierte Welt —
war der Abschluß des Handelsvertrages mit Japan im März
1854, welcher den amerikanischen Kaufleuten Handelsfreiheit ge=
währte und zwei japanische Häfen dem Verkehr öffnete.

Berechtigtes Aufsehen haben ferner einige kühne Flibustier=
züge aus den Vereinigten Staaten nach den mittelamerikanischen
Gebieten erregt, welche letztere zu schwach und durch ewige
Revolutionen zerrissen waren, um den mit Waffen unterstützten
Ansprüchen europäischer Mächte und allerhand Abenteurer zu
widerstehen. Die Sklavokratie der Vereinigten Staaten lieh
diesen Bestrebungen umsoeher ein williges Gehör, als ihre
Hoffnungen auf Kuba sich nicht zu verwirklichen anfingen. Am
interessantesten von allen diesen Unternehmungen ist der Zug des
amerikanischen Freibeuters William Walker nach Nicaragua, wo
er sich die Obergewalt anmaßte und sie in der That zu behaupten
wußte. Seine Truppe bestand aus allerhand Gesindel der großen
Städte der Union, die hier eine willkommene Gelegenheit zur
Befriedigung ihrer ungezügelten Begierden fanden. Durch die
Verfeindung mit der gleichfalls in Nicaragua operierenden
amerikanischen Transitgesellschaft, welche von etlichen New Yorker

Handelsherren gegründet war und ursprünglich den Bau eines Schiffkanals zwischen dem Atlantischen und Stillen Ozean ins Auge gefaßt hatte, verlor Walker die bisher reichlich geflossenen Unterstützungen aus den Vereinigten Staaten, so daß er von den einheimischen Bewohnern mehrfach besiegt, sich dem amerikanischen Kapitän Davis ergeben mußte, welcher mit seinem Schiff zur Wahrung der amerikanischen Interessen in jener Gegend kreuzte. Auf einer zweiten gegen Mittelamerika gerichteten Expedition ist der kühne Abenteurer, dem Thatkraft und persönlicher Mut nicht abzusprechen sind, gefangen genommen und zu Tonxillo, dem Haupthafen von Honduras, am 12. September 1860 erschossen worden. Einige ähnliche Ziele verfolgende Unternehmungen sind kaum über das Stadium der Vorbereitungen hinweggekommen; dauernden Erfolg hat keine einzige aufzuweisen gehabt.

Die Wahlbewegung zur nächsten Präsidentschaft begann ungemein frühzeitig und nahm einen sehr erregten Charakter an. Schon die Sprecherwahl in dem am 3. Dezember 1855 zusammentretenden 34. Kongresse zeigte, wie schroff sich die Parteien gegenüberstanden. Neben der alten republikanischen Partei war dank der Bemühungen Sumners und Stevens' eine neue Partei erstanden, welche sich die neue republikanische oder auch die amerikanische Partei nannte. Sie verfügte im Hause über ungefähr 40 Stimmen, welche fast immer den Ausschlag gaben. Die Sprecherwahl erfolgte erst im 133. Wahlgange, und zwar wurde Nathaniel L. Banks aus Massachusetts gegen William Ackau aus Südkarolina mit 103 gegen 100 Stimmen zum Sprecher ernannt. Die ungebührliche Verzögerung in der Organisation des Hauses veranlaßte sogar den Präsidenten, noch ehe die Sprecherwahl entschieden, seine Botschaft zu erlassen, welcher Schritt lebhaften Widerspruch erregte.

Der Präsidentschaftskandidat der neuen republikanischen Partei war John C. Fremont von Kalifornia, den auch die Whigs im großen und ganzen unterstützten. Die Demokraten

hielten ihre Konvention in Cincinnati ab, auf der das Pro=
gramm der letzten Baltimorekonvention im allgemeinen beibehalten
und nur durch einige die damalige Lage betreffenden Zusätze er=
gänzt wurde. Letztere betrafen einerseits die angesichts der
mittelamerikanischen Zustände wieder wichtig gewordene Monroe=
doctrin, andererseits bezogen sie sich auf den Grundsatz der Nicht=
einmischung des Kongresses in die Sklavenangelegenheit der ver=
schiedenen Staaten und Territorien, wodurch in schärfster Weise
zur Kansasfrage Stellung genommen wurde. Ihre Kandidaten
waren James Buchanan, der durch seine Stellung als Staats=
sekretär unter Polk und durch seine europäischen Gesandtschaften
eine tüchtige politische Schulung durchgemacht hatte und in allen
Streitfragen mit dem Süden stimmte und John C. Breckinridge
aus Kentucky. Beide wurden am 2. November 1856 mit einer
stattlichen Majorität zum Präsidenten, resp. Vizepräsidenten ge=
wählt. Als ein charakteristisches Zeichen für die schon damals
kritische Lage der Union verdient hervorgehoben zu werden, daß
die Gouverneure der südlichen Staaten auf Einladung des
Gouverneurs Wise von Virginia im Oktober 1856 zu Raleigh
in Nordkarolina zusammengekommen sind, um über die Wahl=
aussichten und die im Falle der Wahl Fremonts zu ergreifenden
Maßregeln sich zu beraten. Der Triumph der demokratischen
Partei machte die Ausführung der gefaßten Beschlüsse unnötig
— von neuem war der Bestand der Union auf die kurze Spanne
von vier Jahren gesichert.

James Buchanan.

Die demokratische Partei verstand es, ihren Sieg ordentlich
auszunutzen. Das Kabinett, welches Buchanan ernannte, wies
ausschließlich Demokraten auf, die mit Ausnahme des Sekretärs
für das Auswärtige, General Caß, auf Unabhängigkeit inner=
halb der Partei keinen Anspruch erheben konnten. Howell Cobb

von Georgia war Finanzsekretär, J. B. Floyd von Virginia
Kriegsminister, Isaac Joucey aus Connecticut Chef des Marine-

Fig. 29.

Präsident Buchanan.
(Nach Cassel, History.)

wesens und Jakob Thompson aus Mississippi Sekretär für das
Innere. Die Ämterverteilung für geleistete Dienste bei der
Wahl stand wieder in höchster Blüte, ja die einzelnen Staaten,

deren Stimmen zur Nomination Buchanans beigetragen hatten, stritten sich über die Größe der Belohnung, dazu kam, daß Betrügereien bei den öffentlichen Kassen in Masse auftraten und sowohl den Staatsschatz, als die öffentliche Moral schwer schädigten.

Ihren Haupttriumph erlangte die Sklavenhalterpartei durch die Entscheidung des Obergerichts der Vereinigten Staaten, daß die Schwarzen und ihre Nachkommen niemals freie Unionsbürger werden könnten. Aus Anlaß eines speziellen Falles, in welchem ein Neger Dred Scott bei seiner Rückkehr aus den freien Staaten Illinois und Minnesota nach seiner Heimat Missouri seiner Freiheit und seiner Eigenschaft als Bürger verlustig erklärt wurde, gab das Obergericht unter Vorsitz des aus der Präsidentschaft Jacksons bekannten Richters Roger B. Teney das folgende weitläufig motivierte Urteil ab: „Die Schwarzen sind keine Unionsbürger, sind dies niemals gewesen und könnten es, vermöge der bestehenden Gesetze niemals werden; Sklaven sind und bleiben unter allen Umständen das Eigentum ihrer Herren. Diese mögen ihnen nach Belieben die Freiheit geben oder sie in der Sklaverei belassen; ein Aufenthalt der Sklaven in freien Ländern ändert nichts an ihrer Stellung; der Südliche kann ebenso wie der Nördliche mit seinem „Besitztum" hinziehen, wohin er will; die Natur des Besitztums wird durch dessen Verpflanzung nicht geändert; Sklaven verbleiben unter allen Umständen, gleich wie anderes rechtmäßig erworbenes Gut, das ungeschmälerte Eigentum ihrer Herren." Die Opposition der Republikaner gegen die Sklaverei wurde natürlich durch derartige Beschlüsse in hohem Maße verstärkt. Das gesprochene und geschriebene Wort, die Reden Sewards und Lincolns, sowie „Onkel Toms Hütte" oder der „Weiße Sklave" von Richard Hildreth erregten die Geister des Nordens aufs gewaltigste und befestigten die Ansicht, daß ein friedlicher Austrag zwischen dem sklavenhaltenden Süden und dem freien Norden nicht mehr möglich sei. Nichtsdestoweniger ruhten die Kämpfe über die Sklaverei während der ersten zwei Jahre, mit Ausnahme von Kansas, wo nach wie vor die Missourileute und Freibodenmänner sich befehdeten. Eine im September 1857 zu Lecompton versammelte Konvention verfaßte zwar eine dem Sklavenhalterinteresse günstige Konstitution, welche jedoch die Genehmigung des Kongresses trotz der eifrigen Agitation der Demokraten und des Wunsches des Präsidenten nicht erhielt. Dasselbe Schicksal teilte freilich eine im Juli 1859 auf einem Konvente zu Wyandotte erlassene freiheitliche Verfassung, welche am 15. Februar 1860 dem Hause vorgelegt, jedoch namentlich mit Rücksicht auf die bevorstehende Präsidentenwahl, bei der die Stimme von Kansas schwer ins Gewicht gefallen wäre, abgelehnt wurde. Die lange Prüfungszeit für das Territorium erwies sich schließlich doch noch als Segen, da das Gebiet am 21. Januar 1861 die Genugthuung erhielt, als freier Staat in die Union aufgenommen zu werden. Wäre die Entscheidung früher mit aller Gewalt herbeigeführt worden, so wäre das Ergebnis angesichts der Thatsache, daß der Süden im Senat die Majorität besaß und bisher fast immer das Repräsentantenhaus mit Erfolg terrorisiert hatte, wohl ungünstiger ausgefallen. Die mit mehr als zweidrittel Stimmen genehmigte Bill erhielt am 29. Januar 1861 die Unterschrift des Präsidenten, dessen Veto in diesem Falle nutzlos gewesen wäre.

Im ersten Jahre der Verwaltung Buchanans brach die verheerende Handelskrisis aus, welche die von 1837 bei weitem hinter sich ließ, glücklicherweise hinsichtlich der Regierungsgelder keinen Schaden stiften konnte, da dieselben dank der Bill über das unabhängige Schatzamt von den Banken gänzlich ferngehalten worden waren. Die Zahl der Bankerotte wird auf 4257 geschätzt und der Verlust auf 269 Millionen Dollars angegeben; tausende von Menschen wurden brotlos und die Preise für Produkte und Land sanken dermaßen, daß eine gänzliche Verarmung trotz der reichen Ernte, die man freilich der allgemeinen Unsicherheit halber nicht verwerten konnte, einzutreten drohte. Nach Verlauf von einigen Monaten ließ die Krise, welche bekanntlich auch in Europa zum Ausbruch kam, merklich nach; Vertrauen und bar Geld kehrten wieder zurück, und der unternehmende Handelsgeist ließ die Amerikaner bald wieder die Wunden vergessen, welche Überspekulation und Schwindel dem Lande geschlagen hatten. Charakteristisch für das geistige Leben der Yankees ist die Erscheinung der Revivals (Massenerweckungen) nach der Krisis, welche den Sinn für das materielle Wohlleben bei vielen abstumpfte und den Geist willfährig machte, sich einer höheren Macht anzuvertrauen und dieses Gefühl auch äußerlich zu bekunden. Die religiösen Verhältnisse der Union bieten überhaupt viel des Interessanten und Belehrenden, da entgegengesetzt den europäischen Verhältnissen die Kirche völlig getrennt vom Staate dasteht, und trotzdem das religiöse Leben ein viel lebhafteres ist, wenngleich nicht verschwiegen werden soll, daß die Frömmigkeit oft nur eitel Heuchelei ist und dazu dient, die „respectability" aufrechtzuerhalten.

Mit den Mormonen, unstreitig der eigentümlichsten Sekte innerhalb der zivilisierten Welt, geriet die Regierung unter Buchanan in lebhaften Streit, der scheinbar mit dem Siege der Staatsgewalt endete, in Wahrheit jedoch die eigentümlichen Verhältnisse im Mormonenreiche nicht um das Geringste anders zu gestalten vermochte. Der Gründer der Gemeinschaft war Joseph Smith, der zu Beginn der vierziger Jahre mit seiner Lehre auftrat, die bekanntlich die staatliche, religiöse und bürgerliche Gemeinde als eng verbunden hinstellt, und einige hundert Gläubige um sich sammelte, deren Zahl sich, nachdem Smith am 12. Juli 1843 die Offenbarung erhalten hatte, welche Vielweiberei anbefahl, beträchtlich vermehrte. Das renommistische Betragen Smiths — er erließ u. a. Botschaften an das Volk der Vereinigten Staaten, in denen er die politischen Verhältnisse kritisierte und tadelte — sowie die Räubereien und Unthaten der Bande erbitterten die Bewohner von Illinois, wo die Mormonen zu Nauvoo ansässig waren, derart, daß es zu einem Kampfe kam, in dem Smith getötet wurde. Seine Stelle wurde bald von Brigham Young ausge-

füllt, einem schlauen Kopfe und energischen Charakter, der die
ganze Schar zur Auswanderung nach dem Westen veranlaßte,
wo sie sich schließlich am Salzsee in Utah niederließen.

Als das Territorium nach dem mexikanischen Kriege organi=
siert wurde, machte man Young zum Statthalter des neuen
Gebietes, das von den Mormonen „Deseret" oder Land der
Honigbienen genannt wurde. Infolge zahlreicher Unthaten,
Raubmorde und Totschläge, welche die Banden des Mormonen=
häuptlings gemäß der Moral ihrer die Vernichtung der Un=
gläubigen aussprechenden Religion ausführten, kam es zu un=
liebsamen Szenen zwischen der Regierungsgewalt und den Anführern
dieser Banden, auch Daniten oder Vertilger genannt, welche
letztere sich jedoch als die Stärkeren erwiesen und sämtliche
Unionsbeamte vertrieben. Die Botschaften Buchanans, in denen
er die Mormonen aufforderte, zum Gehorsam zurückzukehren,
wurden mit Hohn zurückgewiesen; Young rüstete die Miliz
des Territoriums und erklärte einen Angriff der Unionstruppen
mit Gewalt zurückschlagen zu wollen. Die von Buchanan aus=
gesandte Expedition zur Wiederherstellung geordneter Verhältnisse
ging erst im Juni 1857 ab und mußte infolge dessen den
Winter 1857/58 auf offenem Felde zu Fort Bridger zubringen.
Verständigerweise wurde sie zum Frühjahr derart verstärkt, daß
ein Widerstand der Mormonen Thorheit gewesen wäre; Brigham
Young unterwarf sich unter Zusicherung einer allgemeinen Am=
nestie, die Unionsbehörden wurden wieder eingesetzt und mit der Lei=
tung der Geschäfte ward Gouverneur Kumning betraut. Die Sitten
und Religion der Mormonen haben sich aber bis auf den heutigen
Tag erhalten, trotz unzähliger Botschaften der Präsidenten und
Beschlüsse des Kongresses, deren Ausführung an dem zähen
Widerstande der Mormonensekte scheiterte. Abgesehen von der
Vielweiberei und ihren sonstigen Gebräuchen sind jedoch die
Mormonen fleißige Ackerbauer und geschickte Handwerker, die
mitten in der Wüste eine große Stadt errichtet und das um=
liegende Land kulturfähig gemacht haben.

Beim Zusammentritt des 36. Kongresses (5. Dezember 1859
bis 25. Juni 1860) erhob sich anläßlich der Sprecherwahl wie=
der jener hartnäckige Kampf der Parteien, welcher in den letzten
Jahren fast jede Konstitution des Hauses begleitet hatte und
durch den Umstand, daß der Sprecher nicht nur die Verhand=
lungen zu leiten, sondern auch die Mitglieder der Ausschüsse
ernennt, leicht erklärlich ist. Nach zwei Monaten — im 44.
Wahlgange brachten endlich die Republikaner ihren Kandidaten
William Pennington durch, allerdings nur mit Hilfe einiger
Nichtrepublikaner, welche die Geschäfte des Landes nicht länger
vernachlässigt sehen wollten und deshalb für den Kandidaten
stimmten, der am meisten Aussicht hatte. Die Botschaft des
Präsidenten, welche dem Hause bereits am 27. Dezember über=
sandt wurde, beschäftigte sich außer mit den Fragen der aus=
wärtigen Politik vornehmlich mit der Affaire Brown, welche die
Sklavenfrage wieder in den Vordergrund gerückt hatte und dem
Norden die Mahnung zurief, nicht länger die Hände in den
Schoß zu legen, sondern gegen die Ansprüche der Sklavokratie
energisch anzukämpfen.

John Brown — geboren am 2. Mai 1800 zu Torrington
in Connecticut — war ein in der harten Schule des Lebens
geprüfter Ansiedler in Kansas, der wacker mit seinen Söhnen
gegen die „Grenzschufte" kämpfte und sein Möglichstes that, um
den Sklaven aus den benachbarten Staaten zur Flucht zu ver=
helfen. Im übrigen war er ein schlichter, Gott ergebener Mann, der
alle Schicksalsschläge geduldig hinnahm und voll heiligen Ernstes
an die Möglichkeit einer Verwirklichung der erhabenen Grund=
sätze der allgemeinen Liebe und Menschlichkeit auf Erden glaubte.
Als seine Ansiedelung niedergebrannt und er selber geächtet war,
mußte er Kansas verlassen und begab sich mit seiner Familie
nach Virginia, wo er sich in Harpers Ferry ansiedelte. Sofort
suchte er seine Ideeen wieder zu verwirklichen; fest darauf bauend,
daß er nur nötig habe, die Sklaven zur Empörung aufzufordern,
um an der Spitze einer Armee zu stehen, schlug er am 17. Ok=

tober 1859 los, besetzte das Arsenal zu Harpers Ferry und nahm einige Sklavenhalter gefangen, deren Neger in Freiheit gesetzt wurden. Die erschreckten Sklavenbarone boten sofort eine bewaffnete Macht auf, mit der es ein Leichtes war, die geringe Schaar Browns gefangen zu nehmen. John Brown wurde ergriffen, nach Charleston geschleppt, dort zum Tode verurteilt und am 2. Dezember 1859 gehängt. Die Affaire erregte allgemeines Aufsehen. Die Demokraten beschuldigten die Republikaner, die eigentlichen Anstifter zu sein, während die ängstlichen Seelen unter den letzteren den kühnen Mann von ihren Rockschößen abzuschütteln versuchten und ihn den Abolitionisten aufbürdeten. Unzweifelhaft befand sich Virginia im Recht, den Empörer mit dem Tode zu strafen, andererseits aber legte der Aufstand die Frage nahe, daß etwas geschehen müsse, um einem Zustande so gefährlicher Natur, wie er in den Grenzstaaten zwischen Norden und Süden sich vorfand, die Spitze abzubrechen. Dennoch zauderte der Norden, irgend welche durchgreifende Maßregeln vorzuschlagen, geschweige sie anzunehmen, während der Süden, der von vornherein zielbewußt aufgetreten ist, in der Trennung vom Norden sein Heil erblickte und immer lauter und offener diesen Wunsch offenbarte.

Aus der Kongreßsession 1859/60 sind noch einige Ereignisse zu erwähnen, die zur Charakteristik der Lage bemerkenswert sind. Zunächst wurde eine von dem nördlichen Demokraten Cavanagh aus Minnesota eingebrachte Bill auf Erlassung von Heimstättegesetzen zwar im Repräsentantenhause und Senat angenommen, jedoch vom Präsidenten trotz der Zweidrittel-Majorität mit der sie angenommen worden, mit dem Veto belegt. Das so segensreich wirkende Gesetz ist später mitten im Kriege, durch Gesetz vom 20. März 1862, ins Leben getreten.

Die bereits erwähnten Unregelmäßigkeiten in den Verwaltungen der einzelnen Regierungsämter bewogen im Frühjahr 1860, zu einer Zeit also, da die Wahlbewegung ihren Anfang nimmt, den Abgeordneten John Covoda aus Pennsylvania

folgenden Antrag einzubringen: „Das Haus möge einen Aus=
schuß einsetzen, um über den Präsidenten und alle Mitglieder
seiner Administration die Untersuchung einzuleiten; das amerika=
nische Volk müsse erfahren, ob und welche Gesetze gebrochen und
welche Summe zur Erreichung selbstsüchtiger Parteibestrebungen
verwandt worden;" welcher am 9. März angenommen wurde.
Trotz des Protestes des Präsidenten, welcher ein derartiges Ver=
fahren als gesetzwidrig bezeichnete, tagte die Kommission während
dreier Monate, bei welcher Gelegenheit eine Reihe arger Miß=
bräuche, Betrügereien u. s. w. aufgedeckt wurde. Widerliche
Szenen waren infolgedessen im Kongreß an der Tagesordnung;
die einzelnen Redner überboten einander in Beschimpfungen und
Verdächtigungen, und oft genug schien es, als würden die De=
batten sich in allgemeine Schlägerei verwandeln! Ein erneuter
Protest Buchanans kurz vor Schluß der Session wurde einem
Ausschuß übergeben, der darüber nie berichtet hat, so daß der
ganze Zwischenfall keine weiteren Folgen als die gehabt hat,
das Land über die Mißbräuche in der demokratischen Verwaltung
aufzuklären.

Gleich günstige Unterstützung für die Wahlbewegung fanden
die Republikaner in der Ablehnung einer von Morrill beantragten
Erhöhung der Zollsätze durch die demokratische Partei des Senats,
was gleichfalls die mittleren Staaten, deren Industrie vielfach
des Schutzes bedurfte, in die Arme der Republikaner trieb.

Die Hauptursache der Niederlage der Demokraten in der
Präsidentschaftswahl von 1860 lag jedoch in der Zersplitterung,
welche durch die Kansasfrage hervorgerufen war. Die gemäßigten
Demokraten, welche die Lecomptonverfassung verwarfen, stellten
Stephan A. Douglas von Illinois auf, einen trefflichen Redner
und reinen Charakter, dem auch manche Republikaner nicht ab=
hold waren. Die extreme Partei dagegen nominierte auf ihren
Konventen zu Charleston und Baltimore (23. April und 18.
Juni 1860) John C. Breckinridge von Kentucky zum Präsident=
schaftskandidaten. Da keine Übereinstimmung erzielt werden

konnte, so war eine Niederlage unvermeidlich. Die Republikaner
versammelten sich auf dem Konvent zu Chicago, 16. Mai 1860,
wo Seward von New York und Lincoln aus Illinois vor=
geschlagen wurden. Da aber der erstere den nordwestlichen
Staaten, die in so kurzer Zeit stattlich herangewachsen waren,
nicht ganz genehm war, so ging Lincoln als alleiniger Kandi=
dat aus der Nomination hervor. Die Wahl vom 6. November
1860 ergab den völligen Sieg der Republikaner. Lincoln und
der republikanische Vizepräsidentschaftskandidat Hamlin erhielten
je 180, die demokratischen Kandidaten nur 172 Stimmen. Be=
merkenswert ist, daß zum erstenmale im ganzen Verlauf der
Geschichte der Vereinigten Staaten der Kandidat des freien
Nordens keine einzige Stimme der Sklavenstaaten und der Kandi=
dat des sklavenhaltenden Südens keine einzige Stimme des freien
Nordens erhalten hatte. Die geographische Scheidung der Par=
teien hatte sich endgültig vollzogen.

Die Katastrophe nahte nun mit schnellen Schritten heran.
Südkarolina triumphierte, als es die Wahl Lincolns erfuhr —
der Tag der Losreißung war gekommen, und die Herrschaft der
Yankees sollte bald ein Ende haben! Ein souveräner Konvent
wurde auf den 17. Dezember ausgeschrieben, welcher über den
Austritt beraten sollte. Am 20. Dezember nahm derselbe die
welthistorische Austrittserklärung an: „Eine Ordonnanz zur Auf=
lösung der Union zwischen dem Staate Süd=Karolina und den
anderen Staaten, welche mit ihm vereinigt waren unter dem
Vertrage, die Konstitution der Vereinigten Staaten geheißen."
Buchanan sah dem gesetzlosen Treiben ruhig zu. In seiner letzten
Jahresbotschaft bei Eröffnung der zweiten Session des 36. Kon=
gresses (3. Dezember 1860 bis 4. März 1861), in dem noch alle
Mitglieder mit Ausnahme der Senatsmitglieder aus Südkarolina,
erschienen, erklärte er die revolutionäre Bewegung des Südens
als die Frucht der nördlichen Aufreizungen der Sklaven gegen
die Herren. Trotzdem daß er gegen die Berechtigung des Aus=
trittes aus der Union polemisierte, sprach er seine Überzeugung

dahin aus, daß weder der Kongreß noch irgend ein Zweig der
föderativen Regierung mittelst der Konstitution das Recht besitze,
einen souveränen Staat mit Krieg zu überziehen. Noch schlimmer
als Buchanan, dem wenigstens kein persönlicher Makel anhaftet,
trieben es seine Minister, so namentlich der Kriegssekretär Floyd,
ein in allerhand schmutzige Geschäfte verwickelter Geselle, und
der Marinesekretär Toucey, der die Schiffe ebenso dem Süden
in die Hände spielte, wie sein Kollege die Forts, Kanonen und
sonstige Waffen. Floyd war endlich genötigt, am 12. Dezember
1860 seine Entlassung zu nehmen, da er bei einem Diebstahl
von 870 000 Dollars, die zum Besten der Indianer bestimmt
waren, stark beteiligt war. Eine Ausnahme gegenüber diesen
elenden Schuften bildet der würdige Staatssekretär Caß, welcher
angeekelt von dem hochverräterischen Treiben im Kabinett ging,
ehe es zu spät wurde. Charakteristisch ist noch, daß die Minister Cobbe und Thompson ihre Entlassung nachsuchten, weil
der Präsident mit ihnen nicht weit genug in der Connivenz gegen
den Süden ging.

Auf Südkarolina folgte Georgia am 18. Januar 1861 mit
der Austrittserklärung; dann kamen die Staaten Alabama,
Florida, Mississippi, Louisiana, Texas und Arkansas. Nordkarolina, Virginia und Tennessee sind erst nach Ausbruch der
Feindseligkeit zu den Sezessionisten übergetreten. Verschiedene
Vermittelungsvorschläge im Kongreß blieben resultatlos; der
Süden begeisterte sich an dem Gefühle der Unabhängigkeit und
blieb allen Vorstellungen gegenüber taub — allerdings hoffte
er damals noch, daß der Norden ihn ruhig ziehen lassen würde;
sowie daß im Falle eines Krieges England oder Frankreich ihn
schützen würden.

Am 4. Februar 1861 traten zu Montgomery in Alabama
Abgeordnete aus den sieben Staaten Alabama, Florida, Georgia,
Louisiana, Mississippi, Südkarolina und Texas zusammen, um
eine Konstitution der „Konföderierten Staaten von Amerika" zu
beraten. Dieselbe wurde binnen wenigen Wochen, vom 9. Februar

bis 11. März, vollendet; zum Präsidenten, resp. Vizepräsidenten wurden Jefferson Davis aus Mississippi und Alexander H. Stephens aus Georgia gewählt. Der Wunsch des Südens war endlich erfüllt; der Idealstaat aus lauter Sklavengebieten war

Fig. 30.

Abraham Lincoln. (Nach Cassel, History.)

fertig — ob er auch wohl den Stürmen Trotz bieten würde, welche von Norden her angebraust kamen und Rache forderten für die jahrzehntelange Verhöhnung menschlicher Würde und menschlicher Freiheit?

Abraham Lincoln.

Lincolns Laufbahn bietet ein treues Bild der amerikanischen Zustände. Geboren am 12. Februar 1809 zu Hardin in Kentucky als der Sohn eines Farmers, der 1830 nach Illinois übersiedelte, mußte er von Jugend auf seinen Lebensunterhalt durch harte Arbeit verdienen. Hintereinander war er Flößer,

Fig. 31.

Das Haus, in dem Abraham Lincoln geboren wurde. (Nach Cassel, History.)

Landwirt, Krämer, Postmeister, bis er sich durch eigenes Studium so viel Kenntnisse in der Rechtswissenschaft erwarb, um 1836 als Rechtsanwalt aufzutreten. Zwei Jahre vorher war er schon in die Legislatur seines Staates gewählt worden. Seine Gewandtheit in schwierigen Rechtsfällen, sowie sein offener Charakter verschafften ihm bald die Zuneigung und Achtung seiner Mitbürger, als deren Kongreßabgeordneter er im Jahre 1847 nach

Waſhington ging. 1858 unterlag er zwar bei der Senatoren=
wahl in Illinois gegen Stephen A. Douglas, wurde jedoch, wie
bereits erwähnt, 1860 als alleiniger Kandidat der Republikaner
nominiert und am 6. November mit allen Stimmen der Nicht=
ſklavenſtaaten mit Ausnahme New Jerſeys zum Präſidenten
gewählt.

Am 4. März 1861 fand die Inauguration Lincolns ſtatt.
Von verſchiedenen Seiten war er gewarnt worden, daß Kom=
plotte aller Art gegen ſein Leben geſchmiedet würden. Bald

Fig. 32.

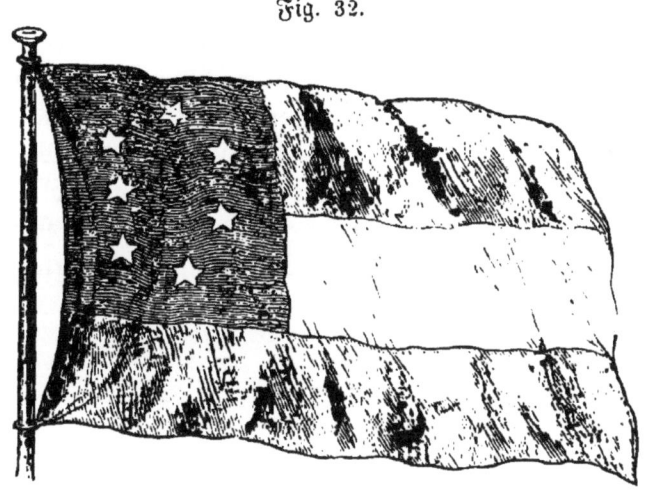

Die Flagge der Südlichen. (Nach Cassel, History.)

ſollte der Dolch eines Fanatikers ihn treffen, bald die Entgleiſung
des Eiſenbahnzuges, der ihn nach Waſhington brachte, von ver=
brecheriſchen Händen künſtlich vorbereitet ſein, oder die Kugel
aus der ſeiner Antrittsrede lauſchenden Menge ihn dahinſtrecken.
Nichts von alledem iſt glücklicherweiſe paſſiert, die Inauguration
verlief programmmäßig und ohne Unfall, allerdings unter An=
weſenheit einer ſtarken Truppe Militär, welche der General=
leutnant Scott perſönlich kommandierte. Lincolns Rede war
ſehr verſöhnlich gehalten, keine Spur von jenem Fanatismus,
den die Südſtaatler ihm angedichtet hatten; ruhig, würdevoll

erinnerte er die Bürger an ihre Aufgaben und bezeichnete es
als seine einzige Aufgabe, dafür Sorge zu tragen, daß die Ge=
setze der Union in allen Staaten getreulich erfüllt würden.
„Macht Ihr nicht den Anfang, so wird kein Kampf entstehen“,
rief er den unzufriedenen in Empörung begriffenen Süd=
staaten zu.

Das Geschick hatte es anders beschlossen, als der friedliebende
Präsident, der noch immer, selbst angesichts so vieler Anzeichen
offener Revolution, die Erhaltung ruhigen Einverständnisses
erhoffte. Wenige Wochen nach dem Antritt seiner Präsi=
dentschaft, am 12. April 1861, sausten die ersten Kugeln
hin und her, wurde die erste Schlacht geschlagen, entbrannte ein
Kampf, der der Welt den ganzen Heroismus jenes dollarbrüten=
den Krämervolkes offenbarte .... Die Freunde der Menschheit
durften aber mit froher Zuversicht auf den Mann blicken, der
das Steuer in so schwerer Zeit lenkte und freudig sein Leben
in die Schanze schlug, um die Ehre seines Vaterlandes zu
retten.

Sachregister.